U0496635

CNODC

CHINA NATIONAL OIL AND GAS EXPLORATION AND DEVELOPMENT COMPANY YEARBOOK

中国石油国际勘探开发有限公司年鉴 2022

中国石油国际勘探开发有限公司　编

石油工业出版社

图书在版编目（CIP）数据

中国石油国际勘探开发有限公司年鉴. 2022 / 中国石油国际勘探开发有限公司编. —北京：石油工业出版社，2023. 12

ISBN 978-7-5183-5869-4

Ⅰ. ①中… Ⅱ. ①中… Ⅲ. ①油气勘探-石油企业-中国-2022-年鉴 Ⅳ. ①F426.22-54

中国国家版本馆CIP数据核字（2023）第022930号

中国石油国际勘探开发有限公司年鉴　2022
CHINA NATIONAL OIL AND GAS EXPLORATION AND DEVELOPMENT COMPANY YEARBOOK
中国石油国际勘探开发有限公司　编

责任编辑：吴保国　朱世元
出版发行：石油工业出版社
（北京安定门外安华里2区1号　100011）
网　　址：www.petropub.com
图书营销中心：（010）64523731
编 辑 部：（010）64250213
电子邮箱：zhushiyuan@cnpc.com.cn
经　　销：全国新华书店
印　　刷：北京晨旭印刷厂

2023 年 12 月第 1 版　2023 年 12 月第 1 次印刷
787 × 1092 毫米　开本：1/16　印张：24　　插页：16
字数：700 千字

定　价：248.00元
（如出现印装质量问题，我社图书营销中心负责调换）

《中国石油国际勘探开发有限公司年鉴》编纂委员会

《中国石油国际勘探开发有限公司年鉴》主编、副主编

《中国石油国际勘探开发有限公司年鉴》
编　辑　部

编 辑 说 明

一、《中国石油国际勘探开发有限公司年鉴》(简称《年鉴》)是中国石油国际勘探开发有限公司(简称中油国际公司)自2021年起，逐年组织编纂的资料性工具书；是中油国际公司管理工作中的一项重要文化建设工程。

二、《年鉴》编纂工作坚持以马克思列宁主义、毛泽东思想、邓小平理论、“三个代表”重要思想、科学发展观、习近平新时代中国特色社会主义思想为指导，运用辩证唯物主义和历史唯物主义的立场、观点和方法，贯彻落实习近平总书记“深挖石油精神蕴含的时代内涵”的重要指示，遵循实事求是的原则，力求客观、系统、科学、真实地反映中油国际公司的发展和成就。

三、本卷《年鉴》记述中油国际公司2021年生产经营、企业管理及改革创新等方面的情况和重要事项。

四、本卷《年鉴》框架分为类目、分目、条目三个层次。全书设总述、大事记、油气勘探、油气开发生产、炼化与LNG项目、管道建设与运营、工程建设、科技创新与信息化建设、海外QHSE管理与风险防控、企业管理、思想政治与企业文化建设、海外大区公司、海外项目公司、国内所属单位、组织机构与领导名录、荣誉、附录17个类目。根据2021年4月《集团公司总部组织体系优化调整实施方案》，部分中油国际公司海外地区公司更名为中油国际公司海外大区公司的情况，在“海外大区公司”类目增加地区公司机构变化简介等内容。

五、本卷《年鉴》采取“分类编辑，点面结合，综合记述与条目记述相结合，以条目记述为主”的编纂方法。使用规范的语体文、记述体，直陈其事，力求言简意赅。文前设有专题图片，正文配有与条目内容相对应的随文图片，并根据条目内容设置表格。为便于读者查阅，在卷首设全书目录和英文目录，文后附索引。

六、本卷《年鉴》资料及统计数据由中油国际公司各海外企业、所属单位、本部各部门提供，并经中油国际公司相关部门审核。由《年鉴》编辑部组织进行编纂，报请《年鉴》编纂委员会审定后出版发行。《年鉴》可为中油国际公司和各单位决策、经营管理提供依据。

七、本卷《年鉴》所使用的机构名称一般在首次出现时用全称，随后出现时用简称。“中国石油天然气集团有限公司”简称“中国石油集团公司”,“中国石油天然气股份有限公司”简称“中国石油股份公司”,两者统称“中国石油”;“中国石油国际勘探开发有限公司”简称“中油国际公司”。

八、本卷《年鉴》在人民币单独出现时，不做标注；人民币与其他币种同时出现时，标明所记币种名称。

2021年2月5日，中国石油天然气集团有限公司董事长戴厚良连线中油国际（尼日尔）公司上游项目员工，向大家致以新春问候和祝福（中油国际公司党群工作部　提供）

2021年5月12—13日，土库曼斯坦国际油气投资大会在土库曼斯坦首都阿什哈巴德召开，中国石油天然气股份有限公司副总裁田景惠（左二）在北京通过视频出席大会并作题为《抓住机遇，深化合作，推动中土油气合作迈上新台阶》的主旨发言（中油国际公司办公室　提供）

2021年5月28日，国家能源局副局长任京东一行到中国石油国际勘探开发有限公司调研，与中国石油天然气集团有限公司副总经理黄永章、中国石油国际勘探开发有限公司董事长叶先灯和中国石油国际事业有限公司以及中国石油天然气集团有限公司国际部等有关部门负责人座谈，听取境外国际贸易业务、在美业务情况与境外油气投资业务情况汇报（中油国际公司办公室　提供）

2021 年 1 月 12 日，中国石油国际勘探开发有限公司党委书记、董事长叶先灯（右一）与到访的北京市延庆区委副书记、区长于波（左一）一行进行业务交流（中油国际公司办公室　提供）

2021 年 1 月 23 日，中油国际尼罗河公司在苏丹喀土穆召开 2020 年度“大干 100 天，为海外油气权益产量超亿吨争做贡献”总结表彰大会（中油国际公司办公室　提供）

2021 年 7 月 19 日，中国石油国际勘探开发有限公司 2021 年领导干部会议在北京召开（中油国际公司党群工作部　提供）

2021 年 7 月 21 日，中国石油国际勘探开发有限公司 2021 年亿吨权益效益产量推进会暨上半年海外开发生产动态分析会在中国石油天然气股份有限公司勘探开发研究院召开（中油国际公司办公室　提供）

2021年7月21—30日，中国石油国际勘探开发有限公司2021年新员工入职培训第一阶段在中国石油（长沟）国际化人才培训中心进行（中油国际公司党群工作部　提供）

2021年7月27日，中国石油国际勘探开发有限公司董事长、党委书记叶先灯与到访的中国石油集团东方地球物理勘探有限责任公司执行董事、党委书记苟量一行座谈交流，中国石油国际勘探开发有限公司副总经理、总地质师、安全总监黄先雄参加座谈（中油国际公司办公室　提供）

2021 年 8 月 6 日，中石油阿姆河天然气勘探开发（北京）有限公司（简称阿姆河天然气公司）巴格德雷合同区域 B 区西部气田地面工程建设项目举行开工典礼。阿姆河天然气公司总经理陈怀龙、中国石油工程建设有限公司执行董事刘海军分别在土库曼斯坦和中国北京出席仪式并致辞，阿姆河天然气公司副总经理刘廷富主持开工仪式（中油国际公司办公室　提供）

2021 年 10 月 19—20 日，中国石油国际勘探开发有限公司总经理贾勇（右三）率代表团到华为技术有限公司调研（中油国际公司办公室　提供）

中油国际公司第五期年轻干部综合能力提升培训班

2021 年 11 月 7 日，中国石油国际勘探开发有限公司第五期年轻干部综合能力提升培训班结业仪式在中国石油运输公司北京综合服务中心举行（中油国际公司办公室　提供）

2021 年 11 月 9 日，中国石油国际勘探开发有限公司召开人才强企工程推进会，对落实中国石油天然气集团有限公司《人才强企工程行动方案》进行再部署并研究制订人才强企工程工作方案（中油国际公司办公室　提供）

2021 年 11 月 26 日，中国石油国际勘探开发有限公司举办“中油国际海外项目提质增效专家论坛”（中油国际公司办公室　提供）

2021 年 12 月 24 日，在中国石油国际勘探开发有限公司举办的《中国石油海外投资业务合规指引》系列丛书发布会上，中国石油国际勘探开发有限公司董事长叶先灯（右一）、总经理贾勇（左一）为丛书揭幕（中油国际公司办公室　提供）

2021 年 4 月 22 日，中油国际西非公司总经理刘合年在尼亚美拜会尼日尔新任石油、能源与可再生能源部部长马哈曼·萨尼·穆罕默杜（中油国际公司办公室　提供）

贝宁时间 2021 年 5 月 20 日，尼贝原油管道工程（贝宁段）开工仪式在贝宁科托努赛美港隆重举行，贝宁国务部部长、水矿部部长与中国驻贝宁大使共同按下回旋钻机启动按钮，中国石油天然气集团有限公司副总经理黄永章视频致辞（中油国际公司办公室　提供）

2021 年 6 月 11 日，中国石油中亚公司总经理卞德智在哈萨克斯坦阿拉木图中亚公司与到访的哈萨克斯坦国家油气公司总裁艾依达尔巴耶夫、副总裁马拉巴耶夫一行会谈（中油国际公司办公室　提供）

2021 年 6 月 24 日，哈萨克斯坦国家财富基金（萨姆鲁克—卡泽纳国家财富基金）管理委员会主席阿玛萨达姆·萨特卡利耶夫考察中国石油哈萨克斯坦奇姆肯特炼厂（中油国际公司办公室　提供）

2021 年 7 月 11 日，中国驻尼日尔大使馆经济商务参赞张胜斌到中油国际（尼日尔）有限责任公司走访调研（中油国际公司办公室　提供）

尼日尔时间 2021 年 7 月 23—25 日，在中国石油西非公司副总经理、中油国际（尼日尔）公司总经理周作坤陪同下，尼日尔石油、能源与可再生能源部部长马哈曼・萨尼・穆罕默杜率代表团一行到阿加德姆油田、津德尔炼厂、尼贝管道施工现场等地慰问考察（中油国际公司办公室　提供）

2021 年 8 月 12 日，阿姆河天然气公司总经理陈怀龙陪同中国驻土库曼斯坦大使钱乃成到马雷复兴气田现场视察钻井项目开工庆典筹备情况，慰问现场一线干部员工（中油国际公司办公室　提供）

2021 年 8 月 30 日，中国驻尼日尔大使蒋烽一行调研考察中国石油国际勘探开发有限公司尼日尔项目，重点了解尼日尔二期一体化项目建设进展情况，并就相关问题与中油国际（尼日尔）有限责任公司主要领导进行研讨（中油国际公司办公室　提供）

2021 年 9 月 29 日，在乍得上游项目公司总经理聂志泉陪同下，乍得石油与能源部部长 Oumar Torbo Djarma 率代表团一行到乍得上游项目油田现场考察，看望慰问现场员工，详细了解机场建设进度、油田生产运行、原油外输和属地化用工情况（中油国际公司办公室　提供）

贝宁时间 2021 年 10 月 13 日，在中油国际尼贝管道公司副总经理李文胜陪同下，贝宁水矿部部长 Samou Seidou Adambi 率政府代表团视察尼贝管道赛美末站施工现场（中油国际公司办公室　提供）

2021年10月22日，乌兹别克斯坦新丝绸之路石油天然气合资公司中乌双方股东代表、乌兹别克斯坦石油董事会主席阿卜杜拉耶夫到乌兹别克斯坦新丝绸之路项目气田现场进行实地考察和调研（中油国际公司办公室　提供）

2021年11月19日，中油国际（阿塞拜疆）公司总经理单连政向中国驻阿塞拜疆大使郭敏汇报合资合作最新进展情况及相关工作（中油国际公司办公室　提供）

2021年12月28日，中国驻苏丹大使马新民到中国石油尼罗河公司驻地看望慰问中国石油员工，通过视频与南苏丹1/2/4项目、苏丹喀土穆炼厂连线，向中国石油尼罗河地区全体干部员工表示新年问候和祝福（中油国际公司办公室　提供）

2021 年 1 月 31 日，中油国际中亚公司所属阿克纠宾项目位于让那若尔油田的新井 H977 井完成油层回接固井，钻井工作阶段性结束（中油国际公司办公室　提供）

2021 年 3 月 26 日，中油国际亚马尔 LNG 项目实现外运 LNG 5000 万吨（中油国际公司办公室　提供）

2021 年 4 月 28 日，俄罗斯北极 LNG2 项目与诺瓦泰克、中国石油等 5 家股东关联公司签署液化天然气（LNG）长期购销协议（中油国际公司办公室　提供）

2021 年 6 月 9 日，乍得上游外围盆地勘探工作圆满收官（中油国际公司办公室　提供）

截至 2021 年 7 月 10 日，中油国际管道公司所运营的中国西北西南两大跨国油气通道，自各管道投产运行以来，累计向中国输送油气达 5 亿吨油当量（中油国际公司办公室　提供）

2021 年 7 月 26 日，北极 LNG2 项目第一个模块从张家港顺利启航，驶往下一目的地继续装载第二个模块，之后将穿越白令海峡，沿东部北极航线到达最终目的地——俄罗斯北极圈内格丹半岛（中油国际公司办公室　提供）

2021 年 10 月 1 日，中国石油尼日尔二期一体化项目全面开工（中油国际公司党群工作部　提供）

2021 年 10 月 17 日，乍得上游项目 Baobab 油田 FPF 改扩建项目完工（中油国际公司办公室　提供）

2021 年 11 月 12 日，印度尼西亚佳步区块 4 家伙伴（中国石油、印尼国家石油公司、GPI 公司和马来西亚国家石油公司）与印度尼西亚上游油气管理委员会（Skk Migas）签署佳步区块延期合同（中油国际公司党群工作部　提供）

2021 年 11 月 15 日，阿联酋阿布扎比国际石油展开幕，中油国际（阿布扎比）公司代表中国石油天然气集团有限公司参加展览（中油国际公司办公室　提供）

2021年11月19日，邦亚区块石油特许权合同在泰国曼谷签署，标志着中国石油通过公开竞标重新取得该区块的勘探开发权（中油国际公司办公室　提供）

2021年11月，巴西阿拉姆深水勘探区块古拉绍-1井盐下发现厚油层，中国石油在巴西深水风险勘探取得重大突破（中油国际公司办公室　提供）

2021 年 12 月 14 日，尼日尔项目毕尔玛区块探井 Trakes ME-1D 井在白垩系 Donga 组试油，实现毕尔玛区块新层系勘探突破（中油国际公司办公室　提供）

2021 年 12 月 15 日，哈萨克斯坦阿拉木图中哈合作共建“一带一路”非资源类产能项目——亚洲钢管公司完成全面建设及试生产任务，具备交付条件（中油国际公司办公室　提供）

2021 年 2 月 9 日，中国石油国际勘探开发有限公司党委领导班子以视频形式向全体员工、退休老同志及家属拜年（中油国际公司党群工作部　提供）

2021 年 4 月 29 日，中国石油国际勘探开发有限公司在本部大楼一层报告厅举办党史学习教育读书班（中油国际公司党群工作部　提供）

2021 年 6 月 16 日，中国石油国际勘探开发有限公司合唱队在中国石油天然气集团有限公司举办的“庆祝中国共产党成立 100 周年在京单位歌咏比赛”中获得金奖（中油国际公司党群工作部　提供）

2021 年 6 月 17 日，由中国石油国际勘探开发有限公司党群工作部和团委共同举办的“石油工人心向党、建功海外新征程”岗位讲述演讲比赛落幕（中油国际公司党群工作部　提供）

2021 年 6 月 28 日，在中国石油国际勘探开发有限公司组织召开的庆祝中国共产党成立 100 周年表彰大会上，举行新党员宣誓和老党员重温入党誓词活动（中油国际公司党群工作部　提供）

2021 年 6 月 30 日，中国石油国际勘探开发有限公司“逐梦海外、献礼百年”主题书画摄影展在中国石油国际勘探开发有限公司本部一楼大厅开幕（中油国际公司党群工作部　提供）

2021 年 4 月 20 日，中国石油国际勘探开发有限公司副总经理宋泓明、吴杰带领中油国际公司本部及国内所属单位 50 名员工代表到北京怀柔林场开展义务植树活动（中油国际公司党群工作部　提供）

乍得时间 2021 年 7 月 23 日，由中国石油西非公司冠名赞助的中国石油杯“汉语桥”世界大学生中文比赛乍得赛区决赛在恩贾梅纳大学落下帷幕（中油国际公司办公室　提供）

2021 年 9 月 28 日，在尼日尔石油、能源与可再生能源部部长马哈曼・萨尼・穆罕默杜和尼日尔高等教育与研究部秘书长阿格・阿尔亚・穆萨的见证下，中油国际尼贝管道公司与尼亚美阿布杜・穆尼大学“曙光奖学金”签约仪式在尼日尔首都尼亚美举行（中油国际公司办公室　提供）

2021 年 11 月 11 日，由哈萨克斯坦哈德大学、“一带一路”专家俱乐部及中国石油中亚公司、中国石油报社共同举办的中哈油气合作国际学术圆桌会议以现场与线上视频结合方式在阿拉木图和北京两地召开（中油国际公司党群工作部　提供）

2021 年 11 月 11 日，中国石油向南苏丹政府捐赠抗洪救灾物资交接仪式在南苏丹首都朱巴举行（中油国际公司党群工作部　提供）

2021 年 12 月 7 日，哈萨克斯坦 30 周年独立日来临之际，哈萨克斯坦奇姆肯特炼厂获哈萨克斯坦“巴雷斯”企业社会责任奖，这是继 2011 年、2016 年后，哈萨克斯坦奇姆肯特炼厂第三次获得该奖项（中油国际公司办公室　提供）

2021 年 12 月 21 日，中国石油尼罗河公司在南苏丹上尼罗大学举行助学金捐赠仪式（中油国际公司办公室　提供）

2021 年 12 月 17 日，中油国际（秘鲁）公司 6/7 区项目实施 28 周年庆祝活动在油田现场举行（中油国际公司办公室　提供）

要　　目

MAIN CONTENTS

目　录

总　述

大事记

油气勘探

油气开发生产

炼化与 LNG 项目

管道建设与运营

工程建设

科技创新与信息化建设

海外 QHSE 管理与风险防控

海外大区公司

海外项目公司

中油国际（泰国）公司 …… 210

中油国际（缅甸）凯尔公司 …… 212

国内所属单位

组织机构与领导名录

荣　誉

附　录

CONTENTS

Overview

Main Events

Oil and Gas Exploration

Oil and Gas Development and Production

Refining, Chemicals and LNG Projects

Pipeline Construction and Operation

Engineering Construction

Technological Innovation and Informationalization

Overseas QHSE Management and Risk Control

Corporate Management

Development of Political Work and Corporate Culture

Overseas Regional Companies

Overseas Oil and Gas Project Companies

Domestic Subsidiaries

Organizations and Leadership Team

Honors

Appendixes

中国石油国际勘探开发有限公司年鉴 2022

CHINA NATIONAL OIL AND GAS EXPLORATION AND DEVELOPMENT COMPANY YEARBOOK

综　述

中国石油国际勘探开发有限公司基本情况

1993 年，中国石油天然气总公司（中国石油天然气集团有限公司前身）执行中共中央、国务院“利用两种资源、两个市场”战略方针，开始走出国门实施国际化经营。当年中标秘鲁塔拉拉油田 7 区块，从此拉开了中国石油参与海外油气投资的序幕。1997 年，以苏丹 1/2/4、哈萨克斯坦阿克纠宾和委内瑞拉陆湖三大项目的签订为标志，中国石油开始大规模参与海外的油气勘探开发项目，成为国际石油市场上一支新兴的不可忽视的力量。进入 21 世纪后，中国石油海外投资业务经历了从老油田提高采收率项目到风险勘探项目，从尝试小项目到涉足大中型油气田，从参与区块招投标到参与海外收并购，从上游项目到上下游一体化项目，不断发展壮大。

2008 年 9 月，中国石油天然气集团公司决定，成立海外勘探开发分公司，作为专业分公司负责海外石油天然气勘探开发、炼油化工、管道运营业务管理。为利于统筹海外油气业务发展，中国石油天然气集团公司将中国石油天然气勘探开发公司项下的海外油气业务及其所属国内单位，授权海外勘探开发分公司全面管理，并调整海外油气业务管理体制，行政上由中国石油天然气集团公司直接管理，业务上授权海外勘探开发分公司归口管理。2009 年，在积极应对全球金融危机的同时，中国石油把新项目开发作为第一要务，抓住国际油价低位运行、部分资源国和石油公司出现经济困难的机遇，在中东、中亚和北美等油气富集地区的油气合作相继获得战略性突破。

2017 年 6 月，中国石油天然气集团公司批复同意《中国石油天然气集团公司海外油气业务体制机制改革框架方案》，中国石油天然气勘探开发公司改制为专业化子公司，更名为中国石油国际勘探开发有限公司（简称中油国际公司），为集团公司管理海外油气业务的专业化子公司，承担集团公司海外油气投资业务板块管理职责。中油国际公司坚持“互利共赢、合作发展”理念，积极参与国际油气资源开发利用，深化与资源国和国际石油公司的合作，建成中亚—俄罗斯、中东、非洲、美洲和亚太五个海外油气合作区，形成上中下游一体化的完整石油产业链，成为世界大中型油气项目开发作业者和国际知名石油公司信赖的优选合作伙伴。中油国际公司始终秉承“奉献能源、创造和谐”宗旨，致力于自然、社会与人类和谐发展，认真践行低碳生产运营，不断提升资源开发与利用效率，努力为全球能源市场提供优质可靠的产品和服务；严格遵守资源国法律法规，积极与利益相关方分享发展机遇和成果，实现与资源国、合作伙伴互利共赢，有力推动当地经济与社会发展。党的十八大以来，中国石油海外油气业务积极响应国家“一带一路”倡议，坚持稳健发展方针，深入推进新形势下开源节流降本增效工作，持续深化体制机制改革，扎实做好生产经营管理，取得显著成果。2019 年，权益产量首超 1 亿吨，海外油气业务国际化经营从此迈上新台阶，优质高效发展进入新阶段。

中国石油国际勘探开发有限公司 2021 年工作情况

2021 年，面对地缘政治局势日趋紧张、变异新冠病毒全球蔓延、资源国合作环境复杂多变等严峻挑战，中油国际公司贯彻落实中国石油集团公司决策部署和油气子集团工作要求，开拓创新、锐意进取，统筹推进生产经营、安全环保和新冠肺炎疫情防控各项工作，扎实开展提质增效、亏损企业治理、企业改革三年行动和人才强企“四大工程”，推动党史学习教育与生产经营深度融合，全面超额完成各项任务，经营效益大幅提升，投资资本回报率明显提高，经济增加值持续改善。中油国际公司聚焦主责主业，推进提质提效，油气勘探连获重大突破，亿吨效益产量持续巩固，经营效益大幅提升，资产优化成效显著，重大商务问题有效解决，天然气供应保障有力，质量健康安全环保总体平稳，实现“十四五”良好开局。截至年底，中油国际公司在全球 30 个国家运营管理 87 个项目，形成以油气勘探开发为核心，集管道运营、炼油化工、油品销售于一体的完整油气产业链。

主营业务稳中有进，海外助力中国石油集团公司三个“一亿吨”格局更加巩固。油气勘探取得历史性重大突破，坚持资源战略，聚焦重点勘探区块，加强地质研究，强化勘探方案部署，油气勘探连续取得两个十亿吨、四个亿吨级重大发现，成为中国石油集团公司海外油气业务发展史上勘探成果规模最大、重量级发现最多的大丰收年。油气生产连续三年突破亿吨规模，克服全球新冠肺炎疫情持续蔓延、OPEC+ 限产、美国制裁等不利因素影响，加强统筹协调，齐心协力保持海外油气产量稳中有升，全年实现油气权益产量 10098 万吨，为巩固中国石油集团公司三个“一亿吨”格局奠定坚实基础。油气供应安全保障有力，重点加强油气资源组织协调，科学优化管道运行方案，持续开展安全隐患排查整治，不断提升管道完整性管理水平，缅甸伊江穿越备用管道水下悬空隐患彻底消除，有效应对乍喀管道停输、土库曼斯坦天然气康采恩断电及设备故障、乌兹别克斯坦冬季气荒等突发事件，确保油气平稳输送，圆满完成油气保供任务。

“四大工程”扎实推进，经营管理成果显著。提质增效和亏损企业治理工程深入实施，经营效益大幅增长。按照“一地区一方案，一项目一策略”原则，制定实施提质增效和亏损治理专项工作方案，各项工作取得显著成效。中东地区加快提油回收、开展套期保值试点，中亚地区加大增量补供，尼罗河地区狠抓清欠增收，拉美地区应对制裁稳油增产，西非地区加强扩销推价，俄罗斯地区突出 LNG 全产业链增效，国际管道持续优化运行，累计采取提质增效措施 374 项，提质增效和亏损企业治理超额完成年度目标任务。企业改革三年行动和人才强企工程稳步推进，发展动力不断增强。持续加大改革统筹推进力度，聚焦改革瓶颈，突出系统性顶层谋划、实行穿透式推动督办、开展点线面宣传引导，全年完成改革任务 66 项，超额完成年度任务。"'一带一路'油气合作战略管理"入选国务院国资委国有重点企业管理标杆项目，成为共建"一带一路"倡议的优秀实践案例。按照中国石油集团公司部署，召开人才强企工程推进会，专题研究部署中油国际公司人才强企工程任务，制修订《招聘管理办法》《员工退出管理办法》，完成全部 57 家二级单位领导班子成员《任期岗位聘任协议和经营业绩责任书》签订，人才激励政策、人才选拔配置机制持续优化，"人才强企"工程在海外稳步实施。

科技创新力度不断加大，共享管理水平持续提升。科技创新方面，贯彻落实中国石油集团公司科技与信息化创新大会精神，强化海外科技攻关，三个国家重大科技专项、三个中国石油集团公司"十三五"重大科技项目顺利通过验收，在复杂裂谷盆地、超深水盐下湖相碳酸盐岩、改善开发效果与提高采收率技术等方面取得多项重大标志性成果，为西非、拉美、中亚等地区效益勘探开发提供技术支撑。"中非复杂叠合型裂谷油气勘探关键技术与重大发现"获中国石油和化学工业联合会科技进步奖特等奖，"阿布扎比低渗碳酸盐岩油藏开发关键技术及应用""哈萨克让纳若尔带凝析气顶碳酸盐岩油藏稳产 500 万吨开发关键技术"分别获中国石油集团公司科学技术进步奖一等奖、二等奖；迪拜研究院筹建并挂牌，为中东、非洲及其他地区提供强靠前技术支持。13 项新技术新产品在哈法亚、阿克纠宾、乍得、尼日尔等 8 个海外项目得到推广应用，实现增值创效。信息化、数字化、智能化发展方面，实现海外勘探开发、炼化等信息与中国石油集团公司三大数据平台集成，工作效率和数据价值大幅度提升；海外工程作业智能支持中心（EISC）在尼日尔上游、乍得上游、哈法亚等五个项目试点应用，为海外项目井下复杂处置提供有力技术保障；全面实行全球安全移动协同办公，搭建保密办公平台和文件加密传输通道，网络安全防护能力大幅提升，以科技手段推动保密工作走在中国石油集团公司前列。

新冠肺炎疫情和 QHSE 重大风险应对有效，海外业务风险水平总体可控。持续巩固疫情常态化防控成果。落实中国石油集团公司疫情防控工作要求，细化工作任务，压实属地责任，动态更新常态化疫情防控工作方案。推动超期员工动迁和员工轮休，成立集中动迁工作专班。海外中方员工疫苗接种率 100%、当地雇员接种率 92%，守住新冠肺炎疫情防控底线，实现"三零"目标。QHSE 管理水平稳步提升。按照"立足于防、从严管理、全面覆盖、以人为本"总体要求，压紧压实责任，扎实推进质量健康安全环保各项工作。狠抓安全生产责任落实，全面推进专项整治三年行动攻坚，深化风险分级管控与隐患排查治理双重预防机制。做好关键领域安全生产管理，落实井控管理各项措施，全年未发生井喷事件。加强社会安全风险管控，加强预案备案，开展应急演练，稳妥应对乍得、缅甸、苏丹等突发政局动荡，保障中方人员安全，得到外交部驻外使领馆及中国石油集团公司领导肯定。持续强化海外项目环保合规管理，完成海外 56 个在产项目（区块）碳排放数据分析与核算，曼格什套、安第斯等项目重点隐患治理有序进行，哈法亚项目在国家发展改革委“一带一路”绿色项目研讨会上作典型交流。持续深化员工健康管理，统筹职业健康与员工健康管理，组织远程会诊 164 人次、咨询 5398 人次。海外油气业务实现“六个杜绝”，损工伤害率 0.024，总可记录事件率 0.082，好于 2020 年同期。

合规管理和股东行权体系逐步完善，依法治企水平持续提高。高质量构建合规管理体系。积极应对国际合规监管严峻形势，以“创建中国石油集团公司法治示范企业”为目标，制定四个方面的合规指引，高质量构建符合中国石油集团公司要求、契合中油国际公司业务实际的合规管理体系。俄罗斯、加拿大、巴西等 5 个海外公司成为合规示范单位，中油国际公司获中国石油集团公司法治建设先进单位，获业界“中国区 15 佳法律团队”“卓越法务团队”等殊荣。全方位筑牢法律风险防控体系。严格法律论证与合规审查、积极应对重大法律商务纠纷，持续巩固完善公司风险防控体系。多层次优化行权管理体系，全面加强股东事务制度及内部指引建设，优化行权管理标准；持续夯实协调组织、代表任命、审签流程等基础工作，提高行权管理效率；非作业者行权策略研究取得积极进展，创建行权管理试点；强化股东审计，守好股东行权最后一公里，维护中方投资者权益。

庆祝建党百年和党史学习教育深入开展，中油国际公司党建持续走深走实。建党百年庆祝活动凝心聚力、再赋新能。深入学习贯彻习近平总书记在庆祝建党 100 周年大会上的重要讲话精神，以“石油工人心向党、建功奋进新时代”为主题召开表彰大会暨专题党课，组织建党 100 周年征文、书画、摄影等群众性系列文体活动。党史学习教育和主题教育活动特色鲜明、屡获好评。建立完善“第一议题”制度，第一时间传达习近平总书记重要讲话精神，以实际行动做到“两个维护”；将党史学习教育部署与“转观念、勇担当、高质量、创一流”主题教育活动融合，尼日尔项目和乍得上游项目分别在国务院国资委、中国石油集团公司作典型发言，“三类区域、四个无差别”经验做法得到中央指导组、国务院国资委和中国石油集团公司的高度评价。国际传播迈出新步伐，赢得新荣誉。微纪录片《回“家”》被新华网、“学习强国”学习平台转载，点击量超 500 万人次，辐射传递石油精神和石油文化。完成哈萨克斯坦、缅甸两个国家的国际传播项目，并获国务院国资委肯定。在第二届“一带一路”能源部长会议上，中亚天然气管道 AB/C 线、亚马尔 LNG、尼日尔阿加德姆上下游一体化 3 个项目获“能源国际合作最佳实践案例”，为中国石油的国际品牌传播增光添彩。积极开展“我为员工群众办实事”119 项，妥善解决“急难愁盼”问题，建立海外超期工作员工及家属关爱慰问帮扶机制，关心关爱退休员工，员工群众的获得感、幸福感、安全感大大增强。监督保障作用充分发挥，始终保持风清气正。坚持不懈纠“四风”、树新风，推动工作作风监督检查常态化。开展海外油气投资业务监督体系研究，创新采用“巡审巡控联动”“远程巡察审计”等方式，全年开展 3 次巡审联动工作，推动形成互联互补、相关配合的大监督格局。

特 载

强化使命担当 汲取奋进力量 为建设世界一流综合性国际能源公司做出新贡献

——中油国际公司董事长叶先灯在主题教育活动宣讲会上的报告

（2021年3月18日）

为深入贯彻落实集团公司“转观念、勇担当、高质量、创一流”主题教育活动总体部署，今天，我们专门召开会议，对“转观念、勇担当、高质量、创一流”主题教育活动进行专题宣讲，动员广大干部员工认清新形势、明确新目标、落实新任务，以饱满的精神状态投身高质量、创一流目标任务，全力推动海外油气业务高质量发展，以优异成绩向建党100周年献礼。下面，围绕本次会议主题我重点从以下几个方面来讲。

一、统一思想、认清形势，充分认识此次“转观念、勇担当、高质量、创一流”主题教育活动的重要意义

集团公司每年围绕一个主题，已经连续18次开展“形势、目标、任务、责任”主题教育活动，成为凝聚人心、激励队伍、推进发展的重要载体。今年的第19次主题教育活动意义非凡、任务艰巨，既是履行保障国家能源安全使命的重要举措，又是公司提质量、增效益、实现可持续发展的现实选择；既是发动群众、依靠群众，汇集全员智慧力量的号角，又是向党员领导干部敲响应对危机的警钟。公司上下要通过这次主题教育活动引导全体干部员工进一步解放思想、转变观念、改革创新、担当作为，共同推进海外油气业务高质量发展。

（一）开展主题教育活动，是牢记我党百年伟业、党领导石油工业发展，保持初心使命的责任担当

我们党的100年，是矢志践行初心使命的100年，是筚路蓝缕奠基立业的100年，是创造辉煌开辟未来的100年。历史与实践充分证明，正是始终坚持党的领导，坚持听党话、跟党走，新中国石油工业才实现了一次次逆境突围，取得了一个又一个辉煌成就，不断发展壮大，积极履行“三大责任”；中国石油海外油气业务才得以从无到有，由小变大、由弱变强，到如今成为国际油气市场的一支重要力量。从1949年到1978年，我们党领导人民在旧中国“一穷二白”的基础上建立起独立的比较完整的工业体系和国民经济体系，有效维护了国家主权和安全，我国社会主义建设事业迈出了坚实步伐。新中国成立之初，百废待兴。面对西方

封锁，中国石油工业在中国共产党领导下，自力更生、艰苦奋斗，接手玉门，快速建成中国第一个天然石油基地；革命加拼命，高水平高速度建成大庆油田，把“贫油”的帽子扔进了太平洋，为推动我国经济社会发展、保障改善民生、增强综合国力作出了重要贡献。1993 年，我国从原油生产国转变为原油进口国，党中央、国务院及时提出“走出去”战略，号召“充分利用国内外两种资源、两个市场”，中国石油积极响应走出国门，踏上了国际油气合作的征程。目前，中国石油在海外 33 个国家运作着 90 个油气投资项目，中外员工和合作伙伴遍布全球，海外年油气权益产量当量稳超 1 亿吨，净产量 6080 万吨。可以说，我国石油工业特别是中国石油海外油气业务的发展及其取得的辉煌成就，闪耀着中国共产党理论路线方针政策的光辉，凝聚着党中央的亲切关怀和殷切厚望，饱含着集团公司历届党组关怀厚爱和大力支持，承载着百万石油人的殷切希望。

我们开展主题教育活动，要结合党和国家事业取得历史性成就、发生历史性变革的进程，深刻学习领会新时代党的创新理论，坚持不懈用习近平新时代中国特色社会主义思想武装头脑、指导实践、推动工作，进一步凝聚思想政治共识，不断提高政治判断力、政治领悟力、政治执行力，引导广大干部员工认清形势、转变观念、勇于担当，以超常决心、超常举措、超强力度，抓细抓实，抓出实效，努力为集团公司和海外油气业务提质增效、高质量发展提供强大的精神动力，为党和国家全面夺取全面建设社会主义现代化国家新胜利贡献海外石油力量。

（二）开展主题教育活动，是深入学习习近平总书记对中国石油亲切关怀、谆谆嘱托，贯彻落实系列指示批示精神的坚决行动

党的十八大以来，以习近平同志为核心的党中央高度关注石油工业的发展，先后 9 次就大力弘扬以“苦干实干”“三老四严”为核心的石油精神、加大国内勘探开发力度、保障国家能源安全等作出重要指示批示。总书记的指示批示，让百万石油员工深感振奋，备受鼓舞，总书记的勉励与厚望，化作持久强大的动力，激励百万石油员工砥砺前行。

特别是 2013 年，习近平主席出访哈萨克斯坦、印度尼西亚时，先后提出建设“丝绸之路经济带”和“21 世纪海上丝绸之路”的倡议。8 年来，“一带一路”倡议推动沿线油气合作迈向纵深，中国石油紧紧抓住历史机遇，继续巩固和扩大先发优势，围绕政策沟通、设施联通、贸易畅通、资金融通、民心相通的“五通”目标，秉承共商、共建、共享的“三共”原则，积极打造“一带一路”建设的能源支点，深化国际油气合作的思路更加清晰、目标更加明确、步伐更加坚定。中油国际作为中国石油推进“一带一路”倡议的重要参与者和践行者，始终秉承“互利共赢”合作理念，全力推进海外油气业务优质高效发展，目前已建成五大油气合作区、四大油气战略通道，形成了以勘探开发为核心的完整油气业务链，正在向建设世界一流国际油公司的目标努力迈进。

2014 年，习近平总书记就推动能源生产和消费革命提出 5 点要求：推动能源消费革命，抑制不合理能源消费；推动能源供给革命，建立多元供应体系；推动能源技术革命，带动产

业升级；推动能源体制革命，打通能源发展快车道；全方位加强国际合作，实现开放条件下能源安全。7 年来的实践证明，“四个革命、一个合作”的能源安全新战略，从全局和战略高度指明了保障我国能源安全、推动我国能源事业高质量发展的方向和路径。我们开展国际化经营是落实“四个革命、一个合作”国家能源安全战略的重要组成部分，这就要求我们进一步发挥“走出去”先发优势和与“一带一路”沿线国家产业高度契合优势，增强国际化经营和全球资源配置能力，在开展全方位国际合作中发挥示范带头作用。

我们要深入贯彻习近平总书记对集团公司的重要指示批示精神和党中央决策部署，把忠诚和决心落实到坚决的行动上。要切实把主题教育活动的成效转化为推动海外油气业务高质量发展的强大动力，将主题教育活动与公司提质增效专项行动、改革三年行动方案、亏损治理专项行动结合起来，与实现油气权益效益产量亿吨目标结合起来，切实破解制约公司高质量发展的瓶颈，在集团公司世界一流综合性国际能源公司建设和实施国际化战略中发挥主力军和排头兵作用，分三步走全面建成世界一流国际油公司。

（三）开展主题教育活动，是全面分析国际发展环境、发展趋势，认真落实集团公司对海外油气业务高质量发展殷切期望的重要举措

新时代新阶段，百年未有之大变局加速演进，国内外宏观环境深刻变化，海外油气业务发展面临一系列新机遇，同时也面临许多新的挑战。主要体现在：一是全球地缘政治格局正在发生“改变”。世界百年未有之大变局进入加速演变期，“东升西降”趋势明显，中美战略博弈将长期存在，海外油气业务在新项目获取、项目运营、资金安全等方面，面临着严峻挑战。二是全球能源清洁低碳化转型趋势正在发生“衍变”。中国已经作出 2030 年前碳达峰、2060 年前碳中和的郑重承诺，绿色低碳已经纳入集团公司发展战略体系，这对海外业务加快清洁低碳发展步伐提出了新的更高要求。三是大变局背景下中国经济发展方式正在发生“质变”。中央多次强调，要保粮食能源安全、保油气产业链供应链稳定，加快科技自立自强。这就要求海外业务加快攻克重要领域“卡脖子”技术，补齐海外油气产业链供应链短板。四是全球新冠疫情蔓延和数字化转型浪潮推动管理理念和管理方式正在发生“巨变”。新冠疫情加速了能源行业向信息化、数字化转型数字化技术与能源产业的有机融合，正在成为引领能源产业变革、实现创新发展的源动力，这就要求海外业务打破固有的思维定式，适应新发展阶段，贯彻新发展理念，因地制宜，创新管理方式，提升管理效率。

从总体上看，世界不确定性、不稳定性日益增多，但求和平、谋发展的时代潮流不会改变；国际格局深刻演变，但世界多极化的趋势不会改变；自由贸易和多边主义遭遇逆流，但经济全球化的大趋势不会改变。对内求发展、求和谐，对外求合作、求和平，没有任何人能够阻挡中国向前发展的步伐。

集团公司“十四五”规划明确大力实施国际化战略，优化调整主营业务国际合作战略布局，强化国际商务运作、资本运营和全球资源配置，加快理念、管理、技术、标准和人才国

际化步伐，深度参与全球能源治理，不断提升国际化经营能力和行业影响力，推动构建能源合作利益共同体。海外油气业务要在保持1亿吨权益产量规模基础上持续推动高质量发展，经营管理水平跨入国际油公司先进行列；要以"一带一路"沿线国家和地区为重点，着力优化资产结构、优化业务结构、优化区域布局，加大资产经营和资本运营力度，抓好在役项目生产经营，打好亏损治理"攻坚战"，努力提高投资回报。

我们要充分认识到，当前海外油气业务发展仍处于重要战略机遇期。能否抓住机遇、战胜挑战，关键要看我们是否有识变的敏锐和智慧、应变的方法和策略、求变的胆识和担当，是否有刀刃向内、自我变革的勇气和决心。开展主题教育活动，一方面就是要清醒认识海外业务发展中存在的差距和不足，充分认清形势的严峻性、复杂性、长期性，牢固树立底线思维，丢掉幻想、直面挑战，敢于斗争、善于斗争；另一方面要看到国际能源转型带来的新机遇等有利条件和光明前景，用全面、辩证、历史的眼光看待当前的困难和风险因素，保持战略定力，进一步坚定信心、振奋精神，趋利避害，化危为机，谱写高质量发展新篇章。

二、总结"十三五"、奋进"十四五"，全力推动海外油气业务高质量发展

"十三五"以来，面对复杂多变的内外部形势，尤其是低油价带来的巨大冲击和挑战，海外油气业务大力转变发展方式，全面推进改革创新，坚持以质量效益为中心，深入开展开源节流降本增效工程，海外五大合作区和四大通道建设持续推进，业务领域和规模逐步扩展，油气储量和产量稳步增长，质量效益不断提升，国际化经营管理水平进一步提高，主要规划指标完成较好，为"十四五"优质高效发展奠定了坚实基础。

五年来，我们大力推进自主勘探，资源基础得到进一步夯实。以寻求优质可快速动用储量为目标，大力实施油田周边的精细滚动勘探和风险领域的甩开勘探，取得了一系列勘探成果和重要突破。在巴西海上发现与探明1个15亿吨世界级巨型油田，在乍得、土库曼斯坦和厄瓜多尔发现5个亿吨级规模油气区带，在缅甸、尼日尔、苏丹、哈萨克斯坦、阿联酋和加拿大发现6个千万吨级规模油气区，超额完成规划目标。

五年来，我们稳步推进产能建设，油气产量跃上亿吨新台阶。强化老油田精细管理和生产组织，深入推进以"注水、水平井、提高采收率"为核心的三大工程和以"四化"为核心的"二次开发"工作，海外油田综合含水由下降，综合递减得到有效控制。哈法亚项目三期新建1000万吨产能工程、阿姆河B区东部三气田一期工程、亚马尔项目1650万吨/年产能工程、乍得H区块2.2期360万吨产能工程等十余项新区上游重点工程陆续投产。"十三五"期间，海外年均权益产量当量9354万吨，特别是2019年油气权益产量突破1亿吨，产量规模实现里程碑式增长。

五年来，我们持续抓好管道炼化安全平稳运行，保供保效作用充分发挥。中缅原油管道、加拿大激流管道一期工程和乍得原油外输管道改造工程建成投产，哈南线、中亚C线天然气管道增输改造工程按计划完成，油气输送能力有效提升。“十三五”期间，海外年均原油输量2883万吨，年均天然气管输量483亿方。中亚气和中缅气管道向国内供气量占同期中石油进口总量超过70%，中哈油和中缅油管道向国内供应原油占同期中石油陆上进口总量超过40%。炼化方面，哈萨克奇姆肯特炼厂升级改造炼化项目圆满完成，乍得、尼日尔、苏丹炼厂平稳运行，“十三五”末，海外原油加工量637万吨/年。

五年来，我们积极推进新项目开发与合资合作，资产结构不断优化。“十三五”期间，海外共获取阿布扎比陆上、阿布扎比海上、巴西佩罗巴、巴西布兹奥斯和阿拉姆、俄罗斯北极LNG 2等9个新项目，“十三五”末对海外业务权益产量贡献占比接近10%；完成阿曼5区、PK项目38/49/1057区块、阿克纠宾项目968区块延期；完成中亚天然气管道、阿布扎比海上等5个项目合资合作；完成苏丹2A/4区等5个项目退出。

五年来，我们严格控制投资规模与成本，创效能力持续改善。通过持续开展开源节流降本增效工程，强化产能优化，优化投资结构，控制投资节奏，控减低效无效投资，加大销售推价，加强亏损企业治理等措施，保持了效益的稳步增长，公司财务状况持续好转。

五年来，我们持续加强QHSE体系建设，安全环保良好业绩持续巩固。成功应对苏丹、南苏丹、乍得、尼日尔、伊朗、伊拉克和委内瑞拉等资源国政局变化和社区冲突等应急突发事件。坚持“以人为本、质量至上、安全第一、环保优先”的QHSE理念，始终追求“零事故、零污染、零伤亡、零缺陷”目标，实现了良好的QHSE业绩。2007—2020年，连续14年未发生较大及以上工业生产安全事故和交通事故，在世界石油市场上树立了对健康、安全和环境负责任的国际大公司形象。

五年来，我们持续推进改革创新，公司发展动力不断增强。持续推进海外体制机制改革，梳理三级职能定位，搭建“三大三小中心”全球支持体系；创新以“定岗定编、全员轮换计划、内部公开竞聘系统和人才池”为内核的海外人才交流轮换机制；持续强化科技创新；不断加强党建，将“石油精神”“大庆精神铁人精神”与海外国际化管理实践有效融合，逐步培育了海外“爱国奉献、温暖关爱、和谐融合、合作共赢、人本安全”的企业文化。“十三五”期间，海外共完成新制度发布82项（次）、现有制度修订80项（次）、废止114项（次），获得国家科技一等奖1项、省部级科技一等奖8项。

总体来看，海外油气业务“十三五”规划执行情况好于规划目标，主要指标基本完成或超额完成。随着海外业务体制机制改革持续推进，风险防控能力不断加强，国际化经营软实力逐步提升，油气资源基础进一步夯实，油气权益产量实现1亿吨突破，资产结构优化成效显著，经营效益持续保持良好，为“十四五”及未来一段时期的发展奠定了坚实基础。

三、践行新理念、展现新作为，确保“十四五”开局之年取得新气象

2021年是中国共产党成立100周年，是“十四五”规划开局之年，也是海外油气业务推动优化发展和高质量发展的起步之年。结合主题教育活动和当前工作实际，我强调以下几项重点工作。

（一）抓好主题教育活动总体安排

“转观念、勇担当、高质量、创一流”主题教育活动作为集团公司庆祝中国共产党成立100周年一项重要工作，是贯彻落实党的十九届五中全会精神，准确把握新发展阶段、深入贯彻新发展理念、主动融入新发展格局的实践举措；是深入贯彻落实集团公司2021年工作会议精神，奋进高质量、推进创一流的思想动员；是“战严冬、转观念、勇担当、上台阶”主题教育的深化拓展。活动覆盖全员、贯穿全年，“七一”前集中开展，下半年深化推进。公司各级单位要高度重视，紧扣打造提质增效“升级版”和公司改革三年行动实施方案，围绕“十四五”规划部署和2021年重点工作安排，紧密研讨，扎实推进，形成一级抓一级，层层抓落实的工作格局。公司各级领导班子要深刻认识这次主题教育活动的重要意义，明确一流怎么创、高质量怎么干、担当怎么办、观念怎么转，统一思想和行动，引导全体干部员工认清新形势、明确新目标、落实新任务、扛起新责任，积极投身高质量、创一流目标任务。

今年主题教育活动把“转观念”放在首位，就是要对照习近平总书记关于理念是行动的先导的重要论述精神，把新发展理念作为指挥棒、红绿灯，迅速坚决地把思想和行动统一到新发展理念上，不断增强集团公司生存力、竞争力、发展力、持续力。

转观念，就是要深刻认识从讲政治高度做好经济工作的重要意义，从讲政治角度准确把握国有企业的属性和定位，与创新、协调、绿色、开放、共享新发展理念对标对表，不断强化政治意识、忧患意识、创新意识、开放意识、效益意识、担当意识、实干意识、法治意识。

勇担当，就是要深刻认识勇于担当、敢于作为是干事创业基本前提。各级干部要把握两个大局，立足当前、着眼长远，对“国之大者”心中有数、对企业要情了然于胸，以更加扎实的政治能力、战略眼光、专业水平，观大势、谋全局、干实事、抓落实，在肩负起保障国家能源安全的使命中，发挥好中油国际的作用。

高质量，就是要深刻认识国有企业履行经济责任、政治责任、社会责任的基础是实现高质量发展。高质量发展是体现新发展理念的发展，是创新为第一动力、协调为内生特点、绿色为普遍形态、开放为必由之路、共享为根本目的的发展，是坚持质量第一、效益优先的发展，是实现质量变革、效率变革、动力变革的发展，实现国有资产的保值增值、实现良好投资回报是海外油气业务高质量发展的最本质要求及标志。

创一流，就是要深刻认识建设世界一流企业是国家对国有企业的殷切期望和战略布局，也是集团公司贯彻新发展理念构建新发展格局的必然要求。

按照集团公司《关于开展“转观念、勇担当、高质量、创一流”主题教育活动的通知》要求和公司开展主题教育活动实施方案部署，公司第一时间成立主题教育活动组织机构，确定主题教育活动实施方案和工作安排，高标准、高质量启动主题教育活动。本次主题教育活动按照学习教育、层层宣讲、广泛讨论、对标查改、岗位实践五个方面开展。

一是学习教育，坚定信心。要强化理论武装，围绕学习贯彻习近平新时代中国特色社会主义思想这一首要政治任务，结合实际重点学习习近平总书记关于新发展理念、做强做优做大国有资本和国有企业、“四个革命、一个合作”能源安全新战略等重要论述；认真落实“第一议题”制度，第一时间跟进学习习近平总书记最新重要讲话和指示批示精神；反复学习习近平总书记对中国石油重要指示批示精神；广泛学习党史、新中国史、改革开放史、社会主义发展史；持续学习党的十九届五中全会精神；深入学习集团公司及中油国际公司 2021 年工作会议精神。领导班子结合年度中心组学习计划，利用集体学习、自学、专题研讨等方式，持续开展学习教育。机关部门和所属国内单位灵活运用部门例会、主题实践、网络培训等形式，组织全体干部员工开展学习研讨。要把学习贯穿整个主题教育活动全过程，学以致用、学用结合，进一步提高政治站位，增强“四个意识”、坚定“四个自信”、做到“两个维护”。

二是层层宣讲，认清形势。公司主要领导、各海外地区公司主要领导、各项目公司主要领导要带头宣讲；公司其他领导班子成员、海外地区公司其他班子成员、项目公司其他班子成员、所属国内单位和机关部门负责人，结合业务，采取灵活多变的方式进行宣讲。有条件的单位或部门可以组织优秀员工、劳模先进、顾问专家等，立足岗位进行宣讲。

要做到“四个讲好”与“五个讲清”：讲好中国共产党百年伟业的故事，讲好党领导石油工业发展的故事，讲好习近平总书记对中国石油的亲切关怀、谆谆嘱托和集团公司对海外油气业务的殷切期望，讲好海外油气业务，守初心、担使命，栉风沐雨、艰苦奋斗的创业史。

海外油气业务从 1993 年开始，历经基础发展、规模发展、优化发展三个阶段，实现了从无到有、从小到大、从弱到强的历史跨越，建成了中亚俄罗斯、中东、非洲、美洲、亚太五大油气合作区，构筑了西北、东北、西南和东部海上四大油气战略通道，形成了以油气勘探开发为核心，集管道运营、炼油化工、油品销售于一体的完整油气产业链，发展规模和发展质量不断提升，实现了我国国内油气供应多元化，有效保障了国家能源安全，成为国家“一带一路”倡议的重要组成部分。

面对新形势、新任务、新要求，要讲清国际发展环境、发展趋势和海外油气业务面临的机遇挑战，讲清海外油气业务“十四五”规划和 2021 年目标任务，讲清新发展理念要求、海外油气业务高质量发展的突出矛盾和解决方法，讲清海外油气业务深化改革的目的意义和措施要求，讲清“转观念”的重点和路径、“勇担当”的实质和要求、“高质量”的内涵和外延、“创一流”的目标和方向。

三是广泛讨论，凝聚共识。围绕海外油气业务提质增效专项行动方案和 2021 年重点工作，结合海外实际，进一步转变观念、推进高质量发展，围绕“一流怎么创、高质量怎么干、担当怎么办、观念怎么转”开展解放思想大讨论。通过讨论，各级领导干部要首先完整、准确、全面贯彻新发展理念，进而引导干部员工全面、系统、辩证地看待形势与任务、困难与挑战、出路与思路，牢固树立与新发展理念相契合、与高质量发展要求相适应的思想意识，以先进理念、昂扬斗志推进高质量发展。

四是对标查改，压实责任。公司领导班子

成员按照分管部门、分管地区、分管业务领域和党建联系点等，对照习近平新时代中国特色社会主义思想和习近平总书记对中国石油重要指示批示精神，对照集团公司贯彻新发展理念和推进高质量发展的决策部署，对照国际同行业的先进水平和世界一流标准，对照石油精神和大庆精神铁人精神等石油工业优良传统，对照广大员工群众热切期盼，围绕海外“十四五”规划纲要，在实现三大战略目标、实施四大发展战略、坚持五大发展原则、推进五大战略部署、落实七大保障措施等方面对标对照、持续改进。各单位重点在发展战略、发展目标、发展思路、发展举措等方面，查找在本行业处于什么位置水平、哪些指标还有差距、哪些方式还不适应，强优势、补短板、定措施、抓落实。广大干部员工要在思想、能力、作风和管理、技术等方面进行对标查改。

五是深化岗位实践，实现价值创造。“七一”前，公司将总结开展党员示范岗、党员责任区和党员突击队创建活动经验成果，围绕迎接建党100周年开展成果交流活动，总结提炼经验做法。活动期间，将在各海外企业、各所属单位、机关各部门开展一次“我为员工办实事”实践活动，在各海外项目公司开展一次降本提质增效攻关活动，并将岗位实践活动固化为工作制度持续开展。

总的来说，公司上下要通过开展“转观念、勇担当、高质量、创一流”主题教育活动，进一步贯彻落实好集团公司决策部署，提高政治站位，坚定公司改革发展信心、决心；迅速认清当前形势任务，明确责任目标，牢牢把握当下改革发展战略机遇期；加快解放思想、转变观念，深入践行新发展理念，引导全员拥护改革、主动参与改革，凝聚广泛共识；层层压实责任，人人担当作为，确保海外油气业务工作会议精神和全年奋斗目标落细落实落地；汇聚智慧合力，深化岗位实践，推动目标任务向成果效果转化，实现价值创造、效益提升，不断增强经营创效能力和国际化管理水平。

（二）抓好国内外常态化疫情防控各项工作

新冠肺炎疫情全球暴发以来，在公司党委、各级领导干部的靠前指挥下，全体员工，尤其是疫情防控相关人员坚守阵地、辛勤付出，公司疫情防控取得了“三零”的阶段性重大成果。在防疫常态化的形势下，公司将持续提高政治站位，树立底线思维，严格落实“外防输入、内防反弹”要求，时刻保持警惕，以久久为功的韧劲抓好疫情防控各项工作。

一是持续自觉提高政治站位。要认真学习领会党中央、国务院重要指示精神，贯彻落实集团公司疫情防控工作部署，切实增强疫情防控的责任感、紧迫感，充分认识疫情防控工作的严峻性、复杂性、重要性，克服松懈思想，力戒厌战情绪，全面调动广大员工防疫的积极性、主动性、创造性、自觉性，进一步筑牢基层防线，坚决巩固疫情防控成果。

二是严格落实常态化防疫措施。针对国内外疫情防控的不同重点和阶段特点，结合项目实际持续优化疫情防控常态化方案。对现有疫情防控措施进行再梳理、再检查，不断完善管理制度和现场防控措施，狠抓落实，坚持“防松劲、防漏洞、防反弹”要求，认真落实常态化疫情防控方案要求，坚持“人、物、环境”同防，坚持分级分区差异化管理，坚持重点领域精准施策，做好工作部署，全面保障员工身心健康，特别是精心组织好人员轮换、后勤保障工作，抓实抓细防疫物资保障以及核酸检测和疫苗接种等工作，确保防疫工作效果。

三是持续加强防疫知识培训。压实培训责任，一级培训一级。多途径、多方式加强对中外方员工、外方员工家属以及当地社区的疫情防控知识宣传和培训，提升全员防疫意识，教育大家自觉遵守防疫要求，养成良好个人防护习惯，提升疫情联防联控能力。

四是深入强化员工关心关爱与身心健康保障。要充分发挥境外基层党组织战斗堡垒作用，加强海外员工思想引导，为做好“双稳”工作提供坚强的思想保障。创新工作方法，常态化、精细化开展点对点的人文关怀，完善和固化疫情期间关心关爱员工的举措，要在做好疫情防控的前提下，组织海外员工适当开展文娱活动，传播正能量，更好满足员工精神文化需求，确保员工保持良好身心状态。加强外派人员出国前综合评估，确保外派员工做好充分心理和身体准备。持续利用国内医疗机构资源为员工提供远程会诊、心理讲座等健康支持工作，拓展航空转运救治资源，提高疾病处置能力，为员工身体和心理健康保驾护航。

五是不断强化疫情衍生风险防控。根据资源国疫情和社会安全形势动态，加强分析研判，提升预警能力；合理安排“疫情常态化”下的生产作业活动，合理调配人员，强化现场监管，确保现场负责人和关键技术、管理人员在岗到位，保证日常安全管理正常开展，严防出现安全漏洞，严防发生安全事故；结合项目实际，升级安保管理措施，切实做好应急准备。

（三）抓好“三大工程”及各项生产经营工作

一是持续推进“三大工程”取得新突破。全力打造提质增效“升级版”工程，围绕海外业务“十四五”规划部署，以“量效兼顾、效益优先”为价值导向，以深化供给侧结构性改革为实施路径，在理念、措施等方面突出“五个升级”，锻造、巩固低成本发展的长期性战略性优势。大力实施公司改革三年行动，按照“一年筑基、二年落地、三年调整”的基本思路，集中发力、多点突破、攻坚克难，破解发展困局，为公司实现可持续高质量发展提供体制机制保障。通过推进公司治理体系和治理能力现代化、构建差异化和精细化的项目管控模式、加强全球技术商务后勤共享支持、推进人才强企战略落地、落实改革专项工作等措施，突破改革焦点难点问题，不断提升海外业务经营创效能力、风险防控能力、国际竞争能力，增强海外业务发展活力和国际化运营管理水平。深入推进亏损治理专项行动，要牢固树立“企业不消灭亏损，亏损终将消灭企业”的思想，扎实落实集团公司部署要求，按照“六个精准”工作要求，结合“四个一批”的工作方式，坚持“一企一策”的工作策略，大力推进亏损治理工作，建立亏损治理长效机制；巩固好亏损治理成果，按照“十四五”亏损治理整体规划，采取经营扭亏、退出、破产清算等方式完成相关项目扭亏。

二是全力推动主营业务生产运行稳中向好。聚焦勘探重点领域，解放思想，坚定信心，加大勘探投入，优先做好尼日尔、乍得、巴西等重点勘探项目评价部署，力争大发现、大场面，实现效益规模增储。坚持效益开发，强化生产精细管理，持续推进开发方案全周期管理和开发策略研究，加强新技术推广和关键技术攻关，重点提高新井达标率和措施有效率，整体开发指标力争实现“一稳两升两降”，持续抓好土库曼阿姆河、尼日尔二期、北极 LNG 2、莫桑比克 4 区等项目重点产能建设工程，确保全年完成 1 亿吨生产任务目标，力争完成 1.05 亿吨奋斗目标。加强管道炼化项目维护和隐患排查治理，确保安全平稳运行，做好中亚和中缅油气管道多国多方协调机制优化，保障能源通道安全畅通。持续抓好新项目开发与资产优化，推动海外资产布局优化调整取得新突破。

同志们，当前海外油气业务面临的内外部形势依然复杂严峻，让我们在集团公司的正确领导下，聚焦高质量发展，扎实推进党史学习教育、主题教育活动和提质增效、亏损治理、疫情防控、安全环保等各项工作，坚定信心、乘势而上、拼搏进取，确保全面完成年度目标任务，实现“十四五”良好开局！

牢记初心奉献海外　践行使命成就未来

——中油国际公司总经理贾勇在 2021 年度中油国际公司新员工入职培训开班仪式上的讲话

（2021 年 7 月 21 日）

在举国上下喜庆党的百年华诞、向着第二个百年奋斗目标迈进的重要时刻，中油国际公司组织开展 2021 年度新员工入职培训，帮助大家了解公司的发展战略，同时掌握工作流程、熟悉公司业务，更好地融入组织、进入角色。参加今天培训的 53 名新员工，都是经过千挑万选、优中选优的青年才俊，大家因为共同的事业，汇聚到这里、从这里出发，开启职业生涯、拥抱美好未来。我代表公司领导班子特别是先灯同志，向加盟中油国际的各位新同事、新朋友，表示热烈欢迎，并预祝这次培训学习顺利、收获满满！

一、重温奋斗历程，在艰苦创业、拼搏奉献中感悟初心使命

习近平总书记指出，历史是最好的教科书，也是最好的清醒剂和最好的营养剂。海外油气业务的昨天是“雄关漫道真如铁”的奋斗史，今天是“快马加鞭未下鞍”的进行曲。从百年党史、新中国石油工业史和海外创业史的学习中，我们可以汲取智慧、获得力量，增强守初心、担使命的思想自觉、行动自觉，鼓起迈进新征程、开创新局面的精气神，让党的光荣传统、石油工业的优良作风和海外创业的宝贵经验传承发扬、历久弥新，书写新时代海外油气业务的华美新篇章。

一是从百年党史学习中，感悟“为中国人民谋幸福、为中华民族谋复兴”的初心使命。百年征程波澜壮阔，百年初心历久弥坚。中国共产党一经诞生，就把为中国人民谋幸福、为中华民族谋复兴确立为自己的初心使命。100 年来，中国共产党团结带领中国人民进行的一切奋斗、一切牺牲、一切创造，归结起来就是一个主题：实现中华民族伟大复兴。从1921年到2021年，我们党把革命、建设、改革、复兴事业不断推向前进，逐步实现救国、兴国、富国、强国的奋斗目标。特别是党的十八大以来，以习近平同志为核心的党中央团结带领全国人民，自信自强、守正创新，创造了新时代中国特色社会主义的伟大成就。中华民族迎来了从站起来、富起来到强起来的伟大飞跃，实现中华民族伟大复兴进入了不可逆转的历史进程。去年以来，我国在抗击新冠肺炎疫情斗争中取得了重大胜利，“中国之治”和“西方之乱”形成鲜明对比，更加印证了中国特色社会主义制度和国家治理体系的强大生命力和巨大优越性，充分彰显了我们党矢志不渝践行初心使命的坚强意志和辉煌业绩。

二是从新中国石油工业史学习中，感悟“我为祖国献石油”的初心使命。习近平总书记所说的初心使命落实到中国石油，初心就是我为祖国献石油，使命就是保障国家能源安全。新中国石油工业史，是一部听党指挥、报效国家、奉献能源的光荣史，在《中国共产党简史》中留下了浓墨重彩的“石油印记”。1952年，中国人民解放军第19军第57师近8000名将士响应党中央号召转业组建石油工程第一师，奔赴石油战线，拉开了如火如荼的石油会战序幕。20世纪60年代初期，面对苏联霸权主义的封锁，在极其困难的条件下，我们石油人发愤图强，东拓西进、南征北战，铁人王进喜喊出了：“有条件要上，没有条件创造条件也要上”“宁肯少活二十年，拼命也要拿下大油田”的豪言壮语，先后建成了大庆、长庆、吉化、兰化等一批现代化大油田和大炼厂，涌现出了王进喜、王启民、李新民三代铁人等一大批功勋卓著的英模人物，形成以“苦干实干”“三老四严”为核心的石油精神。1973年12月，周恩来总理宣布：中国人靠“洋油”过日子的时代已经结束了。2016年，习近平总书记在大庆铁人精神内涵的基础上，对石油精神进行了进一步的升华。如今的中国石油工业已经成为党和国家最可信赖的力量，2020年原油产量达1亿9492万吨，占全国石油产量的56%；天然气产量达1888亿立方米，占全国天然气产量的70%，有力地保障了国家能源战略安全，为建设美丽中国做出了重大贡献。

三是从海外创业史学习中，感悟“在海外为国家加油、为民族争气”的初心使命。海外石油人战天斗地的创业精气神从何而来？追根溯源，就是用党的创新理论点燃思想火炬，从坚守初心使命中汲取磅礴力量。1993年，咱们中油国际坚决贯彻中共中央、国务院“利用两种资源、两个市场”战略方针，按照集团公司党委实施国际化战略的要求，带着“走出去”的豪迈气魄拥抱世界，与EM、BP、壳牌等跨国能源巨头同台竞技，从默默无闻的“跟随者”已经发展成为国际同行的优选合作伙伴，以实干实效、善作善成点亮海外油气业务的发展之路。28年来，我们海外石油人全力当好走出去的“国家队”，积极投身国际油气合作和“一带一路”建设，历经“基础发展、规模发展、优化发展”三个发展阶段，在全球建成了五大油气合作区，构筑起四大油气战略通道，在33个国家和地区运作90余个油气合作项目，形成了集油气勘探开发、管道运营、炼油化工、油品销售于一体的完整产业链，2019年、2020年海外油气权益产量当量连续突破1亿吨大关。28年来，我们的员工“吃尽万般苦、不惧万般难”，在海外每增产一吨石油，就是为国家石油安全增加一份砝码，就是为缓解国家能源供应紧张奉献一份力量，责任和使命因此而更加庄重、更加神圣、更加崇高！

二、聚焦接续奋斗，在趁势而上、激流勇进中把握发展机遇

习近平总书记指出 :“时间之河川流不息，每一代青年都有自己的际遇和机缘”。面对伟大时代、海外事业铺就的“立潮头、干大事”这个舞台，青年员工需要自觉地在“两个大局”下辨大势、找方向，紧紧抓住建功立业的难得际遇，肩负起“在海外为国家找油、为民族争气”的光荣使命。

一是奔腾向前的时代潮流为青年员工指明了光明的发展前景。站位世界百年未有之大变局、中华民族伟大复兴战略全局，我们不仅见证了中国共产党成立100周年，而且还身处“两个一百年”奋斗的历史交汇期，既令人自豪，更催人奋进。在今年“七一”讲话中，习近平总书记向全世界庄严宣告中国实现了第一个百年奋斗目标、在中华大地上全面建成了小康社会、历史性地解决了绝对贫困问题。今天的中国，已经从“把自己的事情办好”，发展成为世界经济增长的主要稳定器、动力源，提出了“一带一路”倡议、构建人类命运共同体，为全球抗击新冠肺炎疫情做出了巨大贡献，向全世界提供了解决全人类问题的中国智慧和中国方案。同时，习近平总书记还提出以史为鉴、开创未来的“九个必须”，对青年提出了殷切期望，对全体党员发出了伟大号召，科学描绘了党和人民事业发展的光明前景，激励全党全国各族人民不忘来时的路、走好脚下的路、坚定前行的路，朝着全面建设社会主义现代化国家、实现中华民族伟大复兴的中国梦胜利前进。所以说，你们有幸遇见这个时代，生逢其时、躬逢其盛，使命非凡、重任在肩。希望你们把个人前途融入时代洪流和民族命运之中，在构建“国内国际双循环”新格局中践行初心使命，必定能更好地展示个人风采、实现人生价值。

二是日臻卓越的企业优势为新员工注入了磅礴的发展动力。参与“一带一路”建设、打造海外油气合作利益共同体的历史机遇难得。28年来，中油国际在党中央、集团公司党组的坚强领导下，积极践行“绿色发展、奉献能源，为客户成长增动力、为人民幸福赋新能”的价值追求，将个人理想和企业价值、社会理想紧密结合起来，打造出海外业务的政治优势、公司治理的比较优势、国际竞争的队伍优势、合作共赢的文化优势，铸就了中国石油的“宝石花”金色品牌。在中油国际这个气象万千的企业里，我们坚定“石油工人心向党”的红色信念，唱响“我为祖国献石油”的壮美战歌，保持党建的央企前列地位获得了中组部、中宣部、国资委等国家部委的充分认可；优化调整海外油气投资业务的改革发展战略路线图，构建起一整套独具中国石油特色的、专业化的海外油气项目投资与运营管理模式；实施人才强企创新战略，推进海外“五化”人才发展体制机制改革，形成涵盖“选、育、用、留、轮”各环节的人才发展助力模式，在海外业务发展的伟大进程中，培养出1名中国工程院院士、7名享受政府特殊津贴专家、2名国家“百千万”工程人才、超过百名国际化人才队伍，这一点是咱们公司非常自豪和荣耀的。中国石油董事长是从咱们公司走出去的，中海油党组书记、董事长，还有中石化的党组成员和一些高级干部，都是从中油国际公司走出来的，都是中国石油海外国际化战略历练、磨砺出来的，现在都成了国家能源行业领军人物；强化跨文化管理、融合多元文化，将大庆精神铁人精神与海外国际化管理相结合，培育了“爱国奉献、温暖关爱、和谐融合、合作共赢、人本安全”的海外石油文化。加入到中油国际队伍中来，青年员工要受到大庆精神铁人精神熏陶，获得奋进拼搏伟力，再经历若干个春华秋实，必定从平凡走向优秀，由优秀到达卓越。

三是未来可期的奋斗目标为青年员工提供了难得的发展机遇。习近平总书记在第七十五届联合国大会上提出，中国“力争于2030年前实现碳达峰、努力争取2060年前实现碳中和”的目标，对能源转型提出了更加迫切的要求。集团公司闻令而动、听令而行，对能源企业转型发展做出新部署。“十四五”期间，中油国际将从增强企业的生存力、竞争力、发展力、持续力出发，主动对标集团公司“优化发展国际业务”定位，积极融入“国内国际双循环”新发展格局，按照“2025年创建世界一流水平国际油公司迈上新台阶、2035年全面建成世界一流国际油公司、2050年全面建成国际一流综合能源公司”的“三步走”战略，大力实施“创新、资源、低成本、绿色发展”四大战略，加大优化资产结构、优化业务结构、优化区域布局的力度，争取“十四五”年均新增油气权益可开采储量当量5000万吨，到2025年海外油气权益产量当量达到1.06亿吨，经营管理水平跨入国际油公司先进行列。“奋斗的目标，指引前进的方向。”奔向星辰大海的青年员工，拿出担当的勇气、大胆作为的锐气，在公司宏伟发展目标的指引下努力拼搏、争创佳绩，必将在国际油气合作舞台上崭露才华、焕发光彩。

三、强化职业追求，在守正创新、砥砺前行中矢志能源报国

面对我国发展阶段之变、国际格局调整之变、能源行业转型之变，唯有奋斗方能扛起我们作为央企的担当，唯有发展才能奉献力量。现在，“接力棒”一代代传承到了你们手上，“接力赛”开启在你们脚下。希望大家尽快了解公司愿景，理解公司发展战略和公司业务发展状况，迅速完成角色转换，以信仰引领梦想、用学习支撑思想、靠奋斗实现理想。在这里，也为新加入公司的青年员工提出三点要求：

一要坚定理想信念，争做传承薪火的信仰者。习近平总书记嘱托广大青年要“树立对马克思主义的信仰、对中国特色社会主义的信念、对中华民族伟大复兴中国梦的信心”。在砺乃锋刃的磨砺中，远大志向和坚定信念永远是明亮的灯塔。希望你们在参与全球范围内油气投资合作的时候，不管所处的环境如何艰苦、如何变化、遭遇的情况多么复杂，都要时刻牢记领袖的谆谆教诲，始终保持“石油工人心向党”这个红色基因，坚持用习近平新时代中国特色社会主义思想武装头脑，增强“四个意识”、坚定“四个自信”、做到“两个维护”，用信仰、信念、信心锤炼党性、砥砺品格、坚守理想，时刻保持政治上的忠诚、政治上的自觉、政治上的坚定，在乱云飞渡中保持政治定力，在风险挑战面前砥砺胆识品格，不断增强做中国人的志气、骨气、底气，树立为祖国、为人民永久奋斗、赤诚奉献的坚定理想。

二要练就过硬本领，争做堪当大任的实干者。习近平总书记嘱托广大青年要“在学习中增长知识、锤炼品格，在工作中增长才干、练就本领”。适逢新一轮科技革命和产业变革加速重塑世界，在急速前行的变局中，失之毫厘便会差之千里。在座的青年员工，昨天学习了丰富的理论知识，但这还需要在实践中不断磨砺，特别是在海外油气业务复杂的环境和实践中，你们遇到的自我挑战与以往的学习内容大不相同。所以，你们只有在学习中充实，在创新中求进，才能更加准确地了解行业动向、把握发展脉搏。更加希望青年员工牢固树立梦想从学习开始、事业靠本领成就的观念，强化思想淬炼、政治历练、实践锻炼、专业训练，做到求真务实、切忌浮躁，虚心好学、不耻下问，知行结合、勇于实践，积极投身于海外油气业务，在海外建设中见世面、壮筋骨、长才干，在精益求精、精雕细刻中锤炼自我、提升自我，练就过硬的思想作风和高强的工作能力，为走好未来人生之路奠定坚实的发展基础。

三要勇于尽责担当，争做拼搏进取的奋斗者。习近平总书记嘱托广大青年“民族复兴的使命要靠奋斗来实现，人生理想的风帆要靠奋斗来扬起。”在伟大复兴的征程中，特别是实现中油国际国际化战略上，牢记责任和勇于担当是不可或缺的可贵精神。作为公司的新鲜血液，你们在不久的将来要承担起拓展海外油气业务的光荣使命。希望你们锚定世界一流目标，传承弘扬石油精神和大庆精神铁人精神，认真落实“四精”要求，志存高远、敢为人先、敢于突破，提高创新能力、创造能力、创效能力，以聪明才智推动公司质量变革、效率变革、动力变革；塑造“工匠精神”，练就“工匠本领”，像铁人一样敢于碰硬较真、像二代铁人一样积极创新、像三代铁人一样持之以恒在海外事业中来创造新的业绩；只有干别人干不了的活、吃别人吃不了的苦，才能为公司创造优秀品牌、展现我们中国石油的良好形象；以忠诚为重、以事业为先、以团结为贵，开放包容他人的性格脾气、行为方式、文化特点和种族差异，在交往中增信释疑，营造心情舒畅的工作氛围，推动落实公司的经营理念、管理模式。

习近平总书记指出，发展是第一要务，人才是第一资源，创新是第一动力。7月14日，集团公司党组书记、董事长戴厚良在领导干部会议上，作题为《坚持“两个一以贯之”实施人才强企工作》的讲话，强调加强组织人事工作和实施人才强企工程是贯彻落实新时代党的建设总要求和组织路线的必然要求，是奋进高质量发展和建设世界一流企业的坚强保证，是防范化解风险挑战、推动公司行稳致远的现实需要。中油国际公司党委也召开会议组织学习戴厚良书记的讲话精神，先灯书记做了主题报告，确定了海外油气业务实施人才强企工程总体思路和目标，强调了党对海外油气业务人才强企工程的领导，部署推进了“组织体系优化提升、‘三强’干部队伍锻造、人才价值提升、分配制度深化改革、高质量人才培养”五大工程，统筹国际化人才一体化配置、实施“国际化新千人培育计划"、配套完善海外项目人才激励政策、加快提升人才队伍国际化水平，组织研究制定中油国际人才强企工程工作方案，持续推进人才强企工程落地实施。

各位领导、各位同事，集团公司、中油国际推进人才强企工程的规划部署，集聚人才价值"三能"导向，把人力资源作为企业最核心资源去经营，彰显着公司党委对人才培养的渴望，也体现了渴求人才的期望。现在，公司为人才喝彩、为创新赋能的价值导向已经形成，公司也给大家干事的机会、能干事的舞台、干成事的激励的思想，这种共识已经深入人心。当前也正是你们显现才能智慧最好的时机。

"未来属于青年，希望寄予青年。"站在"两个一百年"的历史交汇点上，希望大家立足"两个大局"、胸怀"国之大者"，初心如磐、勇担使命，脚踏实地、苦干实干，开启中油国际国际化新征程，开启自己职业生涯的新开端，让青春在为海外油气业务奋斗中绽放美丽之花！让青年才俊在中国石油发展战略中实现人生价值！再次欢迎大家加入中国石油这个光荣而且具有国际化未来发展美好前景的公司！

专　文

中油国际公司召开2021年工作会议暨四届一次职代会工代会

1月29—30日，中油国际公司2021年工作会议暨四届一次职工代表大会、工会会员代表大会在京举行。会议总结海外油气业务2020年及"十三五"工作成果，分析当前面临的形势与挑战，部署"十四五"及2021年重点工作，强调立足新发展阶段，践行新发展理念，奋发有为、苦干实干，全力推进海外油气业务高质量发展，为集团公司建设世界一流综合性国际能源公司做出新贡献，以优异成绩庆祝建党100周年。

集团公司党组成员、副总经理黄永章出席会议并讲话，集团公司总经理助理李越强出席会议。中油国际公司党委书记、董事长叶先灯主持会议并作题为《践行新理念，展现新作为，全力推进海外油气业务高质量发展》的工作报告，中油国际公司总经理、党委副书记贾勇传达集团公司2021年工作会议精神并宣读表彰决定。

会议指出，"十三五"期间，海外油气业务在危机中寻找机遇，在变局中开拓创新，在逆境中取得了新进展、新突破。主要表现在西北、西南油气战略通道保障能力显著提升；哈法亚三期、乍得二期、亚马尔LNG、中缅油气管道等项目全面建成投产，海外规模实力迈上新台阶；与阿联酋、巴西、俄罗斯、哈萨克、莫桑比克等国家及合作伙伴签署一批重要合作协议，成功获取一批新项目，业务布局优化取得新进展；通过优化投资结构、控减成本费用、加大销售推价等举措，顶住了两轮低油价冲击，利润指标在集团公司各业务板块中始终位居前列。2020年，完成油气权益产量当量1.0009亿吨，经营效益保持集团公司前列地位，实现“十三五”圆满收官。

会议强调，“十四五”期间，海外油气业务要按照集团公司“优化发展”定位，认真执行海外“十四五”规划纲要要求，进一步加大优化资产结构、优化业务结构、优化区域布局的力度，明确一个愿景，担负两个使命，努力实现质量效益显著提升、资产结构显著优化、国际化水平显著提高三大战略目标，加快实施创新、资源、低成本、绿色四大发展战略，始终坚持党的领导、高质量发展、一体化发展、互利共赢、系统观念五大发展原则，稳步推进六大战略部署，落实好七大保障措施，实现新的更高水平发展。

会议着重强调，2021 年，海外油气业务要全力抓好“三稳两提”五个方面的重点工作。一是全力抓好海外疫情常态化防控，确保 QHSE 业绩稳中向好；二是全力抓好主营业务生产运行，确保“十四五”稳健开局；三是全力抓好提质增效升级版工程，确保海外创效能力稳步增强；四是全力抓好深化改革和创新发展，确保海外国际化管理能力不断提升；五是全力抓好公司党建和党风廉政建设，确保政治保障能力不断提高。

黄永章在讲话中对海外油气业务“十三五”和 2020 年取得的历史性成就给予充分肯定，指出要切实增强国际化经营的责任感使命感，全面准确把握海外业务高质量发展的基本原则和根本遵循，从增强价值管理水平、积极获取优质新项目、提升资产创效能力、加快推动海外治理体系和治理能力现代化、提升海外科技创新和技术支持能力、切实推动数字化转型和绿色低碳发展等 6 个方面抓好海外业务高质量发展重点工作。

会议通报了中油国际公司 2020 年纪检监察、审计及风险防控情况、健康安全环保及社会安全情况、财务经营情况，6 家单位作典型经验交流，7 个地区公司作典型发言。会上，表彰了 2020 年度中国石油海外油气业务先进集体、杰出员工和优秀员工，颁发了 2020 年度海外建功立业十年金奖、第二个十年金奖和海外员工家属特别奉献奖。

本次工作会与四届一次职代会、工代会同期进行，中油国际公司党委副书记、工会主席张成武作第三届工会委员会工作报告。会议审议通过了第三届工会委员会工作报告；审议了三届五次职工代表大会立案提案执行情况报告、四届一次职工代表大会提案情况报告；听取了中油国际公司人力资源管理、后勤服务保障等专题报告；选举产生了第四届工会委员会委员、经费审查委员会委员，以及工会主席、工会副主席，选举产生了第二届职工代表监事。

中油国际公司董事会成员、监事会成员、领导班子成员、首席顾问、总经理助理、副总师，各海外地区公司、项目公司负责人，中油国际公司本部部门、在京单位负责人，职工代表等 120 余人分别在主、分会场参加会议。

中油国际公司召开海外项目上半年亿吨权益效益产量推进会

7 月 21 日，中油国际公司 2021 年上半年亿吨权益效益产量推进会暨开发生产动态分析会在勘探开发研究院召开。会议听取了阿姆河、哈法亚等 8 个重点项目开发生产动态分析、海外项目 2021 年亿吨权益效益产量工作进展及上半年开发生产动态分析报告，全面总结上半年亿吨权益效益产量工作成果，分析当前面临的新形势新挑战，安排部署下半年油气开发生产重点工作。中油国际公司总经理、党委副书记贾勇参加会议并讲话。

贾勇充分肯定了上半年海外亿吨权益效益产量工作取得的成绩，指出：上半年以来，海外全体干部员工深入贯彻落实集团公司、中油国际公司工作会议精神，勇于担当、真抓实干、开拓进取，统筹推进海外新冠肺炎疫情防控与生产经营各项工作，成效显著、亮点突出，把握了工作主动权，海外主要生产经营指标成功实现“时间过半、任务全面过半”。

为确保实现全年油气权益效益产量亿吨目标，实现海外“十四五”规划良好开局，贾勇对下步工作进行安排部署：一是优化生产组织，确保油气生产安全平稳高效。二是深化油气田开发和调整方案研究，持续推动精细注水工作，加大新技术新工艺推广力度，努力提高油气田开发水平和效益。三是加快产能建设进度，统筹做好钻完井、地面工程建设和投产等工作的有序衔接，力争早投产，早见效。四是加大新项目获取力度，高效推进巴西布兹奥斯、伊拉克火星等项目；加强合资合作，重点推动成立巴士拉能源公司继续运营鲁迈拉项目。五是抓实抓细井控管理、疫情防控、社会安全和安全生产等服务保障工作，全力支持油气开发生产。

中油国际公司副总经理黄先雄就贯彻落实会议精神、进一步优化开发生产管理，确保全年生产任务完成提出要求。勘探开发研究院党委书记窦立荣、副院长何东博、海外研究中心书记史卜庆，中油国际公司亿吨权益效益产量工作组成员、各地区公司和项目公司、海外研究中心各所、专家中心领导和专家共100多位代表现场或视频参会。

阿姆河公司助推中土两国天然气贸易量突破3000亿立方米

截至2021年5月21日，阿姆河公司已累计生产天然气1188亿立方米，助推中土两国天然气贸易量突破3000亿立方米。

土库曼斯坦大部分国土为沙漠，其天然气探明可采储量却高达35万亿立方米。在中土两国政府的高度重视和两国建设者的共同努力下，2009年12月14日，中、土、乌、哈四国元首共同开启通气阀门，见证中亚天然气管道工程竣工投产。

14年来，中土双方员工比例从3∶7降至1∶11。2021年，阿姆河公司有中方员工217名和土方员工2400名。在中土双方员工共同努力下，土库曼斯坦高效建成6个千亿立方米气区，2座天然气处理厂、14座集气站、126口生产井，年产量超过140亿立方米，年供气量130亿立方米，被誉为“中土能源合作典范”。

阿姆河畔建设有石油界公认的难题：高温、高压、高含硫的“三高”条件，地址和气候环境复杂恶劣。通过多年摸索，阿姆河公司突破了前人关于储层发育模式的理论局限，探索出开发此类高压碳酸盐岩酸性气藏的钻完井配套技术，实现了高难地质条件下的钻井技术突破。取得了合同区钻井成功率100%、测试综合成功率92.8%、探井成功率83.1%、开发井成功率100%的成绩。

解决了储层开发的问题，阿姆河公司产能建设进入了快车道，创造了“中国石油速度”。在建设高峰期，有3720名中方员工在现场连续工作半年以上。仅用18个月就在沙漠中建成年产50亿立方米商品气的阿姆河项目一期工程。阿姆河项目年产90亿立方米的二期工程也提前半年竣工。

随着项目一期工程进入递减期，阿姆河公司开启了右岸二期工程，以承担起资源接替任务。这个公司以气田地质特征和开发关键点为依据，精准施策，在多方集智攻坚之下，最终牢牢抓住了阿姆河开发技术的“牛鼻子”。这些技术突破使得二期工程有望在已建成90亿立方米年产规模的基础上，再力争稳产10年以上，有力地支撑了140亿立方米的长期稳产目标。

2021年年初以来，阿姆河公司作业产量最高时达到4450万米^3/日，在保证天然气生产安全平稳运行的同时，公司不断依靠技术创新推进油气增储上产，资源基础日渐巩固。

阿姆河公司的项目年产气量从37亿立方米升至140亿立方米，在HSE管理方面一直保持“零污染、零伤害、零事故”。截至2021年5月，累计实现安全生产超过2.4亿人工时。

为服务中土战略伙伴关系和中土能源合作大局，服务“一带一路”建设，阿姆河公司提出建设世界一流天然气合作项目的目标，制定了总体实施方案和工作要点，绘就未来美好的发展蓝图。

中国石油乍得上下游一体化项目投产运行10周年

2021年6月29日，乍得恩贾梅纳炼油厂建成投产10周年，也是乍得上下游一体化项目投产运行10周年纪念日。

10年来，中国石油始终秉承“互利共赢、合作发展”的合作理念，不断拓展中乍能源合作的深度和广度，巩固和增进中乍人民的友谊，在“一带一路”沿线国家书写了一份亮丽的“西非答卷”。

油气勘探

10年来，乍得上下游一体化项目在中乍两国政府的关心支持下，在中国石油与股东方、合作伙伴的共同努力下，实现了从小到大、从弱到强、从快速发展到高质量发展的跨越。

上游油田创新地质认识，开展立体勘探，加快风险勘探，强化滚动勘探，取得了一系列重大突破和发现。2011年以来，乍得上游项目累计新增石油可采储量超1亿吨。

原油产量连续10年箭头向上。在规模增储的同时，上游油田加快上产。2014年，乍得油田2.1期项目投产，油田产能翻番。当年11月，罗（罗尼尔）科（科梅）长输管线投产，打通原油外输通道，油田产量快速增长至300万吨。此后，上游油田产量以每年百万吨速度增长，实现了从100万吨到600万吨产能规模的历史性跨越。

10年来，炼厂累计生产和销售石油产品530万吨，生产的汽油、柴油、航空煤油和燃料油产品，除保障乍得国内供应外，还外销至中非共和国等国，已成为当地经济支柱产业和利税大户。炼厂的液化气产品，极大地改善了首都恩贾梅纳居民的生活，保护了当地生态。电站项目每年为首都20万人提供电力供应。

社会责任

10年来，中国石油积极履行社会责任，仅在乍得上游就累计为当地缴纳税费24亿多美元，超过300家当地承包商为中国石油提供物资和服务，增加了3万多个就业岗位。

此外，中国石油还积极参与和谐社区建设，定期前往恩贾梅纳“上帝保佑”孤儿院看望儿童，组织中方女工到乍得妇女中心教授瑜伽、参加国家妇女周等活动。近几年，在捐助灾民、捐建学校、资助农业与养殖业、环境治理、社区服务等方面，炼厂公益事业累计投资达 860 万美元。

科技创新

乍得项目把创新作为驱动发展的动力和解决复杂问题的“金钥匙”，持续完善科技创新机制，建立以需求为导向、生产研究深度融合的技术创新体系，探索形成“地质勘探 + 油气田开发 + 工程建设 + 原油外输”的四大优势技术系列，形成支撑增储上产的核心成果。

10 年来，乍得上游项目先后获得集团公司科技进步一等奖 2 项、二等奖 1 项，中油国际科技进步奖 28 项，申请国家发明专利 6 项。

中国石油巴西国油联合在阿拉姆区块获油气发现

2021 年 11 月 19 日，巴西国家石油公司对外宣布，与中国石油合作在桑托斯盆地阿拉姆盐下勘探区块部署的首口探井取得油气发现。

发现井 1-BRSA-1381-SPS（Curaçao，中文译名古拉绍）距离圣保罗州桑托斯市 240 公里，作业水深 1905 米。该井通过电缆测井和流体取样证实了含油层段，后续将通过实验室分析进一步明确油藏性质。该井获得的相关资料和数据，展示了阿拉姆区块良好的勘探前景，为进一步扩大勘探成果、明确下一步勘探方向奠定了良好基础。中国石油和巴西国家石油公司联合作业体将按计划继续钻探至设计井深，以进一步明确油气发现范围和油藏性质。

2019 年 11 月 7 日，中国石油和巴西国家石油公司在巴西第六轮盐下区块招标中，联合中标了阿拉姆盐下勘探区块。2020 年 3 月 30 日，中国石油和巴西国家石油公司会同巴西盐下石油监管机构 PPSA，与巴西国家石油局 ANP 正式签署了产品分成合同。

此次古拉绍 -1 井的钻探，中国石油和巴西国家石油公司深度务实合作、发挥各自比较优势，双方组成的联合作业体有效应对新冠肺炎疫情、超深水作业条件、巨厚盐丘、盐下高温高压等困难和挑战，坚持科技创新、快速安全决策，成功取得了油气发现。

中国石油国际勘探开发有限公司年鉴 2022

CHINA NATIONAL OIL AND GAS EXPLORATION AND DEVELOPMENT COMPANY YEARBOOK

大 事 记

中国石油国际勘探开发有限公司2021年大事记

1月

6日　中油国际（土库曼斯坦）阿姆河天然气公司B区东部东霍贾古尔卢克气田Ehojg-102D井开井投产，日产量60万立方米。

8日　《中国石油报》报道，2020年中国石油海外油气权益产量当量达1.0009亿吨。这是继2019年海外油气权益产量当量首次突破1亿吨大关后再次达到亿吨。

10日　中油国际（尼日尔）公司和中油国际（乍得）上游项目公司分别在国务院国资委、中国石油集团公司作“三类区域、四个无差别”经验介绍。

12日　中油国际公司董事长叶先灯在公司本部与北京市延庆区委副书记、区长于波进行业务交流。叶先灯介绍中油国际公司海外油气业务发展历程与规模，表示中油国际公司愿意为延庆区发展做出贡献，希望延庆区政府在人才落户及政策帮扶方面提供更多支持。

同日　中油国际公司勘探部召开2021年中油国际（乍得）上游项目勘探推进（视频）会，会议贯彻中油国际公司对油气勘探工作部署和要求，坚持资源战略，科学制订重点探区部署方案。

13日　中油国际公司“阿布扎比低渗碳酸盐岩油藏开发关键技术及应用”获集团公司科学技术进步奖一等奖。中油国际公司“巴西里贝拉盐下湖盆碳酸盐岩储层分布规律、成藏模式及重大发现”“伊朗北阿扎德甘油田400万吨建产稳产技术研究与应用”“厄瓜多尔雨林地区安第斯‘双高’油田开发关键技术与应用”“伊拉克哈法亚油田井筒安全构建钻井工程关键技术”等项目获中国石油集团公司科学技术进步奖二等奖。

14日　中油国际公司“新时期国际化人才体系建设创新与实践”获中国石油集团公司管理创新成果奖一等奖；中油国际公司“中国石油海外油气业务党建体系创新构建”“构建海外油气投资项目全生命周期价值管理与投资决策支持体系与实践”“海外员工动态定位和预警系统开发和实践”“海外原油管道管输费模式在尼贝管道项目的创新与应用”“以拉美公司小股东审计实践为蓝本，创新性建设中石油海外股东审计示范区”“海外上游在产项目多维度发展能力评价体系构建”，以及中油国际阿布扎比公司“高端市场技术引领下参股项目行权管控的创新运营与实践”、中油国际尼罗河公司“多情景多维度理论应用全方位全过程风险管控，联合投资伙伴提前实现项目EPSA终止的成功实践”等项目获中国石油集团公司管理创新成果奖二等奖。

25日　中华人民共和国国务院授予中油国际中东公司阿布扎比项目总工程师韩冬“特殊津贴”荣誉奖励。

27日　中油国际公司印发《投资项目后评价管理办法》，加大投资项目决策、管理和绩效力度。

28日　中油国际公司印发《海外油气设施弃置指导意见》，首次形成海外油气设施弃置管理指导性文件。

29 日　中国石油集团公司决定，方甲中任中油国际中亚公司安全总监，张军任中油国际西非公司安全总监。

29—30 日　中油国际公司 2021 年工作会议暨四届一次职工代表大会、工会会员代表大会在北京举行。会议总结海外油气业务 2020 年及“十三五”工作成果，分析面临形势与挑战，部署“十四五”及 2021 年重点工作。强调立足新发展阶段，践行新发展理念，推进海外油气业务高质量发展。中国石油集团公司党组成员、副总经理黄永章到会并讲话，中国石油集团公司总经理助理李越强参加会议。中油国际公司党委书记、董事长叶先灯主持会议并作题为《践行新理念，展现新作为，全力推进海外油气业务高质量发展》工作报告，中油国际公司总经理、党委副书记贾勇传达中国石油集团公司 2021 年工作会议精神并宣读表彰决定。

2 月

3 日　在中国石油集团公司召开的 2021 年国际业务新冠肺炎疫情防控专题视频会上，中国石油集团公司总经理李凡荣通过视频巡检中油国际（伊拉克）哈法亚公司，并向坚守在项目一线的员工表示慰问，送上新春问候与祝福。中东地区协调组组长、中油国际中东公司总经理王贵海、哈法亚项目总经理成忠良参加会议并发言，哈法亚公司总经理助理黄洪庆汇报片区疫情防控、生产运行和安保情况。

5 日　中国石油集团公司党组书记、董事长戴厚良视频连线中油国际（尼日尔）公司，慰问节日期间奋战在海外抗“疫”和油气生产的一线员工和家属，并致以新春问候。中国石油集团公司党组副书记段良伟、副总经理黄永章参加视频连线。

7 日　中油国际公司研究决定，朱巍任中油国际公司副总经济师，于海涛任中油国际公司总法律顾问兼法律事务部主任，陈磊任中油国际公司炼油化工部主任，金劲松任中油国际（尼日尔）公司副总经理兼中油国际尼贝管道公司总经理，石振民任中油国际（乍得）炼油公司总经理，苏一任中油国际（泰国）公司总经理。谷孟哲任中油国际公司人力资源部主任。

8 日　中油国际公司印发《投资项目前期管理办法（试行）》，规范加强投资项目前期管理。

19 日　贝宁政府致函西非原油管道（贝宁）股份有限公司，告知《贝宁共和国政府公报》已于 2021 年 2 月 15 日刊登贝宁共和国政府向贝宁管道公司颁发尼贝管道项目贝宁段建设和运营许可（ATH）法令，按照贝宁宪法规定，该法令已生效，尼贝管道项目贝宁段获贝宁政府批准。2 月 25 日，西非原油管道（尼日尔）股份有限公司、西非原油管道（贝宁）股份有限公司、尼日尔政府、贝宁政府签署《尼日尔管道建设与运营协议（TC 协议）全面生效确认书》《贝宁管道建设与运营协议（HGA 协议）全面生效确认书》。

同日　中油国际公司决定成立中油国际（哈萨克斯坦）欧坦天然气公司中方机构，主营哈萨克斯坦天然气区块或气田勘探开发、建设天然气化工项目、探索与建设 LNG（液化天然气）和 CNG（压缩天然气）生产、销售天然气及其加工产品等。

24 日　中油国际公司召开 2021 年新冠肺炎疫情防控工作视频巡检会。中油国际公司董事长叶先灯到会并讲话，总经理贾勇主持会议。

机关本部设主会场，各海外地区公司和所属项目设54个分会场，中油国际公司疫情防控领导小组成员及海外地区公司和所属项目疫情防控领导小组330人参加会议。

2月　中油国际公司乍得PSA项目6个油田地面工程投产，新增产能49万吨/年。

3月

4日　中油国际公司在机关本部召开2021年党风廉政建设和反腐败工作会议，会议落实中国石油集团公司2021年党风廉政建设和反腐败工作会议部署，总结2020年纪检工作，安排2021年重点任务。中油国际公司党委书记、董事长叶先灯到会并讲话，中油国际党委副书记、总经理贾勇传达中国石油集团公司2021年党风廉政建设和反腐败工作会议精神，纪委书记刘毅作工作报告，党委副书记、工会主席张成武主持会议。中油国际公司领导班子成员、首席顾问、总经理助理与副总师，在京地区公司领导班子成员、中油国际管道公司领导班子成员、纪委办公室83人分别在主、分会场参加会议。

18日　中油国际公司在本部召开党史学习教育动员会、“转观念、勇担当、高质量、创一流”主题教育活动宣讲会，贯彻落实中国石油集团公司党史学习教育实施方案和主题教育活动总体部署，对党史学习教育进行动员，对“转观念、勇担当、高质量、创一流”主题教育活动进行专题宣讲。中油国际公司党委书记、董事长叶先灯作党史学习教育动员及主题教育活动宣讲，党委副书记、总经理贾勇就落实主题教育活动要求，开展“升级版”提质增效活动做宣讲。中油国际公司党委委员、首席顾问、总经理助理、副总师、机关各部门负责人在主会场参加会议，其他国内单位及机关副处级以上党员干部在视频分会场参加会议。

26日　亚马尔LNG公司在俄罗斯莫斯科宣布，亚马尔液化天然气(LNG)项目实现对外船运5000万吨LNG。

4月

4月1日　中国石油集团公司党组同意谷孟哲任中油国际公司党委组织部部长、人力资源部主任。

8—9日　中油国际公司2021年勘探新项目开发研讨会在中国石油勘探开发研究院召开。围绕中东、中亚—俄罗斯、非洲、美洲、亚太合作区勘探新项目开发方向、重点领域、具体目标，以及推动策略、保障措施等进行研讨。中油国际公司总经理、党委副书记贾勇到会并讲话，副总经理、总地质师黄先雄致辞。中油国际公司副总地质师潘校华、副总经济师蒋满裕及勘探部、规划计划部、专家中心、海外研究中心相关领导及勘探一路专家和评价人员70余人参加会议。

11日　邦亚区块到期退还泰国政府，中国石油通过公开竞标重新取得该区块勘探开发权，新合同为期20年，采用矿税制合同模式，中国石油权益100%。由昆仑能源公司委托中油国际公司开展勘探开发、生产作业和运营管理等日常工作。11月19日，中国驻泰国大使韩志强、泰国内阁副总理兼能源部长素帕塔纳鹏（Supattanapong Punmeechaow）在泰国曼谷参加陆上L1/64区块（原邦亚区块）石油特许权合同签署仪式。12月20日，中油国际（泰国）公司L1/64区块（原邦亚区块）开始恢复性生产。

23日　中油国际公司研究决定，罗强任中

油国际公司财务部主任，赵成斌任中油国际公司健康安全环保部主任，聂昌谋任中油国际公司油气开发部主任，杨明玉任中油国际（哈萨克斯坦）PK 公司总经理，丁滨任中油国际（秘鲁）公司副总经理兼中油国际（秘鲁）6/7 区项目公司总经理，谢刚任中油国际（委内瑞拉）苏马诺公司总经理，王海钊任中油国际（委内瑞拉）胡宁 4 公司总经理，秦洪运任中油国际（委内瑞拉）陆湖公司总经理，段淑萍任中油国际（荷兰）欧信公司总经理。

28 日　俄罗斯北极 LNG2 项目（Arctic LNG 2 LLC）与诺瓦泰克、道达尔、中国石油、中国海油、日本北极公司（日本三井物产株式会社与日本国家石油、天然气和金属公司组成的合资公司）等 5 家股东关联公司签署液化天然气（LNG）长期购销协议。中国石油股东代表出席并签署相关协议。

5 月

3 日　西古尔纳联合公司完成第一口 Sadi 水平井（WQ1-476）经多级压裂，改造后日产达 6200 桶，是改造前 1250 桶的近 5 倍。

10 日　中油国际公司印发《领导人员退出领导岗位管理办法》，深化人事劳动分配制度改革，推进建立领导干部能上能下运行机制，规范领导人员退出领导岗位管理。

11—14 日　中油国际公司通过云视讯平台举办“2021 年第一期领导干部 QHSE 资格网络直播培训班”。中油国际公司董事长叶先灯、副总经理兼安全总监黄先雄、安全副总监阎世和、中国石油大学（北京）校长助理金衍出席开班典礼并讲话。中油国际公司本部、地区公司、海外项目公司领导干部 78 人参加培训。

20 日　尼贝原油管道工程（贝宁段）开工仪式在贝宁科托努赛美港举行。贝宁国务部部长、水矿部部长与中国驻贝宁大使共同按下大罐桩基础回旋钻机启动按钮。贝宁政府各级官员、尼日尔驻贝宁大使等出席开工仪式，中国石油集团公司副总经理黄永章通过视频致辞。

28 日　国家能源局副局长任京东一行到中油国际公司调研，与中国石油集团公司副总经理黄永章、中油国际公司董事长叶先灯、国际事业公司以及中国石油集团公司国际部等部门负责人座谈，听取境外国际贸易、在美业务与境外油气投资业务情况汇报。中国石油集团公司总经理助理李越强主持会议。任京东强调，海外业务要继续加强风险管控，做好各业务链衔接，发挥一体化优势。同时表示将继续为海外业务做好协调支持工作。

31 日　中油国际（俄罗斯）亚马尔公司 LNG 项目第 4 条生产线投产。

6 月

2 日　中国石油国际勘探开发有限公司研究决定，王印玺任中油国际（秘鲁）公司总经理（兼），高希峰任中油国际（委内瑞拉）MPE3 公司总经理（兼），聂志泉任中油国际（乍得）上游项目公司总经理，李伟任中油国际公司海外 HSSE 技术支持中心主任。

3—4 日　中油国际公司在北京召开 2021 年海外油气业务发展战略研讨会，会议围绕提升海外油气业务价值创造能力和应对低碳转型发展战略进行研讨。中油国际公司董事长、党委书记叶先灯出席并致辞，总经理、党委副书记贾勇出席并讲话。

16 日　由中油国际公司 60 名党员干部员

工组成的合唱队在中国石油集团公司举办的“庆祝中国共产党成立100周年在京单位歌咏比赛”中获金奖（总分第二名），中油国际公司被中国石油集团公司组委会评为“优秀组织奖”。

20日　中国石油集团公司决定，武军利任中油国际拉美公司总经理。

28日　中油国际公司庆祝中国共产党成立100周年表彰大会在北京举行。会议围绕学习贯彻习近平新时代中国特色社会主义思想，重温党的光辉历程和丰功伟业，表彰中国石油集团公司“百面红旗”和中油国际公司“两优一先”先进集体和先进个人。中油国际公司董事长叶先灯到会并讲授党课。

29日　《中国石油国际勘探开发有限公司年鉴2019—2021（内部版）》发布仪式在中油国际公司三层大厅举行。中油国际公司董事长叶先灯、总经理贾勇出席，副总经理宋泓明主持仪式。中油国际公司领导班子、本部各业务部门主要负责人参加发布仪式。

7月

1日　中油国际管道公司西北原油管道反输改造工程阿曼泵站举行竣工验收仪式，西北原油管道达到工程规划的600万吨/年反向输油能力。

9日　中国石油集团公司“‘一带一路’油气合作战略管理”入选国务院国资委国有重点企业管理标杆项目，成为共建“一带一路”倡议优秀实践案例。

12—15日　中国石油企业协会在延安举办“第一届石油石化基层党建创新论坛”。中油国际公司参赛作品《创新构建“135N+QHSE”双体系推动海外党建与风险管理有机融合》获第一届石油石化基层党建创新优秀案例一等奖。中油国际管道公司孟向东、钟凡、金庆国获石油石化企业第一届党史党建好讲师大赛特别奖。

19日　中油国际公司2021年领导干部会议在北京召开。中油国际公司董事长、党委书记叶先灯作题为《实施“四大工程”，奋进高质量发展，全力确保海外油气业务“十四五”良好开局》工作报告。中油国际总经理、党委副书记贾勇传达中国石油集团公司2021年领导干部会议精神并做工作总结。中国石油集团公司总部部门、专业公司、兄弟单位相关负责人，中油国际公司领导班子成员、首席顾问、总经理助理、副总师，各海外地区公司、项目公司、公司本部部门、在京单位以及技术支持机构负责人520余人分别在主、分会场参加会议。

28日　中油国际公司参与并协助和解处理南苏丹政府与NGO组织就南苏丹两项目环境污染索赔案件。

31日　中油国际中缅油气管道公司马德岛皎漂管理处开展以“关注学生需求，支持教育发展”为导向的社会援助项目，先后捐建马德岛、皎漂、新康丹3个驻地周边11所大中小院校21套体育器材，并分别向11所学校捐赠防疫物资。

8月

2日　中国石油与BP合资组建的合资公司Basra Energy Company Limited（BECL）在迪拜注册成立。11月10日，伊拉克政府、中国石油和BP三方签署协议，中国石油和BP分别占股合资公司51%和49%。获取鲁迈拉项目BP公司部分权益并成立中方控股合资公司。

6日　中油国际（土库曼斯坦）阿姆河天

然气公司B区西部气田地面工程建设项目举行开工仪式。9日，西部气田地面工程EPCC项目签约，合同包括22口单井站及相关采气管线、4座集气站、87千米集气干线、76千米净化气外输管道、第一处理厂及外输站改扩建，以及生活营地、水源站、通信光缆等配套设施，合同工期24个月。

23日　阿姆河天然气公司复兴气田三口钻井项目举行开工庆典，该项目由中国石油川庆钻探公司、中油国际事业公司、土库曼斯坦天然气康采恩三方完成合同签署，中油国际（土库曼斯坦）阿姆河天然气公司组织庆典仪式。土库曼斯坦总统别尔德穆哈梅多夫、中国驻土库曼斯坦大使钱乃成、阿姆河天然气公司总经理陈怀龙出席庆典。

24日　巴西阿拉姆（Aram）项目首口探井Curacao-1井开钻。

26日　中国石油集团公司副总经理黄永章出席哈萨克斯坦总统直属外商投资理事会油气领域工作视频会，提出中国石油与哈方合作伙伴拓展天然气领域全方位一体化合作（包括勘探开发、集输处理、管道运行、市场销售等）；与哈萨克斯坦政府及合作伙伴在税收政策、技术进步等方面，合作共同推进研究老油田可持续发展问题的建议。哈萨克斯坦总统托卡耶夫主持会议，讨论哈萨克斯坦油气行业发展和提高哈油气行业投资吸引力等问题。埃尼、壳牌、日本石油株式会社、雪佛龙、埃克森美孚、道达尔等油气公司负责人等到会并发言。

9月

1日（巴西当地时间）在巴西石油管理局8月13日批准油田联合开发协议后，中油国际公司中标巴西布兹奥斯油田（Buzios）项目完成交割，中方启动提油回收。

2日　中国石油集团公司外部董事王用生、石岩、杨亚、高云虎到中油国际公司调研，对海外油气业务28年发展给予肯定，并提出海外油气业务防范化解重大风险、合规发展、提高发展质量要求。

5日　中油国际公司总经理贾勇通过视频连线方式，对中油国际巴西公司进行调研，听取中油国际巴西公司工作汇报，与员工进行座谈。

6日　7时（北京时间），中油国际哈萨克斯坦南线天然气管道公司累计进气突破500亿立方米。

同日　中油国际公司研究决定，戴瑞祥任中油国际公司股东事务部主任（兼），汪望泉任中油国际公司勘探部主任。

9日　中油国际公司印发《中方员工退出管理办法（试行）》，规范员工退出管理，优化员工队伍结构，激发人才活力。

17日　中国石油集团公司副总经理、中国石油股份公司总裁黄永章通过视频方式对中亚油气合作业务进行调研，听取中油国际中亚公司及重点项目工作汇报，慰问项目一线员工。要求中油国际中亚公司贯彻落实中国石油集团公司体制机制改革方案，推动中亚油气合作向更高水平、更深层次迈进，完成全年任务目标。

25日　中油国际公司与新疆油田公司在北京举行技术服务合作谅解备忘录签字仪式。中油国际公司董事长、党委书记叶先灯和新疆油田公司执行董事、党委书记霍进出席签字仪式，分别在技术服务合作谅解备忘录上签字。

同日　中油国际（哈萨克斯坦）卡沙甘项目油田自2016年9月28日投产以来，累计生产原油超过 5 亿桶。

28 日　中油国际尼贝管道公司［WAPCO (Niger) S.A.］与尼亚美阿布杜·穆尼大学(Abdou Moumouni)“曙光”奖学金签约仪式在尼日尔首都尼亚美举行。尼日尔石油、能源与可再生能源部部长马哈曼·萨尼·穆罕默杜(Mahamane Sani Mahamadou)、尼日尔高等教育与研究部秘书长阿格·阿尔亚·穆萨(Ag Arya Moussa)出席。

30 日　中油国际中塔天然气管道公司为承包商中国路桥颁发最终完工证书，是中国石油首次在境外实施长输管道隧道工程。

同日　中油国际公司研究决定，谷孟哲任中油国际公司总经理助理。

10 月

4 日(当地时间) Windsor Knutsen 号动力定位穿梭油轮完成巴西布兹奥斯项目首船 50 万桶份额油提卸油作业，在乌拉圭海域完成过驳作业后驶往中国山东青岛，为中国石油获世界最大深水油田——布兹奥斯油田首船份额油。

8 日　中油锐思技术开发有限责任公司中标加拿大 LNG 项目珠海模块建造厂监理服务项目，服务期 15 个月。10 月 15 日，完成合同签署。

13 日　中油国际西非公司尼日尔二期一体化项目按时启动，“六化”建设实施方案、数字化交付方案与工程施工同步实施，新能源试点建设稳步推进。

18 日　第二届“一带一路”能源部长会议在山东青岛召开，会议主题为“携手迈向更加绿色、包容的能源未来”。中共中央政治局常委、国务院副总理韩正在北京以视频方式出席会议并致辞。中国石油“尼日尔上下游一体化项目”“中国—中亚天然气管道 ABC 线”“俄罗斯亚马尔液化天然气合作项目”入选能源国际合作最佳实践案例。

19 日　中油国际公司总经理贾勇率代表团参加第六届深圳国际科技影视周暨首届“中国(深圳)能源科技影视大会”。中油国际公司参评的“海外复杂碳酸盐岩油气藏高效开发关键技术”获科普微视频三等奖。

19—20 日　中油国际公司总经理贾勇率代表团到华为技术有限公司进行调研，就数字化油气田建设、数字化转型、数据治理、国际化人力资源管理、保密技术以及智慧园区等方面进行交流。

20 日　乍得卡尔顿(Carlton)纠纷获得有利终局裁决，从而一举解决重大历史争议，关闭巨额风险敞口。

21 日　中油国际(伊拉克)哈法亚公司在国家发展改革委“一带一路”绿色项目研讨会上，以“伊拉克哈法亚油田绿色开发，打造一带一路国际油气合作环保典范”为题作交流发言，发言内容刊发在《一带一路报道》。

22 日　中油国际公司与辽河油田公司共建的“海外稠(重)油技术支持中心”在辽河油田公司揭牌。中油国际公司总经理贾勇与辽河油田公司总经理孟卫工出席并揭牌。

31 日　中油国际公司与阿尔及利亚国家石油公司 SONATRACH 签署 438B 区块退出协议。12 月 1 日，退出协议生效，实现零赔偿友好协商退出目标。

11 月

11 日　中国石油尼罗河公司代表中国石油向南苏丹政府捐赠抗洪救灾物资仪式在南苏丹

首都朱巴举行。中国驻南苏丹大使华宁、南苏丹人道主义和减灾事务部部长皮特·莫因、南苏丹外交部副部长邓·达乌出席捐赠仪式并讲话，中国石油尼罗河公司常务副总经理刘志勇向皮特·莫因移交捐赠物资。

12 日　印度尼西亚佳步区块 4 家伙伴（中国石油、印度尼西亚国家石油公司、GPI 公司和马来西亚国家石油公司）与印度尼西亚上游油气管理委员会 (SKK Migas) 签署佳步区块延期合同。22 日，印度尼西亚能矿部部长阿里芬·达斯利夫在延期合同上签字。延期合同为期 20 年，保持现合同期成本回收产品分成模式不变，中国石油权益 30%，并继续担任作业者。

15 日　中油国际（哈萨克斯坦）PK 公司所属 PKKR 公司签署 73 号石油开发合同项目［即 South Kumkol（南库姆科尔）油田开发］延期合同。权益比例保持不变，即中国石油 67%，哈萨克斯坦国家石油天然气股份公司 33%，合同期 20 年。

17 日　中油国际（突尼斯）公司完成突尼斯项目转让，11 月 19 日，中油国际（阿塞拜疆）公司完成 K&K 项目转让，2 个项目转让共增加 800 余万美元现金流，化解项目末期面临弃置、环保等风险。

19 日　中国石油与巴西国家石油公司合作部署在阿拉姆盐下勘探区块的第一口探井古拉绍 -1（Curaçao-1，又名 1-BRSA-1381-SPS）井获油气重大发现。

25 日　中油国际公司印发《风险事件管理实施办法》，指导健全公司风险管控机制，增强防范化解重大风险能力。

26 日　中油国际公司专家中心举办海外项目提质增效专家论坛，中油国际公司总经理贾勇作主旨演讲。论坛邀请 3 家国际油公司（壳牌，BP，埃尼）、2 家国际知名咨询公司和 5 个典型海外项目作专题发言并研讨。中油国际公司本部、专家中心、海外项目和国内技术支持机构等人员近 300 人通过视频参加论坛。

11 月　中油国际（土库曼斯坦）阿姆河天然气公司 B 区东部二期地面工程完工，新增产能 30 亿米^3/ 年。

12 月

1 日　中油国际拉美公司巴西里贝拉项目 EPS2 试采单元投产。

6 日　中油国际公司《用“云开放”与“融创新”讲述海外合作故事》入选“2021 年（第四届）中国企业国际形象建设案例征集活动”优秀案例。中国企业全球形象高峰论坛在北京召开。中油国际公司党委副书记、工会主席张成武在线参加论坛及颁奖仪式。

8 日　中油国际公司印发《规章制度管理规定》，提高规章制度的规范性和科学性。

10 日　中油国际（新加坡）公司参股的渤海曹妃甸 11-6 油田扩建项目——K 平台（WHPK）的第一口油井（6K-02H）于当日 19 时 16 分投产（试生产）成功，比预期提前 5 天。

同日　中油国际公司举行首批公司律师证书颁发暨宣誓仪式，为 29 名通过北京市司法局公司律师资格审批的法律人员代表颁发《公司律师工作证》。中油国际公司董事长叶先灯出席仪式并讲话。

24 日　中油国际公司举办《中国石油海外投资业务合规指引》系列丛书发布会，中油国际公司董事长叶先灯、总经理贾勇为丛书揭幕。

同日　中油国际公司召开干部大会，中国石油集团公司副总经理黄永章宣布，中油国际公司总经理贾勇暂时主持全面工作，中油国际公司董事长叶先灯退休。

28日　中国石油迪拜研究院在迪拜国际金融中心（DIFC）注册有限公司，该公司委托中油国际公司管理。迪拜研究院筹建并挂牌，为中东、非洲及其他地区提供技术支持。

同日　中油国际公司“中非复杂叠合型裂谷油气勘探关键技术与重大发现”获中国石油和化学工业联合会科学技术进步奖特等奖。

同年　中国石油海外油气权益产量当量1.0098亿吨，完成2021年亿吨权益产量任务。是继2019年海外油气权益产量当量首次突破1亿吨后，连续第三年上亿吨。至此，中油国际公司油气勘探连续取得2个十亿吨、4个亿吨级重大发现。

同年　中油国际公司微纪录片《回“家”》被新华网、学习强国转载，点击量超500万次，辐射传递石油精神和石油文化。

中国石油国际勘探开发有限公司年鉴 2022

CHINA NATIONAL OIL AND GAS EXPLORATION AND DEVELOPMENT COMPANY YEARBOOK

油气勘探

综　述

2021年，受新冠肺炎疫情全球大流行等影响，中油国际公司海外勘探面临严峻形势和挑战，根据中国石油集团公司“优化国际业务”战略和“三个优化”部署，按照“强化勘探、提高勘探和天然气资产比重”等工作要求，中油国际公司坚持以科技创新为引领，以实现海外规模效益勘探为目标，解放思想，深化研究，加强组织，强化运行，大力实施资源战略，勘探成果创历史最好成绩。获2个十亿吨世界级油气田发现，2个亿吨级优质储量区、确立2个亿吨级规模油气田、取得一系列重要勘探进展，油气勘探发现成为中油国际公司工作亮点，也是集团公司海外油气业务发展史上获得规模重量级大、发现最好最多、油气兼得的大丰收年，实现“十四五”海外油气勘探开门红。

（汪望泉）

勘探工作

【概述】 2021年，中油国际公司全面落实海外“十四五”勘探规划部署，在全球16个国家运作22个（区块38个）勘探相关项目，总面积28.4万平方千米，其中风险勘探项目5个、勘探开发项目17个；与勘探相关项目占运营项目数的23%、占上游项目的33%。实施二维地震采集802.5千米、三维地震采集1901平方千米，实施探井53口、评价井10口，完成全年勘探储量指标。

（赵明利）

【油气勘探计划和部署的调整】 2021年，中油国际公司聚焦重点领域大打勘探进攻仗。全年计划实施二维地震勘探807千米、三维地震勘探2010平方千米，探井41口、评价井12口。2月，根据海外各项目勘探工作进展，围绕尼日尔项目面临勘探到期、油气重要发现等情况，对勘探计划和部署进行适当调整，增加尼日尔项目探井数量，扩大尼日尔项目油气发现规模：二维地震采集计划不变，三维地震采集调整为1901平方千米，探井增加至53口，评价井调至10口，保证重点项目勘探顺利进行。

（李　志　李富恒　许海龙）

【油气勘探重要举措与特点】 2021年，中油国际公司加大重点勘探项目工作量和投资、新区新带甩开勘探，加快成熟探区滚动勘探，实施海洋勘探，落实规模优质油气资源。针对南乍得盆地多塞欧坳陷、尼日尔毕尔玛区块查克斯斜坡带等项目新领域加大风险甩开力度。继续开展乍得邦戈尔盆地北部斜坡带油田周边复杂断块和岩性圈闭勘探、尼日尔阿加德姆开发区滚动扩边和深层兼探，加强南图尔盖盆地PK项目、阿布扎比陆海/陆上等成熟探区滚动勘探。加强海洋勘探研究和实施，开展巴西阿拉姆项目圈闭、储层和含油气性分析研究，优选井位，确保首钻实现规模突破。做好亚太地区2口探井井位论证、井位设计和钻探。实施巴西布兹奥斯项目评价井钻探，扩大储量规模。开拓风险勘探新项目，优先考虑“一带一路”沿线国家和与现有项目具有协同效应的勘探领域，兼顾全球勘探热点和前沿领域。加强到期项目策略研究，坚持“一项目一策”，做优延期方案，加强与伙伴和政府交流沟通，实现潜力项目顺利延期。

（李　志　李富恒　许海龙）

【油气勘探项目分布】 2021年，中油国际公司现有勘探项目主要集中在中西非被动裂谷盆地、中亚—俄罗斯裂谷盆地、中亚含盐盆地、南美前陆盆地、巴西/中东被动大陆边缘盆地、亚太地区残留洋盆和弧后盆地等七大领域，逐步形成陆海兼顾、油气并举局面。

（李　志　李富恒　杨　紫）

【勘探工作量完成】 2021年，中油国际公司在乍得、尼日尔等4个国家4个项目采集二维地震802.5千米、三维地震1901平方千米；在乍得、尼日尔等9个国家11个项目完成探井53口、评价井10口，完成探井评价井试油52口/136层，其中探井43口/110层、评价井9口/26层。

（李富恒　康海亮　杨　紫）

【地震采集】 2021年，中油国际公司在乍得PSA区块Kedeni S地区完成二维地震采集611千米，在秘鲁58区块中南部地区完成二维地震采集191.5千米，2个项目完成二维地震采集802.5千米；在乍得PSA区块Kedeni E和Ximenia W地区分别完成三维地震采集467.3平方千米和300.6平方千米，在中亚—俄罗斯地区完成三维地震采集698平方千米，在尼日尔毕尔玛区块Trakes M和K地区分别完成三维地震采集341.9平方千米和93.1平方千米，全年完成三维地震采集1901平方千米。二维、三维地震采集分别完成年初计划的99.4%和94.6%，完成调整后计划的99.4%和99.9%。

（赵明利　李富恒　侯　平）

【勘探钻井】 2021年，中油国际公司中亚—俄罗斯地区完成探井12口、评价井6口，非洲地区完成探井35口、评价井1口，中东地区完成探井2口、评价井2口，亚太地区完成探井2口，美洲地区完成探井2口、评价井1口。全年海外项目完成探井53口、总进尺130916.7米，评价井10口、总进尺24298.0米，探井、评价井成功率分别为81%和80%。

（李富恒　康海亮）

【探井试油】 2021年，中油国际公司实施探井评价井试油52口、136个层组，其中：探井43口、110个层组，评价井9口、26个层位。发现油层49个、气层22个、油气层2个、油水同层13个、水层30个，干层20个。43口井有油气发现，9口井没有油气发现。

（李富恒　康海亮）

勘探管理

【概述】 2021年，中油国际公司海外油气勘探工作根据中国石油集团公司“优化国际业务”战略和“三个优化”部署，按照“强化勘探，提高勘探和天然气资产比重”等工作要求，坚持以科技创新为引领，以实现海外规模效益勘探为目标，解放思想、深化研究，加强组织、强化运行，持续提高业务水平、服务能力和执行力，推动海外勘探业务发展。针对重点地区、重点项目，及时召开勘探研讨会，邀请海外专家中心、生产运行所、勘探院、物探中心、测井中心等单位专家，对海外勘探中面临的困难和问题进行研讨；制定储量规范应用指南。

（汪望泉）

【制度管理】 2021年，中油国际公司进一步完善海外油气储量评估工作，保障储量评估结果客观性和实用性，制定《中国石油海外油气储量规范应用指南》《中国石油海外致密砂岩气储量规范应用指南》《中国石油海外页岩气储量规范应用指南》《中国石油海外煤层气储量规范应用指南》和《中国石油海外油砂储量规范应用指南》，为各海外项目在常规和非常规油气储量规范储量评估提供技术支持和保障。

（朱广耀）

【资源管理】 2021年，中油国际公司认证10个项目的勘探开发新增储量、核减3个项目，核销4个项目油气储量。截至2021年底，在23个国家、51个项目、104个合同区块拥有油气储量。

（朱广耀）

【勘探工作专题会】 2021年2月25日，中油国际公司召开勘探工作专题会议，听取勘探重点项目进展情况汇报及下步重点工作部署，要求加大尼日尔项目Bilma区块Trakes斜坡带风险勘探和Agadem开发区滚动勘探力度，增加该项目勘探工作量和相应投资。中油国际公司董事长叶先灯主持会议，中油国际公司本部主要领导、机关主要部门、中油国际专家中心、生产运行所、勘探研究院等部门相关人员出席会议。叶先灯充分肯定“十三五”期间海外油气勘探取得的成绩。要求进一步解放思想，坚定信心，加大勘探投入，优先做好尼日尔、乍得、缅甸、巴西等重点勘探项目的地质研究、部署和作业，为海外油气业务“十四五”高质量发展奠定资源基础。

（庞文珠）

【储量分委会会议】 2021年5月12日，中油国际公司召开储量分委会会议，审议2020年度油气储量公报。海外研究中心开发战略规划所汇报2020年度海外油气储量公报数据、储量构成和工作建议，与会领导、专家就储量公报编制和储量分析等内容进行讨论，对下一步工作提出指导意见。中油国际公司副总经理、总地质师黄先雄主持会议并强调，2020年，面对勘探项目数量减少、老油田占比上升和国际油价下行等困难和挑战，中油国际公司剩余技术可采储量和SEC份额储量保持基本稳定，确保年度储量任务和效益目标的完成。中油国际公司储量分委会成员部门代表和海外研究中心开发战略规划所有关专家参加会议。经会议审查，2020年度中油国际公司内部储量和SEC储量的评估和管理客观严谨、合理合规、结果可靠，一致同意按汇报数据发布2020年度油气储量公报。由勘探部牵头做好新修订海外油气常规和非常规储量规范及储量规范指南培训。

（朱广耀　赵文光）

【乍得、尼日尔项目勘探部署讨论会】 2021年7月23日，中油国际公司勘探部召开乍得、尼日尔项目勘探部署讨论会，落实2021年勘探工作部署、摸底2022年重点勘探项目工作部署。中油国际专家中心、中油国际海外研究中心生产运营研究所、非洲研究所、全球油气资源与勘探规划研究所、海外物探技术中心等单位相关人员参加会议。

（庞文珠）

【尼日尔项目下半年勘探研讨会】 2021年9月9日，中油国际公司在勘探院召开尼日尔项目下半年勘探研讨会，听取项目公司和勘探院等4个专题报告，对上半年尼日尔项目进展情况及勘探成果进行分析和总结，部署下半年工作。中油国际公司副总经理兼总地质师黄先雄主持会议。中油国际公司勘探部、中油国际专家中心、中油国际海外研究中心、乍得项目公司、外聘专家等参加研讨会。黄先雄对下一步工作进行部署，要求加强尼日尔项目的勘探部署和实施工作，夯实亿吨级构造带储量基础，本部勘探部、项目公司和技术支持单位要进一步做好圈闭评价和井位部署，以落实有效益、有规模的优质储量为重点，加快后续探井的部署和钻探，做到有利圈闭应钻尽钻，确保退地不留遗憾；深化石油地质研究，提升对毕尔玛区块成藏规律认识，扩大富集油气发现，落实储量规模；继续推进阿加德姆油气田开发区滚动评价工作，按照“滚动扩边、老块新探、藏下找藏”工作思路部署滚动评价井，落实开发区累计新增地质储量任务目标。

（庞文珠）

【乍得项目勘探研讨会】 2021年9月15—16日，中油国际公司在塔里木石油宾馆召开2021年乍得项目勘探研讨会，听取中油国际公司勘探部、项目公司和各技术支持单位14个专题报告，对上半年乍得项目进展情况进行分析和总结，部署下半年工作。中油国际公司副总经理、总地质师黄先雄主持会议。中油国际公司勘探部、中油国际专家中心、中油国际海外研究中心、乍得项目公司相关人员及外聘专家参加研讨会。

（庞文珠）

【哈萨克斯坦PK项目与阿克纠宾项目勘探研讨会】 2021年12月2日，中油国际公司采用视频会方式，召开哈萨克斯坦PK项目与阿克纠宾项目勘探工作研讨会，听取中油国际公司勘探部、项目公司、海外研究中心中亚所、BGP研究院和BGP大港分院等单位8个专题汇报，分别对哈萨克斯坦PK项目、阿克纠宾项目2021年勘探工作进行总结，对2个项目公司下一步勘探工作做出部署。中油国际公司副总经理、总地质师黄先雄主持会议。中油国际公司勘探部、中油国际专家中心、中油国际海外研究中心、项目公司相关人员及外聘专家参加研讨会。

（周天伟）

【参加2021年集团公司勘探年会】 2021年12月13—14日，中油国际公司副总经理、总地质师黄先雄带队，线上参加2021年中国石油集团公司勘探年会，代表中油国际公司作《中国石油海外油气勘探成效与经验启示》专题报告，重点对2021年海外油气勘探取得2个十亿吨级油气发现、4个亿吨级油气发现及取得的经验启示、海外油气勘探面临的形势与挑战和2022年海外油气勘探部署等进行报告，得到中国石油集团公司充分肯定。

（马　洪）

勘探成果与效益

【概述】 2021年，中油国际公司贯彻落实中国石油集团公司部署和油气子集团工作要求，统筹推进生产经营、新冠肺炎疫情防控和安全环保工作，扎实开展提质增效、亏损企业治理、企业改革三年行动和人才强企“四大工程”，推动党史学习教育、主题教育活动与生产经营深度融合，攻坚克难、砥砺奋进，各项工作取得重要成果。2021年，海外勘探取得2个十亿吨级油气发现、4个亿吨级油气发现和一系列重要进展。

（汪望泉）

【中东地区主要勘探成果】 2021年，中东地区勘探取得4项进展。一是阿曼项目新探井获得岩性地层新类型油气发现，测试折合日产油566.7桶，含水0.37%。二是阿曼项目在礁滩岩性目标勘探新突破。三是阿联酋陆上探井在白垩系致密灰岩和海相生油岩层非常规油勘探中，分别见到良好苗头，压裂测试折算日产200桶。四是阿联酋陆上在非常规层实施3000英尺（1英尺=0.3048米）水平钻井及20段压裂改造后测试，日产油580桶、水145桶，探井取得成功。

（张庆春　段海岗　罗贝维）

【中亚—俄罗斯地区主要勘探成果】 2021年，中亚—俄罗斯地区获得两项重大突破，南图尔盖盆地 PK 项目取得一项重要进展。滨里海盆地中区块东部阿克若尔构造带古生界勘探获得重大突破，该构造带部署 5 口探井和评价井获得成功。深层侏罗系勘探获得重大突破，部署在东南部的探井在深层侏罗系获得工业气流，实现气田下面找气田目标。南图尔盖盆地 PK 项目中下侏罗统滚动勘探取得重要进展，在 1057 区块靠近南部矿权边界部署的探井获得成功，为下步勘探奠定基础。

（计智锋　张明军　孔令洪）

【非洲地区主要勘探成果】 2021 年，非洲探区获 2 项重要突破和 1 项重要进展。一是创新尼日尔 Termit 盆地 Trakes 斜坡地质认识和双源供烃新模式，部署关键三维及重点探井，引领风险勘探取得重大突破。尼日尔计划部署探井 6 口，实际部署 21 口，全部完钻，探井成功率 90%。二是明确乍得 Doseo 坳陷油气富集主控因素，建立油气成藏模式，引领中央低凸起和南部缓坡带勘探突破，实施 7 个目标钻探全部成功，证实坳陷南部构造带油气潜力，提振南部甩开勘探信心。重要进展是乍得 Bongor 盆地 Moul–Pavetta 构造带滚动勘探新类型圈闭、即顺向断块勘探获新发现，实施探井 4 口，其中 2 口为顺向断块，试油获商业油流，顺向断块勘探在该构造带首获发现，开辟新的勘探方向。

（肖坤叶　袁圣强　杜业波）

【美洲地区主要勘探成果】 2021 年，针对阿拉姆项目，开展三维地震资料解释，确定盐下关键层序界面和层序地层格架，落实区块继承性巨型背斜构造；建立断隆缓坡型和断垒陡坡型湖相碳酸盐岩沉积模式，指出区块发育 4 类有利沉积相带；集成相控多参数叠前弹性反演储层预测和时频分析衰减梯度烃类检测技术，明确区块有利储层发育区和流体分布特征；提出古拉绍 –1 井部署建议获采纳。巴西阿拉姆区古拉绍 –1 井钻遇油层厚度 80.1 米，差油层 9.4 米。该重大发现展示出阿拉姆区块良好的勘探前景，为区块进一步扩大勘探成果、探明资源规模打下基础，成为继里贝拉油田之后又一巨型油田发现。巴西布兹奥斯项目评价井钻探获突破，北部和南部 3 口评价井钻探全部成功，进一步增加油田储量规模。

（田作基　周玉冰　范国章）

中国石油国际勘探开发有限公司年鉴 2022
CHINA NATIONAL OIL AND GAS EXPLORATION AND DEVELOPMENT COMPANY YEARBOOK

油气开发生产

综　述

2021 年，中油国际公司面对地缘政治局势日趋紧张、全球新冠肺炎疫情持续蔓延、海外合作环境复杂多变等严峻挑战，攻坚克难、砥砺奋进，油气生产守住亿吨效益产量大关。乍得项目 PSA 49 万吨 / 年产能建设工程全面投产、土库曼斯坦阿姆河项目 B 区东部新建 10 亿米 ^{3}/ 年地面工程投产，其他工程按计划有序进行。各项油气开发生产指标稳中向好、生产指标稳健完成、开发工作量有序推进，各项工作取得重要成果。截至 2021 年底，中油国际公司在全球 30 个国家运营管理 87 个油气合作项目，其中在产项目 46 个。2019—2021 年，连续实现油气权益产量当量超亿吨稳产与效益开发，实现“十四五”良好开局。

（王作乾　岳雯婷）

开发生产管理

【概述】 2021 年，中油国际公司海外油气开发部门贯彻中国石油集团公司和中油国际公司部署，开展“转观念，勇担当，高质量，创一流”主题教育，按照亿吨权益效益产量工作安排，海外各项目、国内各单位上下一心，携手共进，克服生产困难和外部环境挑战，利用油价上涨有利时机，加强统筹协调，稳妥加快推进“一项目一策”实施。持续做好稳油控水工作，扩大新技术应用规模，全面推进海外油气田开发方案全周期管理，深入研究碳酸盐岩油气藏开发策略，实现合同延期和新项目交割，加强提质增效工作，加大亏损项目治理力度，科学编制“十四五”海外开发业务战略规划，提升海外油气开发水平，夯实海外高质量发展基础。

（张宸恺）

【开发生产动态分析暨亿吨权益产量推进会】 2021 年 4 月 22 日、7 月 21 日，中油国际公司在中国石油勘探开发研究院先后召开海外项目 2021 年开发生产动态分析暨亿吨权益效益产量工作推进会。累计听取 20 个重点项目开发生产动态分析、海外项目 2021 年第一季度和上半年亿吨权益效益产量进展及总体开发生产动态分析报告，总结亿吨权益效益产量阶段成果，分析海外开发业务面临的新形势新挑战，安排部署下一步油气开发生产重点工作。中油国际公司总经理贾勇出席会议并讲话，副总经理黄先雄及海内外开发主管领导和海外研究中心专家 130 余人参加会议（图 1）。

图 1　2021 年 7 月 21 日，中油国际公司召开海外项目 2021 上半年开发生产动态分析暨亿吨权益效益产量工作推进会（中油国际公司油气开发部　提供）

（吴羽珩）

【油气开发生产重点工程】 2021 年，中油国际公司海外两项重点工作提前或按时建成投产，其他工程按计划有序进行（表 1）。此外，尼日

表 1　2021 年中油国际公司油气开发生产重点工程一览表

项目名称	时　间	重点工程进展
乍得项目	2 月 28 日	PSA49 万吨 / 年产能建设工程全面投产
土库曼斯坦阿姆河项目	11 月 15 日	B 区东部新建 10 亿米 ^{3}/ 年地面工程投产

尔项目二期地面工程、澳大利亚箭牌项目苏拉特一期建设、伊拉克哈法亚项目天然气处理厂工程等有序推进。伊拉克哈法亚项目二号注水站工程、伊拉克鲁迈拉项目 CPS6 注水站恢复工程等 5 项重点单项工程投产。

（王作乾　岳雯婷）

【油气开发方案制订】 2021 年，中油国际公司按照《中国石油国际勘探开发有限公司油（气）田开发方案全周期管理实施细则（试行）》，继续建设、使用和优化开发方案全周期管理系统，提升开发方案全周期、精细化管理效果，将开发方案编制、节点审查、实施跟踪、优化调整等环节纳入数据系统进行定量、全周期闭环管理。依托开发方案管理系统，对标开发方案设计指标，开展方案实施全过程跟踪，全面了解方案执行情况和油气田开发效果；组织伊拉克哈法亚三期、阿姆河萨曼杰佩、乍得 2.2 期等 14 个油气田开发方案线上跟踪管理，完成方案设计指标和历史数据填报、对比分析，按季度对 2021 年方案实施情况执行跟踪，基本实现油气田开发方案线上跟踪管理。立足油气藏开发现状，以实现 1 亿吨权益产量目标为导向，坚持精细化管理原则，建立年度产量测算线上管理模块；经多方调研，征询项目公司和技术支持单位意见，按照老井、新井和措施增油情况，设计并确定年度产量测算模板，明确关键参数和测算公式；以中亚大区为试点、拓展至五大区 32 个重点项目，组织线上填报 12 个油田 2022 年产量测算数据，为 2022 年 1 亿吨权益产量的安排和确定奠定基础。调研和对标壳牌、BP、美孚、阿布扎比、哈萨克斯坦和委内瑞拉国家石油公司等国际大石油公司开发方案管理规定和流程，结合中油国际公司方案管理现状，优化方案管理流程，加强方案节点审查，组织完成 27 个油气田开发方案终期审查与节点审查；升级管理手段，建立专家智库系统，涵盖地质、油藏、采油等多领域、多专业 127 名专家信息，涵盖 39 个项目 148 份开发方案专家审查意见，实现历史方案审查专家和审查意见线上查看、下载使用和精准调取功能，提升开发方案审查效率和全周期管理水平。

（杨　姮）

油气开发技术管理

【概述】 2021 年，中油国际公司海外油气开发业务持续推进精细注水和开发新技术先导试验，发挥技术创新创效作用，提升高含水砂岩油藏、碳酸盐岩油藏和稠油油藏开发效果，推动海外油气田增储、上产，推进海外油气开发业务高效优质发展，夯实海外开发业务可持续发展基础。

（张宸恺）

【注水工作】 2021 年，中油国际公司持续推进注水工作，油田开发效果持续改善。全年月自然递减率1.9%，月综合递减率1.4%，比2020年分别下降0.4%和0.3%。艾哈代布项目周期不稳定交替注水试验取得初步成效，截至2021年底，AD-2试验区累计增油28万桶，含水率最大降幅12%。西古尔纳1项目强化注水，地层压力恢复到75%。阿克纠宾项目持续推进精细注水试验，盐上油田“9注58采”的精细注水试验区开井47口，平均日增油78.6吨。曼格什套项目主力油田实施分注井组15个，累积增油2.55万吨。乍得上游项目推广分层注水、精细注水工艺，缓解层间吸水不均的矛盾，完成30口注水井智能分注。全油田智能分注井总数达到36口，占比66%，基本覆盖主力注水断块，精细注水开发水平进一步提高。

（张宸恺）

【新技术应用】 2021年，中油国际公司开发先导试验效果显著。西古尔纳1项目推进Sadi低渗油藏多级压裂先导试验，WQ1-476井初产6200桶/日，是措施前的5倍。阿克纠宾项目滨里海盐上稠油油藏多元热流体吞吐开发水平井效果显著，4口水平井多元热吞吐，第一轮平均日产8.4吨、日增油2.6吨，综合含水率由74%下降到58%，油汽比由0.5增加到1.4。曼格什套项目卡拉姆卡斯油田持续推进聚合物驱试验，探索提高采收率新模式。截至2021年，试验区累计增油67.8万吨，油井含水率降低5.6%—7.8%。

（张宸恺）

【碳酸盐岩油气藏研究】 2021年，中油国际公司根据中东、中亚碳酸盐岩油气藏占海外权益油气产量近70%，碳酸盐岩油田产量的稳定等情况，召开碳酸盐岩油气藏开发策略专题研讨会，以问题为导向，以实现合同有效期内经济效益最大化为目标，科学调整开发策略，着力提升碳酸盐岩油藏开发水平。哈法亚项目对特低渗Sadi油藏坚持地质工程一体化研究思路，部署次级甜点试验井，采用更长水平段、更大规模压裂，在2020年12月投产第二口水平井S0224H1井（水平段长约1004米，12段压裂），初始日产油2057桶（32/64”）。全年月递减由年初的10%降至年底的2%，年底日产油稳定在1300桶。北特鲁瓦油田稳步推进稳油控水综合治理先导试验；完成KT-Ⅱ层深部调驱现场试验井组方案设计可行性研究，推进轮注轮采结合深部调驱先导试验施工实施；探索高气液比关停井复产采油新工艺，完善稳油控水综合治理一体化技术。让纳若尔油田基于剩余油挖潜研究，优选井组、有序推进深部调驱先导性试验。

（张宸恺）

开发生产技术成果

【概述】 2021年，中油国际公司贯彻中国石油集团公司创新发展战略，围绕“优质高效”发展要求，坚持“主营业务驱动、技术引领发展”科技发展理念，坚持国内成熟技术集成应用与特色技术研发相结合，持续攻关制约海外发展关键瓶颈技术，有效支撑海外业务优质高效发展。全年，海外共获省部级、局级以上奖励15项，合作出版专著6部，以第一完成单位的身份发明专利5项、形成软件著作权3项。

（王作乾　岳雯婷）

【亚太地区开发生产技术成果】 截至2021年底，亚太油气合作区在印度尼西亚、澳大利亚、新加坡、泰国、蒙古5个国家运行7个开发项目，其中：5个已开发项目，即印度尼西亚项目、澳大利亚箭牌项目、泰国邦亚项目（股权归属昆仑能源，人员和业务由中油国际公司统一归口管理，储量数据表外管理）、新加坡SPC项目上游资产（资产归属国际事业公司，中油国际公司代管，储量数据表外管理）、蒙古塔木察格项目（产量及效益归属大庆油田，投资归口中油国际公司审查，储量、产量不在统计之内）。亚太地区计划钻新井124口，投产新井90口，实际钻新井85口，投产新井41口，41口投产井中：油井39口，全部在SPC项目；气井2口，在箭牌项目。亚太地区计划措施井124井次，实际实施措施井66井次，其中油井措施28井次，分别在印度尼西亚项目和SPC项目。11月22日，印度尼西亚能矿部部长签署Jabung区块延期合同，延期20年，中国石油权益30%，并继续担任作业者，Jabung区块延期与国家深化“一带一路”建设相契合，与中国石油集团公司“做实亚太”发展战略相匹配，天然气产量具有较大比例，符合绿色低碳发展战略。11月19日，泰国L1/64邦亚区块合同签署，为期20年，中国石油权益100%，使L1/64邦亚区块与L21/43区块协同开发优势得以持续。箭牌煤层气项目启动苏拉特2.1期试采方案编制工作，通过与壳牌公司、箭牌公司多次技术交流，就8区2.1期开发选区、开发比选方案及2区试采评价部署等多方初步达成一致性意见。SPC项目上游资产，完成Sampang区块Paus Biru气田开发可行性研究。

（张晓玲　丁　伟）

【中东地区开发生产技术成果】 2021年，中东油气合作区有13个油气勘探开发项目，分布在伊拉克、伊朗、阿联酋和阿曼4个国家。合同类型包括服务合同、回购合同、矿税制和产品分成。中东油气合作区艾哈代布项目、西古尔纳1项目、阿布扎比海上及陆上项目主要实施注水开发。西古尔纳1和鲁迈拉的碳酸盐岩Mishrif油藏处于低含水、低采出阶段，注水对减缓自然递减、停喷井复产方面均取得明显效果，处于注水开发的受效上产阶段；鲁迈拉Main Pay油藏处于中含水阶段，注水开发有效减缓自然递减；艾哈代布Khasib油藏地层压力持续恢复，平面分布趋于均衡，注水效果明显，整体递减减缓，但受非均质性影响层间矛盾较大，处于注水开发的调整优化阶段。鲁迈拉注水开发效果显著，其中北鲁Mishrif油藏产量比2020年增加36%；南鲁Mishrif油藏产量增加88%；北鲁Mishrif油藏综合含水率为18.4%，南鲁Mishrif油藏综合含水2.67%。阿布扎比陆上项目主力油藏实现稳定注水，注水效果较好，年均日注水比2020年增加48%，年均日注气减少10%，生产气油比从2020年的1215英尺^3/桶下降至1171英尺^3/桶，老井综合递减从2020年12.17%减少至10.58%、含水上升率从2020年0.85%降低至0.3%、主力油田地层压力保持稳定，压力保持水平85%左右。

（杨　双）

【中亚—俄罗斯地区开发生产技术成果】 2021年，中国石油集团公司在中亚—俄罗斯地区运营15个油气开发项目，其中：哈萨克斯坦8个（PK、阿克纠宾、MMG、北布扎奇、ADM、KAM、卡沙甘、KMK项目）；乌兹别克斯坦2个（明格布拉克、新丝路项目）；阿塞拜疆1个（KK项目）；阿富汗1个（AD项目）；俄罗斯2个（亚马尔、北极LNG2项目）；土库曼斯坦1个（阿姆河右岸项目）。北布扎奇项目油田开发合同延期至2046年10月24日，KK项目11月19日完成股权转让交割退出。新井投产计划完成率104%；平均单井初产达标率81.7%；措施有效率85.7%。投转注水井计划完成率111%，采注井数比3.1，平均平面井网储量控制程度85.7%，平均水驱储量控制程度64.5%，平均水驱储量动用程度61.9%。EOR工程计划完成率92%，主要类型为蒸汽吞吐。主力项目进入高含水、高采出程度“双高”开发阶段，平均综合含水80.8%，平均含水上升率1.1%。主力油田地层压力保持稳定，全年平均自然递减9.2%，综合递减5.3%。

（宋　珩）

【非洲地区开发生产技术成果】 2021年，非洲油气合作区有油气开发项目8个，分属2个地区公司，分布于6个国家，具体为南苏丹1/2/4区项目、南苏丹3/7区项目、苏丹6区项目、乍得H区块项目、乍得新H区块项目、尼日尔Agadem项目一期6个在产项目和1个在建项目，即莫桑比克4区块项目。突尼斯SLK项目于11月17日完成股权转让交割。南苏丹及乍得H区块项目为非洲合作区主力产油项目。非洲油区位于中西非裂谷系四大盆地，苏丹和南苏丹项目位于Muglad和Melut盆地，以块状强底水油藏和大型层状大型砂岩油藏为主，天然能量充足，开发方式以天然能量开发为主；乍得和尼日尔项目位于Bongor和Termit盆地，以复杂断块油气藏为主，由于天然能量弱，开发方式以人工注水为主。莫桑比克4区位于东非Rovuma盆地，超深水浊积砂岩气藏群，天然能量充足。非洲各项目油品性质比较复杂，分布有稠油油藏、高凝油油藏及常规稀油油藏，常规稀油为主，储量占75%。全年非洲合作区生产运行平稳，总体含水保持稳定，稳产上产潜力仍然较大，注水开发项目逐步开展分层注水及调流控水，注水开发效果持续稳定，主力区块地层压力保持水平60%—70%，年自然递减18.6%—19.6%，年综合递减12.4%—14.5%。

（冯　敏）

【美洲地区开发生产技术成果】 2021年，美洲油气合作区有14个油气开发项目，分属拉美公司和中油国际公司直属项目，分布在委内瑞拉、厄瓜多尔、秘鲁、巴西和加拿大5个国家。美洲地区各项目油藏类型和开发阶段差异较大，其中厄瓜多尔安第斯、秘鲁6/7区、秘鲁8区、秘鲁10区、委内瑞拉陆湖、委内瑞拉苏马诺项目是开发后期的常规油项目；巴西里贝拉和巴西布兹奥斯项目是处于早期开发生产阶段的深海常规油项目；委内瑞拉MPE3和加拿大麦凯河为开发一期在产的重油项目；秘鲁57区、加拿大白桦地和加拿大都沃内为天然气藏或凝析气藏项目。9月1日，布兹奥斯油田联合开发协议和跨界油藏开发协议生效并完成项目交割。重油（MPE3和胡宁4）和油砂（麦凯河、多佛、麦凯Ⅲ）项目原油地质储量占美洲地区原油地质储量的61.49%，技术可采储量占比56.51%，剩余技术可采储量占比68.98%。美洲地区仅在安第斯项目实施注水开发。2021年，T区块实施两口生产井转注，分别为Mar34和Dor67H，其中Mar34井为污水处理井，Dor67H井自12月4日开始注水，高峰日注量36487桶。截至2021年底，T区块M1层注水井在注36口，Dorine-Fanny油田地层压力保持水平稳定至80%以上。秘鲁老油田项目递减率减缓，全年月自然递减率1%左右，月综合递减率0.6%左右；安第斯项目递减率减缓，全年月自然递减率和综合递减率分别为1.5%和1.3%；处于开发早期的深海和天然气项目暂无递减。美洲地区各项目含水率整体保持稳定。

（李　剑）

钻井工程

【概述】2021 年，中油国际公司运行 31 个钻井项目，动用钻机 208 台，完井 1177 口，总进尺 2634.11 千米。其中，探井完井 52 口，进尺 128.99 千米；评价井完井 11 口，进尺 32.03 千米；开发井完井 1114 口，进尺 2473.08 千米；水平井完井 338 口，进尺 1251.60 千米（表 2）。

（陈　鹏）

【巴西阿拉姆油田首口探井作业】2021 年 8 月 16 日，巴西国家石油公司作为作业者动员 Brava Star 超深水钻井船前往 Curacao-1 井井位，8 月 19 日钻井船抵达井位，开始该油田首口探井作业。该井井位水深 1905 米，设计井深 6925 米。截至 2021 年底，该井完成钻井作业，实际井深 7130 米，后续将继续完成临时弃井作业。该井于 K48/K46 层段发现纯油层 80.97 米，孔隙度 10%，含油饱和度 73%，成为继巴西里贝拉项目后中油国际公司在深水领域又一重大勘探发现。

（郭璐骁）

【钻井工作量】2021 年，中油国际公司动用钻机 208 台，完井 1177 口，总进尺 2634.11 千米，完成分地区钻井工作量。

（陈　鹏）

【海外运行钻井项目】2021 年，中油国际公司海外运行 31 个钻井项目，其中中东地区 6 个项目（阿布扎比陆上项目、陆海项目和海上项目，哈法亚项目，鲁迈拉项目，阿曼五区项目）；中亚地区 7 个项目（阿克纠宾项目、PKKR 项目、KGM 项目、KAM 项目、阿姆河项目、曼格什套项目、亚马尔 LNG 项目）；亚太地区 3 个项目（缅甸海上项目、新加坡 SPC 项目、澳大利亚箭牌项目）；美洲地区 9 个项目（秘鲁 6/7 区项目、CNPC PERU 项目，巴西里贝拉项目、布兹奥斯项目、阿拉姆项目，加拿大白桦地项目、都沃内项目、油砂项目，安第斯项目）；非洲地区 6 个项目（尼日尔 Agadem 项目、Bilma 项目，乍得项目，苏丹 6 区项目、莫桑比克 4 区项目、南苏丹 37 区项目）。

（陈　鹏）

表 2　2021 年中油国际公司分地区钻井工作量完成统计表

地区	完井（口）					总进尺（千米）
	开发井	探井	评价井	水平井	合计	
中东	341	1	3	279	345	1278.11
中亚	371	12	4	13	387	551.11
亚太	133	2	0	38	135	184.10
美洲	135	1	2	8	138	318.65
非洲	134	36	2	0	172	302.14
合计	1114	52	11	338	1177	2634.11

【海外运行钻机分布】 2021年，中油国际公司海外动用钻机208台。其中，中亚77台、中东76台、非洲23台、美洲19台、亚太13台。

（陈　鹏）

【井控管理】 2021年，中油国际公司井控管理领导小组办公室针对海外钻井作业领域涵盖湿地、沙漠、浅海、深海、极地等复杂环境，面临高温高压高含硫等严苛地质条件，坚持“预防为主、警钟长鸣，博采众长、实用高效，多措并举、主动担当，不留死角、持续改进”井控工作方针，深化责任落实，完善制度规范，加强风险管控，加大培训力度，健全应急体系，强化激励问责，做到责任、管理、技术、投入、培训和应急“六到位”，保证井控本质安全。做好12项工作：持续加强制度建设，规范井控管理；做好钻修井动态跟踪；做好每周井控预警；组织井控培训；开展“井控警示月”活动；组织井喷突发事件应急演练；开展远程井控审核；组织井控细则及预案备案评审；开展井控事故案例分享；落实中国石油集团公司井控会议通知精神并参加井控相关活动；推进海外EISC（工程作业智能支持中心）建设；定期召开井控管理领导小组工作会议。

（王文广）

【钻井提速】 2021年，五大作业区平均钻井井深2269.60米，平均钻井周期19.50天，钻机月速1646.80米/台月，钻井月速2470.40米/台月。与2020年相比，海外钻井总体平均井深增加，平均钻井周期缩短，主要钻井技术指标持续向好（表3）。

（陈　鹏）

【三高井超深井关键技术应用】 H8097井是肯基亚克盐下油田典型的“三高井”（高温、高压、高含硫化氢）和超深井，自2020年11月22日开钻，11月27日二开，12月14日三开；2021年2月19日四开，9月10日五开。四开、五开期间，2次发生严重漏失及卡钻事故。经过注水泥堵漏、爆炸切割、倒扣打捞失败，考虑冬季施工和井控安全等因素，12月11日和15日对该井进行2次注灰封存。该井钻井过程中集成应用7项关键技术，采用个性化钻头优选技术（全井段使用）、大尺寸大扭矩螺杆复合钻进技术、防斜打快技术、单弯螺杆和MWD随钻测斜技术（三开、四开井段）、单弯涡轮+孕镶钻头+MWD组合钻井提速技术（四开定向

表3　2021年中油国际公司分地区钻井主要技术指标统计表

地区	平均井深（米）	平均钻井周期（天）	钻机台月（台月）	钻机月速（米/台月）	钻井台月（台月）	钻井月速（米/台月）
中东	3668	12.1	91.2	466	520.2	2457
中亚	1555	19.6	424	1299	321.8	1712
亚太	1689	12.9	45.7	4025	75.8	2427
美洲	2572	17	55.4	191	86.2	3696
非洲	1864	35.8	134	2253	146.6	2060

井段)、控压钻井技术(四开、五开井段)、强抑制抗盐抗高温钻井液技术，取得显著效果，二开、三开和四开井段钻井分别提速32.56%、53%和225%，井身质量优质。

(王海涛　汪大海　陈　鹏)

【阿布扎比NS油田首次应用单筒双井批钻技术】 2021年，单筒双井批钻技术首次应用于阿布扎比NS油田，完成2口井批钻作业。通过在同一井口槽和导管中完成2口井钻井作业，有效节约井口槽数量、导管和井口需求及一开作业时间。对比常规单筒单井，利用该技术平均每口井可节约2天建井周期。

(郭璐骁)

【深水批钻井技术首次在巴西布兹奥斯项目运用】 2021年，深水批钻井技术在巴西布兹奥斯项目首次运用，区块水深1800—2200米，通过该技术实现2口深水井无隔水管段批钻作业。对比通常的单口井连续作业，利用深水批钻井技术，2口井批钻作业可在组合钻具下入(导管+表层段)和BOP下入/起出工序节约6.5天。

(郭璐骁)

【巴西布兹奥斯项目首次运用深水导管喷射下入技术】 2021年，深水导管喷射下入技术在巴西布兹奥斯项目首次运用，区块水深1800—2200米，该技术应用2口井，均取得作业成功。利用喷射使导管下入地层，通过土壤本身的吸附力固定导管，无须固井作业，并可无须起钻连续进行表层钻进。导管喷射技术能有效提高深水浅层钻井作业时效，节省钻井时间，解决井口不易找到等难题。对比常规导管钻入、固井方式，导管喷射技术可节约建井周期约1天。

(郭璐骁)

【新技术应用成果】 2021年，中油国际公司强化技术创新管理，提升钻井工作效率和效益。推进地质工程一体化在复杂油藏开发中的应用，为海外项目适应性技术应用搭建平台。阿克纠宾项目采用五位一体技术模式，创造同井型钻井周期63天的最短纪录；PK项目开展“单井安全提速创效工程”活动，平均搬家周期缩短0.89天，比2020年平均钻井提速34.80%，钻机月速提高3.71%；曼格什套项目采用PDC+螺杆钻具组合及“短拉、长提”通井措施，平均建井周期缩短13.60%；亚马尔项目继续推广“旋转导向钻具+LWD”、油基钻井液、冻土层324毫米套管等钻井技术，钻井投资和成本大幅降低；乍得项目二开全面应用复合钻井技术，执行NPT管理制度，每米钻井成本同比下降4.60%；尼日尔项目推广氨基钻井液体系应用，与常规钻井液体系相比平均提速28.25%，累计节约钻井周期28.40天；阿曼项目优化钻井参数，强化水马力钻井，实现机械钻速提高10%，建井周期同比降低3%，每米钻井成本同比下降3.70%；澳大利亚箭牌项目优化苏拉特区块钻机运行，同比降低NPT时率10%，每米钻井成本同比下降23.40%。

(孔祥吉)

采油采气工程

【概述】 2021年，中油国际公司采油采气工程工作以“提质增效”为抓手，围绕海外产量总体目标，以技术集成为基础，持续创新海外特色的适用采油工程技术，探索和推进“短平快”井筒技术，推动各项工作实施并取得显著成效。

（邹洪岚）

【低模量孔隙型碳酸盐岩加砂压裂关键技术】 2021 年 1 月 1—4 日，哈法亚项目在前期施工基础上，HF0268-S0268H1 继续实施“裸眼封隔器 + 投球滑套”工艺，分 15 段加砂压裂，加砂 894 立方米，入井总液量 7391.1 立方米，施工排量 5.5—6 米^3/ 分，采用高砂比、降低前置液比例、全程 20/40 目大粒径支撑剂工艺,20/64 英寸油嘴下最高测试产量 1835 桶 / 日，稳定产量 1500 桶 / 日。

（朱大伟）

【措施增油作业】 2021 年，中油国际公司有 24 个海外项目实施修井作业，完成 15428 井次；动用修井机 160 台，其中国外公司 99 台、中方 61 台。利用措施增油作业增油 1054 万吨，累计完成 1722 井次，完成全年计划的 86.4%；措施有效 1493 井次，措施有效率 86.7%。地区分布主要集中在中亚公司、中东公司、拉美公司和尼罗河公司地区。酸化、压裂、卡堵水、返层等其他措施合计增油 613.2 万吨，占总增油量的 49.7%；下电泵 / 转电泵措施增油 283.2 万吨，占总增油量的 23.0%；堵水措施增油 142.7 万吨，占总增油量的 11.6%；气举措施增油 135.5 万吨，占总增油量的 11.0%；补孔改层措施增油 59.2 万吨，占总增油量的 4.8%。

（吴志均）

【完井方式】 2021 年，中油国际公司海外项目的直井以套管射孔完井为主。定向井、水平井、分支井完井方式多样，主要方式是射孔完井、筛管完井、筛管完井 +ECP、裸眼完井，也包括防砂完井、控水完井和智能完井。中亚—俄罗斯地区 12 个项目 25 个油气田，射孔完井占 81.3%、筛管完井占 18.1%。亚太地区 4 个项目 8 个油气田，射孔完井占 23%、裸眼完井占 38.8%、筛管完井占 15.3%。中东地区 10 个项目 14 个油气田，主要采用射孔完井、裸眼完井、筛管完井（ECP+ 筛管完井）。非洲地区 6 个项目 17 个油气田、射孔完井占 90.8%、裸眼等占 4.4%、筛管完井占 4.8%。筛管完井占 15.3%

（刘富龙）

【人工举升工艺】 2021 年，中油国际公司海外项目自喷井数量显著减少，人工举升以电潜泵、抽油机作为主体举升工艺。36 个项目采油井数 22307 口，开井 16517 口，其中人工举升井 22453 口，占总井数的 91%，日产油量占比 61.5%。按照井数分类，自喷井数占总井数的 9%，抽油机井数占 44.8%，电潜泵井数占 20.3%，螺杆泵井数占 11.8%，气举井数占 6.7%，捞油等其他井数占比 7.4%。自喷井产量占总产量的 38.5%，电潜泵井产量占比 33.7%，抽油机井产量占比 21%，螺杆泵井产量占比 4.4%，气举井产量占比 2.3%，捞油等其他产量占比极少。

（刘富龙）

【注水工艺】 2021 年，中油国际公司海外注水开发的油田注水工艺以笼统注水为主，分注以 2 层分注为主，分注率进一步提高，智能分注技术在乍得 Great Baobab 油田首次应用。笼统注水井 4598 口、分注井 993 口，分注率 17.8%（注水井 5591 口）。分注井主要分布在海外 10 个项目、20 个油田。分注工艺主要有偏心、空心、同心双管、油套及智能分注。双管分注井有 758 口，偏心分注井有 181 口。

（刘富龙）

【增产增注措施】 2021 年，中油国际公司在 8 个国家 13 个项目中采用压裂增产工艺，在 10 个国家 17 个项目采用酸化酸压工艺。常规油气资源储层改造是 MMG 和秘鲁项目；非常规资源储层改造主要是加拿大致密气和页岩气。加砂压裂最大水平井段长 4112 米（加拿大都沃内项目），最大加砂量 13776 吨（加拿大都沃内项目），压裂液最大液量 86856 立方米（加拿大都沃内项目），最大分段数 84 段（加拿大都沃内项目）；常规油藏加砂压裂最大水平井段长 1200 米，最大加砂量 894.1 立方米（伊拉克哈法亚项目）。全年储层改造 445 井次，其中酸化 57 井次、酸压和压裂 388 井次。

（邹春梅　刘富龙）

【直井分层改造与气举一体化技术】 2021 年，阿克纠宾油田采用直井分层改造、气举一体化技术，完成 22 口井分层改造；包括投球分层和工具分层工艺。投产 20 口井累计增产 33601.2 吨，平均单井日增油 13.9 吨，改造有效率 86.7%。

（赫安乐）

【长井段水平井固井分段完井改造一体化技术】 2021 年，哈萨克斯坦阿克纠宾公司针对碳酸盐岩长井段水平井完井改造和边际油藏难以动用的问题，采用固井分段完井改造一体化技术，酸压采用水平井连续油管带底封水力喷射分段酸压技术。方案设计应用 5 口井，取得良好效果。累计产油 2.4384 万吨，平均单井有效期 254 天，单井日均产油 19.6 吨。

（赫安乐）

【侧钻裸眼水平井分段完井改造一体化技术】 2021 年，哈萨克斯坦阿克纠宾公司针对停产不能修复并有一定剩余储量的老井，研究低成本挖潜剩余油配套技术，形成侧钻井裸眼分段完井酸压改造—生产一体化技术，实现停产井、难修井复产。侧钻裸眼水平井分段完井改造一体化技术完成 2 口井的实施改造，即 5205 井、2356 井。其中，5205 井裸眼分 3 段完井、改造、气举生产一体化作业管柱，连续作业，节约时间，降低风险，快速投产。截至年底，5205 井在 267 天内累计产油 7716.3 吨，日均产油 28.9 吨。

（赫安乐）

【探井酸压试油技术】 2021 年，哈萨克斯坦阿克纠宾公司针对探区和新区块，采用探井酸压试油技术，完成 8 井次的设计改造作业。

（赫安乐）

【固体酸酸化技术】 2021 年，乍得项目针对非洲内陆地区酸液供应、运输等难题，开展固体酸酸化技术研究，实施 4 口油井，涵盖厚层、薄互层砂岩，实现累计增油 6000 立方米。开展潜山增产潜力分析和室内实验评价，论证潜山井裸眼酸化先导试验，采用前置酸 + 主体酸（固体盐酸 + 含氟盐）+ 后置酸段塞式注入，酸化强度 0.55—1 米^3/ 米，酸液选择性流入储层为裂缝及基质与裂缝沟通地带，溶蚀填充堵塞物解除污染，增大裂缝导流能力，释放油气通道，恢复地层原始供液能力。

（张希文）

【智能分注技术】 2021 年，乍得项目开井投注 34 口 90 层段实施第四代智能分层注水，日注水量 3.3 万桶；改善注采剖面、改善开发效果，提高水驱开发效率，有 30 口油井受效。全年增油 95.9 万桶。

（王　敏　王艳山）

【自适应调流控水技术应用】 2021 年，乍得项目开展“自适应调流控水”技术应用，实施 AICD 调流控水作业 18 口，累计增油 38.51 万桶、控减水 87.58 万桶。尼日尔项目自适应调流控水技术的应用取得明显的控水增油效果。实施 AICD 调流控水作业 7 口，累计增油 34.35 万桶、控减水 59.82 万桶。调流控水技术自适应控水稳油，一次作业实现 2—3 段分层采油，节约作业费用，降本增效。

（朱怀顺　张希文　邹洪岚）

【智能间歇气举先导性试验】2021年，哈萨克斯坦让纳若尔油田开展智能间歇气举先导性试验持续优化，完成925井和5084井智能间歇气举实验，通过气举物联网平台软件对现场硬件设备远程控制，控制响应时间5秒，响应精度100%，数据记录频率15秒/次，平均增加产量2.25吨/日，平均增产率92%，平均节约气量2926米^3/日，平均节气率28.2%，实现数据远程传输和控制功能。

（冯仁东）

中国石油国际勘探开发有限公司年鉴 2022

CHINA NATIONAL OIL AND GAS EXPLORATION AND DEVELOPMENT COMPANY YEARBOOK

炼化与 LNG 项目

综 述

2021年，中油国际公司炼油化工部针对国际形势复杂多变、新冠肺炎疫情防控压力持续增加等情况，贯彻落实中国石油集团公司、中油国际公司总体部署，扎实开展党史学习教育和“转观念、勇担当、高质量、上台阶”主题教育活动，深入推进提质增效升级工程、亏损治理等专项工作。落实能源转型及“碳中和、碳达峰”部署，加强项目发展规划研究，全面展开LNG项目建设。坚持疫情防控和安全生产“两手抓”，安全、质量、效益优先，实现“五个杜绝”目标。全年各项工作取得显著成果，特别是经营指标稳中向好，实现“十四五”良好开局。

中油国际公司炼化与LNG项目持续注重企业文化建设，与项目所在国政府建立良好关系，通过多种形式为项目所在地提供力所能及的帮助，获得所在国及中国政府相关部门认可。中油国际公司密切跟踪行业最新资讯信息，重视新技术推广与应用报道，广泛搜集、细致筛选，在中油国际公司内网和门户网站刊载专业期刊《炼化信息与动态周报》，合计51期。出版《二氧化碳捕集封存利用研究专刊》，介绍CCUS发展现状及应用进展。完成更新《海外油气业务“十四五”炼化与LNG专业发展规划》，总结“十三五”发展经验和成果，分析业务发展基本形势，指导规划“十四五”海外炼化LNG业务发展。印发《中国石油国际勘探开发有限公司炼化LNG工程建设业务管理办法（试行）》，对管理程序和内容进行完善细化。推出“2021炼化及LNG业务提质增效专项培训”系列讲座，全年累计培训人数超过1000人次，为海外炼化及LNG人才知识储备奠定基础。

（周 浩）

项目开发管理

【概述】2021年，中油国际公司按照中国石油集团公司能源转型及“碳中和、碳达峰”部署，加强项目发展规划研究，对LNG项目加大规划投资力度，全面展开LNG项目建设。有序推进在建LNG项目，持续应对新冠肺炎疫情蔓延和全球采购供应链延迟带来的不利影响，平稳有序推进项目模块建设步伐，深挖已投产项目提质增效潜力，稳控项目投资步伐，抓实做细项目生产经营分析，与项目形成前后方良好互动关系。亚马尔LNG项目第四条生产线投产，使项目LNG年产能提升到1740万吨。年内，亚马尔LNG公司子公司——萨贝塔机场公司建设的北极LNG2项目晨曦机场投入运营；北极LNG2项目转运站在建，与各伙伴方寻求合资入股事宜；加拿大LNG项目模块厂赶工克服新冠肺炎疫情影响；澳大利亚布劳斯项目完成天然气加工协议核心条款修改更新。

（周 浩）

【北极LNG2项目发展计划】2021年7月，北极LNG2项目提高项目整体效益，通过加速建设第三条生产线的决议，将投产时间提前1年（由2026年4月15日提前至2025年5月31日）。项目产品销售由各股东按股比、统一价格承销各自权益的LNG产品，向亚洲方向和欧洲方向销售比例为80%和20%。产品采用股东自提方式，提货点分别为勘察加转运站和摩尔曼斯克转运站。

（孙仍建）

【加拿大 LNG 项目发展计划】 2021 年，加拿大 LNG 项目实现多批模块外运，现场施工大步推进，工程设计和采购接近收尾，完成现场主要设备及模块基础施工，第一列生产线主要大型设备安装就位，LNG 储罐混凝土外罐完工，冷却水塔、地下管道及电缆、LNG 泊位、凝析油储运装车、非工艺建筑等系统施工正积极推进。截至 2021 年底，LNG 工厂一期项目累计实际进度为 57.2%（计划进度为 69.9%）。新冠肺炎疫情给项目正常推进带来巨大压力，项目团队通过制定并推进模块赶工计划、优化船期、调整试车方案等一系列应对措施，保证项目目标投产时间在 FID 承诺之内。

（姜　宁）

【亚马尔 LNG 项目发展规划】 2021 年，亚马尔 LNG 项目在前期制定 5 年勘探规划基础上，完成陆上 700 平方千米三维地震采集以及部分区块快速处理和解释工作，完成侏罗系 1 口探评井钻井、压裂和试油，测试获得高产天然气和凝析油，侏罗系勘探获重大发现。5 月 31 日，项目投产。12 月 1 日，2 号甲醇回收装置开工建设。12 月 29 日，项目第四条生产线产出第一滴 LNG。12 月，增压站完成整体技术方案设计。截至年底，完成二氧化碳（CO_2）回注设施整体方案设计。年内前三条生产线完成 120% 产能提升改造试验，试验结果达到预期目标。

（孙仍建）

【布劳斯 LNG 项目发展规划】 2021 年，布劳斯项目开发方案预计可建成 1200 万吨 / 年 LNG 和 280 万吨 / 年凝析油产量规模，气田生产期 30 年。西北大陆架项目（NWS）是 Karratha Gas Plant（KGP）液化厂的业主。KGP 液化厂是澳大利亚正在运行的最大 LNG 液化装置，KGP 液化厂 5 列 LNG 处理装置加工能力 1650 万吨 / 年，已经安全运行 30 年。12 月，西北大陆架（NWS）项目 KGP（Karratha Gas Plant）液化厂落实“早期气源”，完成签署天然气加工协议（GPA），缓解 KGP 原料气短缺的“燃眉之急”，继续维持 KGP 正常生产。年内完成概念定义阶段基础技术方案优化筛选及初步技术、经济评估，开展碳捕集和储存（Carbon Capture and Storage，CCS）地质气藏可行性研究，完成天然气加工协议核心条款修改更新。

（赵建武）

【北极 LNG2 项目开发管理】 2021 年，北极 LNG2 项目完成整体进度的 59%，一期总体建设进度完成 73%，一期 17 个模块全部建成并装船运往俄罗斯摩尔曼斯克场地，一期 GBS 建造完成 68%。

（杨玉龙　孙仍建）

【莫桑比克科洛尔 FLNG 项目开发管理】 2021 年，莫桑比克科洛尔 FLNG 一期为上下游一体化项目，作业者为意大利埃尼公司。项目建设分为 5 个部分，即 FLNG（船体、上部装置区、转塔系泊、立管和集输管线）、海底生产系统 SPS、脐带管、钻井和完井、岸上物流基地。其中：上游开发部署 6 口开发井；中游 FLNG 项目工程建设由法国 TechnipFMC、日本 JGC 和韩国三星重工联合体总承包，中游 FLNG 设计 LNG 年商品量 330 万吨，凝析油产量 12.56 万吨 / 年，设计寿命 25 年，船体总重 19.6 万吨，其中船体 13 万吨，上部组块 6 万吨，操作重量 20.6 万吨。截至 2021 年底，项目各部分建设均按计划有序进行，FLNG 主体完工并启航开赴莫桑比克北部海域。

（徐志勇）

【布劳斯 LNG 项目开发管理】 2021 年，布劳斯项目对 12 项技术方案开展优化研究，筛选出基础方案优化成果，包括 BTL 和 2TL 对接方案优化；钻完井 Phase 1 Well Construction Sequence 方案优化；项目管理 CAPEX Phasing 方案优化；外输气容量、二氧化碳含量及烃露点方案优化。开展 CCS 地质气藏可行性研究评估工作，完成 IRM 1—3 阶段性工作审查；10 月 12—14 日，完成 CCS 地质气藏 RES Part I 审查，认为布劳斯CCS地质气藏研究工作难度大，从多方面研究非常有必要，布劳斯研究团队进一步研究有助于减小 CCS 的诸多不确定性。中方支持多方面研究，包括盖层的地质力学（宏观和微观的）、储层应力场分布、储层的地质模型、排驱方案、见水预测、对采收率的影响、项目经济性等。投资等事宜在不同方案经济评价结果完成之后，给 CNODC 本部汇报并获得同意后实施。完成布劳斯—西北大陆架 2021 年 JTS（Joint Technical Study）联合研究，包括布劳斯外输气容量、二氧化碳含量、烃露点等，是天然气加工协议重要的技术输入条件。10 月 13 日，布劳斯 JV 致信 NWS JV，并提交 GPA 合同大纲，双方商务团队开始接触重启谈判。

（赵建武）

【加拿大 LNG 项目开发管理】 2021 年，加拿大 LNG 项目完成了主要设备及模块基础施工，主要大型设备安装就位。截至 2021 年底，LNG 工厂一期工程累计总体完成进度 57.4%，其中设计完成进度 99.3%、采购完成进度 88.2%、现场施工完成进度 38.2%、模块建造完成进度 54.4%，基本实现年度工作计划。

（姜　宁）

工程建设

【概述】 2021 年，中油国际公司管理的炼化 LNG 项目工程建设工作主要集中在 LNG 项目。其中，亚马尔项目第四条生产线顺利投产。北极 LNG2 项目遵循和亚马尔 LNG 项目类似合同策略，上游地面工程采用 E+P+C 模式，下游 LNG+GBS 工程采用 EPC 模式。中方作为小股东，通过参加项目股东大会和咨询委员会等方式，参与工程建设管理，各条生产线进度稳步推进。加拿大 LNG 项目工厂采用模块化建造模式。项目决策执行委员会享有最高决策权。中方通过执行委员会、8 个专业分委会和 18 个工作小组，对项目联合公司进行管控。莫桑比克科洛尔中游 FLNG 项目工程建设阶段，中石油派员进入 PMT 团队参加工程建设期管理并完成相关参建任务。

（周　浩）

【中方非主导北极 LNG2 项目工程管理】 2021 年 1—2 月、5—7 月，北极 LNG2 公司实施两次赶工激励计划，调动各类资源，激发模块厂赶工积极性。受新冠肺炎疫情影响，承担北极 LNG2 项目模块建造各模块厂工期均有不同延误。4—5 月，北极 LNG2 公司两名中方派员克服疫情防控困难，完成对 6 家中国模块厂调研，为北极 LNG2 公司制定有针对性的赶工激励计划提供了依据。全年的系列赶工措施让中国模块厂追赶落后近两年的一期工程进度，在冬季来临前全部实现预定目标，一期模块按计划在 7—12 月相继装船启运。7 月 26 日，项目首个模块在中远张家港模块厂装船；8 月 16 日，项目第一批模块从天津博迈科模块厂启运，经北极东北航道过白令海峡，9 月 14 日，安全运抵俄罗斯北极 LNG2 项目气田现场。8 月 26 日，全球最大的 LNG 集成管廊——北极 LNG2 项目主管廊模块从浙江舟山惠生海工场地启运，经北极东北航道过白令海峡运至俄罗斯摩尔曼斯克模块集成场地。截至 2021 年底，一期模块 65% 完成安装。中方参加北极 LNG2 项目股东会 11 次、审议议题 21 项、咨询委员会会议 11 次，推动项目外部融资工作，参加项目融资对外谈判及内部协调讨论会，审阅各项融资协议，重点审核各方应中方建议引入的制裁升级风险防控机制相关条款，协调外部律师提供专业支持，及时推动完成内部审批，提交中方应出具的各种支持文件。北极 LNG2 公司各股东通过合同变更和优化模块建造安排，计划缩短三期混凝土重力式平台（GBS）建造时间 10 个月。

（黄绪春　孙仍建　王　翔）

【中方非主导莫桑比克科洛尔中游 FLNG 项目工程建设】 2021 年，中方非主导莫桑比克科洛尔中游 FLNG 项目管理团队由作业者埃尼公司主导，各股东根据派员协议派员参加管理。除作业者意大利埃尼公司外，还有埃克森美孚、中国石油、葡萄牙高普能源、莫桑比克国家石油公司股东派员以及韩国当地员工。工程建设阶段，中国石油集团公司累计派出 4 人，进入 PMT 团队参加工程建设期管理。根据分工，派员工作涵盖工作界面协调管理、工程变更过程控制、FLNG 中涉及静态机械设备的工艺工程设计、制造、测试和安装，及项目现场的 HSSE 工作。截至 2021 年底，FLNG 一体化项目整体进度完成 96.6%，与基准进度基本保持一致。

（徐志勇）

【中方非主导亚马尔 LNG 项目工程管理】 2021 年，中方参加非主导亚马尔 LNG 项目董事会会议 47 次、股东大会 3 次、咨询委员会会议 11 次，审议董事会和股东会议题 166 项。组织研究和推动谈判有关第四条线建设运营的股东协议之修改协议、第四条线股东贷款协议之优先权协议、亚马尔 LNG 股份公司章程修订案；配合办理 CNPC International Ltd.（CNPCI）中国税收居民证明和相关确认函、中国石油国际勘探开发有限公司（CNODC）股东最终受益人确认函；完成股东联合财务审计和股东管理审计；审核亚马尔 LNG 股份公司向股东分配金额计算表，推动将俄国家财富基金购买的亚马尔 LNG 项目债券利率由与美国消费者价格指数（CPI）或美元伦敦银行同业拆借利率（LIBOR）挂钩的浮动利率改为年票面固定利率工作；办理 CNODC 股份托管账户备案信息更新手续，分红款结算账户开户、收款、纳税相关手续；配合开具替代偿债准备金的备用信用证；审批长期 LNG 购销协议买家提议的交货地点变更交易；审批现货 LNG 购销协议第 5 号确认函（确认 2022 年度现货 LNG 购销交易安排）；审批凝析油销售招标结果及购销交易等股东事务工作。

（黄绪春）

【中方非主导加拿大 LNG 项目工程管理】 2021 年，加拿大 LNG 项目一期项目建设进入攻坚阶段，模块制造强力推进，现场施工进展迅速，全年召开 378 次执行委员会议、分委会会议和各专项工作组会议，审议股东决议 15 项。

（姜　宁）

生产与运行

【概述】 2021 年，中油国际公司海外炼化与 LNG 项目坚持新冠肺炎疫情防控和安全生产“两手抓”，HSE 业绩良好，实现“五个杜绝”目标。奇姆肯特炼厂克服新冠肺炎疫情影响和检修推迟不利影响，通过优化检修方案，提前 5 天完成 2018 年升级改造投产以来首次全厂大检修。乍得炼厂面对 4 月乍得社会安全形势极度危险状态，加强组织领导和研判分析，细化停工方案、人员转移方案等应急预案，应对社会安全风险事件。尼日尔炼厂做好生产装置维护维修，确保安全生产及上下游连续运行。苏丹化工精细化组织，克服疫情影响和检修队伍人员少任务重等困难，按计划于 3 月 8 日高质量完成大检修。亚马尔 LNG 项目勇挑重担，紧抓高负荷运行状态下的安全生产，1—3 条生产线液化装置 120% 产能提升试验在年内完成达标，年底实现 3 条线 120% 超负荷生产。全年海外炼化项目加工原油 680.1 万吨，完成年度原油加工计划（637 万吨，不含苏丹炼厂）的 106.8%；化工项目合计生产聚丙烯 3.2 万吨，完成全年计划的 116%；LNG 项目生产 LNG 1951 万吨，完成全年计划的 111%。

（周　浩）

【苏丹化工厂项目设备大检修】 2021 年 3 月 8 日，苏丹化工项目引入原料 LPG 开工，历时 83 天。受新冠肺炎疫情影响导致检修人员大幅减少，苏丹化工项目根据装置上一周期的实际运行状况，将本次大检修任务由原来的“全面检修”调整为“应修必修、隐患整改”。落实中国石油集团公司疫情防控要求，把控检修过程、进度与质量，实现检修和疫情防控“双可控”。检修完成聚丙烯装置配电室升级改造、空冷冷却水水罐更换、球罐液位计更换、72 台压力容器检验以及聚合单元高压丙烯回收系统换热器清理工作，校验和检修现场测量仪表和各类自控阀门 348 台，更新 2 台液态烃泵，清理空冷喷头 100 只、聚合釜 5 台、容器 3 台，更换阀门 29 台，校准安全阀 53 台；编织袋加工厂完成自检修项目 40 项，其中机械设备类 21 项、电仪类 17 项、塑编加工工艺类 2 项。

（王为然）

【哈萨克斯坦奇姆肯特炼厂设备大检修】 2021 年 5 月 6 日，哈萨克斯坦奇姆肯特炼厂停工大检修，这是炼厂首次连续运行 3 年后的检修。6 月 9 日，常压蒸馏装置完成检修一次投产成功。6 月 14 日，催化裂化装置一次喷油成功，比原计划提前 5 天完成检修开车任务。

（陈　相）

【苏丹炼油厂项目生产运行】 2021 年，苏丹项目公司向炼厂提供生产过程安全提示及生产指导建议 50 条，解决炼厂生产难题，保障装置安全平稳。准确判断催化装置高温取热炉炉管破裂原因，现场指导完成妥善紧急处理。协助催化装置处理大旁路、再生立管等设备故障，优化操作条件，制定事故预案，降低装置运行风险。10 月 10 日，喀土穆炼油有限公司（KRC）聘任 Salah Mohamed Elhassan 为总经理，项目与新任总经理加强沟通，提升双方合作质量。10 月 25 日，苏丹发生军事政变，过渡政府解散。按照尼罗河公司地区协调组要求，项目公司启动应急响应，按照预定方案，组织全员参加社会安全突发事件应急演练。12 月 1 日，喀土穆炼油有限公司（KRC）向中油国际公司发函，表示续签 2022 年技术服务协议（TSA）意愿。12 月 23 日，中油国际公司复函 KRC，同意与 KRC 商谈 TSA 续签事宜。年内，苏丹炼油厂面对新冠肺炎疫情形势和苏丹政治安全局势复杂动荡等挑战，履行 TSA 职责，协助喀土穆炼厂加工原油 297 万吨，其中老厂加工原油 191 万吨。项目全年无疫情和社会安全事件发生，安全生产实现“三零”和“五个杜绝”目标（表 1）。

表 1　2021 年苏丹炼厂生产情况统计表

年度	原油加工量（万吨）	汽油产量（万吨）	柴油产量（万吨）	航煤产量（万吨）	LPG 产量（万吨）
2021	301	84.3	124.5	1.81	25.3

（张秉海　金东平）

【苏丹炼油厂项目安全管理】 2021 年，苏丹炼油厂项目坚持“外防输入，内防反弹”原则，加强新冠肺炎疫情管控，全年无疫情和人员感染事件发生。5 月 20 日，针对新冠肺炎疫情二次暴发，制定《中油国际（苏丹）喀土穆炼油公司新冠肺炎疫情防控工作实施细则》（简称《细则》）。根据中国政府对第三国中转的旅途疫情政策变化和项目公司 TSA 人员办公方式改变以及奥密克戎新变种病毒出现等情况，分别于 6 月 28 日、12 月 15 日，对《细则》进行二次修订更新。对项目人员进行分级防护，实施网格化管理。营区安装安全防护围栏，防止外来人员随意进入中方生活工作区域，实现中方驻地全封闭疫情防控。利用现有条件，制作消毒工具，切断病毒传播途径。新冠疫苗接种率 100%，部分现场员工就地参加中国驻苏丹使馆的“春苗行动”，接种注射疫苗。

（张秉海　金东平）

【苏丹炼油厂项目设备大检修】 2021 年，苏丹炼油厂协助苏方完成跨年度老厂大检修，历时 75 天。装置检修期间，炼厂因新冠肺炎疫情影响，面临检修队伍难以按时达到现场、检修工机具到港后迟迟不能清关抵达现场、参加检修队伍复杂，防疫形势严峻等困难。中方及时向苏方提供技术指导以及各项建议 30 余条，优化开停工以及检修施工方案，实现老厂一次性开车成功。检修消除老厂关键装置催化装置的提升管结焦、分馏塔顶冷后温度居高不下等影响，装置安全性、经济性、长周期运行问题，达到预期效果。项目公司加强疫情防控和监督提醒，帮助中方企业解决困难。在加强检修安全与疫情防控工作方面，为中国石油及其他中方检修队伍提供多项指导性意见和解决办法。中方落实防控措施，确保项目公司和中国石油检修队伍在 75 天检修中，实现零疫情、零感染、零伤害。

（张秉海　金东平）

【苏丹化工厂项目生产运行】 2021 年，苏丹化工厂面对部分公用工程供应不稳定、苏丹“10・25”政变以及新冠肺炎疫情持续的形势，采取合理调整生产负荷和工艺操作指标，加强人员外出管理、加紧食物和生活应急物资储备、强化安保管理，持续采取办公室人员居家灵活办公，停止当地倒班员工通勤、集中住宿管理、核酸检测合格后按月轮换等措施，完成全年生产经营任务，实现防疫“双零”，未出现因疫情停工停产情况，有效应对“10・25”政变。全年苏丹化工厂销售聚丙烯 1.47 万吨，完成年计划 1.47 万吨的 100%；销售标准编织袋 170 万条，完成年计划 120 万条的 142%。客户满意度均在 95% 以上。

（王为然）

【哈萨克斯坦奇姆肯特炼厂项目生产运行】 2021 年，哈萨克斯坦奇姆肯特炼厂加工原油 516 万吨，超额完成中油国际公司下达的 485 万吨考核指标。扎实推进提质增效及亏损企业治理工作，持续做好“两金”压控和汇率风险防范，扭亏为盈，完成全年亏损治理目标。

（陈　相）

【哈萨克斯坦奇姆肯特炼厂疫情防控】 2021 年，哈萨克斯坦奇姆肯特炼厂落实中油国际公司新冠肺炎疫情常态化防控要求，持续加强“四类场所、八类人员”管理，细化疫情防控措施，推动疫苗接种。8月下旬，合资公司疫苗接种率（除有禁忌症的员工）达100%，获哈萨克斯坦国家石油天然气公司“员工疫苗接种和健康保护最佳指标奖”。

（陈　相）

【哈萨克斯坦奇姆肯特炼厂科技创新】 2021年，哈萨克斯坦奇姆肯特炼厂开展科技创新，撰写《国产催化剂LZR-20PK在中亚奇姆肯特炼厂催化裂化装置的应用研究与实践》论文，获中油国际公司科技进步奖一等奖，并被推送至中国石油和化学工业联合会参评科技成果奖项。《运筹帷幄 据理力争 努力捍卫奇姆肯特炼油公司的利益》论文获中油国际公司特殊贡献奖四等奖。9月，中国石油集团公司召开科技创新表彰大会，奇姆肯特公司被中国石油集团公司授予“奇姆肯特炼厂催化剂技术攻关团队”。

（陈　相）

【乍得炼厂生产运行】 2021年，乍得炼厂针对乍得经济持续上行，汽油、柴油、航空煤油销量略微上升等情况，于8月停止柴油和航煤出口业务。液化气总体供小于求，采取限量销售模式。聚丙烯当地客户需求有逐步上升趋势，对当地市场，聚丙烯供大于求，剩余产品全部销往周边国家。燃料油有水泥厂（罐车运输）和炼厂西侧Aggreko电站（管输）2个客户。全年实现安全生产平稳运行，各项KPI指标创历史新高，原油加工量、综合商品率、轻质油收率比上年提高，催化剂单耗、加工损失率、综合能耗比上年下降，实现“三增三降”。坚持低成本战略，狠抓提质增效，经营效益创新高。开拓换汇渠道，按时支付贷款，执行五方MOU。根据客户需求、生产情况、库存情况、销售趋势等，采取产品差异化销售策略，及时优化销售计划；实现产销平衡，保证库存量安全合理，确保炼厂长周期平稳运行。

（于德水）

【乍得炼厂设备大检修与管理】 2021年，乍得炼厂围绕生产经营目标，根据大检修实际需要和国际新冠肺炎疫情影响，提前申请采购大检修200吨吊车，结合“安全生产专项整治三年行动计划”工作加大对各类隐患排查力度。保证各类机械维修作业规范，组织大机组、关键设备“五位一体”特护管理；按照“三三二五”制抓好电气运行和停送电作业；规范仪表连锁作业操作程序，每天对仪表控制系统和UPS机柜间进行巡检。坚持每月安全应急演练和安全培训，抓好员工身体状态、思想状态、安全状态观察与沟通，强化班前会安全交底和经验分享，常规作业主抓风险辨识、措施落实、高危作业主抓现场交底、风险管控，加大对习惯性违章和不安全行为管理力度，重点抓好特种作业安全监督，全年进行2687项检修，维护作业全部安全受控，未发生安全事件。开展预防性维护维修，加装各类遮阳罩300余个，防止关键户外仪表暴晒、电子元器件过热老化；按照防雷防静电标准，对全厂2774个接地点接地电阻，36具储罐接地引出线及管线法兰跨接线进行测试检查，发现并整改不合格点位62处，整改合格率达100%；对全厂488台可燃气体、有毒有害气体、氧、氢检测报警器进行1年2次检定和火灾报警系统1年1次抽检。做好设备精细化维护保养。1月28日，巡检发现催化装置再生膨胀节平衡波纹管第二波节的接管与马鞍板角焊缝突发泄漏，制定抢修方案，高效组织抢修。7月14日，巡检中再次发现催化装置再生膨胀节筒节处存在轻微渗漏，采取补焊措施，避免缺陷部位泄漏扩大。针对催化膨胀节故障，运行期间做好巡检和应急预案，并与设计院、膨胀节厂家进行原因分析和技术交流。以炼厂管理提升活动为契机，与炼化板块相关管理制度对标对表，设备管理制度得到进一步补充完善。全年排查出 46 项隐患，除 2 项因配件未到货暂未整改，其余全部整改完毕，未整改隐患已制定监控运行措施。

（马继明）

【乍得炼厂质量管理】 2021 年，乍得炼厂编制《化验分析计划（2022）》，实现全年质量控制目标。针对入厂原油性质劣质化问题，质检中心加强入厂原油质量监控，制定重金属分析方案，重点跟踪原油酸值、钙和镍含量变化，为生产单位制订生产方案、跟踪常压装置设备腐蚀、控制催化裂化装置平衡剂重金属污染提供依据。2 月 7 日，质检中心通过 BSI 质量管理体系 ISO 9001:2015 年度认证复审。8 月 12 日，完成中油国际公司质量管理培训并取得资格证书。全年检测分析准确率 100%，化验分析计划执行率 100%，检测仪器设备完好率达 99.1%。

（杨　虹）

【尼日尔炼厂项目生产运行】 2021 年，尼日尔炼厂应对汽油内销不利局面，组织人员到加纳、马里等地开发新客户，开拓新的汽油销售市场，并通过在尼日尔国内执行汽油促销计划，配合 SONIDEP 建立油品染色平台等方法，大幅降低汽油库存，保证炼厂正常生产和上下游一体化平稳运行。逐步恢复尼日利亚外销工作，自 2019 年 8 月尼日利亚边境关闭后，尼日尔炼厂与尼日尔政府、石油部、SONIDEP 等保持常态化沟通，2021 年 5 月，4 家尼日尔经销商组成联合公司，开始外销炼厂柴油至尼日利亚。

（钱勘研　周　斌）

【尼日尔炼厂质量管理】 2021 年，尼日尔炼厂按照质量管理体系要求，开展管理评审和内部审核，根据尼日尔政府要求与西非认证系统（SOAC）取得联系，报送相关文件，做好能力认可准备。

（欧彦伟）

【尼日尔炼厂设备管理】 2021 年，尼日尔炼厂完成日常检维修 3143 项，计划检修 911 项。实现检修完成率 100%、设备检修合格率 100%、设备完好率 99.9%、仪表泄漏率 0.01%、连锁投用率 99.4%。3 月 26 日，一联合催化膨胀节泄露，导致装置紧急停工抢修，经过 14 天抢修，统筹规划人员，组织项目安全、高效、优质完成抢修任务。

（赵新建）

【亚马尔 LNG 项目生产运行】 2021 年 5 月 31 日，亚马尔 LNG 项目第四条生产线投产，随后完成 72 小时产能测试，测试期产出合格 LNG 产品 6079 吨，达到设计产能的 81.6%。全年完成项目 3 条生产线 120% 产能提升改造试验，试验结果达到预期目标。上游钻井动用钻机 5 部，开发井开钻 15 口、完钻 13 口、完井 13 口，投产新井 15 口；亚马尔 LNG 项目下游销售海运有 15 艘 ARC7 冰级 LNG 运输船、11 艘常规 LNG 运输船、2 艘凝析油运输船参与运营，销售 200 船长贸 LNG、64 船现货 LNG、22 船凝析油，其中 53 船 LNG 运抵中国、28 船经北极航道、25 船经苏伊士运河；亚马尔 LNG 项目在天然气、LNG 产销量方面创投产历史新高。

（陈　明　孙仍建）

【苏丹炼厂项目退出管理】 2021 年，中方成立谈判小组，按照“友好协商，维护利益，不影响大局”原则，以中油国际公司批准的谈判方案为指导，综合考虑苏丹炼油项目发展定位和 5

年来《技术服务协议》(TSA)执行情况，与苏丹方面进行多轮谈判，最终项目中方人员由 17 人减少至 16 人。苏方继续全面承担炼厂安全、生产、技术、行政管理责任，主导日常生产工作、设备维修维护和大检修等。中油国际公司继续按照 TSA 规定服务范围提供服务。

（张秉海　金东平）

管道建设与运营

综　述

中国石油海外管道业务由中油国际公司管道部归口管理。2021年，面对全球新冠肺炎疫情反弹、能源消费天然气比例提升、国际政治局势及政策复杂多变等因素影响，中油国际公司提高政治站位，树立危机意识，确立底线思维，全面做好“十四五”开局之年工作部署，加强顶层设计，稳妥推进制度建设，优化生产运营，紧盯风险防控，持续提升管道项目商务运作能力，全力推进管道建设重点工程，优化管道运营提质增效，严格把控管道完整性管理与安全隐患防治，保障国家油气能源供应和上游项目油气外输。在役油气管道全年安全平稳运行，完成油气输送任务，完善经营管理模式，新建管道项目有序开展，海外管道规模实力稳步提升。

（李兴涛）

管道建设

【概述】 2021年，中油国际公司管道建设工作按照“十四五”工作部署有序开展，重点项目建设稳步推进，海外管道规模实力逐步提升。其中，尼日尔—贝宁原油管道（简称尼贝管道）项目全面实质性启动并按计划推进，数字化转型与新能源试点工作取得进展；中亚—中国天然气管道（简称中亚天然气管道）增输改造方案启动编制，中亚—中国天然气管道D线（简称中亚D线）塔国1号隧道通过验收；哈萨克斯坦西北原油管道600万吨/年反输改造二期工程投产验收；其他海外管道项目按计划推进。严把管道建设安全生产，优化作业流程，开展统筹兼顾、层次分明，加强建设投资与质量管理。建设过程中未发生重、特大安全事故。

（陈福来）

【中亚D线建设】 2021年2月，中亚D线塔国1号隧道工程主体结构完工。9月，工程通过最终验收。

（张　聪）

【尼贝管道数字化转型】 2021年3月，中油国际公司启动数字化转型顶层方案设计工作。7月，完成方案内部评审。9月，完成中油国际公司本部评审。11月，数字化转型实施方案获尼日尔政府批复。全年中油国际公司多次组织与规划总院、管道设计院、中油龙慧、中油朗威等单位开展数字化转型工作经验交流，现场设备改造和数字化交付平台搭建基本完成，数字化交付平台与试验段施工实现同步上线。

（禹胜阳）

【尼贝管道新能源试点】 2021年4月，中油国际公司组织专家对尼贝管道沿线中间站的“光伏+储能+柴油发电机”新能源应用方案进行初审。5月，到西安特变公司和隆基绿能公司对太阳能光伏发电系统进行调研，就新能源在尼日尔二期一体化项目应用的可行性进行交流，为项目试点做好技术储备。

（陈福来）

【尼贝管道建设】 2021年5月，尼贝管道贝宁段开工（图1）。7月，尼日尔段线路施工获尼日尔石油部部长高度评价。10月，尼贝管道项目全面实质性启动，全年完成尼日尔段线路焊接突破100千米。11月，贝宁段末站大罐基础试验桩测试成功，完成57根灌注桩施工。该项目聘请独立第三方承包商承担焊缝检测，有效规避 EPC 承包商与焊缝检测承包商“同体”风险。

（陈福来）

图 1　2021 年 5 月，尼贝原油外输管道工程（贝宁段）正式开工（中油国际公司管道部　提供）

【西北原油管道建设】 2021 年 6 月，西北原油管道反输改造二期工程主要工艺系统（除加热炉）通过竣工验收，具备 600 万吨 / 年的反输能力。10 月，加热炉完成投产验收，管道建设任务完成。全年管道安全反输原油（图 2）。

（陈福来）

【中亚天然气管道前期工作】 2021 年，中油国际公司完成中亚 AB/C 线增输改造方案编制，初步完成中亚 D 线及 AB/C 线政府协议和企业间协议修订建议及计划，分析中亚 D 线原可行性研究方案经济估算影响因素。12 月，中亚 D 线建设组召开首次视频会谈并取得成果。

（张　聪）

管道运行

【概述】 2021 年，中油国际公司管道运行工作开展循序渐进，油气输送完成“七一”和冬季供暖期间国内保供任务。海外管道项目开展隐患排查与整治，各项风险得到有效管控，缅甸伊洛瓦底江（简称伊江）穿越隐患治理取得成效，备用管道水下悬空隐患彻底消除。管道事故快速高效应对，保障国内供气平稳与上游项目原油外输通道畅通；应急预案不断完善，完整性管理水平全面提升；管道运行方案持续优化，提质增效与亏损治理取得显著成果。海外油气管道油气输送分别完成年度计划的 101.9%、112.9%。

（张　楠）

【管道运行安全治理】 2021 年 6 月，中油国际公司针对乍得与喀麦隆工人罢工事件影响，多巴油田与乍得—喀麦隆管道（简称乍喀管道）出现停产、停输等情况，及时响应，与乍得上游项目密切协作，制订有效应对方案与措施，规避乍喀管道停输带来的凝管风险，维持停输期间乍得上游项目平稳生产，保障中方经济利益。12 月，针对降雨频繁引起山体滑坡，导致厄瓜多尔重质原油管道（简称 OCP 管道）停输，

图 2　2021 年阿曼输油泵站全景施工图（中油国际公司管道部　提供）

开展清空作业，修建支线管道绕开危险区域。中油国际公司跟踪支线管道修复施工及管输恢复工作，协助安第斯公司做好管道维抢修期间生产措施应对和原油储运调整，降低事故对生产的影响。经各方努力，OCP 管道比原计划提前 2 天完成管道旁通线施工。12 月 31 日，管道恢复运行（图 3）。

（张　楠）

图 3　2021 年 12 月，OCP 管道修建支线管道绕开危险区域（中油国际公司管道部　提供）

【河流穿越管段治理】 2021 年，中缅油气管道伊江穿越段经过持续河道治理与维护，伊江主河区域护岸、河床、浅滩全年保持完好，浅滩、冲沟等地段在汛期有效形成淤积，未出现往年汛期易发生的冲沟扩大现象，在保持汛期河床稳定基础上，首次实现原长期露管区域的完全回淤，备用管段悬空隐患全部销项。冬季保供期间，开展中亚天然气管道线路河流穿越处隐患排查，检查 9 条大型河流穿越处管道和光缆。

（张　楠）

【冬季保供专题演练】 2021 年，中油国际公司持续完善冬季专项应急预案和处置方案，开展 2020—2021 年供暖季中亚 C 线跨境段清管器卡堵、2021—2022 年供暖季中亚 A/B 线乌国段 7B 阀室关断、中缅天然气管道 OGT 海上平台故障停供 72 小时等专题综合演练。

（张　楠）

【油气管道完整性管理】 2021 年，中油国际公司针对缅甸日益恶化的社会局势，持续强化中缅油气管道完整性管理，通过多次桌面及现场推演，进一步完善中缅油气管道突发事件专项应急预案，优化管道运行方案，跟踪国内换管作业及云南炼厂生产动态，降低商务、运行和环保风险。开展海外管道清管与内检测工作，尼日尔一期管道全年收蜡 31 吨，有效规避低地温期间凝管及蜡堵风险；乍得一期管道完成 10 处腐蚀点开挖验证修复，乍得二期管道内检测按期开展，提升管道本体安全。

（汪是洋）

【提质增效】 2021 年，中油国际公司优化中亚天然气管道运行方案，合理分配 AB/C 线气量，在保障高输量运行基础上减少自耗气，累计节省自耗气 1494 万立方米。严控中缅油气管道运行成本，优化管输费计算模型，管输付现成本与 2020 年相比实现降低。优化乍得管道加剂方案，减少物料消耗，自主开展管道腐蚀点修复，管道实际操作成本大幅降低。

（张　楠）

经营管理

【概述】 2021 年，中油国际公司海外管道经营管理持续创新，制度体系建设不断完善。推进海外管道商务工作，为管道建设与运营保驾护航。强化对外合作，推动中国标准“走出去”，协助尼日尔政府建立石油管道国家标准体系，实现规则标准“软联通”。合作开展专题研究，加快构建海外管道完整性管理体系，推动课题研究成果在海外项目落地，解决项目发展瓶颈，提升业务软实力。

（于震红）

【制度建设】 2021年，中油国际公司结合海外管道业务年度工作目标和生产经营总体形势，持续开展海外油气管道制度建设，优化制度体系，强化专业化分类管理与经营管理权限调整，制定《中油国际公司油气管道建设业务管理办法》，规范管道工程建设业务管理、项目建设行为，提高项目管理水平和投资效益。

（陈福来）

【尼贝管道商务谈判】 2021年，中油国际公司开展尼贝管道管输协议条款细致研究与滚动优化工作，完成32次密集讨论，遵循“国际化、商业化、专业化”原则编制协议文本，经6版修订后形成正式文本并提交尼日尔政府审批。牵头尼日尔政府入股尼贝管道谈判工作组，开展16轮相关协议讨论，完成5个版本文本修订，将协议文本提交尼日尔政府，推动尼日尔政府同意2022年1月开启入股谈判，制定中方谈判策略方案。2021年2月，2个尼贝管道建设运营协议同步生效。

（于震红）

【管输费用谈判】 2021年，中油国际公司根据加拿大激流管道二期项目继续推迟情况，通过谈判与加方达成一致，避免“照付不议”条款带来的支付冗余管输费风险。对于哈萨克斯坦别伊涅乌—奇姆肯特天然气管道（简称哈南线）哈萨克斯坦要求收回2020年超输管输收入的问题，中油国际公司主动对接，最终解决问题，维护中方利益。

（蒋璐朦）

【海外管道商务纠纷处置】 2021年，中油国际公司针对中哈原油管道出现法律纠纷，协调中国石油集团公司与哈方政府，推进中哈原油管道合资公司依法维权。7月，临时管输费率及行政罚款法律纠纷案件最终胜诉，化解合资公司运营重大风险，保障中方股东合法权益。面对加拿大CGL管道建设成本出现巨额超支情况，中油国际公司梳理CGL管道商务协议，加强股东方对管道建设内部管控，并形成CGL管道成本超支应对策略，制订商务重谈方案，更换部分管段建设承包商，保障施工进度按期推进。

（张　楠）

【项目开发】 2021年，中油国际公司开展伊拉克哈法亚天然气处理厂液化石油气外输管道建设、乍喀管道权益获取与合资合作、哈萨克斯坦卡沙甘油气田一体化方案、塔吉克斯坦博格达项目一体化评价、阿尔及利亚AHNET-TIDIKELT和TOUAL区块新项目评价等研究，启动安第斯项目OCP管道合同延期评价资料收集和项目评价工作，参与完成“中哈能源合作备忘录—协议框架”编制工作，为新管道项目与配套方案提供技术支持。

（夏　刚）

【管道标准“走出去”样板工程】 2021年，中油国际公司牵头开展中国石油管道标准“走出去”暨中国标准在尼日尔转化和推广工作。11月，邀中国石油集团公司科技管理部召开专题会议，就协助尼日尔建立石油管道标准问题进行研讨。12月，召开专家审查会，确定第一批标准清单并提交尼日尔政府。

（蒋璐朦）

【“一带一路”海外长输管道战略合作项目】 2021年，中油国际公司推进中国石油集团公司与中国石油大学合作的《“一带一路”海外长输管道完整性关键技术研究与应用》重大战略合作项目。多次召开专家交流会，配合课题组研究工作，向课题组提供资料文件 100 余项；定期审查课题阶段性成果，结合海外管道项目全生命周期的实际情况推进课题应用落地，完善海外油气管道完整性体系建设与管理水平。

（蒋璐朦）

【电子期刊编写】 2021 年，中油国际公司编写并发布《管道信息与动态》电子期刊 12 期。跟踪世界范围内各大石油公司管道资产交易、管道规划、建设改造和生产运行相关信息，以及行业最新技术前沿，为海外油气合作提供参考。

（蒋璐朦）

工程建设

综　述

2021年初，中油国际公司进行工程建设部门职能调整，在原有职能基础上增加海外油气田地面设施生产运行管理职能。11月，工程建设部将内部岗位职责分工由按五大油气合作区分区管理，调整为按“工程前期、工程实施和生产运行”业务阶段管理，促进业务合规、高效、高质量和可持续发展。全年中油国际公司坚持创新思维和工程思维为导向，地面工程前期方案编制和审查质量持续提升，海外重点工程按计划建成投产，工程建设投资总体受控，地面设施安全平稳运行，提质增效和亏损治理工作取得阶段性成果，数字化交付、数字化转型智能化发展加快推进，新工艺新技术、新设备、新材料、新能源推广应用有序铺开。加大工程前期“归口管理、专项审查”力度，调动中国石油集团公司内外部技术专家资源，完成27项前期方案审查，优化率100%。加强工程实施管理，对重点工程信息动态跟踪，建立沟通长效机制，2项海外重点产能建设工程和5项重点单项工程按计划投产，其余重点工程有序推进。建立地面设施生产运行动态报告机制，加强地面设施检维修管理，开展重点项目设施升级改造，完善生产运行管理制度。强化基础工作建设，组织8期深海油气海洋工程专项培训、7期工程建设新技术专项培训。

（张　琦）

重点工程建设

【概述】 2021年，中油国际公司重点产能建设工程8项，包括尼日尔项目二期地面工程、土库曼斯坦阿姆河B区东部气田二期工程和B区西部气田地面工程、乍得PSA（产品分成）合同区油田地面工程、伊拉克哈法亚GPP（天然气处理厂）工程、阿联酋陆海项目二期工程、巴西里贝拉项目、澳大利亚箭牌项目，其中乍得PSA合同区油田地面工程和阿姆河B区东部气田二期工程按计划投产，其余工程有序推进；5项重点单项工程投产，包括乍得Baobab FPF（转油站）新建水处理设施工程、哈萨克斯坦阿克纠宾让纳若尔湿气回注能力恢复工程、阿克纠宾北特鲁瓦油田注水站扩建工程、伊拉克哈法亚二号注水站工程、伊拉克鲁迈拉CPS6（6号注水站）恢复工程，为国内冬季保供、中油国际公司完成年亿吨权益效益产量目标任务做出贡献。

（张　琦）

【乍得PSA合同区重点产能建设工程投产】 2021年2月，乍得PSA（产品分成协议）合同区油田地面工程建设项目针对新冠肺炎疫情严重影响工程建设物资、材料、设备的生产、运输、清关等工作和调试人员无法到场等不利条件，项目公司联合承包商利用现有人、机、料资源，优化投产方案，实现油田按期全面投产，新建产能49万吨/年。

（张　琦）

【阿姆河B区东部二期重点产能建设工程投产】 新冠肺炎疫情暴发以来，参与土库曼斯坦阿姆河B区东部二期工程建设的中方人员入境和物资运输受限，甲乙双方优化工程执行策略，合理调配工程建设资源部署。2021 年 11 月，剩余 2 口井（共 7 口）投产，新增产能 10 亿米 ^{3}/ 年。

（张　琦）

【哈法亚二号注水站工程投产】 2021 年 5 月 1 日，伊拉克哈法亚二号注水站工程新建 5 台高压注水泵及配套设施投产，新增注水规模 18 万桶 / 日，为油田增注稳产提供保障。

（张　琦）

【鲁迈拉 6 号注水站恢复工程投产】 2021 年 6 月底，伊拉克鲁迈拉 CPS6 恢复工程新建 5 台高压注水泵及配套设施投产并移交生产部门，注水规模 30 万桶 / 日，缓解油田注水能力不足局面。

（张　琦）

【乍得 Baobab FPF 水处理设施投产】 2021 年 10 月 17 日，乍得 Baobab FPF 新建水处理设施工程投产，该设施设计处理能力 1.17 万米 ^{3}/ 日，缓解 Ronier 油田注水能力不足和 Baobab FPF 产出水过多等矛盾，为 Baobab 主力油田高效注水提供保障。

（张　琦）

【阿克纠宾让纳若尔湿气回注能力恢复工程投产】 2021 年 11 月 30 日，哈萨克斯坦阿克纠宾项目让纳若尔湿气回注能力恢复工程投产，使让纳若尔油田生产气举用量不足的问题得到改善。该工程建设规模 75 万米 ^{3}/ 日，主要工程量包括复建 1 台气举压缩机组及相关配套系统。

（张　琦）

【阿克纠宾北特鲁瓦油田注水站扩建工程投产】 2021 年 12 月 20 日，哈萨克斯坦阿克纠宾北特鲁瓦油田注水站扩建工程，建设规模 6720 米 ^{3}/ 日，新增两台高压注水泵及配套设施投产，满足北特鲁瓦油田配注需求。

（张　琦）

【在建重点工程有序推进】 2021 年，尼日尔项目二期工程建产规模 450 万吨 / 年，完成剩余主要工程招标并签署采购施工（3PC）合同。10 月，二期一体化项目实质性启动，EPC（详细设计、采购和施工）有序推进，工程总体进度 23%；数字化交付与工程建设同步实施，新能源试点稳步推进。土库曼斯坦阿姆河 B 区西部地面工程建产规模 18.2 亿米 ^{3}/ 年，完成详细设计、长线设备采办，正推进井场、集气站、集输管线等施工，工程总体进度 50%。伊拉克哈法亚 GPP 工程处理规模 30 亿米 ^{3}/ 年，基本完成详细设计、长线设备采办及现场土建施工，工程总体进度 45%。阿联酋陆海项目二期工程建产规模 225 万吨 / 年，完成岛上设施共享协议签署，油田施工合同授标，推进详细设计、采办及场地预制工作，工程总体进度 10%。巴西里贝拉项目在疫情导致调试运行人员和关键设备服务商无法抵达大连船厂情况下，Mero 1 单元 FPSO（海上浮式生产储油设施）总装及船厂调试作业完成；基本完成 Mero 2 单元 FPSO 详细设计和重大设备采办工作，工程总体进度 85%。澳大利亚箭牌项目苏拉特区块一期开发签署四个售气通知，总供气量 23.5 亿米 ^{3}/ 年，其中 David 气田首气工程建产规模 8.5 亿米 ^{3}/ 年，已机械完工；Harry 气田首气工程建产规模 8.5 亿米 ^{3}/ 年，工程总体进度 40%。

（张　琦）

工程管理与技术支持

【概述】 2021 年，中油国际公司工程建设业务精益管理质量持续提升。加强项目前期“归口管理，专项审查”力度，全年完成 27 项前期方案审查。与海外项目开展工程投资计划对接，合理制定年度预算，根据项目实际酌情调整，确保工程投资总体受控。中油国际公司发挥海外工程建设“大本营”作用，在前期审批、执行策略制定、招标评标支持、技术难点攻关、课题研究等方面，为海外项目提供技术与管理支持。针对澳大利亚箭牌项目和加拿大油砂项目，贯彻中方亏损治理理念，开展项目经营管理策略研究，制定降本增效措施。

（张　琦）

【项目前期审查】 2021 年 11 月，中油国际公司工程建设部门对所有新项目获取可行性研究、现有投资项目可行性研究（油气田开发方案）、概念设计和基础设计在编制阶段即组织地面工程专项技术审查；要求各项目视实际情况，编制地面工程总体规划并开展专项审查，根据生产实际对已建生产设施进行整合、优化设计，提高生产设施利用率、降低运营成本；对新发现区块和拟扩建项目的地面工程，进行整体规划设计。全年完成 27 项前期方案审查，其中：开发方案（可行性研究）14 项，包括蒙古塔木察格项目整体开发补充调整方案、哈萨克斯坦阿克纠宾项目 A 南气顶气可行性研究、伊拉克艾哈代布项目开发调整方案、伊拉克西古尔纳 I 油田 ERP（开发调整方案）2019 版、乍得项目新 H 区块勘探开发可行性研究、尼日尔 Bilma 区块勘探开发可行性研究和秘鲁 58 区商业开发可行性研究等；初步设计 3 项，包括尼日尔阿加德姆油田二期地面工程数字化交付初步设计和太阳能电站初步设计、土库曼斯坦阿姆河 B 区中部气田增压工程初步设计；设计方案变更 3 项，包括尼日尔阿加德姆油田二期库勒勒机场建设方案、营地建设方案和管辅一体化混输装置先导试验方案；同业审查 2 项，包括巴西里贝拉先锋号试采快速回收方案 FEL（前端设计）2&3 阶段和 Mero-4 FEL3 阶段技术资料同业审查；参与获取可行性研究评审 5 项，包括火星项目获取可行性研究、鲁迈拉项目扩股可行性研究和伊朗北阿扎德甘项目二期获取可行性研究等。

（张　琦）

【尼日尔二期一体化项目推进】 2021 年，中油国际公司工程建设部门作为二期一体化项目工作领导小组办公室，根据中国石油集团公司部署，完成组织协调工作，推动一体化项目实现全面实质性启动；组织项目公司和各参建单位梳理关键路径与制约因素，系统制定“尼日尔二期一体化项目计划运行大表”，统筹协调一体化项目建设；编写工作领导小组工作进展报告，分析把控项目执行重点、难点和风险点，实时跟踪项目进展和变化情况。

（张　琦）

【澳大利亚箭牌项目经营策略研究】 2021 年，中油国际公司督促箭牌公司及时消除征地瓶颈问题，确保按计划、按产量、按投资完成一期工程建设。参与箭牌公司改革发展研究，要求箭牌公司挖掘公司治理存在问题，开展管理架构优化改革，加大成本管控力度，按期实现扭亏目标。推动股东双方开展博文区块经济开发及经营策略研究，初步完成研究报告。

（张　琦）

【土库曼斯坦阿姆河项目前期审查】 2021 年，中油国际公司组织专家对土库曼斯坦阿姆河 B 区西部气田地面工程工艺技术方案开展多次论证，提出合理化建议，促使基础设计通过审查；分析存在的商务问题并提出指导意见，确保项目按期开工。在项目公司人员无法回国主持数字化交付试点工程方案编制等情况下，主动承担方案编制组织、国内油气田调研和方案评审等重要前期工作，有序推进试点工作。针对 MESS-22 单井管线泄漏问题，组织专家对应急处置措施进行多次论证，提出解决方案。协调专家对别列克特利—皮尔古伊气田气田水处理扩建工程方案进行审查并提出修改意见。

（张　琦）

【伊拉克哈法亚 GPP 工程方案优化】 2021 年，中油国际公司跟踪 GPP 工程增加 LPG（液化石油气）和 C3/C4（丙烷 / 丁烷）气化装置与废碱液处理设施、LPG 和 C3/C4 外输系统升级及取消丙烷制冷撬备用压缩机等设计方案变更进展，对工程内容变更和合同延期报批方式进行指导和支持。因 LPG 和 C3/C4 气化方案尚未获得伊拉克政府批复，为避免该变更制约项目按期投产，工程建设部门提出将 LPG 和 C3/C4 部分液化，其余放空燃烧的替代方案，并就该方案组织相关单位进行论证。督促项目公司开展整体执行策略研究，梳理天然气处理厂、LPG 外输管道和 CPF（中心处理站）油气系统升级改造等工程相互制约关系，明确关键路径，统筹安排工程建设进度和投资。

（张　琦）

【伊拉克鲁迈拉产出水回注工程方案研究】 2021 年，中油国际公司针对 BP（英国石油公司）编制的油田产出水回注工程 FEED（前端工程设计）文件中存在站场选址不合理、处理水质标准低和油田注水前瞻性不足等问题，组织专家对技术资料开展详细分析，本部相关部门召开多次技术讨论会，提出开展多方案技术经济比选，明确现有油藏及水层的注水规模、注水指标和注水年限等技术建议。与项目公司共同梳理鲁迈拉油田总体工程范围和对应的合同策略，探索“小大非”项目工程建设管理股东行权问题解决方式。

（张　琦）

【秘鲁 58 区项目可行性研究论证】 2021 年，中油国际公司与秘鲁 58 区项目公司联合开展可行性研究方案论证，调研周边区域可共享生产设施，以期发挥协同效应，提升项目经济性。建议项目公司灵活调整可行性研究方案报审策略，加快推进 57 区项目生产设施共享谈判。深入挖掘技术方案降本潜力，利用近年来新材料调研成果。

（张　琦）

【胡宁 4 热采先导试验工程实施策略优化】 2021 年，中油国际公司组织承包商优化完善胡宁 4 热采先导试验项目实施方案，向胡宁 4 合资公司提出合同模式变更及投资估算更新建议。通过后续澄清，胡宁 4 合资公司与项目承包商就技术方案、合同模式、管理模式达成一致意见。

（张　琦）

【海洋工程项目技术支持】 2021 年，中油国际公司推进海洋工程项目管理。其中，巴西里贝拉项目协调中方专业人员 5 人次，到 Mero1、Mero3、Buz5、Buz6、Buz7 单元建造现场提供监造服务；推进水下高压分离设施技术研究，完成 FEL1 阶段可行性研究，推进后续先导试验项目 EPCI（设计、采购、施工、安装）工程。阿布扎比陆海项目二期工程，完成前端工程设计审查，开展 Zirku 岛设施调研，明确共享设施工程界面及范围，推动共享设施协议签署。哈萨克斯坦卡沙甘项目推进后期阶段性开发工程方案论证，组织技术支持单位进行系列配套及安全生产（设施完整性）工程研究，包括海上分离器液相管线更换项目以及 30 寸胺液管线更换、应对海平面下降的航道疏浚工程等专项研究。

（张　琦）

【亏损企业治理】 2021 年，中油国际公司贯彻中方亏损治理理念，加大亏损企业治理力度。其中，澳大利亚箭牌公司利用股东会、董事会、技术和商务委员会等治理机构贯彻中方亏损治理理念，促进股东双方和箭牌公司达成治亏共识；以“控投资、保工期、促投产”为原则，制定32项降本增效及亏损治理措施，并逐项贯彻落实；全面分析苏拉特一期执行中面临的技术和商务问题，制定解决方案。加拿大公司协调推进都沃内项目3口井新井连接工程，提前谋划招标和材料采购，实现相关工程提前3个月完成；为降低合成油掺稀成本，研究制定麦凯河油砂项目稀释剂改凝析油方案并开展多方案技术经济性比选。

（张　琦）

生产运行管理

【概述】 2021年，中油国际公司针对占亿吨权益产量80%的18个重点项目，开展生产运行管理对接，根据对接情况制定发布《海外油气田地面设施生产运行管理办法》；工程建设部门会同QHSE、生产运行等部门与海外各项目公司建立高效沟通机制，强化安全生产意识，对海外项目检维修工程进行协调和监督；督促项目公司加强检修计划管理、设施隐患排查，及时消除地面设施处理瓶颈，确保油气田地面生产设施平稳高效运行。

（张　琦）

【生产运行动态报告机制建立】 2021年，中油国际公司对各海外项目定期报送的生产动态报告进行补充完善，单独开辟一栏“地面生产设施”，将地面油气处理设施运维情况纳入周月报，建立生产运行动态报告机制。报告主要内容包括地面生产设施运行情况、存在问题、优化运行方案和措施、年度停产检修及重要设备设施检修情况、去瓶颈工程及更新改造项目进展情况、地面设施隐患治理、抢修抢险情况等。完成2021年度地面设施运行情况总结报告。

（张　琦）

【业务对标对表】 2021年，中油国际公司筛选关键指标、制定对标方案，针对哈萨克斯坦阿克纠宾项目、土库曼斯坦阿姆河项目、伊拉克哈法亚项目等8个海外重点项目，调研地面设施生产运行情况及在生产过程中采取提升技术、经济和运行水平的先进做法。通过关键指标分析发现设施运行主要矛盾，与国内油田对标发现生产运行管理提升空间和潜力，调研与对标成果推广促使各项目相互借鉴高效管理经验。

（张　琦）

【地面设施检维修】 2021年，中油国际公司采取“抓大放小”策略，与各海外项目科学安排地面设施检维修周期及时间。对项目日常检维修工作，只做一般跟踪支持，管理重点放在作业者项目中，全厂停产检修、对产量影响大、作业安全风险高的检维修项目，必要时进行升级管理。其中，土库曼斯坦阿姆河项目面临时间短任务重、交叉作业多、技术人员紧缺和超期服役等困难，经昼夜奋战，安全高效完成千余项部位检修。9月17日，完成全停检修，A区和B区分别比原计划提前1天和5天完成检修任务，增产原料气1.3亿立方米。南苏丹3/7区项目，克服资源国政局不稳、人员设备动迁困难等影响，全年完成地面集输系统修复并投运油井37口，贡献产量9692桶/日。委内瑞拉MPE3项目，加强风险分类管理，推动Jose厂新装置保运，加紧老旧重点设备抢修，保障稀释剂稳定供应，维持油田正常生产。乍得项目，Ronier电站4号机组按计划应进行3万小时大修，在疫情导致新机组与厂家服务人员无法抵达油田现场的情况下及时调整检修策略，动迁Solar工程师及机组到达现场开展大修工作，实现“大修期间不停电，油田生产不影响”目标。伊拉克哈法亚项目，利用限产时间窗口，克服人力短缺、设备材料运输不便等困难，调集各方资源，完成 CPF 站内关键设备大修，消除限产解除后油田上产设备隐患。

（张　琦）

【地面设施升级改造】 2021 年，中油国际公司针对重点海外项目开展地面设施适应性分析和优化改造，解决部分进入开发中后期油气田地面设施工艺流程不适应、负荷率低、设备腐蚀老化，部分新投产油气田建设规模与实际生产需要不匹配、设施利用率低等问题。其中，伊拉克西古尔纳项目为解决脱盐脱水能力不足问题，加大装置升级改造管理力度，及时消除生产瓶颈，保障油田平稳上产。澳大利亚箭牌项目苏拉特一期工程，Daandine（戴丹）处理厂和 Tipton（迪普顿）处理厂实施去风险工程后，处理能力提高 3 万亿焦耳 / 日，解决设施处理能力制约产气量问题。

（张　琦）

【生产运行制度建设】 2021 年，中油国际公司与占亿吨权益产量 80% 的 18 个重点项目开展生产运行管理对接，根据对接情况制定《海外油气田地面设施生产运行管理办法》，保障在产项目平稳、可靠运行，提升海外油气田地面设施生产运行管理水平。为提升海外工程建设管理和地面设施生产运行管理考核合理性、规范性，突出关键考核指标可量化，确保考核公正性，编制《海外油气田工程建设和生产运行管理考核细则（初稿）》。

（张　琦）

高质量发展布局

【概述】 2021 年，中油国际公司以中国石油集团公司“创新、资源、市场、国际化、绿色低碳”发展战略为引领，实现业务发展高质量、发展动力高质量、发展基础高质量、运营水平高质量。工程建设业务贯彻“十四五”高质量发展规划，在重点产能建设工程中推动数字化交付，以数字化交付带动数字化转型、智能化发展；在海外项目开展新能源试点工作，完成尼日尔二期太阳能电站试点方案编制；坚持创新驱动，加强新技术、新材料、新工艺、新设备“四新”推广应用；组织课题研究与业务培训，为高质量发展提供支撑。

（张　琦）

【数字化转型与智能化发展】 2021 年，中油国际公司针对 4 个中国石油海外“数字化转型、智能化发展”试点单位，结合前期信息化建设成果，从设计、采办、物流、仓储、施工、生产运维及安全环保等方面出发，制定数字化转型方案，探索开发大数据分析和智能化应用功能，以实现生产组织变革。其中，尼日尔二期一体化项目在数字化交付平台建设中，中油国际公司、尼日尔上游项目公司、CPECC（中国石油工程建设有限公司）北京设计分公司、北京兴油项目管理公司、昆仑数智等单位，经多次方案论证和优化，编制“尼日尔阿加德姆油田二期地面工程数字化交付方案”及配套 24 项相关标准，并通过中国石油、中国石化数字化交付领域知名专家联合评审。10 月，尼日尔项目二期工程实质性启动，数字化交付与工程建设同步实施。土库曼斯坦阿姆河 B 区西部气田数字化转型、智能化发展总体规划方案和数字化交付实施方案编制完成，推动数据交付标准、组织实施方案及最终交付形式等制订，推进数字化集成运营、设备全生命周期管理、自控集成系统等设计。9 月 30 日，数字化交付平台上线运行，设计、采购、施工等数据与工程建设同步采集，形成平台上进度可视化。乍得上游项目公司立足已建600万吨/年油田产能建设和2条共500千米原油外输管线建设，与CPECC北京设计分公司、昆仑数智等单位经多次方案论证和优化，完成“乍得项目数字化转型、智能化发展实施方案”，根据现有业务需求，遵循“一体化”思路，重组新型业务架构，推动组织模式和管理模式变革，实现勘探开发一体化、生产运行一体化和经营决策一体化，并开始制订分阶段实施计划。

（张　琦）

【新能源试点】 2021年，中油国际公司按照“创新、资源、低成本和绿色”发展战略，探索中国石油海外清洁低碳发展新路径，重点推动在尼日尔项目二期地面场站和边远井组以太阳能发电为主进行新能源试点。结合尼日尔项目二期地面工程总体布局、原油物性等因素，通过技术方案及经济比选，拟在Koulele-10井口和Fana W-1混输泵站分别建设太阳能电站。

（张　琦）

【多元热流体发生器推广应用】 2021年，中油国际公司持续推动多元热流体技术在海外重油项目推广应用，组织哈萨克斯坦KMK项目公司、设备供应商、设备出口代理商开展在库姆萨依油田应用第二套多元热流体设备的技术论证和商务问题分析，确保多元热流体设备年底运至项目现场。此前，KMK项目采用多元热流体热采工艺后，增油效果和经济效益明显。

（张　琦）

【新技术库应用情况】 2021年，中油国际公司调研石油行业新技术和技术发展趋势，梳理国内外地面工程建设领域中的新技术、新工艺、新设备、新材料编撰成库，根据海外项目特点和需求选取适用的新技术并在工程建设中推广应用，筛选“油田无人机智能巡查”“油田集输系统智能化布局”“二氧化碳捕集和利用”“油田余热回收利用”“热泵供暖供冷”等新型实用技术，经调研、完善、审查后纳入新技术库，促进海外油气田工程建设技术水平和全生命周期经济效益提升。

（张　琦）

【海洋工程课题研究】 2021年，中油国际公司针对海洋业务，开展深水油气开发关键装备—FPSO及水下装备设计、建造及运维等方面对标研究，采用文献法、调研法，筛选国内外6家知名FPSO设计咨询公司、9家FPSO制造公司、12家FPSO运营公司、5家立管生产制造公司、12家水下生产系统设计制造公司等进行调研，结合国内海洋工程建设企业参与国际深水油气开发业务现状，开展SWOT（企业战略）分析，总结海外深水油气开发项目发展技术和管理需求，指出中方在深水油气开发中面临的行业垄断、技术壁垒、项目整合能力、深水开发管理水平等方面挑战与不足；明确未来中方应在海洋工程总承包能力、深水油气联合设计、核心模块建造、海洋项目管理人才、专业技术人才等方面需要探索和提升的路径。

（张　琦）

【业务培训】 2021年，中油国际公司组织8期深海油气海洋工程专项培训，内容涵盖深海油气开发全流程设施，包括SPS（水下生产系统）、Riser（深海生产立管）、FPSO及Pipeline（海底管道）等，邀请国内海洋工程领域多位知名专家授课，结合实际工程经验和项目实例，系统讲授深海油气工程项目全周期技术和管理内容。举办7期2021年度工程建设新技术专项培训，内容涵盖数字化转型、模块化、腐蚀防护技术、无人机技术等，授课专家分享工程建设领域最新技术创新成果，分析数字化技术应用趋势。500余人次参与两轮培训。

（张　琦）

科技创新与信息化建设

综 述

2021年，中油国际公司贯彻落实中国石油集团公司科技与信息化创新大会精神，把实施创新驱动战略放在发展突出位置，把握增储上产、提质增效等重大业务需求，制定着力高水平自立自强实施方案，完成“十四五”和中长期科技发展规划，强化海外关键核心技术攻坚，勇当国家战略科技先锋，持续完善海外技术研究支撑体系，成功筹建迪拜研究院并正式挂牌，加强新技术新产品海外推广，促进科技成果转化应用创效，引领和支撑海外油气业务高质量发展。3个国家重大科技专项、3个集团公司“十三五”重大科技项目顺利通过验收，取得多项重大标志性成果。申请发明专利9件，获授权专利2件；获省部级科技奖励16项，首次获石油石化联合会科技进步特等奖1项。获“中国石油天然气集团有限公司科技工作先进单位”称号。

（张春雷）

科技创新

【概述】 2021年，中油国际公司落实海外“十四五”科技发展规划，依托5个中国石油集团公司基础性前瞻性技术攻关项目和2个中国石油—大学创新联合体项目，加强海外关键核心技术攻坚。坚持问题导向、需求导向，根据增储上产、提质增效目标，实施海外技术支持研究项目38项，有序推进海外风险勘探专项研究和回型组装管式预分离装置研究项目，执行海外联合公司科技计划118项。围绕海外高效勘探效益开发需求和技术瓶颈，开展海外特色勘探开发技术创新，取得多项重大标志性成果。复杂裂谷盆地走滑构造控藏理论与勘探技术创新助推乍得、尼日尔探区风险勘探规模新发现；海外超深水盐下湖相碳酸盐岩油气勘探理论技术创新支撑巴西深水盐下风险勘探获重大发现；海外孔隙型碳酸盐岩油藏注水开发技术支撑阿克纠宾项目持续稳产；创新特低渗碳酸盐岩油藏甜点表征，构建地质油藏工程一体化工作流，指导分段压裂水平井成功实施并获高产稳产。

（张春雷）

【科技制度建设】 2021年1月15日，中油国际公司规范科技项目管理，修订《中国石油国际勘探开发有限公司科技项目管理办法》，适用于中油国际公司出资并批准设立的科技项目管理，包括本部科技项目、海外纯中方科技项目、海外项目联合公司科技项目和共建的技术支持机构技术支持项目4类。通过修订，完善科技项目管理相关部门职责，强化科技成果资料归档要求，明确两次整改仍未通过验收项目和经批准提前终止项目经费处理，进一步优化计划任务书、验收报告等科技项目管理相关模板。

（徐海英）

【中油国际公司科技委员会成立】 2021年3月2日，中油国际公司加强科技工作统筹协调，提升科技创新能力，成立中国石油国际勘探开发有限公司科技委员会（简称科委会），由主任、常务副主任、副主任和委员组成，下设办公室，设在科技信息部，承担科委会日常协调工作。科委会负责贯彻落实国资委和中国石油集团公司科技工作部署，指导中油国际公司科技发展工作，推进科技创新战略等重大事项。科委会运行及管理机制为每年至少召开一次全体会议，讨论决定中油国际公司科技工作重要事项。根据工作需要，也可不定期召开专题会议研究解决相关问题，并按照会议决议推动落实。

（徐海英）

【召开2021年科技委员会第一次会议】 2021年3月8日，中油国际公司董事长叶先灯主持召开2021年科技委员会会议。会议听取科技委员会办公室（科技信息部）关于中油国际公司2020年科技工作进展情况和2021年科技重点工作计划安排情况汇报，肯定“十三五”期间及2020年海外科技工作取得成果和科技对海外油气主营业务的支撑引领作用，原则同意2021年科技重点工作安排，要求科技信息部梳理会议意见和建议，研究纳入2021年工作部署并贯彻落实。

（徐海英）

【审定年度中油国际公司科技进步奖励方案】 2021年5月18日，中油国际公司董事长叶先灯主持召开中油国际公司科技委员会会议，审定《2020年度科技进步奖奖励方案》。会议听取科技奖励评审办公室汇报2020度科技成果评审情况，与会委员讨论《奖励方案》并进行现场投票，叶先灯宣布投票结果并对会议做总结。中油国际公司2020年度奖励科技成果42项，其中一等奖7项、二等奖16项、三等奖19项。

（徐海英）

【迪拜研究院筹建工作专题会议】 2021年9月24日，中油国际公司总经理贾勇主持召开迪拜研究院筹建工作专题会议。会议听取迪拜研究院筹建进展情况汇报，对组建方案、运行机制、选址及基础设施、人力资源政策及初期招聘方案等事项进行讨论，对完善筹备组织机构、迪拜研究院2022年工作计划和预算等下一步工作进行部署。

（徐海英）

【油气勘探研究与创新】 2021年，中油国际公司坚持创新驱动，加强海外地质理论认识深化和关键核心技术攻坚。创新中西非裂谷盆地风险勘探领域成藏规律新认识，建立走滑构造带控藏新模式，揭示海陆叠合型裂谷张扭背景下走滑控圈控藏规律，创新集成复杂断块精细刻画和海相淡化型地层水环境下的低阻油层综合识别技术，助推乍得、尼日尔探区风险勘探发现富油区，进一步夯实乍得项目稳产和尼日尔二期产能建设储量基础。创新深水盐下湖相碳酸盐岩储层发育模式，提出“三元”控储、“四元”控藏的油气地质认识，集成碳酸盐岩储层预测、火山岩预测、流体识别等核心技术，支撑巴西深水盐下风险勘探获得世界级重大发现，阿拉姆区块首口探井发现厚油层，揭示该区巨大的勘探潜力。开展海外风险勘探专项研究等科技项目，引领海外风险勘探领域拓展。创新形成乍得强走滑反转盆地油气成藏模式、尼日尔扭张背景下弱走滑带双源供烃油气成藏模式、滨里海盆地大型碳酸盐岩开阔台地和构造缓坡带油气富集规律4项地质认识，形成水道精细刻画、改善礁滩体成像效果及提高分辨率的目标处理、盐下湖相碳酸盐岩测井评价、深水细粒砂岩气藏综合测井评价、乍得风险探井安全高效钻井关键技术5项关键技术。优选加勒比海巴巴多斯盆地北部坳陷带、墨西哥苏瑞斯特盆地新近系浊积体等12个风险勘探区带。持续深化重点区带油气地质与资源潜力认识，支撑勘探部署优化。研究明确亚马尔项目深层侏罗系天然气富集主控因素与有利储层分布，提出区块东南缘北北西向大型低幅度背斜群为天然气富集区带，支撑万亿立方米天然气大场面的确立；深化阿克纠宾项目阿克若尔构造带低幅度构造岩性复合全部成藏条件认识，集成礁滩体精细刻画技术，明确构造缓坡带和开阔台地叠合区为油气富集区，支撑发现亿吨级规模区带；深化成熟探区油气地质认识，集成复杂断块和岩性地层圈闭精细刻画技术，助力 PK、阿曼 5 区项目滚动勘探取得多项新进展。

（徐海英）

【油气开发研究与创新】 2021 年，中油国际公司持续开展海外碳酸盐岩高效开发和提高采收率技术研究。研究揭示裂缝孔隙型油藏水驱油机理，明确不同储层类型和注水方式下水驱油波及规律，厘清影响低压力保持水平弱挥发性碳酸盐岩油藏注水开发效果的主控因素，制定不同类型储层注水开发调整技术对策，开展北特鲁瓦油田综合治理先导性试验，改善碳酸盐岩油藏注水开发效果，支撑阿克纠宾项目碳酸盐岩老油田开发形势明显改善，综合递减控制在 10% 以下，油气持续稳产。深化开发策略研究，加强重点项目先导试验研究，为艾哈代布不稳定周期注水、乍得智能分注、乍得潜山注气先导试验、哈法亚 SADI 油藏水平井分段压裂先导试验、北特鲁瓦综合调堵与轮注轮采先导试验提供技术支撑。研发智能精细注采优化平台，建立碳酸盐岩特低渗油藏渗透率模型甜点地质—工程耦合模型，提出水平井网周期性交替注水和分段压裂方案，支撑艾哈代布和哈法亚项目无成本稳油控水。深化地质认识，建立耦合双重介质裂缝模型和分层产能评价模型，提出乍得潜山油藏“底部注水—顶部注气”开发模式，大幅提高采收率。

（徐海英）

【工程技术研究与创新】 2021 年，中油国际公司强化海外关键工程技术支撑研究。针对特低渗碳酸盐岩油藏有效动用关键难题，以中东哈法亚 SADI 油藏为解剖对象，开展地质—油藏—工程一体化研究，揭示储层甜点成因机理，形成甜点表征、井位设计及分区动用评价技术，构建压裂改造“地质工程一体化”工作流程。设计并指导分段压裂水平井顺利实施并获高产，单井产量提高 7 倍以上，累计增油超过 100 万桶，证实中东地区特低渗透油藏经济有效动用的可行性。持续开展海外重点探井钻井难点与钻井工程设计研究，创新膨胀管远程作业指导新模式，并首次成功实施，实现施工后套管内径增加至 ϕ190 毫米，环空密封压力达 35 兆帕，缩短重合段套管 100 米以上，刷新膨胀管悬挂器完井长度和悬挂重量纪录。优化卡沙甘油田井眼尺寸，调整套管尺寸及下深，模拟钻头性能计算、配套钻具组合优选，形成卡沙甘项目全井型井深结构优化方案。调研国内外成熟稠油钻采技术，形成基于大斜度井、水平井及伴砂冷采开发工艺的尼日尔浅层稠油钻完井技术方案，为尼日尔项目稠油油藏高效开发提供技术储备。

（徐海英）

【管道炼化研究与创新】 2021 年，中油国际公司参与中国石油集团公司与中国石油大学（北京）战略合作科技专项——“一带一路”海外长输管道完整性关键技术研究与应用项目，开展海外长输管道完整性关键技术攻关研究。组织海外管道技术研究和支持，完成尼贝原油管道重大能力核算及增输方案分析，对尼贝管输协议中原油物性最低要求研究提出指导性意见；开展尼贝管道数字化交付技术、数字化移交方案研究，为海外管道智能化发展开辟道路；开展西北原油管道反输工程相关分析，创建管道生产运行保供支付新模式。中油国际公司响应国家“碳达峰、碳中和”政策，开展 CCUS 技术发展动态跟踪分析，编制 CCUS 发展现状及应用进展研究专刊，针对碳捕集、碳输送、碳封存、碳利用技术与研究进展，以及国内外 CCUS 项目发展与“双碳”目标下低碳转型趋势及方向进行分析探讨，为未来海外炼厂实际开展二氧化碳捕集利用提供建议。对海外五大 LNG 项目从工艺技术、工程方案、关键设备配置、总图运输，以及项目上中下游工程建设投资、经济效益、模块化设计与建造等方面进行分析比对。

（徐海英）

【海外技术支持体系建设】 2021 年，中油国际公司按照中国石油集团公司设立海外研发中心部署，成立工作专班加快编制并不断完善迪拜研究院筹建方案，会同中国石油勘探开发研究院、工程技术研究院、安全环保研究院等单位及集团公司有关部门多次研讨，形成符合新理念、新体制、新机制、国际化、市场化、产业化的“三新三化”原则筹建方案。12 月 1 日，方案得到中国石油集团公司党组批准通过，12 月 28 日，迪拜研究院挂牌成立。持续完善“1+15+N”开放式技术支持体系建设，10 月 22 日，与辽河油田公司共建的“海外稠（重）油技术支持中心”揭牌，强化了海外稠（重）油技术研究和支持能力；进一步扩充海外钻完井技术支持中心功能，休斯敦研究中心部分功能融入，提升海外钻完井工程支撑能力。

（徐海英）

【新技术新产品推广】 2021 年，中油国际公司加大新技术新产品在海外推广应用力度，向海外项目推广应用新技术新产品 13 项次。其中，核磁共振测井资料处理系统、连续管作业机、钻井工程远程技术支持系统、原油降凝剂 KS–10 等中国石油集团公司自主创新重大技术或产品 9 项次，随钻微扩眼技术、管道生产管理系统软件等其他先进成熟适用技术 4 项次，创造巨大的直接和间接经济效益，其中包括节约成本类 2824 万元，增加储量类 203 万元，增加油气产量类 203 万元，提高产品产量、质量类 21814 万元。

（徐海英）

【知识产权管理】 2021 年，中油国际公司申请发明专利 9 件，其中 B 类专利 5 件、C 类专利 4 件，5 件专利被国家知识产权局受理；申请软件著作权 2 件，均通过中国石油集团公司审核。获授权专利 2 件，均为实用新型专利，名称分别为《半自动小口径管道切割及坡口加工装置》《法兰堵漏卡具》。发明专利《储盖组合测井评价方法和装置》获第三届中国石油集团公司专利奖金奖。全年有专利 108 件，其中中油国际公司 45 件、国际管道公司 63 件；授权专利 78 件，其中实用新型专利 60 件、发明专利 18 件；30 件专利在审核中。

（徐海英）

【科技奖励】 2021 年，中油国际公司 16 项科技成果获省部级科技奖励，其中获中国石油集团公司科技进步奖 2 项，《阿布扎比低渗碳酸盐岩油藏开发关键技术及应用》获一等奖，《哈萨克让纳若尔带凝析气顶碳酸盐岩油藏稳产 500 万吨开发关键技术》获二等奖（表 1）；获石化自动化应用协会科技奖励 9 项，其中一等奖 2 项、二等奖 6 项、三等奖 1 项（表 2）；获石化联合会科技进步奖 5 项（表 3），其中《中非复杂叠合型裂谷油气勘探关键技术与重大发现》获特等奖，此项殊荣是中油国际公司自 2013 年开始申报石化联合会科技进步奖以来首次获得，为历史最好成绩（图 1）。培育参加国家科技进步奖申报成果，经系统梳理，将中西非裂谷系叠合与反转盆地高效勘探开发关键技术与应用确定为重点培育成果，向中国石油集团公司申报列入国家奖重点培育计划。

（徐海英）

表 1　2021 年中油国际公司获中国石油集团公司科技进步奖一览表

序号	项目名称	主要完成单位	主要完成人	获奖等级
1	阿布扎比低渗碳酸盐岩油藏开发关键技术及应用	勘探开发研究院、中国石油国际勘探开发有限公司	魏晨吉　张　剑　吴淑红　赵向国　刘双双　童　敏　高　严　邓西里　熊礼晖　彭　晖　李佳鸿　李正中　杨　戬　韩如冰　赵　航　王春鹏　吴波鸿　罗　洪	一等奖
2	哈萨克让纳若尔带凝析气顶碳酸盐岩油藏稳产 500 万吨开发关键技术	中国石油国际勘探开发有限公司、勘探开发研究院	范子菲　张宝瑞　吴学林　宋　珩　赵文琪　郝峰军　张宪存　孙　猛　陈烨菲　林雅平　王进财　傅礼兵	二等奖

表 2　2021 年中油国际公司获中国石油和化工自动化应用协会科学技术进步奖一览表

序号	项目名称	主要完成单位	主要完成人	获奖等级
1	中东生屑灰岩油藏高渗条带静动态一体化表征技术与应用	中国石油天然气股份有限公司勘探开发研究院、中油国际（伊拉克）哈法亚公司	王拥军　杨思玉　刘尊斗　朱光亚　孙圆辉　刘照伟　刘　辉　凌宗发　刘杏芳　宁超众　邵　磊　高　敏　陈家恒　韩海英　吕恒宇	一等奖
2	阿姆河右岸巨厚盐膏层复杂深井钻完井关键技术与应用	中国石油国际勘探开发有限公司、中国石油集团工程技术研究院有限公司	程维恒　周　拓　李万军　闫　军　张春雷　顾亦新　郭启军　刘　琦　周海秋　巴合达尔·巴勒塔别克　冯数玖　姜福华　张　玮　高成武　刘会锋	一等奖
3	加工俄罗斯油等重劣质油催化裂化系列催化剂的开发及工业应用	中国石油天然气股份有限公司石油化工研究院、中国石油天然气股份有限公司兰州石化分公司、中国石油天然气股份有限公司辽阳石化分公司、中油国际（哈萨克斯坦）奇姆肯特炼油公司、大港石化分公司、中国石油技术开发公司	柳召永　姜　石　翟佳宁　焦文君　王世存　刘明霞　刘蕴恒　刘志川　汪　毅　柏锁柱	二等奖
4	厄瓜多尔奥连特盆地斜坡带低幅构造油藏成藏规律和勘探技术及规模应用	中国石油国际勘探开发有限公司、中国石油天然气股份有限公司勘探开发研究院	万学鹏　马中振　卢　滨　周玉冰　冯绍海　阳孝法　许翔麟　张志伟　冯陶然　田作基	二等奖
5	尼日尔沙漠复杂断块油藏百万吨产能稳产与高效开发关键技术及应用	中国石油天然气股份有限公司大港油田分公司、中油国际（尼日尔）上游项目公司	窦松江　翟光华　冯国杰　宗　杰　李炼民　石德佩　王贵新　李　涛　江艳平　张东星	二等奖
6	加拿大阿萨巴斯卡砂岩油藏 SAGD 开发关键技术及应用	中国石油天然气股份有限公司勘探开发研究院、中国石油国际勘探开发有限公司	刘尚奇　聂志泉　刘　洋　黄继新　郭兴海　梁光跃　余地云　韩　彬　包　宇　周久宁	二等奖

续表

序号	项目名称	主要完成单位	主要完成人	获奖等级
7	乍得 Bongor 盆地优快钻井关键技术与应用	中国石油国际勘探开发有限公司、中国石油集团工程技术研究院有限公司	吴广义 王 刚 刘烈强 黎小刚 刘纪童 仲 昭 曲兆峰 肖 月 叶东庆 韩 飞	二等奖
8	海上巨型油田群资产技术经济一体化评价技术及应用	中国石油集团科学技术研究院有限公司、中国石油国际勘探开发有限公司、中国石油集团海洋工程有限公司	冯明生 赖泽武 王根久 夏 静 焦玉卫 郭洪升 张 晋 胡丹丹 张联荣 安明泉	二等奖
9	中东地区碳酸盐岩储层水平井增产提效钻完井关键技术及应用	中国石油集团工程技术研究院有限公司、中油国际（阿布扎比）公司、中油国际（伊拉克）哈法亚公司、中国石油大学（北京）	柳丙善 张 剑 刘尊斗 定明明 凌宗发 蔡文新	三等奖

表 3　2021 年中油国际公司获中国石油和化学工业联合会科学技术进步奖一览表

序号	项目名称	主要完成单位	主要完成人	获奖等级
1	中非复杂叠合型裂谷油气勘探关键技术与重大发现	中国石油国际勘探开发有限公司、中国石油勘探开发研究院、中油国际尼罗河公司	窦立荣 成忠良 王国林 潘校华 黄先雄 张光亚 史卜庆 张志伟 汪望泉 刘计国 李 志 郑永林 马文杰 程顶胜 陈志刚 於拥军 贾久恩 刘爱香 刘明星 杨 仓 史艳丽 翟云峰 潘春孚 郑凤云 魏小东 邹 荃 客伟利 赵 健 李早红 黄彤飞	特等奖
2	海外超大型“六高”复杂油田地面工程关键技术开发与应用	中国石油工程建设有限公司北京设计分公司、中国石油国际勘探开发有限公司、长江三星能源科技股份有限公司、北京科技大学、北京风控工程技术股份有限公司、北京迪威尔石油天然气技术开发有限公司	张 红 刘中民 房 昆 张吉明 魏建武 刘 凯 张国强 张国栋 邢 明 樊学华 黄京俊 王 杰 王海峰 马 坤 于 勇	一等奖
3	中亚天然气并行管道联合 运行安全高效保障技术及应用	中油国际管道公司、西南油气田天然气研究院	张 鹏 姜进田 袁运栋 向奕帆 常宏岗	三等奖
4	尼日尔复杂断块油藏效益开发研究与实践	中油国际（尼日尔）上游项目公司、中国石油天然气股份有限公司大港油田分公司	翟光华 窦松江 王贵新 张永涛 冯国杰	三等奖
5	阿姆河右岸中区碳酸盐岩 边底水气藏高产稳产开发 技术及应用	中国石油国际勘探开发有限公司、中国石油天然气股份有限公司勘探开发研究院、中国石油集团川庆钻探工程有限公司、中国石油集团东方地球勘探责任有限公司	陈怀龙 文光耀 刘荣和 程木伟 马文杰	三等奖

图 1 《中非复杂叠合型裂谷油气勘探关键技术与重大发现》获 2021 年中国石油和化学工业联合会科技进步奖特等奖，这是自 2013 年开始申报石油石化联合会科技进步奖以来首次获奖（中油国际公司科技信息部　提供）

信息化建设

【概述】 2021 年，中油国际公司按照信息化规划和顶层设计，扎实开展网络安全和信息系统建设与推广应用，稳步推进数字化转型智能化发展试点实施工作，移动办公更加便捷，网络安全不断提升。加强勘探开发信息管理系统（EPIMS）、企业内容管理系统（ECM）、协同办公（OA）等信息系统深化应用和数据治理工作，对标借鉴国际跨国石油公司业务和信息化管理方式，建立一整套与管理体系紧密集成的信息化工具，即“信息化手提箱”，充分利用集团统建的邮件系统、视频会议、即时通讯、云桌面等远程协同办公系统，国内外员工不受时间、地域限制，以全新的网络化远程协同工作模式，有效支撑海外业务开展。

（张光荣）

【全球运营管控系统方案设计】 2020 年 10 月至 2021 年 5 月，通过对财务部、销售采办部、规划计划部等部门现状和需求调研分析，完成中油国际全球运营管控系统方案设计以及中央财务管控模块功能和技术方案，并通过初步审查。

（许海东　高　翔）

【企业内容管理系统（ECM）上线运行】 中油国际公司企业内容管理系统（ECM）上线运行以后，有效支撑各业务领域文件在线协同和文件数据资产归档，实现部门与部门间高效安全文档共享，实现国内与海外文件分享，在提供安全便捷共享服务基础上保障企业数据资产完整性。截至 2021 年底，系统归集管理文件数 70 余万份，完成用户授权扩容，上线 MFT 远程传输组件，并开始向海外项目推广应用。

（袁　纲　王柏坡）

【发布基础设施建设指南】 2021 年 1 月 14 日，中油国际公司发布海外分支机构基础设施建设指南以及海外分支机构网络安全建设指南，方便海外各地区公司、各项目公司信息化基础设施建设。使用中国石油集团公司海外广域网和 CNODC 的即时通讯、IP 电话、视频会议等基础设施平台，编制《中油国际基础设施建设指南》，供海外各单位在进行信息化基础设施建设和使用时参考。集团公司还相继出台多项网络安全管理要求和《网络安全管理办法》，针对各企事业单位网络安全建设基础要求，编写《海外分支机构网络安全建设指南》，为中油国际公司下属各地区公司、项目公司等所属企业网络安全建设、网络安全运维提供指导。

（许海东）

【信息系统运行维护】 2021 年 2 月 10 日，中油国际公司结合“2021 服务质量提升年”活动，开展“突发中高风险疫情时远程办公及技术支持应急演练”，检验疫情期间突发状况后 IT 技术服务的连续性。4 月，完成机房应急演练、网络系统应急演练，验证各基础设施双机热备效能和稳定性。8 月 13 日，开展业务系统数据备份恢复测试演练，检测系统数据备份与恢复质量和效率，达成“最短时间内恢复”目标；持续对 38 项 IT 运维流程进行优化改进；加大对运维人员培训与考核力度，改善服务态度和质量。全年，服务台接待服务电话 28953 人次，派发工单数 20432 个，会议支持 2784 次，实现视频会议零故障；处理监控预警 874 条。EPIMS 系统全年累计技术服务 1204 次，功能优化和新增功能 109 个，开通账号 329 个，用户权限变更 89 人，用户账号延期及重置密码 150 名，培训 407 人次；ERP 系统全年累计技术服务 1080 次，功能优化和新增功能 31 个，开通账号 50 个，用户权限变更 197 人，用户账号延期及重置密码 143 人；OA 系统全年累计技术服务 3000 余次，功能优化和新增功能 80 个，开通账号 600 个。

（辛　盈）

【网络安全与信息化工作领导小组成立】 2021 年 3 月 9 日，中油国际公司成立网络安全与信息化工作领导小组，负责网络安全和信息化工作重大事项的决策，是中油国际公司数字化转型智能化发展的决策机构。办公室设在科技信息部。

（张光荣）

【信息技术基础设施建设】 2021 年 3 月，中油国际公司依托中国石油集团公司广域网海外项目组完成中亚区域中心、中东区域中心骨干链路扩容，推进海外各分支机构接入石油内网，提升海外各单位网络访问质量。4 月，配合中国石油集团公司完成 90 个海外分支机构网络调研，并汇总成文档。8 月，优化中油国际视频会议系统，在原有视频会议资源基础上增加大容量固定虚拟会议室资源和硬件会议室接入端口资源，满足公司业务需求。6—12 月，完成尼贝管道公司跨境专线开通和 IP 电话申请，伊朗北阿公司、巴西公司 VPN 专线链路实施，以及俄罗斯链路扩容、哈法亚卫星链路优化、加拿大国内链路迁移等；完善信息化保障方案、预案，利用云视频会议、即时通信、云桌面、iLink、文档管理 ECM、海外数据传输与报送平台等信息技术，为疫情防控和生产经营做好保障，加强值班巡检和运维力度，提供 7×24 小时服务；制定并演练《突发中高风险疫情时远程办公及技术支持应急方案》，根据演练成果，改进远程应急保障能力；对 VPN 版本进行多次优化更新，提升 VPN 使用稳定性，保障员工远程办公效果。

（杨　茉　艾尔达）

【网络安全管理办法发布】 2021 年 5 月 7 日，中油国际公司根据《中华人民共和国网络安全法》《中国石油天然气集团有限公司网络安全管理办法》，结合公司本部及各海外企业网络安全现状，在调研和广泛征求意见基础上，编制并下发《中国石油国际勘探开发有限公司网络安全管理办法（试行）》，明确网络安全“统一管理、分级负责”的要求，遵循“谁主管谁负责，谁运行谁负责，谁使用谁负责”的原则，各级组织、管理人员、岗位员工履行各自的网络安全职责，公司网络安全管理工作得到进一步合法、合规。

（许海东　蒋　铮）

【参加中国石油科技与信息化创新大会】 2021年9月23日—10月15日，中国石油科技与信息化创新大会在石油科技交流中心举办，中油国际公司在会上展示勘探开发信息化、国际管道数字化、炼油化工可视化、先进信息技术应用、数字化油田建设、数字化气田转型六大主题信息化成果，制作中油国际公司“十三五”期间信息化成果展示视频，高质量完成中国石油集团公司下达的展出任务。大会期间，为国务院国资委、中国石油集团公司、各专业公司参观人员进行现场讲解，展现中油国际公司“十三五”期间信息化成果。

（张光荣　韩晶晶）

【大后勤保障体系信息化平台建设】 2021年10月，中油国际公司大后勤保障体系信息化平台完成6项后勤业务功能模块上线。上线后，节日慰问、物业报修、公寓住房申请、协助就医等多项功能受到国内外用户欢迎。

（刘泊伶　王春红）

【“十四五”规划编制】 2021年，中油国际公司编制完成并发布《“十四五”数字和信息化专项规划》（简称《规划》）。《规划》锚定数字化转型、降本增效目标，紧盯五大问题、五项差距及五个挑战，围绕构建适合海外业务发展的“一云一湖一平台，五大场景多融合”数字和信息化架构。中油国际公司在“十四五”阶段将重点建设五大体系框架，即网络及基础设施体系、数据治理与共享服务体系、应用生态体系、IT组织与标准规范体系以及网络安全防护体系。其中，应用生态体系涵盖3个面向用户的云应用：智能物联网云应用、生产运营管理云应用、体系管控云应用，就是数字化转型试点所对应的三大转型方向，即勘探开发一体化、生产运行一体化、生产经营决策一体化。

（张光荣）

【数字化转型试点建设】 2021年，中油国际公司落实“十四五”规划和数字化转型试点项目建设，完成中国石油集团公司数字化转型试点单位实施方案编制工作。5月31日，召开《尼日尔上游项目数字化转型智能化发展试点建设实施方案》（简称《实施方案》）审查会。《实施方案》按照“价值导向、战略引领、创新驱动、平台支撑”方针，开展架构设计和应用场景设计，进行效益目标量化、投资估算细化，围绕“提产量、降成本、提效率、增效益、控风险”5个目标进行编制和部署，《实施方案》通过会审并得到好评。中国石油集团公司数字和信息化管理部、共享运营公司、昆仑数智、中油国际本部相关部门、西非公司、尼日尔上游项目公司相关人员参加会议。6月21日，召开《中油国际数字化转型智能化发展试点建设实施方案及应用场景设计》研讨会，根据中国石油集团公司《数字化转型智能化发展试点建设实施方案》编制提纲，结合尼日尔上游项目建设方案编制经验形成的应用场景编制方法论进行宣讲和研讨，中油国际公司本部相关部门、尼日尔项目上游公司、乍得上游项目公司、阿姆河项目公司和尼贝管道公司相关人员参加会议。尼贝管道、乍得上游和阿姆河3家内部试点单位，先后于6月30日和9月14日完成方案编制并通过评审，形成中油国际数字化转型1.0样板方案。

（张光荣　高　翔）

【生产管理信息系统深化应用】 2021年，中油国际公司完成海外勘探开发信息管理系统（EPIMS）油气开发、生产作业、生产经营协同工作平台、移动端等82个功能界面优化和27个新增功能。完成全年当期生产动态周、月报数据、计划数据等生产数据统一管理，授权使用，累计9.0TB的生产类数据加载入库，提高中油国际公司部门间、海内外单位间信息共享水平，实现数据统一存储及共享应用，提升数据价值。3月起，与中国石油集团公司智能运营中心项目组、审计大数据项目组、驾驶舱项目组以及中油国际生产各业务部门充分研讨，讨论173个集成指标项，梳理27张报表。8月，完成集成工作，确立81个指标数据“一键”报送，打通从下至上的数据通道。7月，EPIMS系统扩展功能上线，开发方案全生命周期管理模块实现14个油气开发方案执行跟踪信息化管理，便于开发方案精细化管理及辅助研究。炼化模块实现对炼化动态跟踪管理；销售模块实现原油销售数据可视化管理；规划模块实现规划数据在线采集、自动汇总，实现开发方案、炼化动态、原油销售和规划数据信息化从无到有的过程。

（张光荣　韩晶晶）

【海外勘探开发ERP系统优化与推广】 2021年，中油国际公司持续进行系统优化及推广，提升用户体验，撰写ERP用户操作手册和录制ERP采办流程操作视频进行全员推广。对中油国际公司本部及中东公司ERP系统进行系统优化与扩展实施31项。

（许海东　高　翔）

【协同办公系统推广应用】 2021年，中油国际公司完成协同办公系统（OA）80余项业务修改和优化，新增机关业务流程27项，覆盖办公室、人力资源部、财务部、党群工作部、后勤保障中心等14个业务部门，提高业务部门办事效率。协同办公系统（OA）在支持中油国际公司本部协同办公基础上，通过对海外公司办公平台的升级和标准化流程统一建设与推广及移动端进一步优化与升级等，提高海外办公便捷性和时效性，实现中油国际公司本部和海外数据库的分离，保障数据安全和完整性。

（许海东　慕琳琳）

【知识图谱服务系统搭建】 2021年，中油国际公司以HSE法律法规数据库和ITSM运维系统为试点，开展知识图谱等技术研究。5月，结合研究成果完成知识图谱服务系统搭建（试验性），探索提升知识共享和服务价值。

（刘泊伶　黄小宁）

【海外信息化手提箱建立】 2021年，中油国际公司对标借鉴国际跨国石油公司业务和信息化管理方式，采用一整套与管理体系紧密集成的信息化工具，即“信息化手提箱”。在昆仑数智等内部单位支持下，按照“1412”信息化工程，结合海外业务特点，总结提炼成熟服务、产品、解决方案，建立“海外信息化手提箱”。4月21日，发布《中国石油国际勘探开发有限公司信息化手提箱1.0》，内容涵盖生产操作、生产管理、经营管理、综合管理、共享与决策等11个方面，提供146项服务，支撑海外新项目快速落地和成熟项目规范实施，为中油国际公司信息技术与管理体系结合建立雏形基础。

（张光荣　刘泊伶）

【知识管理系统（EKP）推广应用】 2021年，中油国际公司开展管理创新成果评审、股东审计及稿件报送流程应用，辅助业务部门完成管理创新评审、特殊贡献奖申报、稿件报送等应用支持工作，保障业务应用效果。继续开展科技管理、QSE平台、海外社会安全、法律法规数据库等系统推广应用。

（刘泊伶　黄小宁）

【网络安全建设】 2021年，中油国际公司按照“以制度为基准，以检查为抓手，以技术为保障”工作方针，提升海外网络安全防护水平。完成2021年“两会”“建党100周年”“服贸会”“全运会”“六中全会”重要保卫任务，全年未发生重大网络安全事件。3月起，建立网络安全通报机制，每月编制《网络安全态势通报》，当月月底下发至海外各分支机构。10月11—17日，开展网络安全教育宣传周活动，采用“线上＋线下＋实战演练”多元化宣传形式，提升全员网络安全意识。10月18日，开展14个（3个三级、11个二级）信息系统等级保护测评，年底完成复测。年内，协调、利用中国石油集团公司安全防护体系提升公司安全防御能力，结合跨境数据传输项目提高海外通信链路安全。建立以内部单位为基础、国内一线服务商为辅助的网络安全风险防护团队，开展年度网络安全自查和检查。

（许海东　胡浩强）

海外 QHSE 管理与风险防控

综 述

2021 年，中油国际公司按照年度工作计划，贯彻落实中国石油集团公司 QHSE 工作部署，升级 QHSE 控制框架，扎实完成年度海外项目审核工作；稳步提升质量管理工作，组织海外大区公司、海外项目召开多场质量管理专题交流会，夯实质量管理基础；抓好常态化新冠肺炎疫情防控，联合海外大区公司召开疫情防控视频巡检会，加强疫苗接种监督管理，成立接返境外人员专班等，有效落实海外疫情防控常态化管理措施；全面深化员工健康管理，推动体检健康改进，强化心理健康管理，组织海外项目参加并通过中国石油集团公司健康企业评审；提高安全生产管理水平，深化风险分级管控和隐患排查治理双重预防机制建设，抓好节假日、“两会”“建党100 周年”等特殊敏感时段升级管控，组织安全生产述职评审，扎实开展安全生产专项整治三年行动计划，组织海外项目做好隐患排查和预防、整改措施落实，全年完成情况好于年度计划指标；持续强化社会安全风险管控，及时发布预警及安全提示，编发社会安全风险分析报告，组织海外项目开展应急预案和安保方案更新与评审工作，社会安全五维绩效考核在中国石油集团公司国际业务考核评比中排名第一，获“卓越级”称号；切实做好环境风险管控与绿色低碳发展，完成海外在产项目 / 区块碳排放数据核算，持续推进 HSE 合规性评价与法律法规数据库更新，开展先进环保技术调研，推动海外项目绿色可持续发展良好实践交流；有序做好突发事件应急响应，有序应对乍得政局突变、缅甸局势动荡等突发情况，确保海外中方员工生命安全和队伍稳定。2021 年，在海外社会安全局势持续动荡和新冠肺炎疫情持续肆虐的不利条件下，继续保持“六个杜绝”，保障各项生产经营有序开展。

（彭继轩　田慧颖　赵　潇）

体系建设

【概述】 2021 年，中油国际公司结合 QHSE 管理框架运行 3 年来的情况，组织国内外专家完成 2.0 版升级。在 3 个试点单位开展基层党建“三基本”建设与“三基”工作在 QHSE 领域有机相融互促。组织学习领会习近平安全生产论述与生态文明思想；根据新修订的《中华人民共和国安全生产法》，迅速在生产经营协调会上进行宣传贯彻，开展专题培训和全员学习。组织对海外项目进行 QHSE 差异化审核，对作业者项目开展针对性内审指导，对中油国际公司本部和国内单位开展年度 QHSE 内审，通过挪威船级社 QHSE 管理体系监督审核。组织 QHSE 和疫情防控培训 6300 余期，近 9 万人次参加。

（李　伟　谷红军）

【接受新华社绿色低碳发展调研采访】 2021 年8 月，中油国际公司主要领导受邀接受新华社调研采访，代表中国石油集团公司分享中国石油绿色低碳发展总体部署，介绍“一带一路”项目低碳管理、绿色发展实践经验，结合面临的形势与挑战，提出保护所在国生态环境、更好促进低碳发展合作的建议。

（田慧颖）

【邀请专家讲授习近平生态文明思想内涵】 2021 年 9 月，中油国际公司党委理论学习中心组邀请国家生态环境与低碳发展研究专家讲授习近平生态文明思想内涵，并作题为“双碳目标下的企业创新与发展”专题讲座。专家围绕习近平生态文明思想内涵，对节能减排、绿色低碳发展的必要性，世界碳减排发展趋势与中国碳减排政策要求，碳减排新形势对海外油气业务提出的新要求进行授课。

（田慧颖）

【学习习近平安全生产论述与生态文明思想】 2021年，中油国际公司组织党史学习教育活动，将习近平总书记安全生产重要论述纳入学习讨论，观看《生命重于泰山》电视专题教育片，学习领会习近平总书记“牢固树立安全发展理念，坚持人民利益至上，始终把安全生产放在首要位置，切实维护人民群众生命财产安全”指示批示精神。

（史宝成）

【落实 QHSE 职责】 2021年，中油国际公司着眼“有感领导，直线责任，属地管理”，构建良好的安全环保氛围。中油国际公司主要领导带头落实“三管三必须”，亲自部署、检查 QHSE 工作，主持召开 QHSE 会议、疫情防控应急领导小组工作会、疫情防控视频巡检会、安全生产述职评审会议，推动落实 QHSE 工作和疫情防控工作，在井控管理领导小组、亿吨权益效益产量推进工作会议部署安全生产相关工作，组织井喷突发事件专项应急演练。分管领导落实“一岗双责”，践行“谁主管、谁负责”原则，督导、协调国内和海外各单位落实 QHSE 和疫情防控部署。各业务部门履行 QHSE“直线责任”，各地区公司落实“属地管理”。

（史宝成）

【升级 QHSE 控制框架（2.0版）】 2021年，中油国际公司结合控制框架实际运行中出现的问题，全面融入质量管理，对标中国石油集团公司体系手册，征求、收集全员修订意见560条，采纳537条，突出 QHSE 管理一体化和海外项目与所在国合作实际，增强 QHSE 控制框架有效性、适宜性和完整性（图1）。

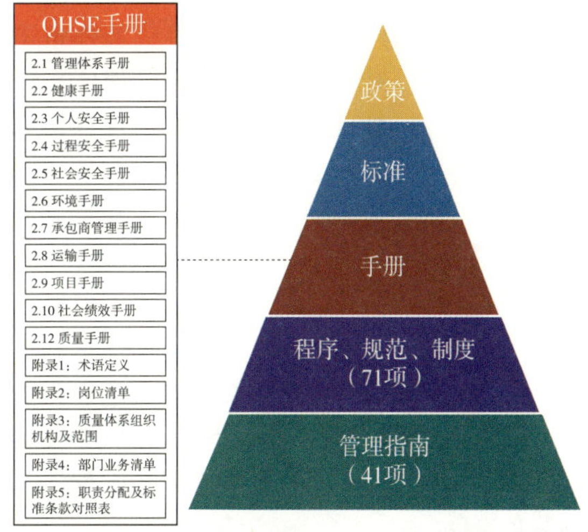

图1 升级 QHSE 控制框架（2.0版）（中油国际公司健康安全环保部 提供）

（李 伟 谷红军）

【参赛作品获创新优秀案例一等奖】 2021年7月，中油国际公司推荐的参赛作品《创新构建“135N+QHSE”双体系 推动海外党建与风险管理有机融合》，在中国石油企业协会举办的第一届石油石化基层党建创新论坛逾百家基层单位申报推荐的600余个经验案例中脱颖而出，获第一届石油石化基层党建创新优秀案例一等奖（图2）。

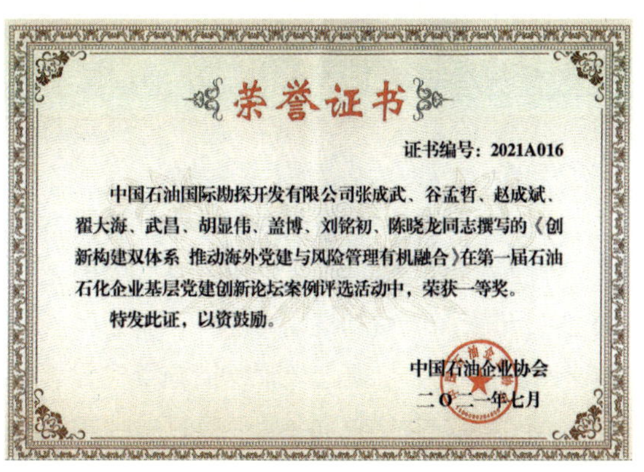

荣誉证书

证书编号：2021A016

中国石油国际勘探开发有限公司张成武、谷孟哲、赵成斌、翟大海、武昌、胡显伟、盖博、刘铭初、陈晓龙同志撰写的《创新构建双体系 推动海外党建与风险管理有机融合》在第一届石油石化企业基层党建创新论坛案例评选活动中，荣获一等奖。

特发此证，以资鼓励。

中国石油企业协会

二〇二一年七月

图2 “双体系”建设作品获奖证书（中油国际公司健康安全环保部 提供）

（胡显伟 谷红军）

【QHSE 体系审核工作】 2021 年，中油国际公司开展管理体系内审、监督审核及外审工作。作业者项目按计划完成 HSE 管理体系内审，发现问题 1340 项，完成整改 1254 项，完成率 94%；中油国际公司对本部部门和所属国内单位进行 QHSE 管理体系内审，发现良好实践98项，提出改进建议18项，发现问题17项。组织 27 个审核组 190 名专家，对海外项目进行差异化审核，发现问题 786 项，整改完成率为 99.5%；中油国际公司本部通过挪威船级社的 ISO 9001 质量管理体系、ISO 14001 环境管理体系和 ISO 45001 职业健康和安全管理体系的监督审核。

（李　伟　刘　峰　王琳珲）

【QHSE 培训】 2021 年，中油国际公司按照年度培训计划，完成作业者项目 QHSE 关键岗位培训矩阵，组织 QHSE 和防疫培训 106 期，参与 6879 人次，主要领导出席领导干部 QHSE 资格、质量管理培训班，开展健康交流、“亲子团辅”心理辅导、疫情防控知识讲座，举办安全环保、社会安全、QHSE 专职人员培训课程；海外项目累计组织培训 6290 期，参与 80750 人次。

（李　伟　刘　峰　刘飞飞）

【绩效监测与考核】 2021 年，中油国际公司利用 QHSE 信息平台，监测、通报海外项目动态绩效指标完成情况；QHSE 管理评价工作突出海外作业者项目关键 QHSE 管理要素执行落实，协助项目发现问题并及时纠偏；国内单位 QHSE 过程指标考核结果明显提升，各直线部门“管业务、管安全”理念与管控措施落实显著提高；开展 2022 年 QHSE 责任书修订与业绩考核细则修订，以业绩考核为导向，推动 QHSE 重点工作有效开展。

（史宝成）

质量管理

【概述】 2021 年，中油国际公司质量管理工作以“推动海外项目质量管理工作”为核心，通过开展质量管理工作交流会、质量管理人员业务培训和群众性质量管理等活动，提高质量管理人员质量意识和管理能力；加强质量监督，确保项目公司各项质量管理指标达到规定要求；制定质量管理体系量化审核标准，完善质量管理制度，进一步落实海外项目质量管理组织机构和质量管理人员配置，完善项目公司质量管理体系。

（杨意峰　方高亮　史素青）

【质量管理活动】 2021 年上半年，中油国际公司为推动项目公司质量管理工作，分别组织中东公司、西非公司和印尼项目等单位召开质量管理工作交流会，研究质量管理工作难点、提出措施方案、研讨下一步工作思路。推动阿克纠宾等重点项目质量管理，以“开展质量管理体系和质量计量规章制度宣贯，全面推进质量管理”为重点，推动质量管理步入正轨，各重点项目明确质量管理组织机构和职责，完成或正在配备专职管理人员；开展群众性质量活动成果择优推荐，获中国石油集团公司 QC 小组成果三等奖 8 项、质量信得过班组三等奖 5 个；组织首期质量管理培训班，加强质量管理队伍建设，提高质量管理人员质量意识和能力水平；协助南苏丹项目完成 3 种油化剂产品质量认可；组织开展“质量月”活动。

（杨意峰　方高亮　史素青）

【质量管理体系建设】 2021 年 9 月，中油国际公司印发《群众性质量管理活动管理办法》，规范群众性质量管理活动要求，构建比较完善的质量管理制度体系；制定质量管理体系量化审核标准，规范公司质量管理体系审核；落实海外项目质量管理组织机构和质量管理人员配置，建立质量管理体系，促进质量管理工作规范化正常化，加拿大、乍得炼厂等 12 个项目按照 ISO 9001 要求，取得认证并严格运行；尼贝管道建立完善建设期质量管理体系。

（杨意峰　方高亮　史素青）

【海外项目过程质量管理】 2021 年 9 月，中东公司以“质量月”为契机，召开“井筒质量管理”经验交流会，以“积极井控，警钟长鸣”为主题开展活动，构建“超前预防，全员、全方位、全天候、全过程”井控风险防控机制，提升井控管理水平和井筒质量。乍得炼厂强化过程质量控制，加强实验室分析管理，馏出口和中间产品分析合格率 100%。哈法亚采用国际知名第三方质量检测公司进行生产过程检测和出厂前检测，采购产品的原材料、制造工序检测合格率达 100%。尼日尔上游坚持“一口井就是一个工程”理念，把控井筒每个施工环节质量，使每口井的生命周期达到预期目标。加拿大组织全员质量计量管理标准培训，对管理层进行质量与安全之间关系经验分享，提高“质量是安全基础”认识。阿姆河加强钻井质量管理，钻井成功率 100%。苏丹化工加强过程不合格半成品管理，确保最终出厂产品合格率达 100%。尼贝管道加强监理承包商和驻厂监造管理，确保首船管材出厂合格率 100%。

（杨意峰　方高亮　史素青）

【部门质量管理】 2021 年，中油国际公司管道部加强尼贝管道质量协调管理，要求采用第三方焊缝检测，促使焊接一次合格率达 99.3%。工程建设部组织对尼日尔二期质量手册交流讨论，为工程质量管理奠定良好基础。炼油化工部组织学习所在国标准并要求按其组织生产，保证成品油合格率 100%。生产运行部组织井控技术培训和交流，协调解决生产作业中的井控技术问题和井筒质量问题，保证井身和固井质量合格率 100%。

（杨意峰　方高亮　史素青）

安全管理

【概述】 2021 年，中油国际公司贯彻落实中国石油集团公司安全生产工作部署，全面压实安全生产主体责任，持续巩固安全生产风险双重预防工作机制成果，扎实开展安全生产专项整治三年行动集中攻坚、反违章专项整治和安全生产月活动，切实抓好勘探开发、管道运行、炼油化工生产运行和检维修风险管控、特殊敏感时段升级管理和承包商管理，夯实基层站队安全生产基础，着力强化生产事故事件管理和安全生产业绩考核结果应用。全年在达成 2.08 亿总工时基础上，实现 QHSE“六个杜绝”，主要安全业绩指标损工伤害率和总可记录事件率分别为 0.024 和 0.082，均优于国际油气生产商协会平均水平。

（杨意峰　王晓龙）

【油库及油品装卸栈台防雷防静电管控研究】 2021 年 4—10 月，中油国际公司邀请中国石油集团公司安全环保研究院大连所远程调研乍得上游、乍得炼厂、尼日尔炼厂防雷防静电管理现状，排查油罐 80 具、装卸栈台 28 个，发现不符合项 45 项，列入整改计划；制定《防雷防静电管理程序》，组织防雷防静电专题培训两期，参加培训 190 人。

（杨意峰　王晓龙　赵　潇）

【安全生产月】 2021年6月，中油国际公司组织海外作业者项目开展主题为“落实安全责任，推动安全发展”安全月活动。其中，组织观看典型事故警示教育片325场，参与3960人次；开展“事故隐患大扫除”“争做安全吹哨人”等活动132场，参与3380人次；组织2591人参加中国石油集团公司健康知识答题活动，通过率为99.9%；组织应急演练189场，参与2485人次。

（杨意峰　王晓龙　陈昌明）

【反违章专项整治】 2021年8—10月，中油国际公司按照中国石油集团公司工作部署，开展反违章专项整治活动，加强各海外项目监督检查及审核督导，加大违章行为查处力度。活动期间，海外作业者项目共组织承包商检查5520次，查处纠正违章指挥和违章操作行为482次。

（杨意峰　陈昌明）

【冬季安全生产】 2021年9月，中油国际公司印发《关于切实做好秋冬季节安全生产工作的通知》，组织海外项目开展秋冬季节安全生产专项大检查，整改发现问题1699项。中亚公司召开4场视频巡检会，对所属13个项目冬防措施进行巡查；加拿大公司麦凯河油砂项目落实181项冬防保温任务；阿姆河项目总经理带队开展冬季保供安全措施检查和情景模拟演练，提高现场应急能力。

（杨意峰　史宝成）

【基层站队HSE标准化建设】 2021年9月，中油国际公司组织伊朗北阿、苏丹6区等海外人员，到中国石油西南油气田公司学习调研基层单位现场HSE标准化建设成熟经验；12月，中油国际公司本部组织专家对作业者项目上报的基层站队HSE标准化建设和验收标准进行备案评审（图3）。

（杨意峰　王晓龙　陈昌明）

图3　基层站队HSE标准化建设现场（中油国际公司健康安全环保部　提供）

【安全生产专项整治三年行动计划】 2021年，作为安全生产专项整治三年行动集中攻坚阶段，作业者项目每月上报隐患排查和制度修订实施进展。累计排查隐患2015项，治理1921项，制定制度44个，修订303个；开展油库罐区、硫化氢及有毒有害气体防护及井控风险3个重点领域集中整治，16家单位排查57项内容，关闭52项，剩余5项持续整治。哈法亚项目在事故上报追踪系统增设隐患追踪模块，在线监测隐患治理进展；阿克纠宾项目分享宣贯56种作业安全距离一览表等安全培训材料；苏丹6区项目各大部总经理带队开展油田现场安全大检查；秘鲁10/57/58区项目组织13支钻修井作业队伍逐一进行井控安全检查；乍得炼油项目开展现场安全生产隐患自查自改，跟踪纠正预防措施落实；尼日尔上游项目进行隐患数据分级分类分析；安第斯项目通过闭环管理完成集输管线腐蚀泄漏隐患整改。

（杨意峰　王晓龙　赵　潇）

【风险分级管控与隐患排查治理预防机制】 2021年，中油国际公司落实风险分级管控，强化特殊时期、敏感时段和关键作业的安全生产风险管控，构建安全生产长效机制。落实国家法定节日及“两会”“建党100周年”等特殊敏感时段安全生产升级管控要求，开展隐患排查、应急演练等活动，确保安全生产。根据海外项目提出的 23 条建议，完善安全风险分级评估模型，更新海外项目安全生产风险地图。作业者项目开展年度 QHSE 危害因素识别和风险评估，完成风险登记表更新和中油国际公司本部备案审查。阿克纠宾项目对 14 支钻井施工队伍进行井控风险隐患排查和整改，对 H8097 井升级井控管理；安第斯项目通过培训、示范、实践“三结合”方式促进员工掌握风险管理理念和工具；乍得炼厂组织全员开展危害因素辨识与风险评估活动，开展油库罐区及含硫场所专项风险治理；阿姆河项目做到有岗位有作业指导书、有作业活动有旁站监督、有高风险作业活动有作业许可管理；印尼项目每月开展承包商管理风险评价，发现低风险 29 项、中风险 3 项、高风险 17 项；ADM 项目总经理开展《危害辨识与风险防控》授课培训；苏丹化工项目执行高风险作业许可制度，对高风险作业进行升级管理。

（杨意峰　王晓龙　赵　潇）

【关键领域安全生产管理】 2021 年，中油国际公司从井控管理、管道安全、设备设施完整性、检维修安全 4 个方面，开展关键领域安全生产管理。井控管理方面，全年安全平稳完钻 898 口井、修井 14977 井次，未发生井喷事件，井控安全形势整体可控。推进海外工程智能支持中心（EISC）建设，通过项目作业井场—项目公司—中油国际公司各层级紧密联动，实现国内井控专家对海外重点井的井控跟踪和技术支持；联合乍得上游开展井喷突发事件应急演练（图 4）；完成 ADM、艾哈代布、安第斯、印尼 4 个项目远程井控审核，提出整改建议 150 余项；完成哈法亚、阿姆河、阿克纠宾等 6 个海外项目井控实施细则及井喷突发事件专项应急预案备案评审；开展各类井控培训，组织海外项目参加中国石油集团公司井控专业能力提升培训；发布钻井井控预警周报 52 期，持续做好井控风险分级预警工作。在管道安全方面，强化尼贝管道施工质量管理，持续推进管道隐患排查治理，积极应对突发事件，确保海外油气管道平稳运行。重点开展海外油气管道完整性管理体系建设；强化海外油气管道本体安全，开展苏丹 6 区稠油管道、乍得原油管道腐蚀点修复，推进尼日尔一期原油管道清管及内检测工作；提前预警并制定乍喀管道停输风险应对方案，规避乍喀管道停输期间管道凝管风险；制定“七一”和冬季保供专项措施，有效处置土库曼斯坦康采恩断电及哈萨克斯坦气体维修厂设备维修故障等气源短供事件，保障跨国管道安全平稳运行；经多年持续伊江河道治理和维护，中缅管道消除备用管道水下悬空隐患；开展中亚天然气管道 C 线跨境段清管器卡堵事件演练、AB 线乌国段 7B 阀室关断演练、中缅天然气管道 OGT 海上平台故障停供 72 小时演练等，跨国管道应急处置能力得到提升。在设备设施完整性方面，狠抓设备设施完整性，做好重点工程及油气生产安全管理。印发《油气田地面设施生产运行管理办法》；开展尼日尔二期一体化地面工程项目质量管理专项检查，完

图 4　井喷突发事件应急演练现场（中油国际公司健康安全环保部　提供）

善项目质量管理计划；尼日尔二期一体化落实油田完井、地面工程和尼贝原油管道工程过程质量管理措施；苏丹6区采取监管分离，聘请第三方国际监理服务，保证工程质量。在检维修安全方面，从方案编制、措施落实、过程监督、结果验证等方面，落实4项年度重点检维修工作安全保障。阿姆河项目编制作业指导书，落实施工方案，开展员工培训，实施技术和安全交底，落实能量隔离，提前完成年度检修作业；喀土穆炼厂和苏丹化工项目严格落实《装置大检修疫情防控与HSSE作业指导书》要求，严把承包商“五关”，催化裂化装置喷油一次成功并生产出合格产品；阿克纠宾项目处理厂提前制定检修作业计划书和实施大表，检修期间严格执行作业许可，整个检修过程安全高效平稳；奇姆肯特炼厂实行检修精益化管理，严把检修质量关，完成检修目标。

（王晓龙　水　涛　谷红军）

【海外单位负责人安全生产述职】 2021年，中油国际公司主要领导主持召开2期海外单位主要负责人安全生产述职评审，对海外项目新任职的17位主要负责人的述职进行现场提问、量化打分，经履职测评及述职评审，评估结果均为“优秀”（图5）。

（杨意峰　王晓龙　陈昌明）

图5　海外单位负责人安全生产述职评审现场（中油国际公司健康安全环保部　提供）

【消防安全管理】 2021年，中油国际公司组织本部办公大楼消防安全演练，449人参加；累计开展在京办公场所消防安全检查9次，发现问题74项，整改率95%。哈法亚项目推进消防安全风险评估和承包商区域风险自评工作；加拿大项目与当地林业部门妥善应对现场作业区附近3次山火；乍得炼厂持续完善消防专业管理要求，对46项文件进行修订完善。

（杨意峰　陈昌明）

【交通安全管理】 2021年，PK项目制定交通安全管理提升计划，落实责任到人；乌兹别克斯坦项目分析行车数据，采取预防措施；苏丹化工项目建立交通安全风险辨识台账；尼日尔上游项目开展路查、路检遏制违章行为；乍得上游、哈法亚、尼日尔上游、安第斯等项目开展航空器第三方审计，消减航空安全管理缺陷。

（杨意峰　赵　潇）

【承包商管理】 2021年4月，中油国际公司根据管理评价、项目总结及上年度QHSE审核情况，编制《作业者项目承包商管理情况报告》；根据2021年管理评价结果，海外项目承包商全过程管理情况平均得分率为85%；尼贝管道召开承包商施工期风险防控技术研讨会；阿姆河项目组织检修工作及新开项目现场危险作业安全措施检查确认和旁站监督；加拿大项目开展日常监督检查、行为安全观察、现场隐患识别和事故事件调查等活动；秘鲁10/57/58区组织员工和承包商对秘鲁国家石油公司交通事件进行分享学习。

（杨意峰　王晓龙）

【事故事件管理】 2021年，中油国际公司持续强化事故事件上报管理，将事故上报纳入年度业绩指标进行考核，对积极上报事故事件的加拿大、哈法亚、艾哈代布、乍得上游4个项目进行业绩加分，对未按要求上报事故事件信息的 2 个项目进行业绩扣分。加强事故资源利用，发布 HSE Alert & Bulletin 52 期，及时分享国内外事故案例。

（杨意峰　王晓龙　陈昌明）

职业健康管理

【概述】 2021 年，中油国际公司克服新冠肺炎疫情影响，推动员工参加体检和体检评估，实现“应检尽检”目标，通过健康改进、二次评估、适岗性评估等，保持体检评估通过率达到较高水平。从严抓好常态化疫情防控，坚持“应接尽接”原则，督促员工接种疫苗和加强针。国内单位执行各项防疫要求，全员配合社区做好管控，严防流动性风险和聚集性风险，保持各项工作平稳运行。自 11 月 10 日发布吉林确诊病例在京轨迹后，迅速响应做好特殊时段疫情防控升级管理。海外项目密切关注疫情最新形势，因时因势研究完善相应对策，合法合规开展生产经营工作，全力推动超期工作员工回国。关注连续工作 1 年以上未轮休人员，督促海外项目优先安排健康风险较高且超期工作的员工回国休假，制定“一人一策”，确定轮休时间并安排回国休假。全年实现防控“双零”目标，守住“外防输入、内防反弹”底线。促进心理健康工作，创新性开展各单位领导班子成员与所属员工之间的“一对一”谈话活动。按照中国石油集团公司要求，在 8 家海外单位推进健康企业建设工作，全部通过评审，其中加拿大公司获中国石油集团公司突出好评。全年组织各类健康讲座和培训百余场，提高员工健康意识与能力，改善员工心理健康状态，创建良好工作氛围。

（刘丽萍　谷红军）

【常态化疫情防控】 2021 年，中油国际公司专注顶层设计，动态更新 3 版《疫情防控指南》、2 版《公司常态化疫情防控工作方案》《新冠肺炎疫情防控敏感时段升级管理方案》，新冠肺炎疫情防控应急领导小组召开会议 16 次，安排部署疫情防控工作；开展 3 轮疫情防控视频巡检会（图 6），覆盖 40 个项目，整改发现问题 70 项，协助项目完成薄弱环节整改销项；中油国际公司领导带队开展 3 次“四不两直”在京单位疫情防控检查，整改发现问题 5 项；邀请专家在线开展德尔塔、奥密克戎等疫情防控讲座 8 次，开展德尔塔病毒常识在线考试，答题完成率为 98.75%；强化疫苗接种工作，实现中方员工应接尽接，作业者项目外籍雇员接种率 91%；组织疫苗加强针接种，海外项目 1624 人、在京单位 313 人完成接种；开展在京单位疫情防控应急演练 2 次（图 7），整改发现问题 9 项；全面排查中高风险地区旅居及与确诊病例活动轨迹交叉情况 68 轮；对在京单位疫情防控措施实施情况进行检查 17 次。中东公司、中亚公司、尼罗河公司、拉美公司、西非公司、管道公司、俄罗斯公司保持防疫力度不放松，

图 6　疫情防控巡检会（中油国际公司健康安全环保部　提供）

适时调整防控策略，不定期召开专题会议。向所在国实施医疗协助及捐赠防疫物资和药品；乍得、尼日尔、伊拉克等重点项目建设核酸检测实验室；秘鲁项目重点对8类人员、4类场所、3个时间段等方面开展风险排查，先后采取68项疫情防控措施；苏丹6区对所有前往油田现场人员开展核酸检测，对喀土穆人员实施每月1次核酸检测，全年检测12818人次；伊朗MIS采取措施掌握人员流动轨迹，防止人员前往高风险地区；安第斯项目制定《承包商新冠肺炎疫情管理程序》《油田员工倒班疫情防控管理程序》，施工作业现场实施封闭式、网格化管理。

图7　2021年1月14日，中油国际公司开展疫情防控应急演练（中油国际公司健康安全环保部　提供）

（刘丽萍　谷红军）

【员工体检与健康改进】2021年，中油国际公司实现国内员工、海外项目休假员工体检和评估率100%，对有健康隐患员工落实健康改进和适岗性评估。员工体检2904人（备员体检112人，女工体检204人），体检评估3514人次；体检评估不合格167人，通过健康改进、二次评估、适岗性评估合格145人（其中适岗性评估66人），现有评估不合格22人。开展海外员工健康筛查，排查健康风险较高员工346人，连续工作1年以上且存在健康风险员工8人；提升医疗支持和服务水平，为海外员工提供急、重症远程会诊51次，健康改进远程指导113次；启动员工慢病管理工作，为50名员工提供慢病管理建档管理咨询。

（刘丽萍　谷红军）

【心理健康管理】2021年，中油国际公司开展年度心理测评，心理测评率95.5%，发现风险员工924人，其中一级198人、二级412人、三级314人；组织外派准备度访谈（他评）976人，入职测评100人；首次采用全员“自评”与“他评”结合方式，进行心理健康困境筛查，减少员工自评中掩饰性带来影响，多角度综合评估，对风险员工和重点地区员工进行心理健康干预。进行他评补充，经谈心谈话培训的203位领导班子成员根据访谈提纲对1448位员工进行“一对一”谈心谈话，做到“我为员工办实事”，特别是为重点海外项目管理者和员工开展“一对一”心理疏导，其中：苏丹管理者6人，乌兹别克管理者1人、滞留员工1人，秘鲁公司48人，阿姆河项目7人；强化心理健康团队能力建设，培养心理健康管理师19人，其中14人完成高阶情绪急救国际认证课程。组织心理健康培训和团体咨询，完成2场团体辅导和14场心理讲座，主题涵盖《心理健康风险识别与应对》《心流下的情绪流动训练》《谈心谈话技巧》，以及互动课程《识别压力，轻松做父母》《曼陀罗解压》。在西非公司建设“健心小屋”，配备脑电设备，帮助员工在单调紧张工作生活状态下纾解压力，调整情绪。利用心理EAP服务，组织员工及家属通过EAP服务参与心理咨询347例，采取危机干预21例；针对存在心理健康问题或受到重大事件影响的员工和群体，进行一对一心理疏导260人次，提供主动援助及干预。2月14日，质量健康安全环保部和盛心EAP为春节假期不能与家人团聚的海外员工组织专场心理健康交流春节晚会。海外员工，特别是68位企业心理健康管理师学员和家属以一种特殊方式在云端展现爱的链接，学员及家人在晚会上展示学习成果。

（刘丽萍　谷红军）

【健康企业建设】 2021年，中油国际公司制定《海外项目健康企业建设标准》《海外项目健康企业建设推进方案》（中英文）并进行宣传贯彻，8家海外项目通过中国石油集团公司健康企业审核，加拿大公司获中国石油集团公司好评。开展"健康达人"评选活动，154名员工上传健身运动短视频，对前100名采取网络投票方式评选"卓越健康达人"和"超级健康达人"，10名员工获"卓越健康达人"称号，20名员工获"超级健康达人"称号，评选出413名"一般健康达人"。面向在京单位员工开展心肺复苏和自动体外除颤器等急救设备使用培训6次；开展健康咨询活动6期；召开线上健康讲座20期；开展幽门螺杆菌（HP）筛查和Airdoc人工智能视网膜影像慢病检查；为提升海外项目医生诊疗水平，开展6期中方医生交流会；落实国资委"四位一体"相关要求，完成2个海外项目诊所对标；编制《中国石油国际勘探开发有限公司航空医疗转运应急预案》。

（刘丽萍　谷红军）

【职业健康】 2021年，中油国际公司夯实职业病防治主体责任，增强员工职业病防治意识，组织海外项目开展职业病防治法宣传，组织主题教育宣讲、应急演练、开展职业健康素养摸底调查、"送健康到基层"等活动，宣传受众3878人次。哈法亚、亚马尔和印尼等项目参加中国石油集团职业健康传播作品征集活动，哈法亚项目《油田听力保护和高温防护指南》作品获中国石油集团公司二等奖和国家卫生健康委三等奖。

（刘丽萍　姚　敏）

【疟疾管理】 2021年，中油国际公司持续跟踪分析尼日尔、乍得和南苏丹等地区疟疾流行情况，推动与中国海关总署共建传染病监测哨点，召开疟疾防控专题交流会，邀请专家指导疟疾和新冠症状识别，在疫情期间正确应对发热病例，确保患病员工得到及时救治，杜绝危重病例。尼罗河公司加强环境治理和蚊虫消杀，消减南苏丹洪水对健康的次生影响；西非公司巡检督导蚊虫消杀、个人防护用品配备及治药品储备等，组织专家会诊，指导用药。

（刘丽萍　谷红军）

社会安全管理

【概述】 2021年，中油国际公司贯彻落实中国石油集团公司海外油气业务社会安全部署，树立"员工生命高于一切"理念，以"体系建设"为基础、以"风险管理"为核心、以"过程和绩效管理"为抓手，系统管控社会安全风险。逐步建立应急管理体系，建立"1+9"（1个总体应急预案、9个专项应急预案）预案体系，建立中国石油集团公司、中油国际公司、海外大区公司、项目公司"四级应急管理"构架，明确不同级事件各级单位应急职责和信息报告要求，应急管理实行"统一指挥、分级负责、充分授权、属地管理"，海外项目积极稳妥处置应对面临的突发事件。针对海外中方员工工作生活和旅途动迁等各种社会安全风险，在海外社会安全局势持续动荡和新冠肺炎疫情持续肆虐双重不利条件下，海外业务实现连续2763天未发生中方人员遭绑架事件，连续1926天未发生社会安全亡人事件，实现“杜绝因为社会安全管理原因造成中方人员伤亡事件”，保持海外油气业务社会安全业绩稳定。2021年1月19日，中国石油集团公司发布管理创新成果评选结果，中油国际公司健康安全环保部《海外员工动态定位和预警系统开发和实践》一文获中国石油集团公司二等奖；《海外项目社会安全管理体系量化审核标准开发及应用》《3D建模技术在社会安全脆弱性评估中的应用》获2021年度中油国际公司“五新五小”群众性经济技术创新优秀成果。

（彭继轩　冯军伟）

【热点国家形势分析研判】 2021年，中油国际公司跟踪热点国家形势，开展高风险国家形势研判（表1）。年内，中东地区伊拉克、伊朗等部分国家政局持续动荡，地缘政治风险升高；伊拉克IS恐怖主义猖獗，武装冲突多发，宗教、部族矛盾错综复杂，阻工、堵路事件频繁发生；非洲地区苏丹、南苏丹、乍得等国家政局持续动荡，政府军与反政府武装冲突频发，部族、社区冲突不断，武装劫持、绑架等暴力犯罪活动频发，非洲萨赫勒地区博科圣地等恐怖组织猖獗。美洲地区委内瑞拉、厄瓜多尔、秘鲁等国政局不稳，绑架、盗窃、暴力犯罪事件频发，经济持续低迷，就业率走低，社区关系恶化，罢工、堵路等事件不断发生。中亚—俄罗斯地区政局动荡、地缘政治矛盾加剧，战争、武装冲突威胁凸显，“疆独组织”威胁袭击等暴恐犯罪事件明显增多。亚太地区缅甸政局不稳，国内民主化浪潮升高，“民地武”与政府军的冲突日益增多。跟踪热点国家形势，每日跟踪海外热点国家形势动态，每周二、周四形成《海外社会安全事件及形势分析》报告，每周五形成《热点国家形势跟踪周报》，供公司领导参阅。开展高风险国家形势研判，采取多渠道多维度安保信息收集，与国内安环院、盈机专业咨询机构合作组织专家开展高风险国家形势研判，编写21期高风险国家形势分析研判报告，及时分享各级领导层和管理人员参阅；年内，开始与国际专业咨询机构合作，紧跟海外项目所在热点国家形势变化，从西方专家角度和观点编写海外项目所在热点国家（地区）——缅甸、南北苏丹、乍得、尼日尔、莫桑比克等国家社会安全形势分析和风险应对研究报告及中美关系对中国企业和油气行业影响报告，及

表1　2021年中油国际公司高风险国家形势分析研判报告一览表

序号	名　称	发布时间
1	《莫桑比克社会安全形势分析》	3月
2	《利比亚社会安全形势分析》	4月
3—6	《缅甸局势分析研判报告》（共4期）	2月、5月、8月、12月
7	《缅甸政局变动对中油国际业务影响分析》	4月
8—9	《尼日尔社会安全形势分析》（2期）	4月、12月
10	《叙利亚社会安全形势分析》	4月
11	《乍得局势分析研判报告》	4月
12	《美伊伊核协议前景和伊朗总统选举对伊朗局势影响研判》	9月
13—17	《伊拉克社会安全形势分析》（共4期）	5月、7月、10月、12月
18	《南苏丹社会安全形势分析》	10月
19—20	《苏丹社会安全形势分析》（共2期）	10月、12月
21	《厄瓜多尔“鲁本舆情”负面影响的评估及对策》	11月

时分享各级领导层和管理人员参阅。开展热点国家局势分析研讨会，与专业咨询机构合作，组织国际部、中油国际、大区公司、海外项目相关领导、社会安全管理专业人员召开热点国家社会安全局势分析研讨会，由专家分享影响热点国家局势的各种势力和社会安全面临的威胁、风险分析观点、对未来局势发展趋势预测、海外项目应对风险等措施建议，参会中方领导、专业管理人员对感兴趣问题与专家交流，使中方人员了解西方人对问题的看法和观点及海外项目防范风险思路。组织伊朗、伊拉克、缅甸、南北苏丹、莫桑比克、乍得国家社会安全风险以及中美关系研讨会。

（彭继轩　冯军伟）

【社会安全风险管控】 2021 年，中油国际公司按照中国石油集团公司部署，与海外项目公司通过资源国政府通告、资源国强力部门、大使馆、资源国和国外媒体、项目合作伙伴、项目公司当地雇员、国内外专业咨询机构和相关国际组织等渠道获取社会安全信息，通过整理分析这些信息，对涉及海外项目公司风险提前发出预警，指导海外项目公司提前做好风险应对措施。社会安全预警信息通过中油国际公司开发的 HSE 信息系统发布分享；利用国内和国际专业咨询公司资源，每日发布舆情和预警日报，每日舆情监测、每日预警信息通过社会安全网络平台推送，并通过邮箱推送相关领导和应急办、管理人员，实现与中国石油集团公司海外风险预警平台对接；加强热点国家形势研判与预警工作，向缅甸、乍得、伊拉克、苏丹、南苏丹等 9 个国家项目发布安全提示 23 次（图 8）。加强风险动态管理，针对海外项目所在国家发生政局变动、恐怖袭击及部落冲突等严重影响海外项目社会安全形势国家，开展风险评估和升级应对措施。全年开展缅甸、乍得、南北苏丹等高风险国家社会安全风险评估 28 次；组织缅甸、乍得、莫桑比克、伊拉克、南北苏丹等社会安全风险研讨会 6 次；51 个海外项目及时分析、评估社会安全风险，更新社会安全风险清单，并向中油国际公司备案（表 2）。及时调整风险等级动态，依据《国别（地区）社会安全风险等级评估办法》，组织中缅管道、凯尔、乍得上下游、阿塞拜疆和中亚公

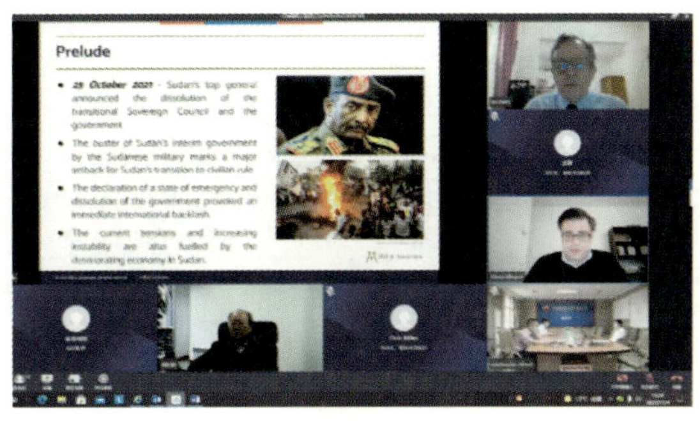

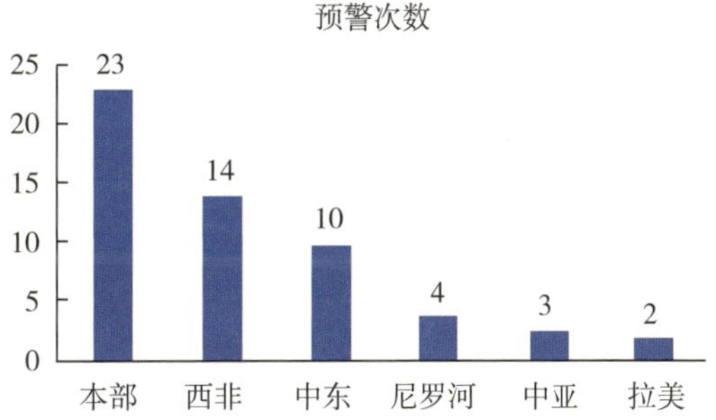

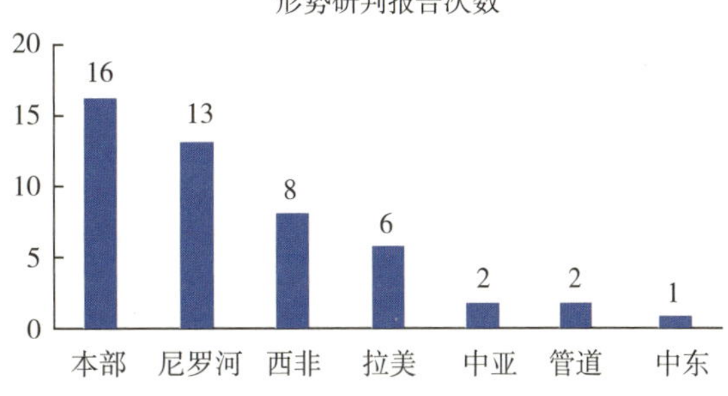

图 8　高风险国家形势研判与预警次数（中油国际公司健康安全环保部　提供）

司哈萨克斯坦项目开展社会安全风险评估，对社会安全风险等级项目自评、中油国际公司本部复评、中国石油集团公司国际部重新确认评估，风险等级提高海外项目对应《高风险国家（地区）社会安全管理最低要求（试行）》及时升级三防措施。

表2　2021年中油国际公司海外项目社会安全风险等级调整一览表

项目名称	原等级	现等级	调整时间
莫桑比克	高Ⅰ	马普托及中部极高Ⅲ，北部极高Ⅱ	1月1日
缅甸凯尔、中缅管道	高Ⅰ	极高Ⅲ	2月15日
阿塞拜疆	高Ⅲ	中等	4月1日
乍得	极高Ⅱ	极高Ⅰ	4月11日

开展社会安全脆弱性评估，依据中国石油集团公司《社会安全脆弱性评估技术规范（QSY 1825—2015）》，对中缅油气管道项目全线17个场站阀室开展脆弱性评估，查找评估技物防漏洞，帮助项目准确查找社会安全管理方面存在的薄弱环节，及时堵塞“三防”设施和管理方面漏洞，为项目应对“2·1”政局变动后面临日益严峻的社会安全风险打下坚实基础。完善体系管理，组织缅甸等11个项目更新安保方案并通过备案评审，其中尼日尔上游一体化项目安保方案通过中国石油集团公司评审；组织哈法亚等11个高风险项目社会安全体系审核，发现问题125项。开展安防对标检查，组织高风险及以上风险海外项目对标《高风险及以上国家（地区）项目社会安全管理最低要求（试行）》自查三防措施存在不足，通过评审23个项目发现不合格项82项，各项目制定整改措施计划，于年底全部整改完毕。全员安全防恐培训，执行中国石油集团公司防恐规定，海外项目中方员工100%参加防恐培训，要求获得培训合格证才能外派海外项目工作；培训分为管理班（海外项目部门副经理及以上岗位中方人员参加）和操作班（其他岗位中方人员），防恐培训证有限期3年，到期后参加复培。全年培训中方员工2198人，其中管理人员410人、操作人员879人。

（彭继轩　冯军伟）

【应急预案管理】 2021年，中油国际公司更新发布《中油国际社会安全突发事件专项应急预案》《中国石油海外勘探开发公司自然灾害突发事件应急预案》《中国石油国际勘探开发有限公司火工品突发事件应急预案》；修订中国石油集团公司《海外油气业务突发事件专项应急预案》；组织中缅管道等19个作业者项目（“1+4”类预案评审）和莫桑比克等5个非作业者项目社会安全突发事件专项应急预案备案评审；组织中缅管道、乍得上游、南北苏丹项目开展更新社会安全突发事件应急预案、人员紧急撤离方案和资产保全方案；缅甸、乍得、南苏丹、莫桑比克等高风险国家的项目开展油气管线遭遇破坏停输抢修演练、驻地遭遇当地人冲击等特定情景应急演练。全年海外项目组织各类应急演练815次（11692人次）/承包商1362次（27450人次）；评审尼日尔上游、乍得上游项目制定的“一案一卡”制度并落实推广。

（彭继轩　冯军伟）

【突发事件应对】 2021年，中油国际公司对21个高Ⅰ及以上风险海外项目应急物资进行摸底，制定《中油国际突发事件应急物资配备指南》，指导海外大区公司、项目按照指南配置应急资源。2月1日，缅甸政局突变，中油国际公司立即成立专班，开展缅甸社会安全风险评估，组织在缅项目制定18条具体应对措施并逐项落实，及时落实中国石油集团公司5次涉缅会议要求和部署，组织升级完善应急预案、开展人员应急撤离推演、夯实应急资源，动态管控社会安全风险。4月20日，乍得政局突变，陷入动荡，中油国际公司立即启动社会安全突发事件Ⅱ级应急响应，成立乍得社会安全突发事件应急领导小组，组织在乍项目更新完善应急预案和资产保全方案，协调在乍各单位缩减非关键岗位人员122人，勘查乍得至喀麦隆陆上线路，办理邻国签证，开展应急预案培训和桌面演练。南苏丹政府与该国副总统马夏尔派别博弈加剧，造成安全形势严峻及苏丹“10·25”政局突变，中油国际公司协调尼罗河大区、在两苏项目密切跟踪形势动态，更新完善应急预案（人员紧急撤离方案、资产保全方案），落实应急撤离资源、压减中方员工人数，开展应急撤离方案培训和演练；组织哈法亚、艾哈代布、苏丹6区等海外项目应对当地人罢工、阻路等突发事件172起，稳妥应对资源国政局动荡造成的社会安全风险。

（彭继轩　冯军伟）

环保管理

【概述】 2021年，中油国际公司做好环境管理各项工作，按照“零事故、零污染、零伤害”目标，推动和督导海外项目扎实落实环保合规要求，持续防控环境保护重大风险，推行绿色可持续发展，树立和维护负责任国际石油公司正面形象，为海外油气业务高质量发展提供有力保障。

（杨意峰　田慧颖　于佳禾）

【海外项目环境风险调查与管控】 2021年，中油国际公司实行海外环境风险分级管理、海外环境风险分级动态更新、跟踪落实各级环境风险管控措施，结合环境风险评级成果，向高风险项目发出环境风险提示，全年持续跟踪高环境风险海外项目风险管控，确保风险管控效果；发布4期《全球环境保护信息简报》，跟踪全球环境保护政策变化和环境事件信息。依托国内员工协调中国石油集团公司相关研究机构专业力量，通过交流研讨、组建专项工作组等方式，做好海外重点项目环保管理支持工作，协助海外项目解决敏感环境问题。

（杨意峰　田慧颖　于佳禾）

【重点环境隐患治理】 2021年，中油国际公司加大环境隐患治理力度，开展作业者项目历史遗留环境隐患摸底，推动开展治理工作。中油国际公司组织污染防治技术学习与交流，10月，伊拉克哈法亚项目被中国石油集团公司推荐，在国家发展改革委“一带一路”绿色典型项目研讨会上分享推广该项目“坚持绿色油田开发”良好实践（图9），中油国际公司本部在10月组织前往国内油田油污土及采出水治理现场进行学习，调研技术成果在海外业务推广应用可行性（图10）。

图9　2021年10月21日，哈法亚项目在国家发改委“一带一路”绿色典型项目研讨会上交流（中油国际公司健康安全环保部　提供）

图 10　国内油田污染治理技术现场调研现场（中油国际公司健康安全环保部　提供）

（杨意峰　田慧颖　于佳禾）

【环保合规与全周期环境管理】 2021 年，中油国际公司开展新并购项目尽职调查，深化弃置管理与措施落实。基于前期研究，发布弃置指导意见，首次梳理设施弃置管理职责与流程，提出签约合同弃置条款内容，推荐弃井及井场、地面设施、炼化与 LNG 设施、长输管道设施的弃置技术标准，并引入中国石油集团公司海外营地弃置管理要求，为海外油气设施弃置管理提供参考性文件。

（杨意峰　田慧颖　于佳禾）

【落实生产过程环保措施】 2021 年，中油国际公司持续更新法律法规数据库，推动“HSE 法律法规标准数据库”应用。海外项目持续提升环境保护管理水平，北阿项目全员参与湿地保护，践行“少排一滴水，少落一滴油，建设绿色油田”理念；尼日尔上游项目开展洗井、洗管线作业全程管控，避免产生油污土，减少火炬、提高加热炉燃烧效率，有效降低温室气体排放量；西非公司推动泥浆无害化处理；秘鲁 10/57/58 区推广井口防泄漏装置，实施泥浆循环利用，从源头消减污染。

（杨意峰　田慧颖　于佳禾）

【践行低碳发展】 2021 年，中油国际公司完成 2020 年度海外在产项目 / 区块碳排放数据分析、核算和报告，为提升数据质量，面向海外项目组织碳排放数据填报培训。到吉林油田“二氧化碳捕集、埋存与提高采收率”示范项目调研，研究技术成果在海外业务推广应用（图 11）。海外项目践行绿色低碳发展，拉美公司成立新能源和绿色发展研究工作组，开展低碳适用技术培训，“双碳”研究论文获全国石油经济学术年会论文一等奖；加拿大项目跟踪碳税政策，预测 2020—2039 年碳税额度，探索排放绩效信用效益，制定 2030 年前碳减排计划；亚马尔项目二氧化碳回注设施进入详设阶段；尼日尔二期一体化项目计划建设 1400 千瓦并网式太阳能电站，减少温室气体排放；PK 项目积极探索所在国碳交易实践，实现收益；印尼项目提高天然气回收处理能力，实现天然气零放空。

图 11　2021 年 10 月 18—20 日，中油国际公司领导到吉林油田 CCS-EOR 现场调研（中油国际公司健康安全环保部　提供）

（杨意峰　田慧颖　于佳禾）

企业管理

法人治理

【概述】 2021年，中油国际公司由中国石油集团公司单独出资，公司不设股东会。根据《中华人民共和国公司法》和《中国共产党章程》规定，中油国际公司设立中国共产党党的组织[1]，建立党的工作机构，并在公司中发挥领导核心政治核心作用，把方向、管大局、保落实。中油国际公司是在北京市工商局注册成立的法人独资、永久存续的有限责任公司，实行独立核算、自主经营、自负盈亏。股东以其出资额为限对公司承担责任，公司以其全部财产对公司债务承担责任。中国石油集团公司是公司唯一股东。2021年，中油国际公司董事会勤勉尽责，认真履职，克服新冠肺炎疫情困难，带领员工坚定信心、锐意进取，全面超额完成各项任务目标。各位董事全部出席或以委托方式出席2次现场和4次书面会议，独立审慎审议议案，充分发挥自身专业优势，结合实际提出建设性意见；深入基层调查研究，到公司所属境内项目新疆公司、霍尔果斯公司和阿拉山口公司集中调研1次，精细管理、精准决策，及时指导推动项目和业务健康可持续发展；多渠道了解公司信息，对国内油气业务给予极大关注、帮助、支持和指导。

（于　添）

【召开董事会会议】 2021年1月19日，中油国际公司召开第一届董事会第十七次会议（书面），审议通过《中国石油国际勘探开发有限公司章程》修改方案；审议《将中油国际国内部分主体落户中关村延庆园区》议案。2月2日，中油国际公司召开第一届董事会第十八次会议（书面），审议通过《2021年度中油国际融资计划》。4月28日，中油国际公司召开第一届董事会第十九次会议（书面），审议通过《关于批准北极LNG2项目融资股权转让限制协议及高层证明函的请示》。5月13日，中油国际公司召开第一届董事会第二十次会议，审议通过《中油国际公司2021年1—4月经营形势分析报告》《2020年财务决算报告》《基本制度清单》《董事会2020年工作报告》《关于解聘及聘任公司高级管理人员的议案》。11月30日，中油国际公司召开第一届董事会第二十一次会议（书面），审议通过《关于亚马尔项目投资分红款回收路径安排的请示》。12月23日，中油国际公司召开第一届董事会第二十二次会议，审议通过公司《2021年1—11月生产经营形势分析报告》《2022年生产经营与投资计划报告》《2021年1—11月财务分析工作报告》《2022年财务预算报告》《2021年提质增效与亏损治理工作报告》《中油国际公司向中国石油集团公司分配2020年度股利的方案》《董事会2022年工作计划》等议案。

（于　添）

【召开监事会会议】 2021年5月13日，中油国际公司召开第一届监事会第七次会议，审议通过《中油国际公司2021年1—4月经营形势分析》、2020年财务决算及重大事项、选举监事会主席、确定监事会秘书、《监事会组织和议事规则》《基本制度清单》《2021年1—4月内部控制工作报告》《2021年1—4月审计工作报告》。12月23日，

1　中油国际公司设立党委。党委设书记1人，其他党委成员若干人。符合条件的党委成员可通过法定程序进入董事会、监事会、经理层，董事会、监事会、经理层成员中符合条件的党员可依照有关规定和程序进入党委，并按规定设立纪委。

中油国际公司召开第一届监事会第八次会议，审议通过《中油国际公司2021年1—11月生产经营分析报告》《2022年生产经营与投资计划报告》《2021年1—11月财务分析报告》《2022年财务预算报告》《2021年提质增效及亏损治理工作报告》《2022年监事会工作计划》等议案。

（于　添）

【中油国际公司董事会运作】 2021年，中油国际公司遵守《中华人民共和国公司法》和有关法律、行政法规规定开展经营活动，依照国家及中国石油集团公司有关规定，以公司主要负责人为第一责任人全面推进法治建设，并接受国家财政、税务、审计、价格和工商行政管理等部门依法进行的监督。中国石油集团公司作为中油国际公司的唯一股东，行使决定公司经营方针和投资计划，委派或更换公司董事、决定董事、监事的报酬事宜，审议批准董事会报告，审议批准监事会报告，审议批准公司年度财务预算、决算方案，审议批准公司利润分配方案和弥补亏损方案，对公司增加或减少注册资本做出决定，对公司发行债券做出决定，对合并、分立、解散和清算或变更公司形式做出决定，修改公司章程，为公司向其他企业投资或为他人提供担保做出决定，行使章程约定的其他职权。股东可依法授权董事会行使股东权限内的相关职权。公司设董事会，由9名成员组成，由股东委派或更换。董事任期3年。董事任期届满可以连任。董事会设董事长1人，由董事会选举产生，现任董事长为叶先灯。董事会对股东负责，行使执行股东决定，向股东报告工作。董事会制定公司章程修改方案，制定公司的经营方针和投资计划，制定公司的年度财务预算方案、决算方案，制定公司利润分配方案和弥补亏损方案，制定公司增加或减少注册资本以及发行公司债券方案，制定公司合并、分立、解散或变更公司形式方案，制定公司内部管理机构设置方案，决定聘任或解聘公司高级管理人员及其报酬事项，制定公司对外担保方案和融资方案，制定公司基本管理制度和行使股东授予的相关职权。董事会决定公司重大问题，应当事先听取公司党委意见。

（于　添）

【调研掌握企业动态】 2021年，中油国际公司根据公司董事会通过基层调研掌握企业动态的意见，组织一次境内调研，到基层直属项目与基层管理人员、岗位工人及当地员工交流，了解生产经营和国别之间差异化实际情况。基层调研后，听取总体情况汇报，与调研地区公司领导干部沟通交流，了解发展目标措施和生产经营中的实际问题，提出工作意见和建议。每次集中调研都形成调研报告，董事长根据报告反映问题批转各部门阅研，为科学决策提供重要参考。

（于　添）

【了解公司运作信息】 2021年，中油国际公司多渠道为董事提供重要信息和情况参考，编报月度和季度《生产经营分析汇报》，内容包括中国石油集团公司总体情况、生产经营情况以及下一步工作建议，中油国际公司财务整体情况和海外项目财务情况。每月报送《生产经营完成情况报告》，随时掌握中油国际公司业务生产经营动态。

（于　添）

【监事会运作】 2021年，中油国际公司监事会成员由9人组成，其中职工代表监事3人，由职工代表大会选举产生，其余由股东委派或变更。根据股东委派，卢耀忠、周建明、李军、赵要德、于开敏、张书文任中油国际公司第一届监事会监事，其中卢耀忠为监事会主席；戴瑞祥、李杜、李敏杰为中油国际公司第一届监事会职工监事。监事会向股东负责，并依法检查公司财务，发现公司经营情况异常，可进行调查；必要时，可聘请会计师事务所等机构协助工作。对公司董事、高级管理人员执行公司职务行为进行监督，对违反法律、行政法规、公司章程或股东决定的董事、高级管理人员提出罢免建议。当董事、高级管理人员行为损害公司利益时，要求其予以纠正。向股东提出议案；依照《中华人民共和国公司法》，代表公司对董事、高级管理人员提起诉讼；承担《公司法》及本章程规定的其他职权。监事列席董事会会议。

（于　添）

品牌与社会责任

【概述】 2021 年，中油国际公司以中国石油集团公司综合性国际能源公司建设总体目标为前进动力和方向，在与国际大石油公司合作中，在开展海外油气业务基础上，高举中国石油（CNPC）旗帜，实施品牌战略，挖掘品牌内涵，探索品牌传播新策略、新方法，提升品牌价值。中油国际公司始终秉承中国石油集团公司“奉献能源、创造和谐”的企业宗旨，通过油气业务快速发展，参与当地石油工业建设，带动东道国经济繁荣，促进当地社会就业，成为当地政府信任的合作伙伴，为东道国经济社会发展做出积极贡献。中油国际公司还在国内外投身社会公益事业，采用直接捐资、设立基金、捐赠设备等方式，支持当地社区建设，捐建医院、道路、桥梁、学校，为当地群众提供免费医疗服务和药品，实现社会与企业良性互动，所到之处以国际大公司的担当，树立良好的企业公民形象，实现“合作共赢，共同发展”目标，获得资源国及当地政府赞誉与信任，赢得当地民众的尊重和支持，树立起中国石油及中国企业良好形象。2021 年，中油国际公司贯彻落实中国石油集团公司品牌管理委员会工作部署，将品牌建设与海外油气业务发展深度融合，通过正面宣传在更高层面、更多领域得以发声，品牌形象持续向好，进一步提升中国石油国际品牌形象。

（时　菁）

【制定品牌与社会责任要点】 2021 年 3 月，中油国际公司根据《中国石油集团公司加强品牌建设工作指导意见》和中国石油集团公司品牌管理委员会工作会议要求，制定《中油国际公司 2021 年品牌和社会责任工作要点》，要求充分利用各种媒体媒介特别是新媒体，做好形象公关，讲好品牌故事，传递品牌价值；继续加强品牌识别、品牌传播、品牌危机、品牌应用，提升中国石油品牌国际影响力和美誉度；履行社会责任，做好企业公民，营造企业发展良好外部环境和舆论氛围等，将品牌建设融入生产经营各环节。

（时　菁）

【海外社区沟通指导】 2021 年 9 月，中油国际公司向海外广泛征集《中国石油海外社区沟通指导手册》（简称《手册》）草案修改意见，对《手册》中不符合海外实际等内容，提出明确申诉机制、共建社会安全信息网、发行多语种版本整体建议 3 条，具体建议 12 条，使手册更具实操性和应用性，为海外项目精准有效开展利益相关方沟通提供指导性思想、系统性方案、规范化操作和实用性工具。

（时　菁）

【品牌管理】 2021 年，中油国际公司继续做好品牌规划、统筹协调和服务保障工作，以建设“诚信、创新、安全、卓越”国际知名品牌为目标。由办公室牵头，人力资源部、党群工作部、质量健康安全环保部、科技管理部、法律事务部、财务与资本运营部等部门参与的品牌管理团队，加强与中国石油集团公司、科研院所、专业机构、社会团体、各类媒体等单位沟通协作，建立良好工作关系。根据中国石油集团公司国际化经营评价工作部署，对中油国际公司本部和海外企业、所属项目履行社会责任相关制度进行汇总和梳理。

（时　菁）

【品牌传播】 2021 年，中油国际公司注重内外结合，品牌传播重点围绕海外 1 亿吨稳产、“十四五”规划、关心关爱海外员工等主题，讲好中国石油故事，传播好中国石油声音。《中国报道》杂志刊发中油国际公司推进“一带一路”高质量发展专题文章；中油国际公司领导接受新华社绿色低碳发展内参采访；“中国—中亚”天然气管道 ABC 线项目、俄罗斯亚马尔液化天然气项目、尼日尔阿加德姆上下游一体化项目在第二届“一带一路”能源部长会议上，获评能源国际合作最佳实践案例，并在会议期间得到集中宣介展示；《用“云开放”与“融创新”讲述海外合作故事》案例入选中国企业全球形象高峰论坛国际形象建设优秀案例。依托中国石油集团公司高质量发展大讲堂、国际品牌展览会、西南展览会、青博会、岗位讲述活动、五四青年座谈会、中国石油纪念日活动、石油精神有声书、国际服务贸易品牌展览等传播平台，展示公司履行社会责任和品牌建设成果。

（时　菁）

【ESG 工作提升】 2021 年，中油国际公司配合中国石油股份公司改进环境、社会和治理（ESG）工作提升要求，完善董事会 ESG 管治、能源转型目标路径、生物多样性、废弃物管理、供应链 ESG 管理、反腐败、员工发展、应对气候等方面的定性或定量信息披露，展示绿色低碳发展战略举措和成效。总结并上报评估海外安保承包商人权保护情况和做法，梳理并阐明对各海外单位开展人权尽职调查及一旦发生违反人权情况时的纠正机制和措施。

（时　菁）

【年度报告】 2021 年，中油国际公司根据中国石油集团公司年度报告体系，向社会展示海外油气业务履责业绩。配合完成中国石油集团公司年报、中国石油集团公司社会责任报告、中国石油股份公司 ESG 报告等编写、审核和发布，反映海外油气业务境外履责情况。为中国石油集团公司提供海外优秀社会责任实践案例，统计上报年度国际减贫减灾项目执行情况。为中国石油集团公司提供 2021 年共建“一带一路”社会公益工作情况及 2022 年工作设想。

（时　菁）

【社会责任】 2021 年，中油国际公司坚持“互利共赢、合作发展”理念，遵守所在国环保规范，遵守资源国法律法规，加强与当地政府和社区互信与沟通，尊重当地风俗习惯和宗教信仰，学习了解当地文化，主动融入当地社区，努力构建和谐油区。各海外项目长期支持当地社会经济发展，参与社会公益项目，重点参与疫情防控、公共设施建设、扶贫帮困、支援救灾和改善当地医疗、文化及环保等基础设施。

（时　菁）

【丰富品牌绿色低碳内涵】 2021 年，中油国际公司收集整理社会责任文字、图片资料，为中国石油集团公司绿色发展展厅、中油国际公司海外创业精神教育基地展厅提供素材，搭建责任传播平台，建立沟通对话渠道，对外展示中油国际公司履行社会责任和进行品牌建设成果，促进与东道国、合作伙伴、中国石油集团公司等利益相关方沟通交流。

（时　菁）

规划计划

【概述】 2021 年，中油国际公司规划计划部面对复杂多变的国际环境，紧扣高质量发展主题，坚持目标导向、问题导向、结果导向，坚持“严谨投资、精准投资、效益投资”，主动作为，尽职尽责，进一步丰富完善海外发展战略，完成“十四五”规划编制，开展项目经营策略研究，加强项目前期论证，严控投资规模，持续发挥参谋支持作用，推进海外油气业务高质量发展。

（李志勇　徐金忠）

【战略规划研究】 2021 年，中油国际公司持续加强海外油气业务发展战略策略研究。贯彻落实中国石油集团公司董事长戴厚良在中国石油集团公司国际化发展战略专题会、研讨会讲话精神，系统研究谋划“海外油气业务发展战略”“海外重点国家油气业务发展策略”等，提出未来一个时期推动“三个优化”、抓好“六个突出”的战略部署，开展加拿大、澳大利亚、乍得等项目经营策略研究，进一步明确海外高质量发展策略路径。持续跟踪研判海外油气业务面临的新形势。深入分析苏丹、缅甸、乍得等形势热点、焦点事件，发布海外业务信息参考 55 期，为公司管理层科学决策提供重要参考。举办海外战略大讲堂（图 1），邀请业内权威专家、知名学者举办《2050 年中国与世界能源展望》《能源行业数字化洞察及华为数字化转型实践》《中国石油新能源新业务发展方向》等 8 期讲座。完成海外“十四五”规划编制。按照中国石油集团公司党组对国际化战略新要求，完成海外油气业务“十四五”发展规划报告；组织各专业规划、专项规划编制小组，完成 6 个专业规划和 7 个专项规划编制；下达海外项目“十四五”规划指标并开展相关宣传贯彻工作。海外新能源业务发展实现良好起步。按照中国石油集团公司新能源业务“三步走”战略部署，加强海外新能源发展的顶层设计，确定海外发展新能源基本思路、主攻方向、“十四五”期间的主要任务；开展境外油气业务绿色低碳发展所在资源国碳减排政策、新能源政策收集，为编制海外新能源战略规划打好基础。

图 1　2021 年 1 月 22 日，中油国际公司规划计划部牵头举办“海外战略大讲堂”首期讲座（中油国际公司规划计划部　提供）

（白福高　张　辉　徐金忠）

【项目前期管理】 2021 年，中油国际公司制度先行、规范管理，根据中国石油集团公司投资管理办法，制定《中国石油国际勘探开发有限公司投资项目前期管理办法（试行）》，并于 2 月 7 日印发实施，对前期管理的启动、编制、上报、评审和审批全链条进行规范，做到前期管理有法可依、有章可循，并增加《联合公司前期管理》专章，为项目的股东审批与法人治理两条线前期管理融合奠定基础。创新完善审查机制，实行前期预审机制，针对项目必要性、文件完整性等进行审查，把控前期文件质量，预审通过后方可委托专家审查；科学制定专家评审方案，注重专业配置，精心遴选专家，确保评审结论独立、客观、科学；针对公司三类及以上重大投资项目决策，实行主管领导审查把关程序，在提请公司管理层会议审议决策前，先由主管领导组织会审，确保决策依据扎实可靠，决策科学高效。推动加快新项目报批，加大组织协调力度，推进新项目获取可研报告在中国石油集团公司、国家部委报批工作。按照“效益优先、合规管理”原则，加强对现有项目可研、开发方案、最终投资决策（FID）等审批管理（图 2）；持续加强非作业者项目联合公司前期研究成果审查，并及时向联合公司提出利于中方利益建议。

图 2　2021 年 9 月，中油国际公司组织召开加拿大都沃内页岩气项目开发调整方案专家审查会（中油国际公司规划计划部　提供）

（冯文康　冯德刚）

【年度计划与综合统计】 2021 年，中油国际公司强化投资精细动态管理，以效益导向安排投资，按照有保有压策略，优先保障规模优质增储项目，保障对公司亿吨权益效益产量贡献大的增产创效开发项目，保障重点在建 LNG 重点工程建设项目，保障承担天然气保供任务项目投资需求。保证必要的安全环保投资，严控非生产经营性投资。经动态优化平衡，实现全年投资控制在中国石油集团公司下达的 5 批投资计划范围内，为推动公司勘探大年、亿吨权益效益产量、重点在建项目以及良好效益等目标实现提供支撑。高效、高质量开展月（季）度生产经营分析。密切跟踪主要指标变化情况，分析内外部环境变化，跟踪重点项目进展，透彻剖析生产经营中遇到的问题，提出科学合理的措施建议，为公司把握形势、了解企情、管理决策提供重要依据。持续强化综合统计职能，实现统计工作高效准确。

（王金站　王　宇　周　超）

【后评价管理】 2021 年，中油国际公司印发《中国石油国际勘探开发有限公司投资项目后评价管理办法》，规范后评价工作体系；系统梳理 2020 年开展的 9 个详细后评价、7 个简化后评价和 2 个专项后评价，对主要经验、教训进行详细总结；针对后评价发现问题 24 条，落实整改措施 66 条。持续加大后评价工作力度，通过详简结合，进一步提高后评价工作质量。2021 年，有 2 个项目详细后评价，1 个中间后评价，以及 5 个项目简化后评价工作。通过多角度对标，系统总结海外项目的经验教训并提出下一步工作建议，对项目自身发展和类似项目获取及运营发挥借鉴作用。

（张　辉　王泽龙）

财务资产管理

【概述】 2021 年，中油国际公司财务资产管理部门克服新冠肺炎疫情蔓延及错综复杂国际形势带来的不利因素，贯彻落实中国石油集团公司、中油国际公司部署，围绕提质增效“升级版”专项行动和亏损企业治理两大重点工作，完成中国石油集团公司各项效益指标和生产经营任务。推进提质增效“升级版”专项行动及亏损企业治理，紧盯重点难点会计问题，夯实会计基础工作，完成2020年财务决算及2021年财务预算，推进财务大检查及整治财务会计信息虚假问题专项工作。优化存量资金安排，搭建主体间跨境资金通道，人民币国际结算取得阶段性成效，开展担保创效、授信和评级工作，强化“两金压降”和资金风险管控。建立全生命周期财务价值管理体系，推进资产分类评价。创新纳税筹划并加强税务合规管理，化解纳税风险，强化税务分析，新时代国际税收价值管理体系发挥实效。

（杨云洁　金书荐　葛海明）

【会计报表与核算】 2021年，中油国际公司优化会计处理及报表编制流程，细化业务要求及操作指南，提高业务处理的规范性、合规化管理能力。配合中国石油集团公司及中国石油股份公司，组织完成会计手册修订，结合海外实际业务，协助完善公司核算业务制度基础。完成多个项目重组、处置、退出等重大会计事项的核算模拟与会计处理研究，夯实会计基础工作。配合中国石油集团公司共享运营公司海外业务推广，协助推进国内4个主体报表编制业务上线。将海外项目报表转换业务拓展侧重点放在中、小项目上，新增赛宁公司等4家报表转换业务，解决中、小项目财务人员短缺问题，为中国石油集团公司共享业务过渡提供支持。

（汪杆泽　孟　硕　符佳慧）

【会计处理研究】 2021年，中油国际公司完成PHBV及PVS平行账与当地账差异梳理，确定差异处理方式；完成天津泰普重组，赛宁公司、K&K项目、丝绸之路项目、俄油股票处置等多项重大会计事项核算模拟与会计处理研究。向管理层及专业部门提出建议，为选择最优业务处理方案提供支持。

（汪杆泽　孟　硕　符佳慧）

【会计检查】 2021年，中油国际公司提升会计基础工作管理水平，完成2019年度审计报告与中方报表比对，开展“会计基础工作自查”“财务大检查”“财务信息虚假问题专项自查”等会计检查。在为期6个月的会计检查工作中，检查人员抽查2019年1月至2021年10月期间，中油国际下属30余家单位的935笔会计凭证、259份银行余额调节表、118份往来余额签认单。发现存在问题的会计凭证28笔、银行余额调节表10份、往来余额签认单2份，归类为9项典型问题。发现3项财务管理工作亮点。

（汪杆泽　孟　硕　符佳慧）

【外部审计管理】 2021年，中油国际公司审计部门完成中国石油集团公司要求落实审计署经济责任审计问题追责工作；提前部署沟通，实现中油勘探和中油国投的法定审计师平稳换届，由普华永道中天会计师事务所接替毕马威华振会计师事务所，落实审计覆盖率，确定2021年审计范围和费用；大华会计师事务所继续向中国石油国际勘探开发有限公司提供法审服务。

（王　鲲）

【战略财务管理】 2021年，中油国际公司优化单体项目及公司整体全生命周期财务预测模型，与预算、财务管理等基础工作发挥协同效益，提高财务管理对公司战略推进和业务发展的决策支持与服务水平。强化财务制度建设，结合海外油气业务变化要求，制修订财务相关制度，提高合规管控水平，明确职责及流程。

（杨云洁　金书荐　葛海明）

【资产分类】 2021年，中油国际公司建立健全海外业务资产分类评价标准和体系。综合考虑海外项目国家地区、合同模式、生命周期、持股比例等因素，从公司下属海外项目当前运营能力、全生命周期盈利能力和未来合同期可持续经营能力3个方面选取关键指标，赋予权重比例，按高效、常效、低效和负效资产进行分类评价，并依据资产分类结果针对海外项目资产管理提出建议，提高公司资产创效及管理能力。

（杨云洁　金书荐　葛海明）

【预算管理】 2021年，编制中油国际公司2021年度调整预算、2022年度财务预算，对各单位生产经营利润、分红、管理费用和捐赠预算进行审查、对接和下达。预算编制中聚焦自由现金流、净利润和分红三大核心效益指标，强化计划预算管理全覆盖，引导企业提升资产创效能力。加强对亏损企业预算指标管理，严控费用支出，控制投资规模，优化投资结构、节奏及管理程序。

（陈伟山　吴　晗）

【提质增效】 2021年，中油国际公司系统总结既往降本增效实践经验，以PDCA循环为理论指导，按照“两阶段、两步走”的思路整体统筹，分步实施，在2020年应对低油价提质增效专项行动“1.0版本”基础上，通过“管控目标、管控跨度、管控视角、管控质量、管控措施”5个升级和“管理提升、结构调整、创新驱动”3个发力点，制定10个方面32条措施，打造提质增效“升级版”。2021年度提质增效工作围绕亿吨权益效益产量目标，将亏损企业治理作为重中之重，将“两服从+两标尺”作为基本遵循，将资产结构优化作为重要保障，将“一地区一方案，一项目一策略”作为落脚点，按照一切成本皆可降理念，对重点在产项目开展“成本增长”“贴水增长”2个专项治理，提高效益质量，树立“过紧日子”思想，坚持低成本发展，推进精益成本管理，通过全面对标找差距、定措施、挖潜力，实施全员、全要素、全过程管控，均衡安排成本费用进度，推进提质增效各项工作落实。

（陈伟山　吴　晗）

【亏损治理】 2021年，中油国际公司开展亏损企业治理，以“十四五”末消灭经营性亏损为“一个整体目标”，紧盯加拿大、澳大利亚2个重点亏损项目，按照减亏、扭亏、合理回报“三步走”策略分步实施，按照“管理提升一批、重组整合一批、转让移交一批、关停退出一批”4个一批分类治理和“精准识别亏损企业底数、精准分析亏损成因、精准谋划、精准施策、精准推进、精准考核”6个精准施策，坚持“严禁新增非生产性投资，严禁装修改造和新增租用非生产性用房，严禁新增购置公务用车，严禁无偿注资和输血，机构编制和职数只减不增，用工总量只减不增，管理性支出只降不升，亏损治理未达标的企业人均薪酬不增长”八项禁令，推进“全层级”企业亏损治理。将亏损子企业分为经营性项目、勘探与在建项目、正在退出项目、中间层级持股公司、管理公司5个类别，分类施策、分类治理。印发《中油国际公司亏损治理专项工作方案》，共4个方面、9条亏损治理原则，编制并组织签署亏损治理目标责任状，召开21次亏损治理专项工作会议。

（陈伟山　吴　晗）

【海外项目财务管理】 2021年，中油国际公司完成2020年度财务决算及相关工作。组织决算汇报40余场，审阅159个项目及管理公司报表，确定久其备案层次、督促项目及管理公司上报财务决算汇报材料、国有资产管理报告、审计报告、财务情况说明书等附报文档，并协助编报中间层级、壳公司国有资产管理报告等，完成决算报告中减值资产减值准备计提、董事会审批、中国石油集团公司报备等工作。4月，启动往来款清理工作，从12家产品分成合同、服务合同项目入手，梳理“收支两条线”导致的往来款余额和未分配利润虚增问题，出具处理方案；分析公司下属控股主体间的往来款，为后续往来账清理提供信息支持。6月，按照中国石油集团公司财务大检查部署，开展财务大检查，收集境内外自查报告70余份，发现并整改问题100余项，开展对阿布扎比公司等9家单位的远程线上抽查，就抽查发现问题跟踪整改结果。7月和11月，开展2次海外项目资产减值测试，制定《资产减值审批工作流程》，指引海外项目和板块财务人员，开展资产减值支持材料收集和报批。9月，启动储量评估，跟踪SEC储量评估结果，测试各海外项目油气资产折耗。

（王　鲲）

【分红管理】 2021年，中油国际公司加强资金计划管控，做好各主体间资金收支安排调配，确保境外项目筹款按期支付，境外油款、分红资金及时回笼，高度重视现金流回收，规避防控经营风险。加大历史欠款清欠力度，杜绝境外新增欠款，强化盈利项目分红管理。

（陈伟山　吴　晗）

【资金计划管理】 2021年，中油国际公司整体平均资金计划执行率较2020年继续提升。加强资金计划管理，把控资金计划上报情况。采取强化资金计划管理意识、加强资金计划执行情况监测和分析、通过共享平台对基础工作进行优化升级等多种措施，提高资金计划执行率和3个月滚动现金流预测准确性，为现金流管理提供决策支持。进一步梳理业务流程，完善制度体系，制定《中国石油国际勘探开发有限公司资金计划管理实施细则》。

（孙傲雪　郝　融）

【资金计划上报】 2021年，中油国际公司根据中国石油集团公司、中国石油股份公司要求，编制、汇总并上报境内3家投资主体、境内所属公司及境外管理主要投资平台的人民币、外币资金计划，资金计划按照年预算、月计划、日安排要求进行管理。全年中油国际公司整体平均计划执行率达86%，比2020年增加7%。

（孙傲雪　郝　融）

【资金计划管理制度】 2021年，中油国际公司根据《中国石油天然气集团公司资金计划管理办法》《中国石油天然气集团公司外汇资金管理办法》等规定，结合国内和海外业务发展实际情况，制定《中国石油国际勘探开发有限公司资金计划管理实施细则》。原《海外公司资金计划管理制度及流程规范》同时废止。

（孙傲雪　郝　融）

【货币资金管理】 2021年，中油国际公司加强银行账户体系构建，规范账户使用用途，优化结算路径，夯实资金集中管理基础。通过名义资金池和虚拟集中等方案，加强资金集中管理，推进方案落地实施，提高合资公司资金信息集中及存量资金收益水平。拓宽跨境放款通道及境外投资主体间资金通道，盘活存量资金，提高资金使用效率。

（孙傲雪　郝　融　王　锋）

【境外融资管理】 2021年，中油国际公司根据投资和预算编制，上报年度融资计划，按照中国石油集团公司批复，深度参与、推进项目融资，组织重点融资项目和新项目资金安排，包括实现北极LNG2项目大型项目融资关闭、制定尼贝管道项目融资方案和谈判口径、鲁迈拉组建合资公司融资筹划等。全过程参与新项目收购，落实资金来源和筹措方案，统筹安排后续投资配套资金，包括组织创新设计并落实巴西项目权益收购补偿款支付方案。开辟多元化债务融资渠道，保障各海外项目建设及流动性资金需求。加强资金集约化、精细化管理，优化中油国际投资有限公司等主体贷款结构，降低债务融资成本，推进和落实“降杠杆、减负债”目标。完成惠誉评级公司对中油国际公司及中油国际有限公司主体信用评级，评级结果均与中国石油集团公司保持一致，即“A+”。

（孙傲雪　王歆晔）

【汇率风险管理】 2021 年，中油国际公司按照“提高汇率风险全流程管理意识、加强交易风险主动管理、落实会计风险有效管理”思路，组织海外项目做好汇率风险管理月度简报工作，持续掌握汇率风险敞口动态，开展化解会计风险敞口管理专项研究与应对，加强重点货币兑换的主动管理。持续协调配合重点项目做好分红策略研究、换汇、筹融资管理等相关工作，多手段控制汇率风险。

（孙傲雪　王　锋）

【货币类金融衍生业务管理】 2021 年，中油国际公司按照中国石油集团公司和中国石油股份公司部署，为中国石油国际勘探开发有限公司和中油勘探开发有限公司分别申请货币类金融衍生业务资质并获核准。完成公司货币类金融衍生业务实施细则起草、意见征求和专题审议等工作，启动建立公司货币类金融衍生业务配套制度和风控体系。

（孙傲雪　王　锋）

【授信与担保】 2021 年，中油国际公司按时组织编制和上报 2022 年担保、授信计划和 2021 年执行报告，开展担保和授信业务全面自查，防范违规风险。依托中国石油集团公司统一集中的授信额度使用和担保管理平台，遵循中国石油集团公司担保、授信管理办法及中油国际公司相应实施细则，建立事前、事中、事后全过程管理机制。开展各项担保、授信业务，为海外项目生产经营提供信用支持和金融服务。全年累计办理担保 21 笔、授信业务 6 笔。

（孙傲雪　王歆晔）

【资金合规管理】 2021 年，中油国际公司先后组织境外资金安全管理自查、资金业务现状摸底、网银 U 盾等印鉴自查、财务大检查自查和抽查等多种形式和内容的资金检查，跟踪落实整改结果，防控资金安全风险和合规风险。根据国家外汇管理局相关文件要求，梳理 10 家境外子公司未办理境外直接投资（ODI）业务登记原因及背景，完成 1 家单位 ODI 补登记及 2 家单位国家外汇管理局 ODI 业务登记备案，保证新增 ODI 业务合规。根据国家外汇管理局北京外汇管理部试点要求，将中油勘探纳入第二批试点单位，参与对外金融资产与负债申报，于 2022 年 1 月起报送。完成 CNPCI 税务移民税款缴纳结算业务规范化工作，推动 CNPCI 工商银行非居民账户开立，清理跨境代垫税款往来挂账，进一步理顺 CNPCI 缴纳税款结算业务，降低往来挂账金额及汇兑风险敞口。

（孙傲雪　郝　融　王　锋）

【账户合规管理】 2021 年，中油国际公司强化账户合规管理，持续清理冗余账户，优化账户结构，开展中油国际公司全层级百余家公司账户的司库报批报备情况梳理，完成司库补录工作；梳理各项目公司账户结构，制定并推动账户压减计划，累计压减冗余账户 60 余个，账户数量进一步精简。

（孙傲雪　王　锋）

【税收管理】 2021 年，中油国际公司加强合规管理，完成 46 家避税岛中间层级公司经济实质性申报；完成 5 家中国税收居民企业各税种合规申报；成功应对香港税务局发来的问询函。解决尼日尔炼厂项目历史税务争议。继续推进纳税筹划工作，配合中国石油集团公司争取个人所得税境外所得优惠政策。中油国际公司解决员工诉求，年内将中油国际勘探开发有限公司和中国石油国际有限责任公司主管税务机关变更至北京市延庆区，解决个税异地缴纳问题，实现员工在北京缴纳个税，助推员工解决积分落户和购房购车需求。满足延庆区政府招商引资政策，延庆区政府给予一定数量的北京市落户资格，增加公司员工落户渠道和名额。

（葛凤华　牟昱晓　董　聪　侯京玉）

【保险管理】 2021 年，中油国际公司依照中国石油集团公司和中国石油股份公司保险管理要求，开展海外保险安排。处理海外项目上报保险方案的审批，完成包括哈法亚项目和亚马尔项目等在内的 18 个项目批复。全年落实专属保险公司与昆仑经纪公司参与海外项目保险，专属保险业务覆盖范围扩大至海外 23 个国家、54 个项目，并推进同昆仑经纪公司业务合作探讨。年初，完成海内外员工雇主责任险续保，且根据国内员工需求提供升级版雇主责任险服务；6 月，完成中油国际公司本部大楼财产险与公众责任险续保，机动车辆保险年内陆续完成续保。9 月，落实中油国际公司“为员工办实事”号召，协同太平人寿保险公司举办“养老保险及养老社区”产品宣讲会，组织员工参观太平保险公司北京养老社区。完成员工及其家属数十人的北京普惠健康宝投保。利用中国石油集团公司金融保险板块资源优势，加深与内部保险机构昆仑保险经纪公司、专属保险公司、中意财产保险公司合作。

（葛凤华　牟昱晓　刘宏强）

资本运营

【概述】 2021 年，中油国际公司资本运营工作秉承战略型资本运营和价值型股权管理改革理念，落实中国石油集团公司部署，推进由“生产经营型”向“资产经营型”转变，开展资本运营战略研究及长期规划，在资产转让、项目退出、法人压减、架构优化、股权管理等领域持续推进资本运营制度建设与实践完善。全年完成 1 项项目重组转让协议签署、3 项项目转让、2 项项目退出、6 家法人压减和 2 家参股企业清理等工作，推进提质增效、优化发展及高质量发展。

（王乙森）

【非洲地区某公司处置】 2021 年，中油国际公司资本运营部门启动非洲地区某公司处置工作，完成该公司处置资产评估工作、交易文件的起草与谈判以及处置方案内部审批。

（王乙森）

【美洲地区 2 区块资产转让】 2021 年，中油国际公司资本运营部门完成美洲地区 2 区块资产转让工作。

（王乙森）

【签署中东地区某项目重组转让协议】 2021 年，中国石油与协议相关方签署中东地区某项目重组转让协议。签署前，中油国际公司资本运营部门用一年时间牵头完成该项目重组交易方案研究、项目可行性研究报告、资产评估和备案、各项交易协议与文件的起草及谈判等一系列工作。

（王乙森）

【非洲地区某项目股权转让签约与交割】 2021 年，中油国际公司资本运营部门完成非洲地区某项目股权转让签约与交割。针对资产转让未获资源国政府审批等情况，资本运营部门转变思路，调整交易策略，将交易标的由资产转为股权，2021年完成该项目股权转让交割，规避历史税务争议、到期退出和弃置义务、公司清理注销不确定性等潜在风险，实现项目资产处置及2个法人的清理。

（王乙森）

【中亚地区某项目权益转让签约及交割】2021年，中油国际公司资本运营部门完成中亚地区某项目权益交割及转让。该项目的成功交割，化解了合同到期后极大可能面临的油田弃置及环保治理等重大风险，提升项目内部收益率，实现对规模小、风险高、效益低项目的剥离。

（王乙森）

【制度体系建设】2021年底，中油国际公司资本运营部门按照境外权益资产和股权处置制度建设框架，在已发布管理办法基础上，完成《中国石油国际勘探开发有限公司股权与权益转让实施细则（试行）》《中国石油国际勘探开发有限公司合同权益退出实施细则（试行）》及退出工作流程的制订及发布，进一步完善资本运营制度体系。

（王乙森）

【股权管理】2021年，中油国际公司股权管理业务涵盖中国石油集团公司股权日常管理及在国务院国资委产权管理综合信息系统办理所出资企业产权登记业务。根据中国石油集团公司股权管理制度及细则规定，完成6家新设（收购）法人产权占有登记、8家存量法人产权变动登记及11家压减法人产权注销登记（按国资委审批通过时间统计）；开展2021年产权登记数据核查，完成59家错误指标修正；开展2021年参股经营投资自查工作，向中国石油集团公司财务部上报半年及全年参股企业经营自查整改专项报告；跟踪并督促完成2021年股权投资收益及股利分配考核指标；编报2022年股权处置计划、股权投资收益预算及股利分配预算；编报2021年股权投资及股权处置授权执行报告；按要求在中国石油股权管理信息化平台维护近200家法人董监事变更及三会决议、年度决算报表的上传；并配合中国石油集团公司完成中国石油股权管理信息化平台上线新旧系统数据迁移；梳理中油国际公司特殊目的公司情况，配合中国石油集团公司迎接国务院国资委现场调研特殊目的公司情况。

（王乙森）

【项目退出】2021年，中油国际公司资本运营部同步开展10多个项目处置的前期工作。其中，当年完成非洲地区某项目的退出，该项目是中油国际公司首个进入开发期退出项目，其顺利退出有效规避继续持有合同权益的重大风险，为合理配置公司资源、处置低效无效资产工作积累经验。

（王乙森）

【“两非”剥离与“未开展业务境外机构”清理】2021年，中油国际公司资本运营部门按照国务院国资委及中国石油集团公司“两非”剥离、“未开展业务境外机构”清理及亏损企业治理部署，结合资产优化规划，突出重点、创新方法，综合运用对外处置、吸收合并、自愿清算等方式，完成6家公司清算注销，法人压减同步减少6家亏损企业。

（王乙森）

【“十四五”暨中长期资本运营专项规划编纂】2021年，中油国际公司资本运营部门完成《海外油气业务“十四五”暨中长期资本运营专项规划》（简称《规划》）编制，《规划》回顾梳理“十三五”规划的执行情况，根据《中国石油集团公司“十四五”发展规划纲要》《中油国际公司整体“十四五”发展规划》，制定

“十四五”期间的整体资产优化方案，对重点合资合作及处置退出项目，按照各项目经营形势，识别项目亮点与风险，因企制宜、因户施策，精准谋划资本运营策略。

（王乙森）

人事管理

【概述】2021年，是“十四五”规划开局之年，也是中油国际公司“人才强企工程”启动年。中油国际公司人力资源部（党委组织部）树立“人才是第一资源”理念，围绕提质增效、亏损企业治理、国企改革三年行动和人才强企“四大工程”，紧扣“党建引领、创新机制、优化结构、激发活力、提高效率”这一主线，持续巩固海外人才发展体制机制改革成果，为夺取新冠肺炎疫情防控“阻击战”和经营效益“保卫战”双胜利，提供组织人事保障。年内，中油国际公司举办培训班、专题讲座等，参训人数7461人次；以“做强线上做精线下培训”为目标，提升培训课程体系建设。组织海外项目材料审核和基础量化打分，保证职称量化评审公正性、公平性。优化调整薪酬结构，完善社保业务流程，全年办理业务789人次；申办北京市工作居住证办理资质，获批22个名额；逐步解决养老账户断漏缴情况。

（武　昌　马晨冉　刘姝丽）

【组织体系优化】2021年，中油国际公司扎实推进组织体系优化提升专项工程。根据中国石油集团公司《关于启动天然气销售分公司等6个专业公司和咨询公司“三定”工作的通知》，按照精干高效、职能优化协同要求，精简效能，健全内部配合机制，对本部和国内单位部门设置及分工、人员编制职数进行优化，形成初步方案。围绕人才强企、“三项制度”改革、国企三年行动方案战略部署，继续围绕规范机构设置、落实机构压减、优化岗位配置等开展工作。为非作业者项目配备业务经理，减少部门设置，落实中国石油集团公司扁平化管理理念；根据海外业务发展需求及时调整海外机构8次，为项目提供组织保障；推进中加石油技术交流培训中心转企改制工作。

（武　昌　马晨冉）

【招聘管理】2021年，中油国际公司坚持稳步推进国际化、市场化、专业化、职业化方向高质量国际化人才引进计划。9月1日，启动2022年高校毕业生招聘。针对新冠肺炎疫情多次反复情况，拓展宣传机构渠道，组织10场“精英宣讲团”线上线下名校“双选”会，创新构建“云资源”校招保障体系、固化“精细化”优秀人才筛选模型、打造提升“人性化”应聘体验等举措，优化校招环节流程标准化程度，北大、清华、人大等国内一流名校精英“抱团应聘”，现场简历投递率90%以上。3180名应聘人员，包含北大130人、清华33人、人大161人、外经贸大学179人；英国“三大学院”70人、美国顶尖十大名校43人。高层次人才比例创历史新高，其中每3名应聘人员中就有1名优才人员，近十分之一的应聘人员曾一次或多次获国家奖学金等荣誉。

（武　昌　马晨冉）

【职业经理人试点】2021年，中油国际公司试点选聘法律事务部职业经理人，突破中高端市场化人才引入壁垒。根据改革三年行动重点部署、公司人才市场化内部管理需求驱动，针对职业经理人试点岗位层次低、专业多、管理少、激励弱等难点问题，协同法律事务部制定《法律事务部职业经理人选聘试点方案》。破除前期职业经理人试点低岗位瓶颈，探索建立完善公司市场化选聘、薪酬、考核和退出机制，配套试点岗位薪酬范围、年中绩效辅导、任期绩效奖金等考核兑现机制。经岗位发布、简历筛选、专业笔试环节，推进职业经理选聘工作。

（武　昌　马晨冉）

【人员轮换体系研究】 2021 年，中油国际公司创新使用 10 个维度量化分析模型，突破人员轮换体系研究深度。从年龄结构、区域分布、员工类别、岗位层级、专业分布、轮换意向等 10 个维度构建量化分析模型，首次形成《2021 年度人员轮换工作分析报告》研究成果，梳理出轮换面临人员分布集中度高、职位高、沟通成本高、归国意向高、等靠比例高等“五高”趋势。提出搭建人员轮换信息交流平台、进一步发挥地区公司区域协调作用、及时把握工作整体进度、研究制定针对性考核办法、营造“公开、公正、公平”的工作氛围、研究探讨轮换工作未来优化路径等指导意见，在人力资源统筹调配层面，优化完善轮换工作。

（武　昌　马晨冉）

【制度流程固化】 2021 年，中油国际公司制修订《招聘管理办法》《员工退出管理办法（试行）》《人员选调管理办法（试行）》《市场化薪酬核算细则》，夯实人员入口管理、出口管理、内部流动、市场化管理制度基础。优化公司员工队伍结构，激发人才活力；落实中国石油集团要求，推进干部管理工作，推进制度建设，征求公司领导意见，向国内外各单位吸纳建议，经多轮修改，修制订《领导人员管理办法》《综合考评和绩效考核办法》《领导人员退出现职管理办法》，并配套相关说明，印发《关于加强技术总师选配与管理的工作方案》《大力发现培养选拔优秀年轻干部实施方案》。

（武　昌　马晨冉）

【员工劳动关系】 2021 年，中油国际公司推动解决员工劳动关系历史遗留问题，落地实践员工退出管理机制。完成北京中油锐思技术开发有限责任公司 42 名员工劳动关系清理及划转安置，贯彻落实中国石油集团公司机构改革要求，维护员工合法权益和企业内部稳定。其间，累计到勘探开发研究院、海外技术研究中心集体座谈 5 次，与中油锐思技术开发有限责任公司工作组对接 4 次，开展员工意愿调查摸底 166 人次，与建立市场化劳动关系员工薪酬谈判 53 人次，与解除劳动关系员工沟通谈判 50 余人次，就人员安置工作向董事长专项呈批 8 次，党委会讨论 5 次。妥善解决大庆油田借聘人员 8 年的借聘关系纠纷、返回原单位事件处理，恢复大庆油田与中油国际公司双向交流业务。

（武　昌　马晨冉）

【集体户口迁出】 2021 年，中油国际公司针对 2020 年 9 月公安西城分局要求中国石油集团公司在京已有住房员工从集团公司集体户口中迁出，涉及中油国际公司员工、家属 65 户，127 人；2020 年 11 月，公安机关暂停中油国际公司集体户口办理业务，导致 16 户毕业生、京外调干人员无法落户等问题，人力资源部于 2020 年 12 月至 2021 年 4 月，迅速建立健全工作机制及问责追责机制，核查审校人员信息，多措并举联动落实。累计召开专项工作推进会 40 余次，发送邮件 360 余封，电话沟通 120 人次，与员工面对面交流 50 余人次，完成 127 人迁出工作，完成率达 100%。

（武　昌　马晨冉）

【内部招聘流程】 2021 年，中油国际公司升级优化内部招聘流程，针对员工对内部招聘应用平台关注度低，平台使用效率不高等问题，协同 IT 部对内部招聘平台和 OA 招聘流程完成优化升级。秉承“公开、公正、公平”竞聘理念，调整以往内部招聘信息发布方式，鼓励公开竞聘，岗位需求全部上网发布。在平台发布招聘信息后，邮件同步给全体员工，组织公开招聘，提升招聘信息传播速度和扩大传播范围。内招平台全年累计访问量达5.41万人次，比2020年增加41%，月度最高访问达6371人次。全年利用内招平台累计发布岗位259个，为50个海外项目、机关部门和国内单位推送简历300余份，提升海外员工对平台使用率和关注度。

（武　昌　马晨冉）

【干部管理】 2021年，中油国际公司坚持党管干部党管人才，“三强干部队伍”锻造工程取得实效；坚持政治引领，强化纪律监督，各级领导班子创业活力和担当能力明显提升。全年落实“第一议题”和中心组学习制度，按照中国石油集团公司民主生活会要求，组织开好领导班子民主生活会。落实中油国际公司党组管理干部个人有关事项报告工作，党委组织部专人负责，填报前逐项说明、填报时面对面辅导、填报后背靠背校验。2月，完成25名党组管理干部个人事项报告工作。5月，按照经商办企业中参与私募基金情况的新口径新要求，进行二次补充报送及说明。10月，根据《转发〈中共中央组织部关于领导干部及时报告个人有关事项的通知〉的通知》，再次更新报送6人次补充材料。推行公司各级子企业经理层成员任期制和契约化管理。推行公司各级子企业经理层成员任期制和契约化管理工作，57家单位总经理签订《任期岗位聘任协议和经营业绩责任书》；加强领导班子结构分析，优化调整各单位主要领导人员及班子副职，班子队伍年龄结构和专业结构更趋合理。落实中国石油集团公司对安全总监配备的“职责不缺位、岗位不单设”要求，配备所属单位安全总监6人。全年调整公司机关部门班子成员31人次、国内单位6人次、海外项目领导班子成员93人次；调整总经理助理、副总师32人，其中提拔7人；任命专业经理12人；评聘高级主管32人、主管14人。截至2021年底，中油国际公司领导班子70后1人，占比7.69%；总经理助理、副总师70后3人，占比42.86%；部门正职70后16人，占比57.14%。

（武　昌　马晨冉）

【年轻干部培养】 2021年，中油国际公司年轻干部队伍选拔按照单位推荐、人力资源部审核并专业分类、分管领导组织本专业推荐3个阶段实施，确认103人纳入新一期年轻干部人才库，其中二级正职16人、二级副职34人、二级副职以下53人；完善年轻干部人才库动态管理，通过地区公司推荐、优秀年轻干部选拔及人力资源部平时掌握情况，确定预备队和战略预备队242人。下半年，组织年轻干部综合能力提升培训班，新增模块化课程设计、学员业务分享以及向分管领导专业展示及课题延伸交流等环节，突出培训班问题导向和学用结合特色。配合中国石油集团公司年轻干部交流挂职专项工作，接收年轻干部2人并配置至中油国际（乍得）上游项目公司总经理助理和本部规划计划部战略发展中心副主任岗位；年轻干部4人交流至新疆油田、塔里木油田、西南油气田和辽河油田等单位，并按照中国石油集团公司要求进行跟踪考核；输出二级正职年轻干部1人至中国石油技术开发有限公司并提拔为党组管理干部。

（武　昌　马晨冉）

【人事档案管理】 2021年，中油国际公司进一步推进人事档案专审工作，8月底完成中层干部928人专项审核表签署及配套SAP系统数据更新和档案整理装订工作，公司人事档专项审核工作取得阶段性成果。10月22日，中国石油集团公司人力资源部通报 129 家单位人事档案专项审核工作进度情况，中油国际公司排名大幅度提升。12 月底，完成 2020 年 10 月—2021 年 10 月新增退休人员 72 人人事档案属地移交工作，切实遵循随退随交，做到无缝衔接，确保退休人员社会化移交工作平稳过渡。在册合同化人员档案人档匹配 100% 的基础上，进一步将市场化人员纳入专审范围，分批次召回在外委托的中层领导人员及副高级职称市场化人员档案 94 卷并按照专审要求完成审核。

（武　昌　马晨冉）

【人才强企工程】 2021 年，中油国际公司根据中国石油集团公司人才强企工程部署，结合海外油气业务实际，于 7 月以“人才强企”为主题，召开中油国际公司领导干部会议；11 月，召开中油国际公司人才强企工程专项推进会。围绕“行动方案”，锚定海外油气业务“十四五”规划部署与中长期发展战略目标，研究起草中油国际公司“人才强企”工作方案、施工图、运行表等文件规范，以过程控制保证工程有序推进。人才强企优秀做法 3 次刊登在《中国石油报》头版、2 次进入中国石油集团公司企业动态专栏，《构建海外油气业务市场化人才配置矩阵的创新实践》及《中油国际公司组织变革探索》分别获石油企业协会 2021 年度石油石化企业管理现代化创新优秀论文二等奖与三等奖。

（武　昌　马晨冉）

【股东人力资源事务管理】 2021 年，中油国际公司充分发挥本部战略决策和靠前支持作用，有效处理股东人力资源事务，参与南苏丹商务谈判，对新版人事手册政策提出股东应对意见并持续跟踪。按照中油国际公司应对南苏丹商务问题领导小组部署，协调本部机关部门、地区及项目公司、咨询公司（合益等）资源力量，针对新版人力资源政策、“同工同酬”、本地化法令和南苏丹 1/2/4 区补发过节费和市场调节津贴等事宜，开展研究并提出应对方案。参与相关会议 7 次，编制工作组周报 29 份，调取薪酬数据等大量相关人事数据，形成相关报告及谈参 4 份。协助解决里贝拉费用事宜，探索新的费用归集额方式，牵头研究里贝拉项目中国船厂临时派员费用回收落地方案。牵头落实部分项目联合公司本地化方案和对口支持人员控减方案，应对后疫情时期资源国政府对本地化问题的关注。牵头组织各项目制定并上报对口支持人员本地化计划，包括西非地区本地化计划、《尼日尔二期一体化项目本地化工作实施方案》等；参与卡沙甘项目人力资源规划研究，组织力量编制提供《卡沙甘项目与 CNPC 部分海外项目编制对比情况分析》《卡沙甘项目人员现状与麦肯锡预测差异性分析》等分析报告；审批派遣协议、总经理任免、联合公司机构调整、当地雇员薪酬调整、造作管理费等事宜。

（武　昌　马晨冉）

【人事数据管理】 2021 年，中油国际公司配合中国石油集团公司完成国资委相关报表填报工作，并加强人事数据采集规范化管理和对统计数据审核。海外人事月报线上填报功能上线，月报汇总及审核时间大幅下降，统计数据质量得以保障；编制管理功能上线，在线统计实际人数和中层领导人员数量，满足干部任免和人员调配流程中对机构和编制数据的查询需求，规范机构管理及人员编制的使用；调配及干部任免功能上线，所有异动流程线上完成，信息在线上记录，记录的历史数据可查、可信，系统查询功能进一步完善，员工履历信息准确度进一步提升。

（武　昌　马晨冉）

【做强线上培训】 2021 年，中油国际公司以“做强线上做精线下培训”为目标，提升线上培训课程体系建设，补充完善学习课件。全年新录制完成线上课件44门、上线内训课件12门。完成课件1536门，其中外训课件966门、内训课件523门、保密课件47门。创新开展线上学习激励活动，增加员工在线学习时长和学习账号。E-learning学习平台有激活账号2460人，占员工总数91%；学员累计学习48521.71学时，平均获学分15.32分；3名学员总积分超过2000分、6名学员总积分超过1000分，创历史新高。

（刘姝丽）

【组织培训】 2021年，中油国际公司累计举办新员工入职培训、年轻干部综合能力提升培训、十九届五中全会精神解读、领导干部QHSE资格培训等培训班17个，参培人员3765人次；举办专题讲座43期，参培人员3540人次；参加中国石油集团公司及外部机构组织的C类培训67期156人次。全年参训人数达7461人次。委托广州培训中心举办网络视频全景培训班，克服时空、地域、培训场地限制，满足参训人员要求，通过培训解读十九届五中全会精神，国内146名正处级领导干部全部按中国石油集团公司要求参加培训。

（刘姝丽）

【出国事务管理】 2021年，中油国际公司制定动迁和出国业务多项管理要求，并根据新冠肺炎疫情形势进行调整。国际航班熔断频发，给海外人员动迁造成困难，中油国际公司主动作为，保证人员合规、及时完成出国手续办理。全年累计完成长短期立项645个，涉及1264人次；立项延期68个，涉及246人次，办理护照392本，完成签证271人次，开具出境证明1069人次；外语成绩认定21人次；核销中国石油集团公司下达的往年出国团组单据约55万元；收集统计汇总《归国人员回访记录表》914人次，机票141人次，邀请函45人次；办理领导人员因私出国（境）备案50人次，撤案34人次。截至2021年底，中油国际公司管理二级领导1021人1222本因私出国（境）证件，完成借用因私证件申请审批52人次，证件办理开函17人次。

（刘姝丽）

【社保公积金业务】 2021年，中油国际公司完善社保业务流程设计，办理业务789人次，其中社保及公积金增减业务327人次；变更人员信息业务110人次；申报生育保险业务13人次；国管公积金业务（包含支取、咨询等）60人次；积分落户业务44人次；在京退休审批业务40人次，包括随调家属提前退休15人；京外退休业务5人次（广州2人，大庆2人，河北1人）；退休延期业务2人次；工伤申报及核准津贴业务2人次；养老账户补填业务48人次；医保转移接续业务24人次；异地安置、补缴、查询等业务99人次。北京市及广州市社会保险及公积金年度基数采集申报2195人次。

（刘姝丽）

【北京市户口与居住证办理】 2021年，积分落户业务被纳入社保综合业务中，中油国际公司完成相关通知、政策解读、电邮沟通、材料审核等环节工作，完成44人申报，3名员工获批北京市户口。为非京籍员工在子女就学、购房、机动车摇号等方面提供更多便利，申办北京市工作居住证办理资质，并获批22个名额。

（刘姝丽）

【开具社保互免证明】 2021年，中油国际公司根据《中华人民共和国政府和加拿大政府社会保障协定》，办理（含延期）社保10人，累计为派往加拿大项目29人办理社保互免证明。

（刘姝丽）

【保险补缴转移接续】 2021年，中油国际公司逐步解决养老账户断漏缴情况和无法在京退休的员工问题，协调中国石油集团公司社保中心逐一查询员工养老账户，发现断漏缴情况，主动与员工向社保机构提交相关补缴申请材料，并完成员工补缴转移接续业务 20 人次；协调北京市和黑龙江省、中国石油集团公司及大庆油田有关社保部门，解决大庆油田 8 人保险转移接续问题。

（刘姝丽）

【职称评审】 2021 年，中油国际公司海外人力共享中心组织海外项目材料审核和基础量化打分，减轻地区公司和海外项目工作压力，保证职称量化评审公正性、公平性。通过各地区公司和本部各部门推荐、专业组评审、高评委审核，全年完成副高级职称 132 人评审、中初级职称 77 人评审或确认；完成 3 家委托单位 73 人高级职称评审。

（刘姝丽）

【组织史总部卷编纂】 2021 年，中油国际公司海外人力共享中心参与《中国石油集团公司组织史总部卷（2014—2020）》审稿，按时完成《总部卷》及《海外油气业务组织史资料（1984—2020）简明本》编纂和系统线上报送工作。

（刘姝丽）

【组织史企业卷编纂】 2021 年，中油国际公司对海外项目参编人员进行培训。海外人力共享中心牵头组织 22 家参编单位完成《中国石油海外油气业务组织史资料（2016—2020）》征编、续编工作，对各单位上报文稿进行审核、修订和指导；9 月，上报并进入出版流程，提前 1 个月完成汇编任务。

（刘姝丽）

【个人所得税缴纳地点转移】 2021 年，中油国际公司个人所得税缴纳地由天津转至北京，调整新招聘外部市场化员工工资拆分默认状态为“不拆分”，减少薪酬拆分工作量。

（刘姝丽）

【薪酬台账】 2021 年，中油国际公司通过完善工资总额使用台账、境外薪酬发放台账、疫情补助发放台账、疫情期间员工延期工作台账、高管上下发薪统计台账、外部市场化人员薪酬异动台账等，对国内工资总额使用情况和境外人工成本等进行监控，建立与财务报表季度比对机制。

（刘姝丽）

【考勤管理】 2021 年，中油国际公司通过规范月度考勤填报模板、强化考勤管理要求、明确考勤审批流程、加强考勤审核监督和材料存档等工作，调整境外薪酬核算模板，优化薪酬核算和发放流程，将对境外员工发放国内工资调整为由机关财务发放人民币，且通过税务系统核算个人所得税，规避税务风险，保证境内外员工薪酬公平性和合理性。

（刘姝丽）

【工资基础数据梳理】 2021 年，中油国际公司通过月度持续对考核晋档、职务任免、职称变动、项目调动人员进行岗位工资和岗位津贴重新梳理，发现历史错误并进行调整补发，提高薪酬基础数据准确性，全年审核员工工资变动登记表 1270 人次。

（刘姝丽）

【劳动合同管理】 2021 年，中油国际公司组织新员工 123 人签订劳动合同，其中 70 人为新入职员工、53 人为调入人员，完成员工 76 人劳动合同续签审批流程及签订手续。梳理优化劳动合同续签流程，固化续签流程和通知文本格式，建立与各单位续签沟通机制。完成新市场化劳动合同管理业务移交，从人力资源部接收 115 人的劳动合同、保密协议及相关管理文件。办理完成 17 人劳动合同终止手续，及时更新劳动合同台账，按时维护 SAP 系统劳动合同信息，做好劳动合同存档、归档及劳动合同动态管理。

（刘姝丽）

【开具调配介绍信】2021年，中油国际公司固化调配流程及文本格式，与OA项目组沟通完成调配通知及介绍信OA审批流程优化。全年开具调配通知274份，调配介绍信196份，收入证明等1500余份。完成员工140人签订保密协议、新员工33人签订落户承诺书。

（刘姝丽）

法律工作

【概述】2021年，中油国际公司针对新冠肺炎疫情全球蔓延、地缘政治深度调整、中美大国博弈升级、传统行业低碳化转型等挑战和冲击，贯彻落实中国石油集团公司“依法合规治企”的兴企方略和中油国际法律合规工作总体部署，秉持勇于担当、开拓创新、务实严谨、主动高效工作作风，继续高标准、全方位、全过程构建法律保障及风险防控体系，妥善处理重大法律纠纷，全面推进法治宣传教育，着力加强法律队伍建设，逐步构建合规管理、风险防控、业务保障和人才培养“四大体系”。中油国际公司法律部门获汤森路透旗下亚洲法律杂志（ALB）2021年度十五佳法务团队、合规和风险管理、公司法务三项大奖，获评《商法》年度卓越法务团队奖项，并获中国石油集团公司法治建设先进单位、中油国际海外油气业务先进集体荣誉称号、中油国际公司“青年文明号”荣誉称号，并入选2021海外油气业务十大新闻。

（袁铭泓）

【重大涉法事项法律支持】2021年，中油国际公司法律工作继续推进业务保障体系建设，构建“五位一体”业务平台，即集重大法律纠纷应对、新项目开发和项目延期法律支持、合资合作及项目退出法律支持、项目运营法律支持和重大法律商务风险防控为一体的全方位、全过程业务保障平台。持续加强重大涉法事项法律支持力度，加强制度落实，持续为重大决策法律把关，为精准施策、提升管理提供支撑，提高法律论证质量，增强中油国际公司本部和海外项目各层级法律参与，保障海外业务依法经营和规范运行。全年参与各类专题涉法事项法律论证约84项，审核率为100%。参与重大涉法事项法律论证，发挥对新项目开发、资产优化和处置、现有项目运营等中心工作的保障支持作用，推动重大项目和重大事项进展，不仅为各项目工作开展提供可靠法律支持，还为一些重大项目按期推进、成功交割发挥关键作用。

（安　艺）

【合规管理体系建设】2021年，中油国际公司开展合规管理体系建设。一方面注重合规顶层设计，完善合规制度体系，将合规管理体系纳入公司“十四五”专项规划顶层架构；从国际投资业务链合规指引、合规案例库、重点领域合规指引和合同审查指引4个方面，构建符合国家和中国石油集团公司要求、契合公司业务实际的海外投资业务合规管理体系，指导海外30余个国家、80余个项目的合规工作；编撰《合规专题简报》月刊，从国内立法动态、国际油气法规政策资讯、国际石油公司动向、能源合规观察和前沿法规政策研究等角度，实时更新相关讯息。另一方面提升合规管控实践，开展前瞻课题研究，制作合规风险访谈问题清单，组织律师团队对各部门开展合规风险调研访谈，梳理业务合规风险点；结合合规风险调研情况，梳理现有业务流程中待嵌入合规要求和标准工作，完成第一批合规流程嵌入；开展合规管理体系海外示范单位创建；统筹规划整体合规管理、协调合规职能分配、监督合规政策执行落实；引进道琼斯系统合规数据库账户，强化合规筛查手段；开展合规课题研究，前瞻性发现法律合规风险，提出应对策略和建议方案。

（袁铭泓）

【项目获取事项法律参与】 2021 年，中油国际公司推进新项目获取与现有项目延期支持，完成对资源国法律环境、交易对方情况、交易方式和架构等法律尽职调查及风险分析报告；加强与合作方谈判及协议文本把关，推动协议起草和商务谈判，针对识别到的法律风险巧妙设计合同条款，反复推敲文本，根据不同协议及合作模式，在决策机制、争议解决、交割前后各事项责任分担等方面，为商务谈判出谋划策，维护中方在日后项目运营中的经济利益、话语权及诉讼权利，管控重大风险；全过程参与交易架构设计和搭建并准备项目运营过程中所需各项法律文件；办理公司设立手续、商务部企业境外投资备案等，助力项目成功签署。

（安　艺）

【资产优化与处置事项法律参与】 2021 年，中油国际公司加强资产优化和处置支持，提前做好对交易方和合作伙伴法律尽职调查，预防合规风险，审慎做出经营决策。项目合作中，针对中方作为非作业者项目所面临的管控不利而导致权益受损风险，落实协议设计保护、合理利用外部制度资源、借力国家政策支持，提出加大项目管控能力、增强项目投资权益保障机制和措施方案。项目合资中，克服时间紧、交易复杂等困难，论证法律风险并结合商务考量，确保项目协议如期签署，提前研究反垄断、商务部等中国政府审批要求，并按照相关规定第一时间申报。项目退出支持方面，根据相关法律及合同依据出具法律分析意见和谈判策略，明确各方在退出前后的权利义务关系和风险责任界面，并通过书面协议予以固化；协助梳理作业权移交事项，制定作业权移交工作计划，确定作业权移交流程和重要时点，提前评估作业权移交的内外部相关风险并提前制定应对预案。

（袁铭泓）

【现有项目运营事项法律参与】 2021 年，中油国际公司加强现有项目运营，提供全方位的法律支持，包括项目各类基础及运营协议准备、审查、谈判，争议处理及重大法律商务问题应对，项目融资，突发重大事件法律论证，资源国法律环境变化跟踪，公司注册、维护、董监事变更事务等，并与相关部门相互协同、内部资源与外部资源共同支持，发挥各方面力量和优势。

（安　艺）

【重大法律商务风险防控】 2021 年，中油国际公司针对一些国家收紧对外制裁政策，坚守底线意识，以维护国家和中国石油集团公司核心利益为基本原则，及时跟踪、研判制裁政策，就中油国际公司在海外敏感地区业务提出关键应对策略，就制裁升级情况提供准确预测意见，规避系统性风险，避免巨额潜在投资损失。及时成立制裁应对专项工作组，配备专业人员，探索沟通长效机制，初步形成应对国际制裁风险法律防控体系。

（袁铭泓）

【合同管理】 2021 年，中油国际公司加强合同精细化管理能力和水平。加强制度建设，制定《合同审查指引》，规范合同审查标准。优化合同审查流程，指定合同管理分管副主任和合同管理员，优化合同审查流程，减少任务分配中间环节，建立合同审查情况跟踪台账，完善合同台账数据化导出功能，提高合同审查效率和质量。全年办理OA公司采办合同初审495件、合同OA审批313份，详细记录各类主要合同信息。

（安　艺）

【纠纷应对管理】2021年，中油国际公司面对全球经济下行、新冠肺炎疫情蔓延等情况造成的海外纠纷多发、高发态势，做好纠纷报送及应对工作。实行分级管理的纠纷报送体系，根据涉案权益金额按季度上报；履行纠纷案件日常管理职责，开展重大纠纷案件信息汇总、报送和重大法律纠纷授权等工作。贯彻中国石油集团公司依法治企，“清存量、控增量、抓重点、提水平”纠纷管理要求，持续构建完善全面风险管理及纠纷应对体系，重大纠纷应对成果突出，完成改革三年行动实施方案“妥善处理重大纠纷，维护中方合法权益，最大限度减少损失”目标。全年中油国际公司合理匹配、有效调动国际律所等多方专业资源，组建纠纷应对团队，为案件处理和解决提供支持保障；深入研究、充分利用国际仲裁及诉讼规则，在策略制定、证据收集、证人选择、情景分析、模拟质证等环节严密组织，有效应对多起重大法律纠纷，避免巨额赔偿责任及声誉损失等重大不利后果。法律纠纷案件数量比上年大幅下降，重大纠纷案件存量大的情况及重大纠纷案件频发态势得到有效缓解和遏制。

（袁铭泓）

【公司事务管理】2021年，中油国际公司有序推进公司事务管理。做好基本信息库更新维护，编制中油国际公司所属200多家注册公司相关信息表，绘制法律实体结构图，编制《公司董监事变更及任命工作指引》，制备董事、监事及代表任职情况一览表，搜集、存档相关文件。办理中油国际公司变更事项法律手续及海外各公司管理层变更手续。完成CNODC、中油勘探、中石油国际及天津泰普的2020年度工商年检；完成天津泰普公司注册地址续签工作；办理和配合办理95家公司董事代表调整相关手续。办理公司文件公证认证450件，其中公证加认证420余件、单独公证30余件。办理支付律师费、代理服务费、所属公司政府年费申请180余笔，更新律师费台账、制备律师费支付情况表及扫描存档付款申请、账单等支付凭证。向档案室移交部门归口管理合同、文书等文件230余件。

（安　艺）

【法治宣传教育】2021年，中油国际公司注重普及法律知识，推动培训活动专题化、体系化。制定公司“八五”普法规划，提高全员法律素质和公司依法合规经营水平。在海内外推广集团合规信息管理平台，实现《诚信合规手册》学习和承诺书签署以及2021年度全员合规视频学习完成率均达100%。开拓培训资源，邀请国内法学家、国内外业内专家开展讲座，借助与国内外一流律所的友好合作关系，邀请律所资深合伙人举办大量免费法治培训。组织2021年度中油国际公司新员工入职法律合规及商务培训，涵盖油气业务合同、项目融资、争议解决、反腐败、反垄断等领域；推出合规警示宣传短片《选择》，通过新技术、新模式，拓展合规宣贯渠道，进一步打破合规宣贯时间、空间壁垒。

（袁铭泓）

【法律队伍建设】2021年，中油国际公司法律部门、人力资源部门密切配合，以“人才强企”作为法律队伍建设的重要战略和基本准则，推进建设政治过硬、业务精湛、作风优良的法律商务复合型法律队伍。中油国际公司通过多渠道吸引人才，利用现有内部招聘平台、网络招聘平台和内部推荐方式，吸引国家部委机关、知名律师事务所、大型央企的优秀人才加入公司。多元化聘用人才，结合“人才强企”战略，拓宽人才聘用渠道，通过职业经理人、双向交流、国内市场配置等方式，引进海内外人才。为法律人员开展全方面、系统化培养方案，实行导师制，建立公司律师队伍，提升法律员工归属感和忠诚度。开展诗词朗诵、送行感言等多种形式党建、团建活动；统筹考虑海外项目实际需求和法律人员个人素质。与人力资源部共同打造科学化考评机制，激发职业经理人工作积极性。截至 2021 年底，中油国际公司法律事务部有法律人员 22 人，海外项目配备法律人员 50 人，掌握英、俄、西、法等语种，法律专业化率为 84%，硕士及以上学历比例为 89.2%。年内，首批法律人员 29 人通过北京市司法局公司律师审批，并取得《公司律师工作证》，公司律师占比达 40.2%。

（安　艺）

股东事务管理

【概述】 2021 年，中油国际公司股东事务部以全力推进公司治理体系和治理能力现代化为目标，围绕“行权 + 商务”业务主体，构建差异化和精细化项目管控理念，基于非作业者项目管控模式和行权策略课题研究成果，启动俄罗斯项目非作业者项目行权策略研究试点，加强对非作业者项目行权管理；修订《股东事务首问首办负责及限时办理实施办法》，编制《股东事务部事务及综合类工作手册》，完善股东行权管理配套制度；以海外项目股东事务来文为抓手，持续完善跨部门跨单位协调机制，牵头处理多个重大商务事项，有效防控商务法律和经营风险；探索构建和完善股东事务管理体系，发挥商务支持和指导作用。

（钱玉婵）

【非作业者项目管控模式与行权策略研究】 2021 年，中油国际公司完成非作业者项目管控模式和行权策略课题研究，提出以科学立体化战略定位为引领、以全价值链一体化的顶层设计为基础、以差异化管控模式和配套管理制度为支撑、以精细化有限授权和业绩考核为抓手、以合理和专业化的机构和人员配置为保障、以国际化技术商务支持体系为依托、以职业化中方行权代表为主导的七大建议。启动俄罗斯项目非作业者项目行权策略研究试点，根据基础协议相关规定，梳理落实俄罗斯公司行权事项，明确行权事项、行权策略及授权层级。6 月，印发《俄罗斯公司 2021 年授权试点方案》，运行取得较好效果。

（钱玉婵）

【制度体系建设】 2021 年，中油国际公司完善股东事务管理制度。修订《中国石油国际勘探开发有限公司股东事务首问首办负责及限时办理实施办法》，并于 2 月发布实施。依据中油国际公司各类业务 37 项规章制度和部门职责，结合 2019 年、2020 年受理的 1851 件海外单位来文事项，从制度上梳理、明确公司各业务部门和国内有关单位在海外项目来文的工作职责和界面入手，优化来文处理流程，细化完善股东来文处理事项，股东事务来文事项从原来的 72 项增加至 115 项，责任部门从 18 个增加至 22 个。股东事务部系统梳理和总结部门成立以来各项基础工作，编制《股东事务部事务及综合类工作手册》，内容涉及中方代表聘任和调整管理、治理机构决议审查签署、三会纪要、股东事务周报、股东事务管理月报、部门保密、部门考核、支部党建等 13 项部门日常工作，规定部门日常工作流程和相关负责人，使部门内部及公司其他部门人员能够快速、准确了解股东事务部工作流程。

（钱玉婵）

【来文受理与信息管理】 2021年，中油国际公司股东事务部统一归口受理人事、党建、纪检之外的来文事项，按照股东事务管理制度和首问首办负责及限时办理实施办法规定，及时对来文出具拟办意见并转公司领导或业务主管部门办理，通过《督办表》跟踪来文办理进展，收集办结支持文件作为关闭来文事项的依据。2021年，股东事务部协调及督办各类来文841件；每月收集海外项目治理机构会议信息，建立公司股东事务信息档案；及时梳理各层级公司股东会、董事会和监事会（简称“三会”）议案、议案内部决策文件、“三会”决议等，定期通过中油国际公司资本运营部上传至中国石油集团公司股权信息管理系统。

（钱玉婵）

【股东事务综合协调与处理】 2021年，中油国际公司协调内外部资源，稳妥处理因地缘政治、资源国政府关系及重大经营合规风险等因素导致的重大商务事项。股东事务部牵头妥善处理苏丹6区项目石油合同到期、南苏丹项目系列重大商务问题、土库曼阿姆河项目政府大检查、新丝路公司天然气返还和管输费上涨、伊拉克艾哈代布项目历史遗留问题、哈法亚项目液化石油气管道建设、尼贝管道项目治理机构设置顶层设计方案等重大商务事项，防控商务法律和经营风险，维护公司整体权益。

（钱玉婵）

【中方代表选派与履职管理】 2021年，中油国际公司股东事务部完成169位中方正式代表和替补代表的变更调整与任命，与法律事务部密切配合，完成中方代表变更法律程序，确保能及时参会行权，未出现因中方代表委派不及时而导致无法行权等情况。股东事务部配合专家中心梳理适合开展专人专项工作的海外项目，经审批最终确定塔吉克博格达项目为首个试点，助力项目公司在关键时期谨慎、充分行权。按照《治理机构决议签署申请单》及使用说明规定的审批流程规范管理，保障决议审查和签署流程合规性。2021年，股东事务部协助审签390份决议，涉及贷款协议延期、分红、融资、审计报告、财务报告、清算、长期购销协议、中方代表调整等事项。受限于合资公司议事规则及程序，留给中方的审签时间通常较紧，股东事务部协调审查部门和休假、出差、隔离中的中方代表，在保证合法合规前提下，最大可能加快决议审签流程，确保按照联合公司时间节点进行表决。

（钱玉婵）

采购与销售

【概述】 2021年，中油国际公司销售采办部门针对国际油气价格在后疫情时期震荡上行等特点，加强采办管理制度建设及本部采办事项、海外项目重大采办事项管理，招标率、节资率、采购效率稳步提高。以物资库存审计为契机，持续狠抓库存管理，着力降低压减资金占用，打造提质增效升级版。落实中国石油集团公司综合一体化优势战略，鼓励系统内有资质企业参与竞标，推动系统内装备制造企业产品、服务、技术输出。借助国际原油价格高位运行有利时机，实现销售收入稳步增加；强化海外油气资源回国保供量，化解油气运输过程中的风险问题。特别是完成亚马尔项目液化天然气等原油购销，其中部分原油销售贴水水平优于过去3年平均水平。销售采办部获评集团公司2021年物资采购管理先进单位；参与撰写《开展套期保值，对冲价格风险—极端油价下保障现货 LNG 销售效益》《股份公司外销原油市场化销售管理创新实践》论文，分获 2021 年度中国石油集团公司管理创新优秀成果三等奖和管理创新研究与实践优秀成果三等奖。

（杨　成　张　帆）

【制度建设】 1 月 18 日，中油国际公司下发《关于开展 2020 年度承包商、供应商评价工作的通知》，在中方主导项目范围内开展承包商、供应商年度评价，加强承包商、供应商惩戒与退出管理，使承包商、供应商管理形成管理闭环。4 月 7 日，中油国际公司印发《承包商管理办法（试行）》《物资供应商管理办法（试行）》，对海外中方主导项目承包商、供应商管理起到重要指导作用。4 月 28 日，下发《关于开展存量承包商、供应商梳理并建立资源库工作的通知》，分 3 个阶段对中方主导项目存量承包商、供应商进行梳理，初步构建承包商、供应商分级分类管理基本架构。9 月 22 日，中油国际公司按照中国石油集团公司国内招标管理政策变化，在前期酝酿基础上，经征询意见、数次修改后，印发《中油国际公司本部采办管理办法》，整合原机关服务采办管理办法、机关物资采购管理办法及机关采办管理办法实施细则，结合本部近年采办工作中遇到的问题，进行总结和提升。制定实施《中国石油国际勘探开发有限公司海外份额油气套期保值业务试点工作管理办法（试行）》，成立中油国际套期保值管理委员会和套期保值工作小组，初步建立公司套期保值业务管理和风控体系；制定实施《亚马尔项目中石油份额现货 LNG 销售工作程序》，进一步提高亚马尔现货 LNG 销售效率，明确各参与方工作界面和职能，保障现货 LNG 销售工作的平稳、有序和高效开展；制定实施《中国石油国际勘探开发有限公司油气销售动态信息管理实施细则》，提升销售动态信息统计分析水平，明晰销售动态信息统计范围和报送职责，规范相关工作操作流程。

（杨　成　张　帆）

【解决 CN4 阶段亚马尔现货 LNG 首船装货风险】 2021 年 1 月 31 日，CN4 阶段亚马尔现货 LNG 首船装货由于不可抗力原因，产生 HSE 和法律违约风险。各方协作妥善解决并落实补偿货物，相关 HSE 和法律经济风险完全传导出中国石油体系。

（张　帆）

【物资专项整治】 2021 年 2—3 月，中油国际公司销售采办部门针对中国石油集团公司审计部门对中油国际公司审计中提出的整改事项，立即开展境外中方主导项目物资专项整治工作。组织境外项目设立专项整治工作领导小组和工作小组，分析不同品类物资的构成和库存，制定具体的降库方案，并定期向销售采办部报告整改进展情况。截至 2021 年底，物资库存按整改计划较 2021 年初稳步降低，降库效果初步显现。

（杨　成）

【海外份额油气套期保值业务试点】 2021 年 3 月 11 日，中油国际公司召开党委会，审议通过《中国石油国际勘探开发有限公司海外份额油气套期保值业务试点工作管理办法（试行）》，修改完善后下发执行，并批准成立中油国际套期保值管理委员会和套期保值工作小组。3 月、6 月，制定两次套期保值试点工作实施方案，经审批后书面委托国际事业公司入场操作。全年两次套保方案实现对穆尔班原油进行保值，并实现盈利。

（张　帆）

【现货 LNG 资源转运回国】 2021 年 8 月、10 月，中油国际公司抓住亚欧市场的套利机会，成功争取到 2 船现货 LNG 资源转运回国。

（张　帆）

【采办业务培训】 2021 年 9 月 13—17 日，中油国际公司举办 2021 采办业务管理培训，邀请中国石油集团公司工程与物装管理部领导和专家进行授课，对中国石油集团公司招标管理规定、物资供应管理规定等最新制度进行解读，对采购对标世界一流成果进行宣传贯彻，各境外项目采办部门人员参加培训。

（王　强）

【重大采办审批管理】 2021 年，中油国际公司根据采办管理办法和公司有限授权规定，通过重大采办审批较好控制境外项目投资，促进系统内企业向境外项目输出更多、更好优质产品和服务。完成境外重大采办事项审批 100 余份，通过加大竞争性招标力度，节资率进一步提升。通过竞争性招标，鲁迈拉公司大包钻井服务合同、哈法亚公司常规测井服务合同、巴西公司里贝拉项目 Mero3 水下设施 EPCI 总包合同、澳大利亚公司箭牌项目油套管采购合同等均较预算实现较大降幅。

（杨　成　郭文军）

【采办月报与合同台账备案】 2021 年，中油国际公司在强化境外项目重大采办事项审批基础上，通过推行采办月报及合同台账备案制等方式，加强境外项目采办业务工作日常管理，构建境外企业采办业务日常监督的长效机制。全年海外中方主导项目签订近万项合同，包括物资类采购合同、服务类合同、工程类合同等，招标率和节资率占比进一步提升。

（杨　成　王　强）

【降库增效】 2021 年，中油国际公司销售采办部继续修订、完善主导项目库存月公示、季通报、半年度警示、年底考核机制。加大积压物资处置力度，严控 3 年无动态物资库存总量，杜绝增量，1 年无动态及时提醒，2 年无动态重点监控，3 年无动态依规处置，做好源头把控，深入挖潜增效，制定期末库存降低目标。针对部分项目因上产增加库存情况，各境外项目根据各自库存现状，科学制定采购计划并严格落实，加大无动态物资消耗力度，克服因疫情原因造成的工作量减少、库存消耗趋缓等困难，整体库存实现制定的降库目标。

（杨　成）

【物资采购管理】 2021 年，中油国际公司贯彻中国石油集团公司境外项目集中采购管理相关要求，境外项目完成总部管理物资采购 900 余批次。

（郭文军）

【采购管理对标评估】 2021 年，中油国际公司按照中国石油集团公司开展采购管理对标评估要求，将规模较大的境外主导项目列入考核，并首次邀请境外项目专家参加评审。针对新冠肺炎疫情影响，评审工作由线下集中评审改成在线评审，综合 7 名专家评审结果，厄瓜多尔安第斯项目等 7 个项目获对标管理工作 A 档。

（郭文军）

【国内采办管理】 2021 年，中油国际公司国内采办管理工作以合规化管理为指引，根据协同共享、优质高效采办原则，国内采办持续推动采购方式多样化。全年机关采办收到采办申请 200 项，包含服务类、物资类、工程类改造类项目。按照“一单一采类”和框架协议类区分，“一单一采类”采购项目节约预算 12% 以上；在采购申请中，新签框架协议申请 17 项。快速处理框架协议下订单 35 个，委托实施公开招标 14 次。

（张　竹）

【油气销售】 2021 年，中油国际公司按照销售口径统计，原油、天然气、LPG 销售量比上年降低，销售收入增加；各类成品油和化工品销售量比上年增长，销售收入增长。全年原油销售实现油价较即期布伦特贴水与往年相比有所升高，主要因原油在资源国内销售时受当地法规限价或基于中方上下游一体化运营考虑，销售价格大幅低于国际市场价格。原油内销比例及油价均比上年升高，较前3年平均水平有所升高；销售贴水较2020年扩大，较2018—2020年平均贴水扩大；出口价格比上年升高，出口价格较即期布伦特贴水缩窄；内销价格比上年升高，内销价格较即期布伦特贴水扩大。

（张　帆）

【海外油气资源回国保供】 2021年，中油国际公司落实中国石油集团公司促进海外份额油气保供国内市场和供应系统内炼厂加工要求，销售采办部、炼化部和中国石油集团公司炼化板块开展月度对接，定期沟通海外项目份额原油产销情况和系统内炼厂资源需求，推进中国石油集团公司国内外、上下游一体化协同机制，提升海外份额原油和天然气资源回国保供量，发挥海外亿吨油气权益产量对国内油气供应的补充和支持作用。

（张　帆）

【油气销售筹备】 2021年，中油国际公司落实中哈原油管道哈油资源相关事务；北极LNG2项目按照相关落实销售后路，完成LNG长期购销协议签署；与国际事业公司和天然气销售分公司按照“收益共享、风险共担”原则，初步落实加拿大份额LNG项目的FOB定价公式原则和内部价格传导机制；卡塔尔LNG项目明确天然气销售分公司承接卡塔尔LNG项目LNG资源，并纳入中国石油集团公司整体资源平衡计划。

（张　帆）

内部审计

【概述】 2021年，中油国际公司审计部门按照“转观念、勇担当、高质量、创一流”主题教育活动部署，以“问题和结果为导向、以完善海外监督体系”为目标，立足提质增效及亏损治理工程、围绕企业改革三年行动工程和人才强企，依靠信息化和数字化平台力量，发挥专业优势，统筹协调，监督创效，助力中油国际公司亏损治理工程，通过审计监督实现国有资产安全保障。全年完成22个审计项目，其中7个内部经济责任审计项目和15个股东审计项目，完成年度审计任务122%。按照“一事一议”程序，完成8个项目退出审计。审计质量和审计科研1个审计项目被评为中国石油集团公司优秀审计项目，2篇审计论文获评中国石油集团公司优秀审计论文、2篇审计学术论文分获石油石化行业论文一等奖和二等奖。

（郭晓辉　郭旭光）

【审计计划编制】 2021年，中油国际公司落实中国石油天然气集团公司和中油国际公司各项工作部署，全面履行审计监督和服务职能，切实做到应审尽审，不留“死角”；重点促进党和国家方针政策及中油国际公司重大决策措施落实到位，聚焦中油国际公司提质增效、加快实现转型升级和高质量发展；结合业务管理需要，坚持按合同规定开展股东审计，维护中油国际公司的权益，持续关注重点投资项目的实施及收益情况、境外资金管控、产权变动、法律诉讼、涉税管理等重大情况；充分考虑新冠肺炎疫情影响，推动利用互联网、信息化技术开展远程审计，做到“一审多项、一审多果、一果多用”，提升审计资源使用效率。全年审计计划18项，其中股东审计16项、离任经济责任审计1项、专项审计1项。

（郭晓辉　郭旭光）

【审计计划执行】2021年，中油国际公司审计部门压实主体责任，强化审计监督过程创效和质量控制，由审计部主任作为年度审计计划负责人，强化审计项目负责制，每周组织审计项目跟踪会，提升审计计划执行力。全年完成审计项目30项（表1）。

（郭晓辉　郭旭光）

【股东审计】2021年，中油国际公司审计部门进行海外投资监管体系制度化建设，实现股东审计增值常态化。贯彻落实国务院国资委和中国石油集团公司加强海外资产监管、防范重大风险要求，对非洲、中东投资重点地区优先配置审计资源，形成股东审计增值常态化。通过运用股东（伙伴）联合审计标准，规范执行审计流程，利用远程数字化平台，克服海外新冠肺炎疫情影响，完成莫桑比克4区项目、阿联酋海上2018、伊拉克西古尔纳审计等15个股东联合审计项目。

（郭晓辉　郭旭光）

【项目退出审计】2021年，中油国际公司根据国务院国资委处置“僵尸企业”要求，按照“一事一议”原则，实现退出审计项目有序退出、减少亏损数目，满足项目处置制度要求，受托实施独立性退出审计，对亏损和合同到期的8个项目开展合规性退出审计，实现3个亏损公司注销压减。全年参加公司退出项目组4个、项目层面退出项目组5个，完成哥斯达黎加炼厂、尼日尔T区块、乌兹别克斯坦老丝路项目、缅甸6区块、阿尔及利亚438B区块和印尼南嘉碧、艾兰德及贝森等项目退出审计工作。尼日尔T区块、乌兹别克斯坦丝绸老丝路项目和缅甸6区块项目退出前，在2020年国务院国资委久其报表系统中存在巨额亏损状态（表2）。

（郭晓辉　郭旭光）

表1　2018—2021年中油国际公司审计项目统计表　（单位：项）

年份	股东/伙伴审计项目	经济责任审计项目	退出审计项目	专项审计项目	经营管理审计项目	总计
2018	10	11	2	0	2	25
2019	10	13	0	1	1	25
2020	11	3	8	4	0	26
2021	15	6	8	0	1	30
总计	46	34	18	5	4	106

表2　2021年中油国际公司退出审计项目一览表

序号	审计类型	审计项目名称	审计计划	审计方式
1	退出审计	哥斯达黎加项目退出审计	一事一议	远程
2		印尼南嘉碧项目退出审计	一事一议	远程
3		印尼艾兰德项目退出审计	一事一议	远程

续表

序号	审计类型	审计项目名称	审计计划	审计方式
4	退出审计	印尼贝森项目退出审计	一事一议	远程
5		尼日尔泰内雷区块退出审计	一事一议	远程
6		乌兹别克斯坦丝绸之路项目退出审计	一事一议	远程
7		缅甸 AD-6 区块退出审计	一事一议	远程
8		阿尔及利亚 438B 区块退出审计	一事一议	远程

【巡审联动】 2021 年，中油国际公司推进“巡审联动”，按照专业分工，实施“两头分、中间合”工作模式，巡察与审计项目相结合，实现“优势互补、成果共用、效力叠加、巡深审透”总目标，节约迎审时间，减少迎查工作量，增强监管效率。

（郭晓辉　郭旭光）

【审计整改】 2021 年 12 月底，中油国际公司围绕促进公司提质增效升级，按照审计整改目标，制定《审计整改实施细则》，完善审计整改长效机制，促进项目公司合规管理。中油国际公司压实整改主体责任，落实整改目标、定期督促，解决遗留问题。通过督促整改，阿布扎比项目公司经系列谈判迫使作业者承担过渡期费用，抵减中方现金投资支出 151.68 万美元。

（郭晓辉　郭旭光）

【审计标准编制】 2021 年 11 月，中油国际公司审计部门接受中国石油集团公司审计部委托，为规范和强化集团公司海外项目股东（伙伴）联合审计标准化流程与质量控制，编制完成企业标准《股东（伙伴）联合审计》，涵盖海外股东审计定义、审计涵盖内容、审计全流程描述、审计发现关闭、审计主管单位主体责任等方面。2022 年 7 月，中国石油集团公司正式印发《股东（伙伴）联合审计》。

（郭晓辉　郭旭光）

【数字化转型与人才建设】 2021 年，中油国际公司审计部门贯彻中国石油集团公司数字化转型和“碳达峰”“碳中和”要求，参与中国石油集团公司审计数据仓建设。推进审计大数据融合，协调公司业务数据、审计仓库对接等工作，推动中油国际公司 ERP 应用集成系统 D9、勘探与生产数据管理系统（海外 A1）、数字盆地系（海外 A6）等生产数据融入集团公司大数据分析平台。加强对具有数字化能力和审计专业知识的复合型人才储备与培养，选派青年骨干 2 人参加审计数据仓专家培训，培养中国石油集团公司数字化审计专家 1 人。

（郭晓辉　郭旭光）

【审计流程标准体系创建】 2021 年，中油国际公司审计部门落实中国石油集团公司三年行动方案，结合“创建世界一流示范企业实施方案”“十四五”规划，开展境外审计监管体系对标课题研究，围绕对标壳牌、埃克森美孚、马来西亚国家石油公司等国际一流石油公司审计实践，以全面质量管理为底层逻辑，梳理内部审计职能战略定位、组织结构、协调控制、制度流程、组织文化等关系，总结中油国际公司在治理体系、股东审计行权管理、国际审计理论等经验作法，开展内部审计理念管理创新研究，创建海外油气业务审计流程标准化体系，涵盖制度、表单、流程三大方面，总结海外投资业务审计标准化流程 3 个层级、62 个节点，新建 27 项英文版标准审计文档。创立审计“项目标准化、流程标准化、质量标准化、审理标准化”的“四要素”评价标准和“治理结构、组织机构、人员能力、信息化建设”的“四层次”评价体系，成为审计业务量化评价标准和提升业务质量体系标准。

（郭晓辉　郭旭光）

【审计获奖成果】 2021 年，中油国际公司审计部门强化审计成果转化。《石油公司总部成本分摊机制》《创新建设中石油海外股东审计示范区探索与实践》分别获中国石油企业协会“石油石化企业管理现代化创新”优秀论文一等奖和二等奖。《苏丹 2A/4 区项目退出审计》获评中国石油集团公司 2021 年度优秀审计项目三等奖。《跨国公司内部审计工作战略研究》《浅析国际石油公司审前准备工作的先进理念和做法》分别获评中国石油集团公司优秀审计论文二等奖和三等奖（图 3）。

（郭晓辉　郭旭光）

证　书

二〇二一年度石油石化企业管理现代化创新优秀论文

等级：一等

论文名称：石油公司总部成本分摊机制
创造单位：中国石油国际勘探开发有限公司
创造人员：赵新华 童　艺 龚南茜 及笑梅

证书编号：20212610

二〇二一年十一月

证　书

二〇二一年度石油石化企业管理现代化创新优秀论文

等级：二等

论文名称：创新建设中石油海外股东审计示范区探索与实践
——以拉美公司小股东审计实践为蓝本
创造单位：中国石油国际勘探开发有限公司
创造人员：李敏杰 赵新华 童　艺

证书编号：20213047

二〇二一年十一月

荣誉证书

中国石油国际勘探开发有限公司《苏丹2A/4区项目退出审计》被评为2020年中国石油天然气集团有限公司优秀审计项目，获三等奖。

审计组长：马金红
审计主审：赵新华

中国石油天然气集团有限公司
二〇二一年十月十四日

荣誉证书

赵新华同志：

你们撰写的论文《浅析国际石油公司审前准备工作的先进理念和做法》被评为2021年度优秀审计论文三等奖。

特颁此证，以资鼓励。

中国石油天然气集团有限公司审计部
二〇二一年十月十四日

图 3　获奖证书（中油国际公司审计部　提供）

改革、内控、风险管理

【概述】 2021年，中油国际公司企业管理部门贯彻落实新发展理念和构建新发展格局要求，以高质量发展为主题，对标世界一流，优化完善公司治理结构体系、制度体系、内控与风险管理体系、标准化体系，持续推进管理创新和管理提升工作，构建与高质量发展要求相适应、具有中油国际特点的治理体系和治理能力，把制度优势更好转化为治理效能，为建设世界一流综合性国际能源公司提供有力保证。全年改革三年行动安排部署任务69项，完成66项，完成率达96%；获中国石油集团公司管理创新成果奖11项。

（黄湫涵）

【治理体系与治理能力建设】 2021年7月，中油国际公司按照中国石油集团公司《关于推进公司治理体系和治理能力现代化的指导意见》，对坚持和完善海外油气业务中国特色现代企业制度、推进公司治理体系和治理能力现代化等方面进行研究，编制并印发《关于推进公司治理体系和治理能力现代化的指导意见》，从管理实际出发，形成6大类、17项建议，提出创新性、建设性意见，对解决公司管理难题提供方向和思路，完成推进公司治理体系和治理能力现代化顶层设计。其中，在优化完善结构体系方面，将海外企业分为法人治理结构和非法人治理结构2种模式，并就完善2种治理结构模式下的治理机制提出意见。在不同法人企业类型方面，根据不同法人企业设立目的和功能定位，将中油国际公司法人企业分为6大类，进一步明确不同类型法人企业管理目标。在优化海外项目管控模式方面，将海外项目划分为作业管控、决策管控、程序管控和财务管控4种管控模式类型，逐步推动和实现公司各项业务对海外项目进行差异化、精细化管理目标。在制度固化方面，对《规章制度管理规定》进行修订，发挥法人治理和行政管理各自优势，将法人治理作为公司合规运营基础，将行政管理作为公司提升管控效率方式，明确各项业务管理制度在不同类型法人企业的适用范围。

（黄湫涵）

【改革三年行动】 2021年，中油国际公司推进改革三年行动任务，贯彻落实《集团公司三年行动方案（2020—2022年）》部署，持续推进海外油气业务治理体系和治理能力现代化，提升改革综合成效。聚焦改革瓶颈，以提升海外业务经营创效能力、风险防控能力、国际竞争能力为目标，通过提高站位及突出系统性顶层谋划、强化领导实行穿透式推动督办、统一思想开展点线面宣传引导等方式，推进工作进展。截至2021年底，改革三年行动安排部署任务69项，完成66项，完成率为96%，超额完成改革目标（图4）。

（黄湫涵）

【风险管理】 2021年，中油国际公司持续加强公司层面重大风险评估、防控和应对。开展境外项目可研风险评估审查，提升投资决策质量，累计完成20个项目可研风险评估审查，提出50余条风险审查建议。强化风险事件管理，印发《中国石油国际勘探开发有限公司风险事件管理实施办法》，进一步优化风险事件管理全过程。开展2022年度公司风险评估分析，发布公司十大风险，顶层设计公司重大风险管控策略。重点开展海外油气业务合规风险排查。围绕法律合规、地缘政治经济与安全、健康安全环保、财税、资金流动性等8个方面59个风险因素，制定风险排查方案，组织海外单位开展重大风险排查。针对

图 4　改革三年行动成果（中油国际公司企业管理部　提供）

排查发现问题，编制《海外业务合规风险排查工作报告》，从风险管理问责考核、业务流程、商务统筹管理、队伍建设等方面提出具体改进建议。组织《推动实质大于形式的主动型风险管理》专题培训，1000 余人参加。

（曹仁波）

【授权管理】 2021 年，中油国际公司根据体制机制改革框架方案和国企改革三年行动契机，创新开展差异化授权改革，形成独具特色的“3+1”授权模型（图 5），结合对非作业者项目差异化管理要求，按照项目规模、业务发展需要、专业化管理、所占股比不同，在授权事项、授权额度及授权层级等方面实行差异化授权，精简优化授权事项，促进生产经营管理简洁高效。以“作业管控、决策管控、程序管控、财务管控”项目管控模式为指导，以俄罗斯公司为试点，结合项目基础合同中股东权利和义务、股东行权管理权限等条款，考虑项目建设运营情况和中方对参股项目行权管理重大事项审批决策权前提，遵循合规性、审慎性、匹配性原则，进一步细化、明确授权事项和授权额度，研究符合项目运营管理实际需求的差异化授权方案，下发实施后取得良好效果。

（黄湫涵）

【规章制度管理信息化建设】 2021 年，中油国际公司持续优化制度体系，组织本部各部门、各中心按照“全面梳理、逐项评价，优化体系、减少数量”原则，落实中油国际公司《改革三年行动实施方案（2020—2022 年）》《对标世界一流管理提升行动实施方案》，及时修订相关制度。解决制度短板缺项、重复交叉、内容老化，以及系统性不强等问题，全年完成制度制修订 53 项，其中新制度发布 21 项、修订 32 项。

（曹仁波）

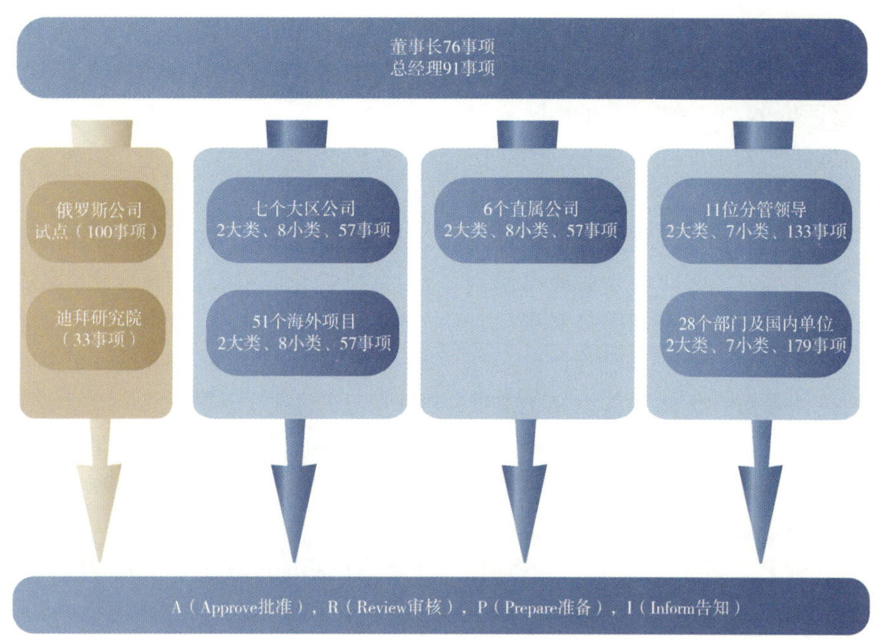

图 5　“3+1”授权模型示意图（中油国际公司企业管理部　提供）

【标准化管理】 2021 年，中油国际公司借鉴国际优秀石油公司先进标准化管理理念，结合中油国际公司业务需求，编制《中油国际标准化管理体系框架方案》，包括标准化组织机构、规章制度、制修订流程、国际标准化、研究与技术转化、信息管理、复核出版、实施监督、人才队伍培养、考核与激励等标准化重点任务。成立“中油国际标准化委员会及下属专业标准化委员会”，由中油国际公司主要领导及有关职能部门、业务部门、地区公司、项目公司专家组成。委员会设办公室（设在企业管理部），作为委员会执行机构。中油国际标准化委员会下设 8 个专业标准化委员会，分别为勘探、油气开发、钻采、工程建设、炼油化工、管道、QHSE 和基础管理专业标准化委员会。研究形成《标准化管理办法》《标准制修订程序规范》，明确各单位标准化工作职责和管理内容等，研究建立标准制修订程序规范。完成中油国际标准数据库系统 1.0 版本开发。基于 EKP 平台，完成标准数据库 1.0 版本建设。组织《标准化原理方法及标准编写质量》标准化培训。

（操建平）

【标准制修订】 2021 年，中油国际公司开展标准制修订工作，主导或参与大量资源国、国家、行业和中国石油集团公司企业标准。主导起草中国石油集团公司企业标准 Q/SY 15010—2021《海外项目营地建设规范》；逐步开展中油国际企业标准制定，完成《企业标准制修订流程规范》《海外项目后勤服务规范》《国内单位办公用房和工位管理规范》《电子公文归档与管理规范》《电子文件归档命名规范》《电子公文集成归档接口规范》《国内单位办公场所维护维修工作程序》《物业服务管理规范》《健康食堂手册（共 14 部分）》等 22 项公司企业标准制定。

（操建平）

【内控体系监督评价】 2021年，中油国际公司落实国务院国资委《关于加强中央企业内部控制体系建设与监督工作的实施意见》《关于2021年中央企业内部控制体系建设与监督工作有关事项的通知》等要求，加强对海外业务内控监督，将海外项目重大决策、重大项目安排、大额资金运作、子企业治理等纳入监督评价，推进海外项目内控体系持续优化完善，强化重点领域日常管控，以实现“强内控、防风险、促合规”管控目标。通过远程方式，完成对境外17家单位内控体系监督评价。被测试单位包括西非地区的尼日尔上、下游，乍得上、下游和尼贝管道5个项目，中亚地区的阿克纠宾、PK、阿姆河等10个项目，新加坡SPC项目和缅甸凯尔项目，共17个海外项目。其中，对新加坡和缅甸凯尔2个项目的内控体系评价，通过创新参与中油国际公司巡察组联合开展“巡控联动”的方式，发挥公司内部纪检巡察、内部审计、内控评价的联合监督作用，实现综合防控。

（何 峻）

【海外管理创新】 2021年，中油国际公司按照中国石油集团公司管理创新研究与实践项目，贯彻落实“专业化发展、市场化运作、精益化管理、一体化统筹”治企准则要求，组织申报管理创新研究与实践项目。财务部承担的实践项目《中油国际全生命周期财务价值管理》接受中国石油集团公司终期验收，被评为优秀项目。

（黄海蓉）

【管理创新成果获奖】 2021年，中油国际公司获中国石油集团公司管理创新成果奖12项，其中一等奖1项、二等奖2项、三等奖9项（表3）。

（黄海蓉）

表3 2021年中油国际公司获中国石油集团公司管理创新成果奖一览表

编号	成果名称	奖项
1	海外油气田开发方案全周期管理创新与实践	一等奖
2	适应新形势，应对新挑战，尼罗河公司以市场营销理论为指导，实施“4改”创新原油扩销推价战略，大幅提升销售收入	二等奖
3	构建海外项目“6+3”韧性健康卫生保障系统的创新与实践	二等奖
4	中石油海外项目多级次后评价管理体系，助力公司油气业务高质量发展	三等奖
5	基于“纵深防御”理论，发挥桥头堡作用，构建中国石油全球防疫共同体	三等奖
6	境外上游资产多维度动态价值评估体系创新与处置管理实践	三等奖
7	开展套期保值，对冲价格风险——极端油价下保障现货LNG销售效益	三等奖
8	处理厂提高天然气商品率运行优化管理	三等奖
9	在新冠疫情下，以业财融合、信息化系统为核心的管理会计升级转型——哈法亚公司管理会计创新与成果	三等奖
10	协同合作一体化侧钻井管理与实践	三等奖
11	立足商务和管理特点，创新施策，成功应对多重困难叠加挑战	三等奖
12	矿税制合同下海外石油企业自主发展模式创新与实践	三等奖

外事外联

【概述】 2021年，中油国际公司根据中国石油集团公司大幅提高海外业务倚重比例要求，践行国际油气市场深度且重要参与者的战略目标定位，以稳健成熟、专业高效的态度，开展并协调重要外事、对外交流活动，加强制度建设，完善优化相关制度流程，通过人才选拔与培养，打造成熟的、多语种外事外联人才队伍，为中油国际公司重大和日常外事活动及对外交流提供坚实保障。获中国石油集团公司“出国事务工作先进单位”“先进个人”表彰。

（罗黛琛　唐小涵）

【管理体系建立健全】 2021年，中油国际公司外事办公室遵循中国石油集团公司规范化、标准化及专业化的总体要求，在与国际伙伴、资源国政府等密切接触中，采纳、总结成功经验与典型做法，逐步建立健全符合中国石油集团公司管控要求，且满足海外油气业务发展需要的管理体系，以管理目标为导向，以过程优化为手段，建立涵盖外事活动组织、外事团组接待、会议及“云”会议组织、外事信函、外国人来华邀请等主要工作的管理制度、流程及工作标准，实现从“涉外人员管理”到“外事事务管理”2个维度由点及面的管控；规范相关工作从启动到办理、反馈、办结、归档的全流程体系化、信息化管理模式。

（罗黛琛　唐小涵）

【外事信函管理】 2021年，中油国际公司针对新冠肺炎疫情后外事信函数量激增等情况，落实领导人员外事信函管控，严把出口关，形成高效的中、英、法、俄语独立审校，密切联动机制，打造对外统一“语气”、塑造中油国际公司对外油气合作专业形象。多次发挥归口管理及审核管控作用，避免信函签发主体与投资主体不符，解决过往历史信函不可追溯等问题。全年完成信函翻译、审校、存档70余封，涵盖国际（家）石油公司及资源国政府28个，做到疫情期间外事往来信函收发标准统一、过程合规、议定事项可追溯。

（罗黛琛　唐小涵）

【行业舆情跟踪】 2021年，中油国际公司利用外事外联岗位人员语言优势，收集相关行业动态信息，拓宽信息渠道来源，翻译并编撰《信息参考》11期，内容涉及油气行业宏观环境、各相关资源国投资机会与动向，以及与中方合作密切的国家石油公司、国际油气公司巨头投资战略分析等。

（罗黛琛　唐小涵）

【外事活动】 2021年，中油国际公司外事部门根据新冠肺炎疫情期间视频会议频次增加情况，牵头协调相关专业部门，与会务人员密切配合，建立相应工作机制，高效组织国内国外、公司内外多方、多地重要外事会见20余场，对外重要交流活动20余次，重要签字仪式3场，参与全球项目的国际论坛1个，汇总整理项目背景情况、工作进展、会谈口径建议30万字，及时完成与之配套的会议记录。外事工作支持到位率100%（图6）。

图6　2021年3月，中油国际公司与北京市延庆区人民政府签署合作备忘录（中油国际公司办公室　提供）

（罗黛琛　唐小涵）

【会议管理】 2021年，中油国际公司组织、协调和支持各类日常会议370余次，包括中油国际公司党委会、董事长办公会、生产经营协调会及月度分析会、专题会议等；牵头负责中油国际公司“年度工作会议”“年度领导干部会议”“海外油气业务发展战略研讨会”“新冠肺炎疫情防控工作视频巡检会”“安委会”“各类主题教育活动宣讲报告会”“机关干部大会”等重要大型会议筹备及组织20余场，完成各类会议协调组织工作，控制各类会议成本、精简参会人员，减少非必要支出。全年会议预算缩减三分之二。在新冠肺炎疫情常态化期间，落实各项防疫要求，尽量减少举办外来人员聚集性会议，做好各类电话会议、视频会议的统筹协调和会议组织工作。组织协调与能源局海外油气业务座谈会，与北京市延庆区进行业务交流；配合中国石油集团公司班子成员工作调研、中国石油集团公司外部董事业务调研（图7）；组织协调与工程技术研究院、国际事业公司、天然气销售分公司、南方电网国际公司等单位开展业务交流；协调与新疆油田分公司签署技术服务合作谅解备忘录、与北京市延庆区政府签署合作备忘录；协调组织中国石油海外投资业务合规指引系列丛书发布会，实现与会信息“零泄密”、与会人员“零感染”的“双零目标”。

图7 2021年9月2日，中国石油集团公司外部董事到中油国际公司开展工作调研（中油国际公司办公室 提供）

（罗黛琛 唐小涵）

【岗位配置】 2021年，中油国际公司外事办公室根据“点面结合、差异化、全覆盖”设计，岗位人员分别对口支持领导班子人员分管业务外事协调与会务组织（点）、33个国家的90个项目（面），以及各类公司级重大会议协调及组织工作。按照语言分类，支持中英、中法、中俄3个语种的外事会见翻译，中、英、法、俄4个语种的信函审校，实现对中油国际公司主要作业者项目所在国语种覆盖。

（罗黛琛 唐小涵）

保密管理

【概述】 2021年，中油国际公司按照中国石油集团公司党组对保密工作指示精神，贯彻落实中国石油集团公司保密委和保密工作会议部署，保密工作机构各负其责，迎难而上，协同配合，围绕中心业务开展工作，推进保密信息化建设，成功打造中国石油集团公司首个“安全移动办公系统”，为复杂环境下的数据安全传输提供保障。开展保密培训，深化保密检查结果应用，扎实推进保密整改，领导干部责任意识和全员保密意识明显提升，逐步形成保密与业务融合趋势。全年无重大失泄密事件发生，保密工作整体形势安全可控。中国石油国际勘探开发有限公司获“中国石油集团公司保密密码工作先进单位”称号。

（任雁群）

【参与集团公司保密专家组工作】 2021年2月1日，中国石油集团公司进行保密专家换届。经中国石油集团公司第十协作组推荐、中国石油集团公司保密办初选、中国石油集团公司保密委员会审定，中油国际公司办公室副主任冯辉、中东公司闫吉森被选聘为中国石油集团公司第二批保密专家，任期 3 年，承担主导、参与中国石油集团公司保密教育培训、保密制度制修订等任务。

（任雁群）

【宣传教育活动】 2021 年 4 月，中油国际公司以国家安全日为契机，组织党委中心组扩大学习《中华人民共和国密码法》，提升和强化领导干部密码安全意识，为商用密码办公设备配备做好思想准备。以保密委员会和周生产经营协调会为契机，通过文件学习、案例分享和情况通报，巩固领导干部和涉密人员的国家安全意识和保密意识，推广安全手机应用。以配发安全办公手机为契机，采取现场讲解、答疑方式，宣传贯彻《CNODC 安全移动办公系统用户使用指导手册》《中国石油国际勘探开发有限公司涉密计算机及移动存储介质保密管理实施办法》。年内，举办业务部门级保密培训 10 次。

（任雁群）

【制度建设】 2021 年 6 月，中油国际公司印发《涉密计算机及移动存储介质保密管理实施办法》，明确工作手机和工作 PAD 全过程管理要求，指导员工行为管理。《实施办法》早于中国石油集团公司印发的有关文件 6 个月发布。

（任雁群）

【召开保密与密码工作委员会会议】 2021 年，中油国际公司召开保密与密码工作委员会会议 4 次。3 月 6 日，召开保密与密码工作委员会会议，审议通过保密与密码工作委员会调整方案、审议通过保密要害部门部位、保密重点部门、保密重点部位调整方案；审议通过保密工作机构、工作职责；审议通过 2021 年保密工作要点；审议通过公司商业秘密事项清单；审议通过《涉密计算机及移动存储介质保密管理实施办法》。8 月 24 日，保密与密码工作委员会召开会议，传达中国石油集团公司“十四五”保密密码重点任务。11 月 23 日，保密与密码工作委员会召开会议，传达中国石油集团公司保密工作部署，审议保密工作方案。12 月 31 日，保密与密码工作委员会召开会议，传达中国石油集团公司保密管理制度，部署 2022 年度保密委员会工作。

（任雁群）

【技防与物防管理】 2021 年，中油国际公司推广使用文档安全系统（DSM），有用户许可 3000 个。全年活跃用户 2382 个，占比 79.4%，比 2020 年活跃度增加 15.3%，基本覆盖中方主体员工。制作、配发安全 U 盘 85 个，方便员工携带敏感信息。

（任雁群）

【监督检查】 2021 年，中油国际公司加强石油核心商密、工作秘密、石油商业秘密信息和载体日常检查，重点检查涉密来文办理、涉密请示与报告起草环节，规范员工对各等级文件存储要求，做到不留死角。年内，通过中孚软件进行保密筛查 44 批次，抽查计算机 13860 台次。对于发现问题，督促部门立即整改，将整改结果向分管领导汇报，并在整改过程中开展有针对性的保密教育。

（任雁群）

【保密技术支持队伍建设】 2021 年，中油国际公司针对保密技术相关业务量持续增长情况，与北京中油联合信息技术有限公司联合签署技术服务合同，为保密系统提供专业维护力量，组建保密技术支持队伍，提升保密信息系统日常保障和管理，实现专人专职负责，提升系统专业保障能力，全年运维平稳无事故。重点加强日常运维服务能力，为中油国际公司员工（包括海外员工）及时有效处理解决工作手机、工作 PAD 和安全 U 盘等使用问题；提升系统升级专业管理能力，包括商密测评、工作手机系统功能优化和文档安全业务扩展等，确保项目实施进度节点，加快系统升级优化速度。

（任雁群）

【保密密码工作协作组工作】 2021年，中油国际公司作为中国石油集团公司保密与密码第十工作协作组组长单位，组织协作组内各项保密工作，组织本区域内24家在京单位开展自查互查、文件传达和信息汇总上报等工作。

（任雁群）

档案管理

【概述】 2021年，中油国际公司档案工作贯彻落实中国石油集团公司档案馆和中油国际公司档案管理委员会部署，围绕改革创新发展中心工作，把握服务企业发展宗旨，推进资源体系、利用体系和安全体系建设，全面创新体制机制，提升管理和服务水平。截至2021年底，中油国际公司有档案管理部门39个，专职档案工作人员8人，兼职档案人员近80人，有现代化智能档案库房3个，员工阅览室1间。国内海外油气业务档案库藏量12200卷、200254件，内存电子档案4TB。

（唐振华）

【档案基础业务建设】 2021年，中油国际公司开展境外档案支持与服务等基础业务建设，完成地区公司年度归档8537卷/件，为48家海外单位提供业务指导、培训和工作协助，完成俄罗斯公司国内历史资料清理工作；对苏丹1/2/4区项目、印尼项目（Madura、West Jambi、Selat Panjang、South Jambi B、Tuban、Salawati Island、Salawati Basin7个区块）、阿尔及利亚438B项目、乌兹别克斯坦老丝路项目4个退出项目实施资料归档工作对接；为乍得上游项目公司提供历史资料梳理清理服务。持续做好档案基础工作，完成数字化整理和年度归档8246卷/件，向中国石油档案馆移交档案10211卷/件。完成历史数据审核73871件，历史数据系统迁移14150件。提供档案查询服务254人次。

（唐振华）

【档案信息化建设】 2021年，中油国际公司按照“先试先行，引领示范”的数字档案馆建设原则，启动公司协同办公系统（OA）与集团公司档案管理系统（E6）集成归档试点项目，并获中国石油集团公司批准。其中，8月完成自建OA系统与E6系统集成技术标准编制，形成《电子公文归档工作规范》《电子公文集成归档接口方案》《归档电子公文格式规范》《归档电子公文元数据规范》，为电子文档归档提供技术依据。9月底，完成国内部分接口开发调试，12月底，完成64163条数据审核和归档。试点工作探索出自建系统数据归档技术路线，为中油国际公司其他自建系统归档数据全面纳入中国石油集团公司电子档案数据资源池统一保管利用积累经验。

（唐振华）

【档案史志编研】 2021年，中油国际公司完成《中国石油天然气集团有限公司年鉴》的海外油气业务部分编撰、统稿。出版中油国际公司首部年鉴，即《中国石油国际勘探开发有限公司年鉴（2019—2021）》，全书98万字，并形成约450人的撰稿编辑队伍。启动《中国石油国际勘探开发有限公司志》（简称《公司志》）编纂组织工作，初步确定23个卷本的框架体系，组建专家队伍，组织公司本部部门和国内单位、7个地区公司、5个项目公司开展编纂工作，年内大部分单位完成资料长编，并与石油工业出版社签订《公司志》出版服务合同。

（时　菁）

思想政治与企业文化建设

综　述

2021年，中油国际公司宣传思想文化工作以习近平新时代中国特色社会主义思想为指导，深入学习宣传贯彻党的十九大和十九届历次全会精神，学习贯彻全国宣传部长会议、中央企业宣传思想工作会议、中国石油集团公司工作会议精神和海外油气业务工作会议精神，贯彻落实《中国共产党宣传工作条例》，围绕海外油气业务改革发展中心任务，突出开展庆祝中国共产党成立100周年宣传教育、党史学习教育和“转观念、勇担当、高质量、创一流”主题教育活动，统筹抓好理论舆论、文明文化、内宣外宣、品牌形象、统战群团等各项工作，切实履行举旗帜、聚民心、育新人、兴文化、展形象的使命任务，为海外油气业务高质量发展提供思想保证、舆论支持、精神动力和文化条件。

（尹迎春）

思想政治建设

【概述】 2021年，中油国际公司思想政治工作始终坚持深入学习贯彻习近平新时代中国特色社会主义思想、习近平总书记对中国石油和中国石油相关工作的重要指示批示精神，深化开展党史学习教育及主题教育活动，干部员工深刻领会“两个确立”的决定性意义，进一步增强“四个意识”，坚定“四个自信”，坚决做到“两个维护”。

（尹迎春）

【党史学习教育】 2021年，中油国际公司按照中国石油集团公司党组开展党史学习教育部署，根据中国石油集团公司党史学习教育第四指导组要求，遵循分类指导、创新实践、融合推进的“三个原则”，执行高站位推动、高标准开展、高质量落实的“三高要求”，从海外油气业务实际出发，按照“三个区域、七个结合”总体安排，落实“四个无差别”，推动实现“行动无时差、推进无温差、思想无偏差、关爱无落差”，国内外学习教育实现“同温同步”。选派党员代表和基层党总支代表，分别在国务院国资委党史学习教育推进交流会和中国石油集团公司党史学习教育总结大会上做交流发言，“三类区域、四个无差别”经验做法得到中央指导组、国务院国资委党史学习教育领导小组、国务院国资委宣传工作局和集团公司党组宣传部高度评价。中国石油集团公司党史学习教育第四指导组指出：中油国际公司党史学习教育具有“一条主线贯穿始终、两大任务有机结合、三大节点有力引领、四大专题统筹推进、五学联动有声有色”的特色；党史学习教育“启动有力、推进有序、特色突出、效果明显，走在了各专业公司前列”。

（尹迎春）

【学习贯彻党的十九届六中全会精神】 2021年，中油国际公司党委把学习宣传贯彻党的十九届六中全会精神作为一项重大政治任务，作为党史学习教育重要内容，提前筹划，周密部署，持续贯彻落实“三个区域，七个结合”总体要求，制定并印发学习贯彻六中全会精神实施方案及重点任务安排表，落实7个方面16项具体工作，分区域分层次抓好全员学习培训，统筹组织好层层宣讲，开展理论阐释，抓好新闻宣传，使全会精神学扎实、悟到位、见实效。

（尹迎春）

【党委理论学习中心组学习】 2021年，中油国际公司党委采取扩大学习、专题研讨、集中宣讲、视频会议、专家讲座等多种形式，开展党委理论学习中心组集体学习25次，总结形成理论文章和调研报告23篇。发挥党委理论学习中心组领学促学作用，带动全员学习热潮，进一步增强运用党的创新理论武装头脑、指导实践，推动工作的政治自觉、思想自觉、行动自觉。

（尹迎春）

【“转观念、勇担当、高质量、创一流”主题教育】 2021年，中油国际公司贯彻落实中国石油集团公司“转观念、勇担当、高质量、创一流”主题教育活动部署，围绕中央和国家、中国石油集团公司、专题专项工作“三个层次”，紧盯“七个结合”，按照学习教育、宣讲、广泛讨论、对标对照、岗位实践5项具体工作分阶段、分层次确保主题教育活动落到实处。将主题教育活动与“不忘初心、牢记使命”主题教育常态化结合，与党史学习教育结合，与庆祝建党100周年系列活动结合，与提质增效“升级版”结合，与改革三年行动实施方案结合，与“我为员工办实事”和岗位实践结合，与中油国际公司党建实际情况和新冠肺炎疫情防控要求结合，做到体现海外特点，抓住工作重点，突出活动亮点，实现一体推进。学习教育体现学习的灵活性、交叉性，将主题教育活动与党史学习教育活动相结合，注重将集体学习、自学、专题研讨相交叉，推动将理论学习转变为破解发展难题。克服海外疫情导致的分散办公等不利因素，宣讲围绕“四个讲好”“五个讲清”推进，组织宣讲163场次，4096人次参加。围绕提质增效、亏损治理开展大讨论，对海内外共同研究制定细化提质增效“升级版”行动方案和亏损治理专项工作方案展开大讨论149场，3107人次参与。坚持5个对照，从8个方面对标查改，形成题为《锚定世界一流、勇担历史使命、奋力开创海外油气业务高质量发展新局面》对标研究报告。推进岗位实践，开展“我为员工办实事”实践活动，解决员工群众“急难愁盼”问题115项；持续开展合理化建议和创新创效攻关；加强宣传，选树典型，营造良好工作氛围。《中油国际公司召开“转观念、勇担当、高质量、创一流”主题教育活动宣讲会》一文在中国石油集团公司主题教育活动专栏刊登。活动经验做法3次被中国石油集团公司简报刊登。撰写的2篇论文被中国石油集团公司收录。

（孙小玉）

【新闻宣传】 2021年，中油国际公司围绕海外1亿吨稳产、“十四五”规划、关心关爱海外员工等主题讲好海外石油故事。全年在《中国石油报》刊发稿件50余篇。其中，《中国石油海外油气权益产量实现亿吨稳产》被国务院国资委官方微博、界面新闻、新华财经、新浪财经、新华丝路等媒体转发，浏览量超100万次，并入选“中国石油十大新闻事件”。中油国际公司党委书记、董事长叶先灯在《中国石油报》发表4篇署名文章，《中国石油报》微信公众号和中油国际公司微信公众号刊发员工返岗专题稿件。年内，加大冬季保供新闻宣传报道；在《中国报道》杂志刊发中油国际公司推进“一带一路”高质量发展专题文章；中油国际公司领导接受新华社绿色低碳发展内参采访；制定尼日尔二期项目宣传方案。

（崔　茉）

【“逐梦海外·献礼百年”主题征文】 2021年3月下旬起，中油国际公司党委开展“逐梦海外·献礼百年”主题征文活动，全方位、多角度、立体式展示中国石油海外油气业务创业28年发展历程与辉煌成就。征集主题征文105篇，评选出一等奖5篇、二等奖10篇、三等奖15篇、优秀奖40篇。在内网制作专题网页，刊发获奖作品，并将获奖作品结集印刷成册。

（崔　茉）

【公司门户网升级改版】 2021年4月起，中油国际公司党委宣传部与科技信息部、勘探院项目组多次对接，三方组建项目组拟定中油国际公司内网改版需求与技术路径，完成内网改造技术任务书，初步搭建起新门户网页面框架，明确升级改版技术路径。截至2021年底，门户网改版升级完成故事版搭建确认，相关数据迁移工作有序展开。

（崔　茉）

【中国石油形象建构与战略传播课题】 2021年5月，中油国际公司参与中国石油形象建构与战略传播专项课题，中油国际公司党委和7家地区公司分别完成《新时代中国石油形象建构与战略传播》课题书面研讨，形成8篇高质量研讨报告。

（崔　茉）

【“云开放”活动】 2021年6月3日，土库曼斯坦阿姆河天然气项目组织“云开放”活动，展示中国海外天然气保障项目建设和履行社会责任情况。

（崔　茉）

【首次海外油气业务十大新闻评选】 2021年底，中油国际公司党委宣传部自主策划，首次开展海外油气业务十大新闻评选，引发热烈反响，广大员工积极参与投票并转发推文，中油国际公司微信公众号推文总点击量超过2.1万次，有效票数超4.8万张，成为展示各业务领域亮点、各海外项目风采的一次有益尝试和实践。

（崔　茉）

【规范稿件报送流程】 2021年，中油国际公司规范门户网新闻报送流程，建立稿件保密审查机制，全年1000余篇新闻稿件通过内网投稿平台提交并由宣传岗严格审核，内部新闻发布进一步规范、有序，做到重要活动、重大新闻事件、重要生产经营业绩不漏报。

（崔　茉）

【专项活动】 2021年，中油国际公司依托中亚公司探索实施，在哈萨克斯坦开展专项企业文化活动，持续与主流媒体合作，宣传中哈两国友谊合作和中国石油品牌形象，在当地媒体刊发文章50余次；与高端智库和知名高校签署协议，推进中国石油企业与相关机构战略合作。中亚公司与哈萨克斯坦首任总统图书馆、哈萨克斯坦中国研究中心共同举办“能源丝路—中亚油气合作成果与前景”国际学术会议，与哈德大学、“一带一路”专家俱乐部等哈方机构，以及中国石油报社以现场与线上视频结合方式，召开中哈油气合作国际学术圆桌会议。与哈德大学研究所联合出版《托卡耶夫总统选集》俄文版，与哈萨克斯坦中国研究中心联合出版哈国首任总统纳扎尔巴耶夫个人传记《光辉岁月》俄文版、哈文版。

（崔　茉）

企业文化建设

【概述】 2021年，中油国际公司企业文化建设始终坚持贯彻落实习近平总书记文化工作系列讲话精神，以文化人、以文铸魂、以文培元，增强文化自信。弘扬石油精神和大庆精神铁人精神，挖掘提炼海外创业精神和爱国奉献、合作共赢、人本安全、温暖关爱、和谐融合“五种文化”深层次内涵。探索开展跨文化交流，讲好中国石油海外故事，丰富企业文化建设载体，创新宣传贯彻方式，将国有企业政治优势和中国石油文化优势转化为海外业务发展优势，切实履行“举旗帜、聚民心、育新人、兴文化、展形象”使命任务，为企业高质量发展提供强力引擎。

（孙小玉）

【新春视频拜年】 2021年2月，在新春佳节到来之际，中油国际公司给在春节期间坚守海外一线的广大干部员工和员工家属，送去节日祝福和问候，组织各地区公司录制新春拜年视频，送上真诚的祝福。中油国际公司党委以视频形式向全体员工、退休老同志及家属拜年。中油国际公司董事长、党委书记叶先灯致新春贺词，并带领班子成员向海外石油干部员工及家属致以新春问候和美好祝福。

（孙小玉）

【拍摄《回“家”》10集微纪录片】 2021年2月9日起，中油国际公司策划的《回“家”》主题10集微纪录片在央视频、新华网、“学习强国”和中国石油集团公司官微、“铁人先锋”、海外油气合作公众号等内部媒体每天推出一集，记录海外石油人春节前逆行、疫情中返岗的感人故事，引发百万干部员工特别是海外员工和家属的强烈共鸣，掀起收看和评论热潮。春节期间，《回“家”》系列微纪录片总播放量超过501万次，成为中国石油集团公司春节期间宣传主流话题之一，展示出新时代海外油气业务“四特”队伍四海为家、加油争气的精神风貌，为海外油气业务高质量发展营造良好氛围。

（孙小玉）

【女职工典型选树】 2021年3月，中油国际公司通过挖掘选树，推荐中东公司艾哈代布项目副总工程师赵丽敏参评中国石油集团公司“感动石油，巾帼风采”人物评选，在数百位候选人中脱颖而出，获“中国石油十位杰出优秀巾帼”称号。赵丽敏事迹材料《探寻地下奥秘永无止境，筑梦海外彰显巾帼本色》在中国石油集团公司官微、《中国石油报》官微刊发。

（孙小玉）

【第六届新媒体内容创作大赛】 2021年3—5月，中油国际公司参与中国石油集团公司第六届新媒体内容创作大赛，庆祝中国共产党成立100周年。活动征集报送摄影、图文、动漫、微记录作品和微电影作品47个。中油国际公司获中国石油集团公司新媒体大赛优秀组织奖，《回“家”》获特别优秀奖。

（孙小玉）

【“逐梦海外、献礼百年”书画摄影展】 2021年6月30日，中油国际公司为庆祝中国共产党成立100周年，举行“逐梦海外、献礼百年”书画摄影展开幕式，展期1个月。经过近4个月筹划和征集，收到国内外员工书画摄影作品360幅（张）。部分作品为驻守海外干部员工创作撰写，并辗转多国、多地运送回国，表达海外石油人热爱党、热爱祖国、忠诚奉献的精神风貌。

（孙小玉）

【参加集团公司建党100周年歌咏比赛】 2021年6月，中油国际公司组织参加中国石油集团公司举办的庆祝中国共产党成立100周年在京单位歌咏比赛，60名党员干部、员工组成的合唱队以《我宣誓》《保卫黄河》歌曲参赛，夺得金奖（总分第二名）。中油国际公司获中国石油集团公司组委会授予的“优秀组织奖”。

（孙小玉）

【公司文化展厅改造】 2021年，中油国际公司为展示海外油气业务，坚持新发展理念，坚持奉献能源、创造和谐的企业宗旨，坚持弘扬石油精神和大庆精神铁人精神，积极筹备公司文化展厅改造项目。展厅内容更新坚持内外兼顾原则，布展改造重点建设序厅和核心展区，并融入高科技展示手段，提高数字化、智能化布展内容，提升展厅稳定性和后续改造可连续性。年内完成招投标程序和合同签订。

（孙小玉）

【宣传思想文化工作先进集体和个人评选】 2021年，中油国际公司推荐多家单位和个人参与中国石油集团公司宣传思想文化工作先进集体和先进个人评选活动，中国石油集团公司表彰182个先进集体和289名先进个人。其中，中油国际管道公司党委、中油国际（伊拉克）艾哈代布公司党委等10家单位获评中国石油集团公司2020年度宣传思想文化工作先进集体；中油国际中东公司朱锦等9人获评中国石油集团公司2020年度宣传思想文化工作先进个人。

（孙小玉）

【外塑形象】 2021年12月6日，中国企业全球形象高峰论坛在北京召开。本次论坛由中宣部、国务院国资委、全国工商联为指导单位，中国外文局主办、中国对外书刊出版发行中心（国际传播发展中心）承办。论坛采用线上线下相结合方式，主题为“推进可持续发展 共建美好世界”。论坛揭晓“2021年（第四届）中国企业国际形象建设案例征集活动”结果。从中央企业、地方国企及民营企业报送的162个有效案例中最终选出36个获奖案例。中油国际公司《用“云开放”与“融创新”讲述海外合作故事》获评“中国企业国际形象建设优秀案例”，该案例展示中国石油一批海外项目。“云开放日”活动不断创新，国内外观众都有机会“云游”四方，体验异国风情，感受开放合作魅力。

（孙小玉）

群团工作

【概述】 2021年，中油国际公司工会围绕服务海外油气业务发展大局，系统推进关心关爱服务、民主管理建设、文体福利保障、职工建功创新等四大体系建设，着力打造更具引领力、创造力、凝聚力的创新型、服务型、活力型“三力三型”工会，扎实做好群团统战工作。做好“四个突出”，落实“三个无差别”，推进党史学习教育走深走实，举办系列文体活动，推进党史学习教育深入群众、深入基层、深入人心。紧扣温暖关爱合作共赢，以人为本，服务中心，突出为民惠民，聚焦“急难愁盼”，用心用情用力推动“我为员工群众办实事”。推动文化管理能力融入党的建设、融入改革发展、融入人才强企和公司治理。培养锻炼优秀年轻干部，育才荐才，引领团员青年争做有志气、有骨气、有底气的海外石油青年。

（陈 宁）

【民主管理建设】 2021年1月，中油国际公司召开第四届职代会暨工代会，换届选举第四届工会委员会和经费审查委员会以及第二届职工代表监事。通过职代会，员工群众主动参与公司管理和发展，全年职工提案34件，8件立案并全部解决。通过民主管理、监督落实，通过3种渠道加大北京户口办理力度，通过市场化和俄语区队伍结构优化部分缓解海外关键岗位人才短缺问题，通过政策细化解决劳保防护用品发放空白和漏点，通过制度修改解决海外员工工资汇兑损失问题。制定工会选举、工会组织管理常用制度汇编，加强工会经费制度化建设和工会兴趣小组管理，加强成本管控，优化报销平台。印发《中国石油国际勘探开发有限公司国内工会经费收支管理办法》，明确工会会员集体福利标准，细化工会活动奖励标准；印发《中国石油国际勘探开发有限公司文体活动兴趣小组暂行管理办法（试行）》，加强工会兴趣小组管理，将成本控制管理植入兴趣小组日常管理。

（陈　宁）

【关心关爱服务】 2021 年，中油国际公司以增加规模经济油气资源、夯实储量基础为己任，以解决员工群众“急难愁盼”为第一要务，聚焦“五个突出、五个围绕”重点任务，全年开展“我为员工群众办实事”129 项，解决新冠肺炎疫情期间海外员工轮休假、薪酬福利待遇、人员培养、后勤保障、协助就医和 59 号楼产权办理等员工“急难愁盼”问题。提炼总结、选树典型，推荐参评中国石油集团公司优秀案例 8 项、EAP 优秀案例 1 项，在铁人先锋 App 全文转发报道。开展海外企业、所属单位、本部部门领导班子与员工一对一谈话，收集问题 883 个，522 个问题第一时间解决，361 个个性化问题基本解决，1448 名员工参加谈心谈话，员工感觉“充分表达”和“被倾听”，感受到“被关注、理解和支持”。牵头组织困难帮扶、开展中国传统节日慰问，年均帮扶困难员工 150 人、下拨帮扶资金 55 万元，元旦、春节、端午、中秋、国庆等节假日定期开展节日慰问传递公司温暖。

（陈　宁）

【文体福利保障】 2021 年，中油国际公司文体活动内容丰富、组织规范，建党百年期间开展“大国顶梁柱 永远跟党走”群众性系列活动；举办全员工间操比赛、“石油工人心向党 建功海外新征程”岗位讲述演讲比赛、雁栖湖团队建设活动、“铁人先锋”健步走、读书月等文体活动。成立、规范瑜伽、舞蹈、羽毛球、足球、篮球、乒乓球、台球、游泳、健身、书法 10 个兴趣小组，平均每天开展 1—3 场小组活动，提供教师、场地、物料等支持，员工可随时加入活动。集中开展资金优化与管理，创新思路，调整节日慰问品科目，优先保障职工文体活动、集体福利经费。整合线上线下资源，创新开展电商平台优选精选，携手京东、石油 E 采、昆仑好客、优联服务、紫京物业，为员工群众提供更好的服务体验，实现集体福利企业对个人服务升级。

（陈　宁）

【职工建功创新】 2021 年，中油国际公司围绕主营业务开展降本提质增效攻关。以各海外项目为主体，组织海外项目降本提质增效攻关 99 项、“五新五小”群众性经济技术创新成果推荐 93 项，助力技术创新，驱动高质量发展。选树典型，开展先进评选。牵头组织推荐中国石油集团公司先进集体、优秀个人、先进工会组织、工人先锋号、巾帼及海外油气业务先进集体、杰出员工、优秀员工等专项奖励，组织推优评优 400 多人（含集体）。履行社会责任，组织中油国际公司本部机关及国内所属单位 60 名员工参加无偿献血活动，献血 9800 毫升、成分血 3 个治疗单位，在 24 家在京单位献血总量中排名第一，受到中国石油集团公司献血办高度赞扬。启动企业文化升级课题研究，继承和发扬五种文化，对标优秀国际石油公司，加强文化规划建设和管理。

（陈　宁）

【共青团工作】 2021年，中油国际公司团委组织广大团员青年学习十九届六中全会精神和习近平总书记“七一”重要讲话精神，开展“学党史、强信念、跟党走”学习教育；参加各类学术活动并取得佳绩，助力青年成长成才；组织参选并获中国石油集团公司“十大杰出青年”及“青年文明号”等荣誉；中油国际公司团委组织参加2021年度集团公司青年岗位创新大赛，中油国际（伊拉克）艾哈代布公司叶玉峰、彭笑威、李志国申报的《水平井网周期性交替注水提高采收率技术研究及应用》获一等奖；中油国际（伊拉克）西古尔纳公司孙唯童申报的《商业智能软件在油田管理中的应用——以油藏监测为例》、中油国际管道公司龙宪春等5人申报的《马德岛油库计量管理系统》获三等奖；中东公司张烨申报的《基于机器学习的产量预测新模式的探索与实践》等7项公司团委组织的申报成果被评选为优秀奖。中油国际公司团委被中国石油集团公司团委授予“优秀组织奖”。

（陈　宁）

中国石油国际勘探开发有限公司年鉴 2022

CHINA NATIONAL OIL AND GAS EXPLORATION AND DEVELOPMENT COMPANY YEARBOOK

海外大区公司

综 述

2017年，根据《集团公司海外油气业务体制机制改革框架方案》，中油国际公司深入推进海外油气业务新一轮改革，建成“三级管控、四位一体”管控新模式，形成由21个职能和业务部门、7大地区公司、3大中心（海外研究中心、专家中心、后勤保障中心）、3小分中心（人事、财务、HSSE）组成的“四位一体”21733矩阵式管控架构，对海外项目进行专业化管理。地区公司包括中油国际中东公司、中油国际中亚公司、中油国际尼罗河公司、中油国际拉美公司、中油国际西非公司、中油国际俄罗斯公司和中油国际管道公司，为中油国际公司本部组成部分，是中油国际公司本部在海外的延伸，代表中油国际公司本部负责所属区域项目公司管理。中油国际管道公司是中油国际公司所属管道业务管理的专业化公司，承担海外相关管道项目管理任务。各地区公司发挥靠前优势，加强对所属项目的生产经营管理、投资管理、质量健康安全环保及社会安全、公共关系、股东行权、债权债务清偿、税务筹划、本地法律事务、所属项目经营策略研究与指导等职能，不断提升区域内本地化响应能力。

2021年，中东公司推进实施“一项目一策略”油田开发生产工作方案，把握油价回升时机，加强与资源国政府和中联油沟通协调，加快提油回收，发挥中国石油集团公司“一体化”优势和内部市场监督协调职能，搭建内部资源共享平台，推动地区业务协同发展。中亚公司围绕中国石油集团公司提出的将中亚地区打造成为集“资源、供应、效益、品牌”四位一体“一带一路”核心油气合作区战略目标，统筹协调中亚地区投资业务和技术服务业务，重点做好资源、供应、效益、品牌四篇文章，推动解决深化提质增效、人才队伍建设、资源可持续发展三件大事。尼罗河公司克服“油田递减快、环保要求高”两项常规困难，稳妥应对“防疫抗疟压力高企、主力油田洪水肆虐、两苏安全形势严峻、商务问题更加复杂”四大新挑战，扎实推进提质增效专项行动和国企改革三年行动，圆满完成各项生产经营任务。拉美公司围绕做特拉美战略定位，全力应对拉美新冠疫情蔓延、主要资源国政局动荡、部分区域社会安全形势恶化、对委制裁延续、自然灾害频发等重大风险挑战，坚决杜绝颠覆性风险发生，超额完成绝大部分生产经营指标任务。西非公司统筹做好新冠肺炎疫情防控、社会安全应对和生产经营各项工作，聚焦重点目标领域，积极甩开新区带、新层系，自主勘探持续获重大发现，多口探井喜获高产油流，在剩余有限勘探期内进一步夯实储量规模，储量、利润等主要指标创近年最好水平。俄罗斯公司项目成本费用逐年降低，竞争优势持续提升，成功签署外部融资协议，保障项目建设期稳定资金来源，提升抵御风险能力和项目影响力，为中油国际公司保亿吨产量高质量发展做出贡献。国际管道公司持续完善跨国调控体系和完整性管理体系，推进关键技术攻关，生产运行水平持续提升，在需求反弹、供给不足的背景下，把能源保供作为首要政治任务，在高输量、强负荷工况下，通过建专班、强调控、细计划、严管理、控管存、勤保障，精准执行生产任务。

（徐金忠）

（中东公司　提供）

中东公司

1997 年 6 月 4 日，中国石油签署伊拉克艾哈代布油田开发项目，中国石油在中东地区的石油勘探与开发合作开始起步。2009 年 12 月，中国石油股份公司成立中国石油股份有限公司伊拉克公司（简称伊拉克公司），行政上由中国石油股份公司直接管理，业务上归中国石油海外勘探开发分公司管理，为正局级。12 月，中国石油集团公司决定，在中油国际（伊朗）有限公司基础上成立中国石油天然气集团公司伊朗公司（简称伊朗公司），为正局级。伊朗公司行政上由中国石油集团公司直接管理，业务上归中国石油海外勘探开发分公司管理，为中国石油集团公司内部海外业务区域性管理机构。2015 年 12 月，中国石油集团公司强化对中东地区布局的战略管理，整合中国石油股份公司伊拉克公司、中国石油天然气集团公司伊朗公司，以及中国石油海外勘探开发公司直接管理的中油国际（阿联酋）公司、中油国际（叙利亚）公司、中油国际（阿曼）公司，组建中国石油中东公司并和中东地区协调组合署办公。2017 年 7 月，中东公司按照中国石油集团公司实施海外油气业务体制机制改革部署，更名为中油国际中东公司，2021 年 3 月，根据中国石油组织体系优化调整实施方案，中油国际中东公司更名为中国石油中东公司（简称中东公司）。中东公司在伊拉克、伊朗、阿曼、阿联酋、叙利亚 5 个国家，以技术服务、回购、矿税制、产品分成 4 种合同模式，与埃克森美孚

（ExxonMobil）、英国石油公司（BP）、法国道达尔能源（Total Energies）、壳牌石油（Shell）等18家合作伙伴，合作15个石油勘探和开发投资项目，并协调在伊拉克、伊朗、阿联酋、阿曼、叙利亚、科威特、沙特阿拉伯、卡塔尔8个国家和地区中国石油服务保障单位业务。业务涵盖工程建设、工程技术、物资装备、技术支持、后勤保障、原油贸易、金融服务等产业链。中东公司实施做大中东战略任务，高质量打造中国石油海外业务“一带一路”合作旗舰。“十三五”期间，权益年产量增长450万吨以上，2019年迈上年作业产量1亿吨新台阶，经营效益和规模同步提升。中东公司连续3年保持作业产量过亿吨，权益产量过5000万吨，投资回报率保持在较好水平，同时发挥中国石油“一体化”优势，实现投资与服务保障业务协调发展，实现“十四五”良好开局。

（黄贺雄）

【概况】 2021年，中东公司贯彻落实中国石油集团公司、中油国际公司部署，应对新冠肺炎疫情、政府限产，以及复杂地缘政治形势和社会安保局势等挑战，围绕年度工作目标，开展学习教育和“转观念、勇担当、高质量、创一流”主题教育活动，推进提质增效“升级版”专项行动，实施“一项目一策略”油田开发生产工作方案，以项目合同条款为依据，开展商务运作和经营策略研究，把握油价回升时机，加强与资源国政府和中联油沟通协调，加快提油回收，发挥中国石油集团公司“一体化”优势和内部市场监督协调职能，搭建内部资源共享平台，推动地区业务协同发展。发展态势持续稳健，生产经营指标超出预期，QHSE管理保持良好业绩。全年，中东公司完成原油作业产量超1亿吨、权益产量超5000万吨，超额完成年度计划，所属7个项目超额完成计划产量目标。超额实现年净利润、净现金流计划，提前1年实现区域投资业务整体回收。

（黄贺雄）

【包机专班】 2021年1月21日，中东公司配合国际部组织沙特包机，协助8家单位230人在春节期间回国与家人团聚。年末，成立伊拉克工作专班，以“严而又严，细而又细”态度，克服困难，精心组织，召开专项工作会议35次；完成国资委、伊拉克使馆、专班和现场四方视频巡检3次，召开四方工作会议3次。12月30日，航班顺利成行，31个动迁小组，270人平安抵达西安，回国后8次检测全部正常，实现“讲政治，顾大局，零输入”，完成“让更多员工安全回家”目标，得到国资委、陕西省政府、伊拉克使馆和中国石油集团公司肯定。

（黄贺雄）

【召开2021年工作会议】 2021年2月8日，中东公司召开2021年工作会议，贯彻落实中国石油集团公司、中油国际公司2021年工作会议精神，总结中东公司2020年及“十三五”期间工作成果，部署2021年重点工作。中东公司总经理王贵海作题为《善育新机，勇开局面，奋力续写中东业务高质量发展新篇章》工作报告，中东公司副总经理李应常、韩绍国、李庆学、张红斌分别传达中国石油集团公司、中油国际公司2021年工作会议精神，中东公司副总经理宫长利主持会议。会议通过视频形式，以迪拜为主会场，在伊拉克、阿曼、阿布扎比多地设立分会场，中东公司领导班子成员、总经理助理、机关部门负责人在主会场参加会议，各项目领导班子成员、部门负责人在分会场参加会议。

（黄贺雄）

【驻迪拜总领事视频连线慰问中东公司员工】 2021年2月21日，中国驻迪拜总领事李旭航、经济商务参赞吴毅代表总领事馆视频连线中东公司，向中东公司干部员工表示春节慰问，传递使领馆关心关爱，送上新年祝福。李旭航高度肯定中东公司2020年应对新冠肺炎疫情冲击，实现“两稳”“外防输入”工作目标。2020年8月24日—2021年2月，中东公司面对疫情防控和生产经营双重挑战，牢守“坚决不给阿联酋及国内输入1例病例”底线，为支持国内抗疫和阿联酋当地抗疫做出贡献。中东公司组织编写的《新冠肺炎疫情防控指南》，被列为驻迪拜总领馆领区疫情防控样板指南，成为中资企业疫情防控模范案例，得到推广使用。李旭航对中东公司生产经营取得超预期成绩表示祝贺，对中东公司疫情期间为总领事馆、中国商会以及迪拜中国学校筹建给予大力支持表示感谢。

（黄贺雄）

【阿曼5区第一口探井获发现】 2021年4月26日，阿曼5区项目中部直井段钻至目的深度完钻。5月27日，阿曼5区项目中部达哈布构造部署的第一口勘探评价井，获勘探新发现，为5区块新增潜力层位。根据录井、测井解释结果，发现油气显示和3个1—3米厚油层，在舒艾巴层发现3.79米和0.7米厚油层，根据舒艾巴层有效厚度，储层孔隙度、含油饱和度及流体性质，确定在舒艾巴层进行直井完井，对舒艾巴层2个油层的有效厚度进行射孔后自喷投产。该井一直自喷生产，不含水，累计产油12.1万桶。12月26日，在阿曼5区东北部部署年度第二口勘探评价井开钻，录井在舒艾巴层发现10米油迹和气测显示。

（黄贺雄）

【阿布扎比陆上项目第一口探井开钻】 2021年7月11日，阿布扎比陆上项目部署第一口探井开钻，8月16日完钻，压裂测试3层，其中下部玛达德层为致密储层未进行压裂测试，上部玛达德层测试结果较好，酸化和氮举得到间歇产量达每日600桶（1桶=0.159立方米）左右，10英尺（1英尺=0.3048米）垂直压裂段压裂后，达每日150—250桶的连续油流；中部和上部什奈夫压裂测试结果100%含水；11月，非常规探井完钻。

（黄贺雄）

【召开2021年领导干部会】 2021年7月21日，中东公司召开2021年领导干部会议。中东公司总经理王贵海作题为《勠力同心，砥砺奋进，全力推动中东业务高质量发展迈上新台阶》工作报告，总结2021年上半年取得主要成果，分析面临形势，从8个方面部署2021年下半年重点任务。中东公司常务副总经理卢江波主持会议并作工作总结报告。中东公司副总经理李庆学、总会计师张红斌分别传达中国石油集团公司、中油国际公司2021年领导干部会议精神。中东公司总经理助理冀成楼作2021年上半年QHSE工作报告。会议以迪拜为主会场，在艾哈代布、哈法亚、北阿扎德甘、阿布扎比和阿曼多地设立视频会议分会场。中东公司领导班子成员、总经理助理、机关部门负责人，以及项目领导班子成员、部门负责人及部分员工代表90余人在主、分会场参会。

（黄贺雄）

【首届青年员工技能大赛】 2021年8月12日，中东公司举办“任重添辅翼 技精展风采”首届青年员工技能大赛预选赛，落实中国石油集团公司“人才强企工程”方针，促进岗位人员挖掘业务领域，加强跨业务技能、经验分享交流。大赛由中东公司人力资源部、团委主办。预选赛参赛选手26人，13人晋级决赛。9月1日，举行首届青年员工技能大赛决赛，经对主题内容、语言表达、形象表现、材料展示进行评分，邓诗诗获特等奖，张烨获一等奖，孙唯童、彭笑威获二等奖，胡莹、王瑞瑞、李骥获三等奖，6人获优秀奖，13人获优胜奖。中东公司常务副总经理卢江波作总结讲话，要求青年员工以“干”字当头、“实”字托底，发扬苦干实干、“三老四严”优良传统，持之以恒加强思想淬炼、政治历练、实践锻炼、专业训练，做政治坚强的明白人、做本领高强的内行家、做意志顽强的实干家，把个人理想和志向融入公司发展和壮大之中。首届青年员工技能大赛后，中东公司为中国石油集团公司创新大赛推荐人选5人，推荐5项成果，全部获奖，占中油国际公司获奖总数的一半，其中1项成果获中国石油集团公司创新大赛一等奖。

（黄贺雄）

【召开质量管理经验交流会】 2021年9月26日，中东公司召开质量管理工作经验交流会。鲁迈拉项目作业部刘以胜作题为《鲁迈拉作业部质量管理工作介绍》汇报交流，阿布扎比项目李荣作题为《阿布扎比项目质量管理QA/QC工作介绍》汇报交流，哈法亚、艾哈代布、西古尔纳、北阿、MIS和阿曼项目在自由交流发言中，结合各项目特点及实际情况，交流质量管理心得体会，总结各自质量管理工作优缺点，明确下一步工作目标。中东公司和各项目主管质量工作和井筒作业相关部门代表，40人参加会议。

（黄贺雄）

【召开井控工作交流会】 2021年11月1日，中东公司召开井控工作交流会，落实中国石油集团公司、中油国际公司“井控警示月”活动要求，活动主题为“积极井控，警钟长鸣”。中东公司、川庆钻探井控应急救援响应中心、各项目主管安全生产、井筒作业部门代表40人参加会议。川庆钻探介绍中国石油井控应急救援响应中心井控预防保障和三级井控应急救援情况。西古尔纳作业部结合联合公司中美孚石油经验做法，从国际化合作、井控业务特色化培训等方面提出意见和建议；鲁迈拉作业部就现场应急演练、制度程序建立、甲乙方沟通桥接等方面，分享联合公司中英国石油开展井控工作心得。哈法亚作业部表示，继续在井控培训业务基础上，做好三级井控工作。

（黄贺雄）

【召开低碳转型学习研讨会】 2021年12月23日，中东公司以视频方式召开学习研讨会，主题是“全球能源绿色低碳转型趋势下的中东公司业务发展策略”。中东公司领导班子成员、各项目公司和机关各部门相关人员以现场和视频结合方式参加会议。中东公司规划计划部介绍全球能源绿色低碳转型趋势以及各国政策和各公司应对，评估中东低碳能源资源和节能减排情况，对中东高质量可持续发展思路和策略进行初步梳理。与会人员立足自身业务，围绕中东高质量发展，结合能源转型背景，对绿色发展理念、新能源合作、碳减排措施、油公司转型策略、核心竞争力构建、技术和商业模式创新、法律风险防范等相关议题提出有针对性、建设性意见和建议。中东公司总经理王贵海在总结发言中强调，要正确认识和把握行业趋势，坚持有所为有所不为；要坚定做大中东战略不动摇，积极作为、主动转变；要高度重视人才队伍建设。

（黄贺雄）

【油气勘探】 2021年，中东公司针对阿曼5区块和阿布扎比陆上项目，开展勘探部署，按照滚动勘探稳步推进，寻找勘探潜力圈闭，减缓老油田产量递减，实现项目增储稳产部署。在阿曼5区中部达哈布构造部署勘探评价井，部署第一口勘探评价井，并在距该井1千米处完钻评价井，均获勘探新发现。完成阿布扎比陆上项目部署第一口探井开钻，达每日 150—250 桶的连续油流。

（黄贺雄）

【油气开发生产】 2021 年，中东公司针对资源国持续限产和新冠肺炎疫情挑战，根据资源国限产及其政策变化，推进“一项目一策略”油田开发生产工作方案。强化油藏管理，优化开发部署；推进注水工程，为油田可持续开发夯实基础；落实稳产上产措施，保持生产主动。采取措施作业增产，哈法亚、鲁迈拉、西古尔纳、北阿扎德甘、MIS 和阿曼 5 区块 6 个项目，采取补孔改层、气举诱喷、压裂、酸化、下电泵、转抽油机、转气举、卡堵水、修电泵和抽汲诱喷等措施取得良好效果，全年完成原油作业产量超 1 亿吨、权益产量超 5000 万吨，完成年度计划的 105%。艾哈代布、哈法亚、鲁迈拉、西古尔纳、北阿扎德甘、阿曼 5 区和阿布扎比陆上 7 个项目超额完成年度计划产量目标。

（黄贺雄）

【注水工作】 2021 年，中东公司各油田推动各项注水工程进度，提升注水能力，为油田可持续开发做好基础工作。哈法亚油田推进注水工程，重点抓好高压注水站升级工程。艾哈代布油田推进 9 采 6 注的不稳定交替注采试验井组，提高斜向驱替效率、水驱波及体积和水驱油效率。鲁迈拉油田注水恢复工程稳步推进，北鲁注水工程进展顺利。北阿扎德甘油田加强注水先导试验，证实主力油藏水平井注水开发方式有效。阿布扎比陆海项目水井全部投注，正式进入全面注水开发阶段。陆上和海上油田主力油藏实现稳定注水，优化注水注气，保持油藏压力。阿曼 5 区项目保证稳油控水，优化井位部署，实施精细注水，完善注采井网，严控注采比，使地层能能量保持在泡点压力附近。

（黄贺雄）

【不稳定交替注采先导试验】 2021 年，中东公司艾哈代布项目利用限产限输窗口期，通过精细注采和实施不稳定交替注采先导试验，优化老井生产和腐蚀治理；推进 9 采 6 注不稳定交替注采试验井组，提高斜向驱替效率，提高水驱波及体积和水驱油效率，交替试验区 9 口井全年累计降低含水 7.6%，完成年度计划的 100.5%。

（黄贺雄）

【注水先导试验】 2021 年，中东公司北阿扎德甘油田继续加强注水先导试验，注水井因连接管线泄漏，9 月 21 日，停注关井。截至注水井停注前，累计注水约 90 万桶，累计注采比 0.45。一线油井日产液量含水约 62%，较注水开始前，含水上升约 12%，井底流压上升约 239 磅力 / 英寸^2，二线油井日产液量含水约 25%，较注水开始时含水上升约 10%，井底流压上升约 114 磅力 / 英寸^2，试验井组 2 口对应油井明显受效。自 2020 年 2 月启动注水先导试验，持续完成 3 轮注水试验井组两口生产井的井下压力监测。试验过程中，在获取井底压力、含水率和水性分析等监测数据基础上，与技术支持团队结合进行注水效果综合分析评价，编制分析评价报告和技术政策优化方案，确保注水试验顺利实施并取得良好效果，证实开发方案和注水试验执行方案设计科学合理，主力油藏水平井注水开发方式有效。

（黄贺雄）

【措施作业】 2021 年，中东公司各油田采取措施作业增产，哈法亚、鲁迈拉、西古尔纳、北阿扎德甘、MIS 和阿曼 5 区块 6 个项目，进行补孔改层、气举诱喷、压裂、酸化、下电泵、转抽油机、转气举、卡堵水、修电泵和抽汲诱喷等措施取得效果。措施487井次，措施增油840余万吨。

（黄贺雄）

【水平井水力加砂压裂先导试验】 2021年，中东公司哈法亚油田为难动用储量的合理开发进行探索，对致密储层萨迪进行储层改造试验，均取得可喜成果。哈法亚项目第一口压裂井自2020年12月9日投产，初期产量近2000桶/日，2021年2月，压恢测试地层压力保持约67%，估算年递减率超过25%。第二口加砂压裂井完成12段加砂压裂，12月投产，初产2200桶/日。西古尔纳油田萨迪油藏平均渗透率3毫达西，完成两口水平井压裂试验，压后产量分别为1000和3500桶/日，递减快，年底产量为800桶/日左右。油田处于试采阶段。

（黄贺雄）

【重点工程建设】 2021年，中东公司在保证安全环保和稳产增效前提下，采取把控节奏、有保有压、策略调整等措施，推动重点产能项目建设。其中，艾哈代布项目继续推动腐蚀治理工程，油气处理站低压系统玻璃钢管线更换工程完工。哈法亚项目重点抓好高压注水站和天然气处理厂建设。鲁迈拉项目集中有限资源推进注水和去瓶颈工程，在6号中心处理站新建永久注水装置投产，南鲁新建游离水分离器基本完成。西古尔纳项目推进连接工程和产出水处理二期工程建设，推动新建原油处理列和橇装原油处理设施招授标进程。阿布扎比陆海项目二期贝巴泽油田群整体开发工程采办建设工程授标。

（黄贺雄）

【技术支持】 2021年，中东公司技术支持中心强化对各项目技术支持力度，提升油田开发水平和创效能力。加强生产动态跟踪分析，对在产项目产能进行跟踪分析，对重点产能工程、注水工程和其他重点工程等提前谋划，为中东公司生产决策提供依据。迪拜和阿布扎比技术支持分中心结合生产实际，发挥在综合研究、技术攻关、技术交流、开发方案优化等方面作用。各技术支持机构派专家参加鲁迈拉、西古尔纳、阿布扎比和阿曼等项目伙伴技术交流会及开发方案讨论会，表达中方技术观点，推动中方意图在联合公司得以实施。参加鲁迈拉项目股东层面ERP2021审查会，TRM会议5次，方案讨论会6次。参加西古项目CTC会议3次，阿曼项目TSC会议2次；对哈法亚靠前技术支持主要包括，完成13口开发井部署、新井设计、完井设计及8口井转注设计；优化MA2、MC2油藏水平井部署，解剖39个注采井组，建立4类注水受效模式，提出分层系注水开发相关措施建议；跟踪评价哈法亚全油田生产动态分析，提出新井部署、完井、措施作业等工作建议；完成次主力砂岩油藏纳哈乌玛先导注水试验实施效果评价，评价注采参数，指导注采模式优化部署；完成低渗复杂流体油藏喀塞比产能评价及注水先导试验评价，为开发潜力分析及开发技术政策优化提供指导依据；紧密跟踪评价特低渗难动用油藏萨迪水平井多段压裂实施效果，协助持续推广现场应用，有效指导不同甜点区产能滚动评价部署；持续跟踪评价MK层水源井产能及水源层供水潜力，为落实油田注水水源提供技术支撑；对已有井人工举升电泵、气举评价，提出建议。对艾哈代布靠前生产技术支持主要包括，基于月度生产动态数据分析及数值模拟研究，按照月度提出单井注采调整实施计划和监测计划；完成60口高含水井组井网交替注采，不稳定注采实施调整与跟踪；完成伊拉克附近DH油田综合评价和初步部署，提交2口井的8层测试方案。

（黄贺雄）

【跟踪研究】 2021年，中东公司技术支持中心对哈法亚油田跟踪研究工作主要包括，完成哈法亚油田米什日夫、MA2、MC2–MC3油藏开发方案综合地质评价及地质模型更新，其中米什日夫完成方案编制并通过专家审查，MA2建立岩溶成因及分布模式，揭示产能地质主控因素，MC2–MC3建立低阻油层识别技术，重新评价油藏类型；完成哈法亚油田JK油藏开发调整方案编制，编制推荐的方案通过多轮专家评审，方案设计指标适中，部署基本可行，得到中油国际公司和项目公司认可；完成哈法亚油田次主力萨迪、喀塞比油藏饱和度解释和校核工作。对艾哈代布油田技术研究工作主要包括，开展斑状灰岩（硬底）成因分析，识别五级旋回界面，实现“花斑状”灰岩测井定量识别，形成一套适用于该油田的水平井精细地层对比划分及水平井测井曲线校正技术，更新储层孔渗等效校正，建立3个地质模型；完成潜力层综合评价及初始开发方案编制，推荐2口评价井位；KH油藏注水开发技术政策、实时注采优化技术研究；完成开发调整方案编制，通过中油国际公司和振华石油联合审查，通过中国石油后评估。

（黄贺雄）

【开发方案研究】 2021年，中东公司技术支持中心开展哈法亚项目主力油藏开发调整方案编制，并通过专家审查，非主力油藏方案综合地质评价及地质模型完成更新。西古尔纳项目开发方案调整的编制按计划进行，计划采用规模水平井进行开发。鲁迈拉项目开发方案正在与伙伴与资源国讨论，计划部署新井、新装电泵、更换电泵、新建注水工程、配套相关的油气集输、注水、电潜泵设施建设，达到高峰产量时间并稳产8年左右。

（黄贺雄）

【经营管理】 2021年，中东公司加强经营策略研究，完成伊拉克经营和个税问题策略研究；组织股东事务会议，审议联合公司议题20项，其中项目公司重新优化事务3项，参加联合公司各层级技术、商务和联管会议96次，推动中方意图在联合公司有效落实；强化股东行权管理，完成阿布扎比海上项目首次股东审计和西古尔纳项目2019—2020年度股东审计，完成多家实体，11人次董事和经理法律手续变更。强化合规经营，发布中油国投伊拉克公司2021版内控手册和会计核算手册，编制完成中东公司2021年度风险管理报告，组织伊拉克和阿曼5个项目境外风险排查，强化内部管控，开展针对小金库、资金安全、银行账户的专项检查和中国石油集团公司财务大检查。

（黄贺雄）

【商务运作】 2021年，中东公司开展商务运作，推动艾哈代布项目完成各类派遣协议及劳动合同签署，重建费争议得到妥善解决；哈法亚项目回收权益争议成本；鲁迈拉项目获权益争议成本先行回收；对西古项目2019年前的成本和报酬费争议得到“一揽子”解决，通过梳理历史数据，实现错算和多扣金额返还；北阿扎德甘项目实现生产操作服务协议延期，降低中方权益回收风险；阿布扎比陆海项目完成贝巴泽设施共享协议谈判，保障中方尽可能节省新投资，陆海项目解决过渡期中方代垫资金清偿问题；陆上项目NEB资产领导者达标，获超千余万美元可抵免所得税额；海上项目合资公司首次以还贷方式回款，引入汇率竞价机制，增加汇兑收益。配合中油国际公司慕坂份额油套期保值操作盈利。阿曼5区项目优化勘探义务工作量，暂停深层探井钻井计划。

（黄贺雄）

【限产补偿】 2021年，中东公司各项目公司多次收到资源国限产通知，生产经营依旧面临困难和挑战。中东公司利用技术服务合同中的限产补偿机制，及时获伊拉克政府对限产产量确认。

（黄贺雄）

【业务协调】 2021年，中东公司发挥内部市场监督协调职能，规范市场秩序，组织审核服务保障单位项目投标备案申请299项，妥善解决投标过程中存在的内部竞争问题，协调处理内部争议7项。搭建内部资源共享平台，召开协调组双周工作例会，通报各服务保障单位工作进展动态，分析经营形势，共享商务信息，研究市场策略，协调解决技术服务及市场开发中遇到问题，推动地区业务协同发展。

（黄贺雄）

【提油回收】 2021年，中东公司抓好发票审批、提油量落实等关键环节，把握油价回升有利时机，加强与资源国政府和中联油沟通协调，提油回收率87%。伊拉克各项目克服政府持续限产、国际油公司份额油分配比例较低等挑战，选准时机通过高层协调推动，加快2020年欠款回收进度，紧盯提油发票批复，采用最大报船和拼装策略，增加份额油提油量，提油回收率88%，同比上升12%。待回收资金敞口较2020年减少。阿布扎比各项目适应洲际交易所阿布扎比（IFAD）原油期货上市后的提油新特点，妥善应对OPEC+限产背景下频繁调整产量计划，配合中联油多次化解提油风险，保持高效平稳提油，提油回收率99%。阿曼5区项目利用提前预估确定提油量机制，最大限度增加提油量，确保按月足额提油，提油回收率100%。伊朗各项目密切跟踪美伊局势变化，推进项目回收金额确认，为重启提油做准备。

（黄贺雄）

【提质增效】 2021年，中东公司开展提质增效升级版专项行动，按照中国石油集团公司和中油国际公司提质增效专项行动部署，制定《中东公司2021年提质增效专项行动实施方案》，明确工作原则和年度目标，制定4大类17项提质增效措施。各项目树立“一切成本皆可降”理念，坚持“提质”与“增效”并重，推进经营方式、运行质量及管控水平再升级，实施稳产增油、成本控制、合同复议、降库减占、修旧利废、提油清欠等举措，压减成本费用，提升创效能力。中东公司成立工作专班，制定扭亏方案，压实相关责任，签署亏损项目治理目标责任状，明确亏损治理关键节点，强化减亏治亏措施落实，所属亏损项目同比减亏降幅34%，完成年度亏损治理目标的117%。通过开展提质增效专项行动，实现增收和控减成本。全年，完成权益投资年度调整计划的99%；桶油操作成本较预算降低17%，同比下降6%。其中，艾哈代布项目优化生产运行，强化生产全过程管控，制定稳产增油、清欠增收和合同复议等提质增效措施，实现增收和控减成本。哈法亚项目持续与伊石油部和米桑石油公司沟通协商，获限产补偿产量确认和所得税扣款释放。鲁迈拉项目抓紧提油回收，加强合同复议，优化库存管理，实现增收和控减成本；控制投资节奏，减少非关键生产、后勤、维修等费用支出，单位操作成本控制，较年度预算降低26%。北阿扎德甘项目优化生产工艺，推动降耗增效，控减管理费用，实现成本控减。MIS项目实施稳产保效、降本增效，实施高含水井堵水稳定措施，压缩操作费用和人员费用，实现增效。阿布扎比项目加强与资源国作业者沟通，联合伙伴推动工作部署优化和投资控减，实现成本控减。阿曼5区项目通过稳产增油、成本控制和投资优化等措施，实现增收和控减成本。

（黄贺雄）

【QHSE 管理】 2021 年，中东公司一手抓安全生产，一手抓疫情防控。中东公司主要领导落实“三管三必须”，开展安全述职，组织各项目签订安全责任书。管理层带头制定个人安全行动计划并高标准落实完成，在例会上进行 18 次安全知识分享。中东公司领导到哈法亚片区、艾哈代布片区、鲁迈拉片区、阿布扎比片区及阿曼片区开展安全检查指导，了解各项目安全防疫情况，看望慰问一线干部员工。完善“一体化、差异化、精准化”审核要求，组织哈法亚及艾哈代布项目完成社会安全与 QHSE 一体化审核专项审核。全年，安全生产形势整体稳定，重大风险基本受控，质量管理责任落实有效，环境保护合规运作，健康管理扎实到位，守住“八个杜绝”底线，即中方员工被绑架或致死、一般 A 级及以上生产安全亡人、一般 A 级及以上环保事件、杜绝严重交通事故、杜绝井喷失控事故、杜绝群体性职业病、恶性传染病亡人事故和由心理问题引发意外伤害、杜绝较大及以上质量事故、杜绝因疫情亡人和工作场所聚集性疫情。连续 6 年获中国石油集团公司质量安全环保节能先进企业称号。

（黄贺雄）

【HSE 管理体系建设】 2021 年，中东公司完成突发事件总体预案及社会安全、公共卫生、海外医疗紧急救助、自然灾害、井喷突发事件、环境突发事件、火工品突发事件 7 个专项预案更新，督促各片区做好传达宣传贯彻并参照执行，确保人员健康，保持生产稳定。中东地区各项目累计开展 HSE 体系内审 35 次，体系外审 10 次。

（黄贺雄）

【安全培训与隐患检查】 2021 年，中东地区各单位累积开展环保演习 846 次，医疗急救演习 696 次，井控、防硫化氢等生产安全演习 2363 次，开展安全培训 6805 次，113303 人次参加，检查安全隐患 35917 项，整改 35316 项，整改率为 98.32%。

（黄贺雄）

【社会安全防控】 2021 年，中东公司针对“两伊大选”后严峻复杂安全形势，提前研判。面对发生 6 起枪击及 1 起营地内纵火事件，中东公司领导协调驻伊使馆协助推动改善油田社区安全环境，督促各项目分析事故原因并做好整改，开展防弹车专项检查及当地员工背景调查。针对重点地区热点事件，发布 9 期社会安全预警、召开 4 次安保事件专题会，研究提升人防、物防、技防安保水平，防范化解安保风险。组织哈法亚项目统计分析过去 5 年典型安全事件，督促项目落实安保主体责任，构建和谐社区关系，严格承包商安保管理。组织中东地区线上 5 期防恐培训班，197 人取证。进行社会安全演习 497 次，现场安保培训 572 期，培训达 10526 人次。

（黄贺雄）

【疫情防控】 2021 年，中东公司针对新冠肺炎疫情和德尔塔变异病毒持续蔓延等形势，建立中东地区疫情防控工作协调联动机制，按照差异化原则，实施“一国一策、一项目一策”，落实“安全岛”“网格化管理”防疫措施，层层压实防控责任，克服麻痹思想和厌战情绪，做好疫情防控工作。中东公司接受上级防疫巡查 5 次，视频巡检中东各片区 11 次，累计召开疫情防控工作例会 88 次，参会 4500 余人次，专题研究部署防疫工作，提出疫情防控措施 91 项，有针对性研究解决安全岛建设、网格化管理、防疫物资储备、员工倒班、防控应急演练等问题，为疫情防控、生产经营“两不误”“双胜利”提供保障。组织片区协调组、统筹协调小组及服务保障单位负责人与地区协调组签订《中东地区疫情防控责任书》，落实责任目标，持续开展排查，夯实防控基础。各片区结合自身情况，开展防疫自查自改，累计查出隐患2373个，完成整改2356个，整改关闭率达99.3%；为提高员工科学应对疫情处置能力，开展各类防疫培训843次，31941人次参加防疫演练演习120次。完善防控方案，巩固防疫成果，更新完善第5版常态化疫情防控方案和应急预案，对重点人员和重点场所实施精准防控，保持中方人员零疫情。推动疫苗接种工作，做到应接尽接，中方在岗员工疫苗整体接种率达100%。中东公司获驻阿联酋中资企业“同心抗疫创新发展”杰出贡献奖。

（黄贺雄）

【困难帮扶】 2021年，中东公司与驻阿联酋使领馆协调，安排家中有特殊紧急状况人员优先回国11次、15人。开展困难帮扶，为8名员工解决家庭实际困难，对3名员工进行困难帮扶。注重员工健康监测和辅导，组织员工参加健康达人和心理培训辅导活动，举办2次心理健康专题讲座，230余人线上参加。

（黄贺雄）

【人力资源管理】 2021年，中东公司贯彻“人才强企”行动计划，把人才队伍有序接替和年轻人才培养选拔列入重要议事日程；推进全员绩效考核在人才选拔、绩效兑现、先进评选等方面应用；注重年轻人才培养；加大人员轮换和配置力度；落实疫情防控政策，做好双稳工作，推动双向动迁。对所属项目后备人才推荐、选人用人工作测评、任用人才测评、绩效考核结果以及人员现状综合分析、研判，指导人才选用。加强人才梯队建设，结合后备人才推荐、民主测评、综合考评和德才素质、一贯表现，项目推荐、公司讨论，按成熟程度排序把政治标准放在首位。梳理人才管理权限和工作程序，按要求、按程序组织人才选拔任用。根据机关和各项目需要，经项目酝酿讨论、中东公司常委决策，调整多名中层管理人员。向中油国际公司关键岗位直接推荐优秀人才，派遣人员在国内油田交流锻炼，补充高级管理人员。对实践锻炼人员实施动态管理，接收中油国际公司实践锻炼人员多人、大庆油田实践学习人员数人。做好跟踪管理，指定导师全方位辅导，督促制定第一个班和中长期规划，定期召开例会期中辅导，落实导师主体责任，对实践锻炼新毕业生实施“传帮带”。按照“育才造士”培养目标，顶岗承担工作以促进快速成长，定期跟踪并落实锻炼期满岗位，推荐多人到联合公司实践锻炼。

（黄贺雄）

【人员轮换】 2021年，中东公司克服新冠肺炎疫情期间动迁困难等不利因素，优化员工队伍年龄结构，通过轮换加强人员交流，提高员工业务能力，激发工作热情，全年完成70人次轮换及配置。

（黄贺雄）

【社会公益】 2021年，中东公司履行社会责任，各项目为属地社区提供公共基础设施、医疗机构、教育等社会公益支持，使属地油区居民成为石油经济发展直接受惠者。其中，鲁迈拉项目通过鲁迈拉社会福利基金项目同巴士拉AMAR国际慈善基金会签订合同，进行社区共建；根据疫情情况，改善周边社区居民生活质量、出行便利及医疗机构服务能力和教育机构教学设施；先后完成和启动共建工作，全年投入费用150余万美元；应巴士拉政府邀请为祖拜尔医院购买并安装调试腹腔镜设备。哈法亚项目用工本地化率达79.3%，综合外籍雇员比例92.4%；项目建设燃气轮机发电厂，为油田正常生产活动提供电力保证，解决所在伊拉克米桑省严重电力短缺；为当地驻军捐建饮用水生产线、捐赠轮胎；为油区居民提供食物、维修道路、桥梁、涵洞、高压线、沟渠及小块土地平整；为油区学校捐建多所活动房、提供校车和学习用具，为油区诊所捐赠电器等，为在米桑省难民捐建22间活动房难民营；截至年底，完成或在执行公益事业和社区基础建设项目30余个。艾哈代布项目针对所在地政府存在防疫资金、物资巨大短缺等问题，紧急筹措专项资金，通过国际招标渠道，采购总价值20余万美元抗疫物资（表1）。全年向当地社区捐款、捐物、捐建约27万美元。

（黄贺雄）

表1　2021年艾哈代布项目采购疫情防控物资统计表

序号	物品名称	数量
1	一次性医用口罩	2500个
2	医用防护口罩	1.5万个
3	医用护目镜	3000只
4	医用面罩	3000只
5	医用防护服	3000套
6	医用头套	5000个
7	医用鞋套	3000双
8	医用手术手套	5000双
9	指尖血氧仪	300台
10	免洗手消毒液	5000升
11	酒精喷剂	1500升
12	84消毒液	1万升

（黄贺雄）

【项目开发与转让】 2021年，中东公司发挥靠前优势，配合中油国际公司，推动鲁迈拉合资公司项目完成《转让协议》签署，项目进入交接前过渡阶段；与伊拉克巴士拉石油公司就火星项目牵头作业者谈判取得实质性进展；推进卡塔尔北方气田液化天然气扩建项目，与卡塔尔能源签署非约束性谅解备忘录。

（黄贺雄）

【企业宣传】 2021年，中东公司制定《中油国际中东公司新闻宣传管理办法》，建立新闻宣传工作体系，规范和推动中东公司新闻宣传发展。中东地区利用报刊、杂志、网站平台，拓展对外宣传渠道，对中国石油各单位在中东进行全方位、多角度报道，在《中国石油报》刊登新闻稿件20篇，编制完成3期《中东油气合作杂志》综合专刊，在中油国际公司及公司门户网站发布要闻信息50余条。中东公司加强国际传播能力建设，建立专兼职通讯员队伍，在满天星应用软件上定期转发中国石油集团公司和中油国际公司对外宣传信息百余条，举办“我和我的外国朋友”“逐梦海外·献礼百年”主题征文、图片摄影活动，完成哈法亚和北阿扎德甘项目为中国石油海外项目“中国书架”350册图书接收工作。

（黄贺雄）

（中亚公司　提供）

中亚公司

2008 年 9 月，中国石油集团公司在中油国际（哈萨克斯坦）公司基础上，成立中国石油天然气集团公司哈萨克斯坦公司。

2017 年 6 月 30 日，中国石油集团公司下发《中国石油天然气集团公司海外油气业务体制机制改革框架方案》，将哈萨克斯坦公司改组为中油国际中亚公司，将阿姆河天然气项目、乌兹别克斯坦项目、塔吉克斯坦项目、阿塞拜疆项目等纳入中亚公司管理范围。中亚公司作为中油国际公司的派出机构，在授权范围内，承担中亚地区的协调、管理、监督、服务等职能，重点负责授权范围内的项目运营协调和支持、公共关系、HSSE 监督、股东事务等职能，形成集油气勘探开发、管道建设与运营、工程技术服务、炼油与销售、石油装备制造于一体的完整上中下游业务链，建立起符合当地法律法规和国际惯例的公司制法人治理结构及管控体系，获得良好的经济效益和社会效益。中亚油气合作作为国家“一带一路”倡议的先行实践，受到中国及资源国领导人高度评价。

2021 年 4 月 9 日，中国石油集团公司下发《关于深化集团公司体制机制改革的意见》《集团公司总部组织体系优化调整实施方案》等系列改革文件，将中油国际中亚公司改组为中国石油中亚公司（简称中亚公司），明确海外区域机构作为中国石油集团公司、中国石油股份公司的代表，统筹协调区域内公共资源、公共关系、公共安全，统一处理对外事务，树立良好形象，共树一面旗帜，形成发展合力。海外区域机构的公共事务向中国石油集团公司国际部报告，投资业务在海外管理体制调整过渡期内暂按原渠道向中国石油国际勘探开发有限公司报告。对海外区域内单位推行矩阵式协调管理，业务上归口相应板块（企业）专业化管理，区域内接受区域协调机构协调管理。截至 2021 年底，中亚公司在哈萨克斯坦、土库曼斯坦、乌兹别克斯坦、阿塞拜疆和塔吉克斯坦 5 个国家管理运营 17 个油气合作项目；油气生产能力近 3000 万吨油气当量 / 年，原油加工能力 600 万吨 / 年。

（耿长波）

【概况】 2021年，中亚公司学习习近平总书记系列重要讲话、对石油战线的重要指示批示精神，开展"弘扬大庆精神、立志海外创业"主题教育，围绕中国石油集团公司提出的将中亚地区打造成为集"资源、供应、效益、品牌"四位一体"一带一路"核心油气合作区战略目标，持续完善和诠释公司发展战略，以中国石油中亚公司新定位、新职能调整工作思路，统筹协调中亚地区投资业务和技术服务业务，加强区域内一体化协同，围绕中亚核心油气合作区高质量发展中心目标，着力加强风险防控等工作，重点做好资源、供应、效益、品牌四篇文章，推动解决深化提质增效、人才队伍建设、资源可持续发展3件大事。截至2021年底，中亚公司有中外方员工总数21101人，其中中方员工561人。

（耿长波）

【企业文化建设】 2021年，中亚公司组织学习习近平总书记系列重要讲话、对石油战线的重要指示批示和"弘扬大庆精神、立志海外创业"主题教育，用习近平新时代中国特色社会主义思想和"铁人精神"铸魂塑人，为中亚油气合作高质量发展提供坚强保障。在基层实践中，推动"能源的饭碗必须端在自己手里""深入推动能源革命，加快建设能源强国"等重要讲话精神落实落地。组织班子成员宣讲19次、调研59场次，中心组学习研讨14次，各项目学习研讨63次，组织学习教育活动102场次。

（耿长波）

【对外宣传】 2021年，中亚公司企业"云开放"上榜2021年中国企业国际形象建设优秀案例。利用当地主流媒体讲好中亚故事，传播石油声音，提升中国石油国际形象。举办中哈油气合作国际学术圆桌会议、"能源丝路—中亚油气合作成果与前景"国际学术会议，建立中国石油当地社交媒体账号，在资源国主流媒体刊发宣传文章超80篇。坚持互利共赢，促进资源国政府、当地社区共同实现和谐发展。阿克纠宾项目获哈国石油工业发展杰出贡献奖，奇姆肯特炼厂第三次获哈萨克"巴雷斯"企业社会责任奖。

（耿长波）

【疫情防控】 2021年，中亚公司按照中国石油集团公司要求，统筹中亚地区疫情防控工作。从组织建设、方案制定、督导巡查、跨境动迁、员工关爱等方面坚持疫情防控一体化管理。按照"一国一策、一地一策、一项目一策"分级分类、做实做细常态化疫情防控。对驻中亚单位疫情防控全覆盖巡查，整改发现问题283项；组织项目疫情防控检查703场次，查找问题4813项，其中4779项完成整改，整改率达99.3%。抓好疫情期间员工关爱与健康保障，中方员工80人搭乘1026专项行动第一班包机于12月31日安全回国。加快境外中方人员疫苗接种，中国石油集团公司驻中亚各单位在岗中方员工疫苗接种率100%，其中31%完成加强针接种；3.12万属地员工接种率85.2%。

（耿长波）

【油气勘探】 2021年，中亚公司油气勘探取得新发现。新增油气探明可采储量当量完成年度计划的129.3%。阿克纠宾项目T-Ⅱ区块阿克若尔构造带4口重要探井测试均获工业油流，证实1个5000万吨级优质规模储量区。全年新增原油可采储量完成计划的123.6%。PK项目以满足勘探合同最低义务工作量为底线，坚持低勘探程度潜力区甩开占地、已发现区滚动扩储的勘探策略，KT区块中深层岩性勘探井相继试油成功，全年新增权益油气可采储量完成计划的137.6%。塔吉克项目完成与塔国政府、道达尔签署PSC补充协议4，做好项目全产业链一体化评价工作，继续开展地震地质综合研究，推进博格达区块勘探工作。

（耿长波）

【油气开发生产】 2021年，中亚公司油气生产全面完成年度任务。克服油气田递减与OPEC+限产影响，协调哈国政府部门增加原油生产配额，全年权益油气作业产量完成计划的106.3%、奋斗目标的100.7%。阿姆河项目按照冬季极限保供方案组织生产，重点保供井创纪录提前投产，全年天然气、凝析油产量分别完成计划的112.1%和130.7%。阿克纠宾项目深化地藏地质认识，优化钻井部署，提高新井产量和生产时率，优化调整注采结构和A南气顶气藏开发方案，让纳若尔油田2445井组深部调驱先导性实验8口受效井增产2790吨；全年原油、天然气产量分别完成政府限产计划的100.5%、108.0%。PK项目通过优化注水结构有效减缓油田递减，提高新井和措施产量贡献，全年原油、天然气产量分别完成年度计划的104.5%和111.8%。MMG项目争取限产配额，运用地质建模数值模拟一体化及开发层系水动力模型部署新井，攻克复杂浅层气钻井难题实现稳产上产，全年原油、天然气产量分别完成政府限产计划的99.8%和104.6%。奇姆肯特炼厂通过科学组织提前完成大检修及技改项目，根据疫情影响和市场需求灵活调整生产方案，全年加工负荷率达89.7%，原油加工量完成计划的106.5%。卡沙甘项目持续调整和优化生产设备运行，加大股东技术支持力度，全年原油产量完成政府限产计划的111.8%。北布扎奇项目强化注采动态调控，优化措施选型选井，全年原油产量完成年度计划的106.4%。ADM项目提前4个月完成卡拉库里油田转开发审批，全年原油产量完成计划的112.9%。KAM项目加大稳产增产措施力度，扭转主力油田递减势头，全年原油产量完成计划的137.1%。

（耿长波）

【新项目开发与石油合同延期】 2021年，中亚公司持续稳步推进可持续发展资源战略。参与资源国公开招标，加强同合作伙伴在新项目新区块、深层油气勘探、天然气及新能源等领域合作。全年完成新项目新区块评价31个，优选9个区块上报中油国际公司。利用中国石油上中下游一体化及国内市场优势，与哈输气正式组建欧坦天然气公司，拓展天然气合作。石油合同延期取得阶段性成果。北布扎奇62号石油合同、PK项目73号与49合同分别实现延期20—25年，中方主导的6个延期石油合同已延期5个。

（耿长波）

【天然气保供】 2021年，中亚公司统筹协调完成冬季天然气保供任务。贯彻落实中国石油集团公司天然气保供工作部署，发挥靠前统筹协调职能，成立中亚地区天然气保供工作组，从天然气生产、运输和商务等关键环节与各方合作伙伴协同确保完成冬季天然气保供任务。阿姆河项目加快新井投产进度、加大老井增产措施和重点产能建设，配合天然气康采恩保障生产稳定；国际管道公司增加应急管存，确保管道安全稳定运行；国际事业公司加大合同执行力度，严防气源方出现短供、停供或无序下载。全年，中亚管道累计向国内供气超计划完成，其中阿姆河项目供气超年度计划5.8亿立方米。

（耿长波）

【提质增效】 2021年，中亚公司统筹协调提质增效升级，贯彻落实新发展理念，以“量效兼顾、效益优先”为价值导向，制定8个方面33项提质增效行动方案，各项目结合实际分别制定提质增效实施措施，通过中方行政线和法人治理线推动各项举措落地、执行到位。各项目联合公司口径合计增加收入 2.8 亿美元、控减成本 1.1 亿美元、减免税费 0.4 亿美元、增加经营现金流 4.5 亿美元。中亚公司实现经营净利润、现金流、分红分别完成年度计划的 185%、182% 和 131%，实现 EVA 完成年度计划的 415%，发展质量继续保持海外领先。统筹协调实现产业链一体化创效，对中亚地区原油需求市场进行调研，对比测算各方向管输费、贴水和吨桶系数等，推动向优势方向出口原油；协调哈国能源部争取优势方向补充出口配额增加收入。在西北管道返输工程投产、西哈重质原油进入奇姆肯特炼厂，致使重组分成品油出率增加、严重影响原油内销净回价之时，及时拓展销售渠道，有效提高成品油净回价。实时监控油价走势，把握报关节奏，节约关税支出。阿姆河项目通过经营策略调整、工艺优化、科技创新、节能降耗等组合措施，增加收入 9962 万美元、控减成本 2797 万美元。阿克纠宾项目申请追加效益较好的欧洲、中国方向原油出口配额，增加收入 5471 万美元；严格审定预算明细，较 2021 年初批复额度下降 16%。PK 项目把握油价上涨、出口净回价高于内销、炼厂检修等时机，调整销售策略和报关节奏，申请原油出口补充配额增加收入 226 万美元。MMG 项目通过择机报关合理避税 940 万美元，优化调减 46 口大修井工作量，通过公开招标降低服务费率 30%、节约成本 1361 万美元。奇姆肯特炼厂成立降耗攻关小组，通过工艺优化降低自用燃料油消耗 90%，通过生产全过程管理控减成本 847 万美元。卡沙甘项目动态优化原油销售方向，控制销售贴水，全年分红超额完成年度计划。北布扎奇项目坚持效益生产，通过动态调整产量计划实现效益最大化，全年分红完成计划的 169%。ADM 项目利用西油东送契机合理分配销售量，超计划完成出口销售。KAM 项目通过优化销售方向增加收入；盘活资产，优先消化库存、修旧利废等增加收入。亚洲钢管厂严控非生产性支出，管理费用大幅压减 58%，12 月中旬，完成工业性试生产。阿塞拜疆项目坚持自主维修优良传统，严控招标程序和物资服务采购，节约成本 316 万美元。乌兹别克项目根据项目资金状况提前归还贷款本金，节约利息支出 497 万美元；与税务机关沟通，取得增值税返还款 61 万美元。国际事业公司全年哈油贸易量完成年度计划的 161%；在冬季保供期间，敦促气源方按照计划供气，全年供应土气完成计划的 117%，保障国内能源需求。SINOOIL 公司完成加油站品牌升级，运营油站增加至 177 座，在哈成品油零售市场地位持续巩固。国际管道公司西北原油管道完成反输改造工程，提前 3 个月建成 600 万吨每年反输能力，打通西哈原油出口中国的物理障碍。中哈原油管道完成肯库管道 5 个管段切管换管工作，全年完成计划输量 103.4%。中哈天然气管道建立哈气资源变化预警机制，通过信息化手段实时监控哈气出口趋势变化。哈南线 150 亿米^3/年扩容工程按计划有序推进。中塔管道项目 1 号隧道 EPC 工程机械完工并通过最终验收。中吉管道项目推动 2 项中国标准成功转化为吉国国家标准。在产亏损项目全部实现经营扭亏，成立亏损企业治理专班，按照“一项目一策”原则，会同中油国际亏损企业治理责任领导对 11 个亏损项目进行逐一分析，研究制定治亏减亏重点工作以及长期经营策略建议方案，7 个在产亏损项目全部实现经营扭亏。乌兹别克老丝路项目 9 月完成关闭注销，阿塞拜疆 K&K 项目合资合作 11 月 19 日交割转让。

（耿长波）

【一体化发展】 2021 年，中亚公司统筹协调投资与技术服务业务，实现一体化发展。推动中亚地区投资业务与技术服务业务协同发展，利用公共资源创造条件支持技术服务单位开拓外部市场。经艰苦谈判，促成西部钻探与哈油钻井公司成立联合体，同费率一次性签订 MMG 项目 5 年钻井协议；西部钻探 2021 年在中亚地区累计签订合同额创历史新高。CPECC 在哈萨克奇姆肯特炼厂改造后首次大检修复产一次开车成功。在哈萨克，BGP、昆仑数智、吐哈油田、大庆油田 DPS 公司、新疆油田均获得新签合同。在土库曼斯坦，川庆钻探新签合同 18 个，土库曼斯坦总统出席复兴气田三口井开钻仪式；中技开与土库曼斯坦康采恩签订的合同首次实现信用证支付；运输公司与阿姆河项目签订合同 21 份。在乌兹别克，寰球公司签署乌石油纳沃伊 PVC 二期综合体 EPC 项目等。

（耿长波）

【风险防控】 2021 年，中亚公司统筹中亚地区经营风险管控工作。落实国资委、中国石油集团公司、中油国际公司合规管理和风险防控部署，联合各项目国内单位对驻中亚所有单位开展合法合规拉网式大排查，对管理不到位等问题制定整改措施。重视汇率风险和资金安全，严密监控资源国货币敞口，强化弱币头寸和收入管理，有效应对资源国货币贬值风险；强化投资回收，协调各项目分红还贷，降低项目公司资金存量，在提高资产运营效率基础上，防范资源国财政金融系统性风险。重视环境隐患治理，对标《环保法典》等资源国法律法规，及时修订环保管理指标，确保“三废”达标处理。MMG 项目和奇姆肯特炼厂分获哈国国家石油公司 2021 年环保最优奖、生态环境保护杰出贡献奖，阿塞拜疆项目获得阿国环保部突出贡献奖。响应国家“双碳”目标及资源国减排要求，各项目按照资源国标准取得温室气体排放许可，分析研究《巴黎协定》及资源国减碳承诺对项目生产运营的影响，建立健全风险评估及应对机制。有效化解商务纠纷，阿姆河项目按照“统一领导、统一部署、统一研究、统一决策”原则，聚焦法律、合同、技术、商务、管理和国际惯例，与土库曼斯坦政府充分沟通交流，就检查报告中的大部分问题取得共识，大检查纠纷谈判与深化合作形势趋于良性发展。

（耿长波）

【安全环保】 2021 年，中亚公司继续保持良好 HSSE 业绩。统筹中亚地区社会安全管理，密切关注疫情衍生的社会安全风险，与驻在国使领馆保持密切联系，加强信息收集，分析研判中亚各国独立 30 周年、阿富汗政权更迭及新冠肺炎疫情影响下当地员工涨薪诉求等形势变化情况，提出应对措施，及时发布社会安全预警和提示 6 次、编发哈萨克社会安全形势分析报告 2 期。进一步提升应急管理能力，开展突发事件应急预案桌面推演及现场演练，升级重点场所安保管理，落实巡检制度，联合当地政府、合作伙伴处理相关企业涨薪罢工、反华集会等活动 20 余起。勇担央企责任，与其他在哈中资企业守望相助，信息与资源共通共享。统筹中亚地区安全生产工作，贯彻海外体制机制改革精神，8 月，中亚公司成立中国石油中亚地区 HSE 委员会，以“统分结合、片区负责”为原则，建立“片区协调组 + 国内单位 + 项目公司”三方联动机制，通过推进 QHSE 体系建设，落实双重预防工作机制，推动中亚地区 QHSE 管理迈上新台阶。开展春季和冬季安全综合大检查，分别发现问题 1260 项、隐患 1699 项，完成整改 97%，未完成整改的隐患均已明确整改负责人、完成时间和具体措施。针对重点领域和关键环节，加大特种作业安全管理，做好承包商安全管理。

（耿长波）

（尼罗河公司　提供）

尼罗河公司

20世纪90年代起，中国石油天然气总公司获苏丹6区石油勘探开发权。中国石油先后中标苏丹1/2/4区石油勘探开发项目，并与苏丹能矿部签署合资建设苏丹喀土穆炼油厂协议，决定苏丹6区、苏丹1/2/4区等项目所属资产及派出人员划归中国石油天然气勘探开发公司（简称勘探开发公司）统一经营管理、统一核算。1997年6月，大尼罗石油作业有限公司、中油国际（尼罗）有限责任公司（CNPC International Nile Ltd. 简称尼罗公司）相继注册成立。11月，中国石油集团公司批复同意成立中油国际（苏丹）炼油有限公司。2000年3月，在毛里求斯注册成立石化贸易公司（CNODC Petrochemical Trading Company Ltd.）。5月，在喀土穆注册成立苏丹分公司，并于2001年3月，落成第一座加油站。

21世纪初，中国石油集团公司与苏丹政府签署苏丹3/7区石油勘探与产品分成协议。中国石油国际有限责任公司（CNPCI）与苏丹石油公司（SPC）签署苏丹化工项目合作总协议（苏丹第一个化工企业），在苏丹喀土穆注册成立喀土穆化工有限公司（Khartoum Petrochemical Company Ltd. 简称KPC）。苏丹3/7区项目联合作业公司（Petrodar Operating Company Ltd. 简称PDOC）在英属维尔京群岛注册成立；在喀土穆注册成立苏丹分公司；中油国际（尼罗）公司组建苏丹石化贸易公司。2002年11月，在迪拜注册成立中油国际（达尔）公司[CNPC International（Dar）Ltd.]。2005年3月，勘探开发公司决定，中油国际（苏丹）炼油有限公司（包含喀土穆化工有限公司）纳入尼罗公司统一管理。2007年3月，勘探开发公司在尼罗公司基础上，组建苏丹地区公司，并继续沿用“中油国际（尼罗）有限责任公司”名称。苏丹地区公司行使勘探开发公司机关部分职能并承担相关工作，代表勘探开发公司统一协调和处理外部事务，统一管理中方内部事务，尼罗公司办公室人员和其他中方办事机构人员统一划归苏丹地区公司管理。

2008年7月，中国石油集团公司在勘探开发公司所属的中油国际（尼罗）有限责任公司基础上，组建中国石油天然气集团公司尼罗河公司（简称尼罗河公司），对中国石油集团公司在苏丹的海外油气业务进行统一管理，撤销中油国际（尼罗）有限责任公司。尼罗河公司设苏丹1/2/4区项目、苏丹3/7区项目、苏丹6区项目、苏丹15区项目、苏丹13区项目、中油国际（苏丹）炼油有限公司、喀土穆化工有限公司和苏丹石化贸易公司等8个项目。2012年3月，南苏丹1/2/4区联合作业公司（Greater Pioneer Operating Company Ltd. 简称GPOC）和南苏丹3/7区联合作业公司（Dar Petroleum Operating Company Ltd. 简称DPOC）在毛里求斯注册成立。2017年7月，中国石油集团公司撤销中国石油天然气集团公司尼罗河公司，组建中油国际尼罗河公司（简称尼罗河公司），成立中国石油尼罗河地区协调组。2018年，中油国际公司下发《关于调整地区公司职责定位的通知》，对地区公司职责进行调整，地区公司不再作为中国石油集团公司的一级行政管理机构，中油国际公司本部的组成是中油国际公司本部在海外的延伸，代表中油国际公司本部负责所属区域项目公司的管理。2021年4月，中国石油集团公司印发《集团公司总部体系优化调整实施方案》，中油国际尼罗河公司更名为“中国石油尼罗河公司”。2022年3月，中国石油集团公司召开会议，宣布改革方案，管理架构为中国石油集团公司总部直管+中油国际专业化管理+大区公司区域性管理。扩大尼罗河地区公司所属范围，将利比亚、阿尔及利亚等北非阿拉伯语地区国家及东非肯尼亚、埃塞俄比亚等国家划归尼罗河公司管理。

（白　鸥）

【概况】 2021年，尼罗河公司全面落实中国石油集团公司工作会议精神和海外业务统一部署，深入开展“转观念、勇担当、高质量、创一流”主题教育活动。克服“油田递减快、环保要求高”2项常规困难，稳妥应对“防疫抗疟压力高企、主力油田洪水肆虐、两苏安全形势严峻、商务问题更加复杂”四大新挑战，统筹常态化疫情防控和安全生产，树立“以人为本、安全第一、环保优先、质量至上”的QHSE管理理念，实现“零事故、零伤害、零污染、零缺陷、零疫情”目标和“六个杜绝”。扎实推进提质增效专项行动和国企改革三年行动，坚持低成本发展战略和效益优先经营策略，树立“一切成本均可降”理念，从预算源头抓起，深化“全员、全要素、全过程”目标成本管理，挖掘各环节降本增效潜力。履行社会责任，向受灾区捐赠价值5万美元防洪减灾物资。4月，中国石油集团公司进行海外大区业务体制机制改革，中国石油勘探开发公司尼罗河公司更名为中国石油尼罗河公司（简称尼罗河公司）。2021年，尼罗河公司全面落实中国石油集团公司工作会议精神和海外业务统一部署，深入开展“转观念、勇担当、高质量、创一流”主题教育活动，统筹常态化疫情防控和安全生产，扎实推进提质增效专项行动和国企改革三年行动，完成各项生产经营任务。

（白　鸥）

【尼罗河公司更名】 2021年4月，中国石油集团公司进行海外大区业务体制机制改革，中国石油勘探开发公司尼罗河公司更名为中国石油尼罗河公司（简称尼罗河公司），负责对中国石油集团公司在苏丹、南苏丹石油合作项目统一管理，本部和机关设在苏丹首都喀土穆。

（白　鸥）

【经营管理】 2021年，尼罗河公司坚持低成本发展战略和效益优先经营策略。定期开展经营策略研究，从项目层面、尼罗河公司层面和中国石油海外业务层面，开展多次有针对性的专题研究，对南北苏丹发展战略、投资策略和具体经营方案进行科学论证。开源增收成果突出，推进销售协议有效执行。降本增效成效显著，从源头提高投资效率；苏丹6区项目坚持“以收定支”经营策略，推迟非紧急工程类项目以及压减以美元结算工作量，加大当地物资采购比例。加强油田现场生产管理严控非生产性支出，南苏丹3/7区项目通过减少消耗、修旧利废、优化化学药剂注入量等措施控减费用；南苏丹 1/2/4 区项目减少现场材料库存和租用车辆，推迟修复产量低、耗电量大的油井等措施增加效益；苏丹 6 区项目通过鼓励使用自聘员工，减少对承包商的依赖等措施降低成本；苏丹 1/2/4 区项目压缩人员数量，在有限费用基础上控减支出。

（白　鸥）

【防疫抗疟】 2021 年，尼罗河公司狠抓防疫常态化管理。持续细分防控管理单元，紧盯个人防护。中方人员疫苗接种率 100%，回国人员核酸检测阴性率 100%，落实各项防疫措施。抓牢热带病防控，发病率趋缓，加强雨季蚊虫消杀和环境卫生整治，强化疟疾防控相关检查和培训，梳理完善治疗方案。

（白　鸥）

【安全管理】 2021 年，尼罗河公司加强安保人防、物防、技防、信息防的“四防”落实。稳妥应对苏丹“9·21”未遂政变、“10·4”喀土穆恐怖袭击、“10·25”军事政变、喀土穆持续大规模游行示威以及南苏丹边境武装冲突等，发布安全预警 36 次；升级管控力度，现场中方人员禁止流动作业。严格防范风险，加强安全生产，根据《安全生产专项整治三年行动》，落实基层站队 HSE 标准化、HSE 风险双重预防、重点领域安全生产集中整治和反违章专项整治工作。识别 13 个方面、920 项风险，采取措施 1452 项，完成隐患治理 323 项，在整改风险 2 项。狠抓承包商管理，守住安全生产四条红线，各项目建立一体化管理机构，分解责任，升级外出管控，强化极端环境高风险作业风险管控。

（白　鸥）

【环保治理】 2021 年，尼罗河公司各项目稳步推进固体废物、液体废物、气体废物“三废”处理工作。南苏丹 3/7 区项目对油区内 4 个蒸发池进行拉网式隐患排查，推进水困、水淹井场及 OGM 污油坑处置，完成 226 处污油坑清理，对 46 处污油坑进行紧急围挡。南苏丹 1/2/4 区项目完成生物降解合同授标和油污土治理合同签署，完成 Unity 标准污泥堆场建设和 9 个污泥坑防渗膜铺设。苏丹 6 区项目聘请第三方开展油田现场和管道沿线环境和社会影响评价，启动含油污土处理和过期化学品处理招标。苏丹 1/2/4 区项目完成 2A/4 区全部环保整改。苏丹 3/7 区项目环保整改与苏丹政府达成一致并快速实施。

（白　鸥）

【质量保障】 2021 年，尼罗河公司贯彻落实中油国际公司质量和计量管理规定、质量事故事件管理办法，各项目产品质量合格率、采购产品质量合格率、工程质量合格率、强制检定计量器具受检率均达 100%。

（白　鸥）

【油气勘探】 2021 年，尼罗河公司强化油气勘探室内研究和技术储备。协调与外方伙伴统一立场，指导南苏丹 2 个项目稳妥应对勘探区块到期退地工作。南苏丹 1/2/4 区项目开展重点滚动探井井位技术经济评价；苏丹 6 区项目通过探井复查，确定 3 口探井转开发方案，预计 2022 年上半年投产。

（白　鸥）

【开发生产】 2021 年，尼罗河公司上游项目全力提高油气产量。三大上游项目协调配合，做好油田洪水应对，克服罢工堵路影响，确保油区设施安全、生产安全和环境安全；加快重点生产物资及配件的运输、清关和供应，推进油井恢复、地面工程修复和复产工作，力争多连井、多开井、多产油；加强油藏精细研究，强化油田监测管理，加强剩余油潜力分析；加快钻完井、投产、修井作业进度和效率，不断提高开发生产水平，确保洪灾和罢工期间生产稳定有序。全年完成作业油气当量相当于年初计划的102.1%。

（白　鸥）

【管道炼化】 2021年，尼罗河公司管道炼化项目保持安全平稳运行。苏丹3/7区管道持续安全平稳运行，保障南苏丹3/7区原油顺利输送并及时下海销售。苏丹6区应对低输量挑战，持续跟进泵站维护、管线水工保护、计量校验、腐蚀点维修和提高完整性等关键性工作，最大限度降低成本，保证管道安全经济运行。喀土穆炼厂协助苏方完成炼厂老厂大检修，提供优质技术服务，助力炼厂安全平稳运行。化工项目完成化工装置大检修工作，发挥中方主导作用，确保疫情期间实现安全生产。石化贸易公司拓展销售渠道，开展油库租赁业务，保证苏丹6区柴油及时供应。

（白　鸥）

【企业文化建设】 2021年，尼罗河公司把方向、管大局、保落实，持续夺取“双线战役”新胜利，全面推进中苏、中南石油合作高质量发展。以“转观念、勇担当、高质量、创一流”主题教育为切入点，各阶段各项工作扎实推进，务实高效，实现基层建设与“双线战役”有机结合，“三项实践”全部落地，对全年生产经营任务完成起到推动作用。以“三个基本”建设和推进“岗区队”创建为载体，强化企业竞争力。两级班子守正创新，各基层组织发挥战斗堡垒作用，以奋发有为的精神状态，贯彻中国石油落实集团公司和中油国际公司决策部署，在应对南苏丹经营环境恶化、解决苏丹重点商务问题、推动三大主力油田稳产增效、组织下游项目技术服务和生产运行，以及加强疫情防控等方面都取得突出成绩。以干部队伍建设为重点，激发企业成长力，推进“人才强企”工程，就“生聚理用”4项机制进行初步安排，以识才的慧眼、爱才的诚意、用才的胆识、容才的雅量、聚才的良方，把各方面优秀人才集聚到尼罗河公司高质量发展事业中。丰富员工文化生活，组织《宣言》多语种朗读竞赛、“筑梦海外、献礼百年”征文书法比赛和《印象苏丹》摄影作品展等活动。两级班子带头开展新一轮谈心谈话，了解掌握员工家庭状况和心理动态；开展两轮困难员工和骨干人员关爱工作，帮扶人数和力度为近年最大，提升员工归属感，实现员工与企业共同发展。以保持“两个前列”为目标，巩固企业影响力。发扬“四特”队伍的优良传统，配合两苏使馆实施“春苗行动”，组织慰问中国赴南维和部队、援南医疗队，加大当地媒体宣传力度，始终保持中国石油良好企业形象，始终走在南北苏丹中国央企前列、走在中国石油海外项目前列，持续发挥中苏、中南务实合作“压舱石”作用。

（白　鸥）

【社会责任】 2021年，南苏丹遭遇60年不遇洪灾，尼罗河公司履行社会责任，向受灾区捐赠价值5万美元防洪减灾物资，帮助灾民救灾。开展扶助教育，向南苏丹尼罗河大学捐赠2万美元，改善提高教育条件。上述活动均在南苏丹国家电视台和主流报纸进行宣传报道。中方还通过参股公司向周边社区提供人道主义援助，中国驻南大使及南政府官员高度评价中南石油合作，展示出中国石油履行社会责任的良好形象。尼罗河公司在苏丹响应使馆号召，参与中国驻苏使馆在喀土穆大学组织的“中国文化日活动”，协助使馆举行“十一”升旗仪式和拍摄使馆采风宣传片。支持两苏使馆开展“春苗行动”，协助南使馆采购疫苗1150剂和价值2.5万美元的免疫球蛋白急救药品，组织商会协助进行疫苗接种，在南华侨做到应接尽接，协助苏丹使馆为华人接种疫苗3000剂，体现中国石油勇于担当的责任意识，得到使馆高度肯定。

（白　鸥）

（拉美公司　提供）

拉美公司

中油国际拉美公司是中国石油集团公司开展海外油气合作历史最早、投资环境最复杂、合同模式最全面、一体化发展潜力最大的区域公司之一。1993 年，在国家“走出去”方针和中国石油集团公司国际化战略指引下，拉美公司从秘鲁起步。1997 年，中国石油集团公司成立委内瑞拉公司，先后获得陆湖、苏马诺、MPE3 和胡宁项目。2005 年，成立厄瓜多尔公司，获得 T 区、14 区、15 区、79/83 区等项目经营权，并接管亚马逊公司。2008 年 6 月，中国石油集团公司批准成立中国石油南美公司，负责拉美地区投资业务及项目运营管理，肩负起建设中国石油集团公司海外重要非常规油气合作区和深海油气合作示范区等重任，本部位于委内瑞拉首都加拉加斯。2012 年 6 月，成立中国石油拉美公司，将哥斯达黎加等中美洲业务纳入管理。2013 年，中国石油集团公司相继购入秘鲁 10/57/58 区项目，12 月，成立中油国际（巴西）公司，先后签署里贝拉、佩罗巴、布兹奥斯、阿拉姆等项目，标志着拉美公司进入“再创业”的新阶段，使拉美公司由最初的油田技术服务项目，发展成为油气产品种类丰富、作业环境复杂多样、合同模式类型齐全、合作形式多元的综合性区域公司，实现从小到大、从弱到强的跨越式发展。2017 年 7 月，中国石油集团公司对海外业务进行体制机制调整，成立中油国际拉美公司，负责拉美地区投资业务。2021年4月，中国石油集团公司推进总部体系优化调整，重新定位海外大区公司，成立中国石油拉美公司（简称拉美公司），在委内瑞拉、秘鲁、厄瓜多尔、巴西和哥斯达黎加5个国家运营管理15个项目，形成以超重油[1]、凝析油等非常规油气为主，常规油气为辅的多元化产品格局，生产地域涵盖热带雨林[2]、深海[3]及陆上等多种类型，为海外业务优质高效发展做出历史性贡献，承担起落实中国石油集团公司“做特拉美”战略定位，高质量建设海外重要非常规和深海油气高效开发特色合作区的重任。

石油合作是中国与委内瑞拉、巴西、秘鲁、厄瓜多尔等拉美国家之间交流合作的重要实质性业务，“一带一路”倡议的实施，进一步促进中国与拉美国家之间的能源交往，巩固中拉之间的传统友谊。拉美公司实施本地化战略，累计创造7万余个就业机会，培训员工超过20万人次，为促进当地社会发展做出重要贡献。拉美公司以防范重大HSSE风险、合规管理风险和廉洁从业风险为保障，推动风险防控常态化管理，27年来未发生严重HSE事故或重大社会安全事件，为拉美油气业务高质量发展提供坚强保障。在创业及历次机构变化过程中，拉美公司始终传承弘扬大庆精神和铁人精神，自力更生、艰苦奋斗，解放思想、开拓创新，探索形成一套适合拉美实际、具有拉美特色的艰苦创业的“四精”优良传统、“三三二一”小股东管理模式和“金融加能源”特色优势，成为中国石油海外油气勘探开发事业的宝贵财富，是“三老四严”“四个一样”等石油优良传统在拉美公司的薪火传承，是石油精神在海外的继承发扬。

（施建中　苏威旭）

【概况】 2021年，拉美公司围绕做特拉美战略定位，把握高质量发展方针，苦干实干、攻坚克难，全力应对拉美新冠肺炎疫情蔓延、主要资源国政局动荡、部分区域社会安全形势恶化、对委制裁延续、自然灾害频发等重大风险挑战，全面推动提质增效升级版、亏损企业治理、企业改革三年行动和人才强企“四大工程”，深入开展“转观念、勇担当、高质量、创一流”主题教育等活动，阶段性实现疫情防控“三零”、社会安全“三保”以及QHSE“四零”目标，坚决杜绝颠覆性风险发生，超额完成绝大部分生产经营指标任务。全年新增权益原油探明可采储量完成年度计划的173%，油气作业产量当量完成年度奋斗目标的131%，权益现金分红完成年度预算的693%，权益净利润完成年度预算的349%，自由现金流完成年度预算的518%。截至2021年底，拉美公司有中方员工201人，外籍员工2424人，设综合管理部、经营管理部、股东事务部、技术管理部、企业文化部5个职能部门，经营管理拉美地区15个项目公司（含1个炼厂），20个油气区块。

（施建中　苏威旭）

【MPE3稳产增产计划及措施保障研讨会】 2021年6月，MPE3公司召开稳产增产工作计划及措施保障研讨会，剖析油田面临形势和存

1　在委内瑞拉重油超重油开发过程中，形成重油水平井高效冷采配套应用技术，有效提高重油超重油开发效率。

2　在热带雨林项目开发过程中，广泛运用钻井井眼绕障技术和平台丛式井钻井技术提高储量动用速度，通过撬装化、模块化作业提高雨林工程建设效率。

3　在巴西深海勘探开发实践中，探索形成深海巨型碳酸盐岩勘探技术，发现深海巨型整装油气田。

在主要问题，研究制定稳产上产策略，精准绘制“行动路线图”。

（施建中　苏威旭）

【布兹奥斯项目完成交割】 2021年9月1日，布兹奥斯项目完成交割并实现当月提油回收。9月28日，与国际事业公司签署布兹奥斯第一份原油销售协议，建立一体化、上下游合作销售模式。

（施建中　苏威旭）

【集团领导对阿拉姆项目批示】 2021年11月26日，中国石油集团公司董事长戴厚良、总经理侯启军、副总经理黄永章对阿拉姆项目重大油气发现分别做出批示。戴厚良批示“热烈祝贺，再接再厉，强化管理，超前部署，争取更大荣光。”

（施建中　苏威旭）

【里贝拉项目联合作业协议及方案获批】 2021年12月9日，里贝拉项目（里贝拉项目西北区2017年11月26日宣布商业发现，进入开发期，命名为Mero“梅罗”油田）跨界油藏联合作业协议及开发方案获巴西国家石油局批准，梅罗油田进入整体开发阶段。

（施建中　苏威旭）

【古拉绍-1（Curaçao-1）井勘探】 2021年12月，巴西阿拉姆项目风险勘探区块第一口探井——古拉绍-1（Curaçao-1）井完钻，钻井揭示目的层BVE组总厚度超出钻前预测。古拉绍-1井创新采用共享钻机模式，实现油气低成本快速发现，有望成为巴西近10年来最大勘探发现，奠定中国石油巴西深水油气业务发展资源基础。

（施建中　苏威旭）

【油气勘探】 2021年，拉美公司坚持创新驱动，突出规模效益，勘探获得重大突破。里贝拉项目新增探明原油可采储量完成年度计划的167%。布兹奥斯项目实现储量升级，夯实进一步上产资源基础。厄瓜多尔安第斯项目开展14区Wanke老油田复算和17区Paiche油田勘探新增储量计算，累计新增探明原油可采储量完成年度计划的218%。

（施建中　苏威旭）

【油气开发生产】 2021年，拉美公司作业油气产量完成奋斗目标的131%，为年度计划的63.8%。其中，原油作业产量为年度计划的57.6%，天然气作业产量为年度计划的104%。

（施建中　苏威旭）

【重点工程建设】 2021年，拉美公司紧扣关键节点，抓牢工程进度，重点工程建设有序推进。厄瓜多尔安第斯项目完成Fanny120等8座井场、6个注水系统扩建。秘鲁公司10/57/58区和6/7区项目分别完成44口新井连井投产和41口新井地面设施安装。委内瑞拉MPE3项目完成何塞厂老装置加热炉出口破裂管道7次抢修。

（施建中　苏威旭）

【经营管理】 2021年，拉美公司剔除巴西公司汇兑损失，全年经营净利润完成调整预算的118%，自由现金流完成年初预算的518%，中方权益现金分红完成年度预算的693%。拉美公司持续巩固低成本发展战略，全年实现降本增效总额2.9亿美元，权益投资、单位操作费均控制在预算范围之内。截至2021年底，多家企业落实精准治亏要求，完成减亏目标，亏损额同比减少2.81亿美元，1个项目实现扭亏为赢。

（施建中　苏威旭）

【QHSE管理】 2021年，拉美公司强化常态化更新疫情防控知识、常态化增强员工个人防护意识、常态化压实疫情防控责任、常态化检视疫情防控制度、常态化补充疫情防控物资、常态化落实疫情防控措施“六个常态化”，实施“一项一策”防疫模式，落实作业现场网格化管理；召开地区疫情防控例会30期，组织防疫知识技能培训38次，确保动迁员工防疫技能视频考核全部合格；实现中外员工疫苗接种率100%、中方员工返岗前加强针“应接尽接”。守住“零聚集性感染、零疫情致死”底线。坚持“统一领导、分级负责”社会安全管理，制定区域内甲乙方联动应急机制，共享军警护卫和包机等外部资源。贯彻落实中国石油集团公司安全生产隐患整治三年行动，开展“重点领域”安全生产集中整治和隐患排查，落实整改计划。厄瓜多尔安第斯项目3个区块取得政府环境审计批复、7000立方米油污土完成达标处理，17区历史环境治理责任判定由前作业者承担。秘鲁公司6/7区项目完成第一批45口弃置井施工，58区项目192平方千米二维地震作业开展生物多样性保护。委内瑞拉MPE3项目和苏马诺项目完成3处较大历史污染清理以及污水回注系统建设。拉美公司连续8年获中国石油集团公司质量安全环保节能先进企业称号。

（施建中　苏威旭）

【人才强企工程】2021年，拉美公司研究分析各国别、项目班子能力素质要求，完成10名国别公司及项目公司总经理轮换调整。分析域内人力资源现状，统筹运用域内轮换和域外招聘相结合方式配备人员，保障各项目紧缺专业人员得到及时配备并完成年度轮换指标。

（施建中　苏威旭）

【改革与创新】2021年，拉美公司加强资源国政治、经济、安全及油气行业信息分析研究，为上级决策提供参考，为各单位业务发展和生产经营提供“公共资源、公共关系、公共安全”方面协调、支持和服务。成立新能源和绿色发展、税务、资金（汇率）、法律合规管理4个专业工作组，搭建区域管理共享平台，提升服务支持能力；各专业工作组通过《拉美大讲堂》、组织专项会议研究、定期月报等方式发挥作用。创新探索推动投资业务、国际贸易及支持服务等业务协同发展和产业链转型升级，发挥综合一体化优势和比较优势，打造“五融”发展模式，即融资融油、项目融油、租赁融油、油服融油、储量融油，促进上下游融合、协同发展。

（施建中　苏威旭）

【企业文化建设】2021年，拉美公司开展岗位讲述、“两优一先”评选等系列活动。开展宣讲14次，研讨8场。组织提质增效攻关申报15项、“我为员工办实事”活动13项。“巴西阿拉姆深水勘探发现厚油层”入选“2021海外油气业务十大新闻”，全年完成稿件101篇。

（施建中　苏威旭）

【社会责任】2021年，拉美公司坚持“互利共赢，合作发展”理念，在推动业务发展基础上，履行社会责任，参与资源国社会公益事业，支持资源国教育、医疗和交通建设等公共事业，获得资源国政府和所在社区好评与称赞。支持孔子学院第4届汉语桥比赛，给在委内瑞拉4家合资公司捐赠2万美元防疫物资。秘鲁公司支出约50万美元，用于社区清洁、校园早餐、当地道路铺设沥青和维护道路、与SENATI培训机构合作，开展社区多种生产培训、向社区提供医疗援助等。安第斯公司协调承包商最大限度雇佣当地居民，捐赠物资、燃料、提供人道主义援助，实施健康和教育计划，向社区学校/部落儿童等发放圣诞礼物。参与基金会项目，向当地多个基金会和非政府组织提供资金。关注油区居民健康和疫情防控，包括向社区居民提供近2000人次义务诊疗服务，提供2万美元疫情防控物资和医疗器械用品等医疗援助，为社区居民提供 3 辆紧急医疗转运车辆，投入 9.5 万美元。投入 5.1 万美元，为社区医院采购常用药物及新冠肺炎治疗药物得到厄瓜多尔卫生部颁发的奖状。

（施建中　苏威旭）

【巴西公司支援 FPSO 建造】 2021 年，巴西公司陆续选派 17 名海洋工程和 HSE 专家，前往中国船厂支援里贝拉和布兹奥斯项目 FPSO 建造。8 月 24 日，里贝拉 Mero1 单元 FPSO Guanabara 号完成建造任务，从中国大连启航，到达指定海域开始水下设施安装和回接。截至 2021 年底，Mero2 单元 FPSO 建造进度达 88%，Mero3 单元、Mero4 单元 FPSO 启动建造并分别完成总进度的 20% 和 8%。布兹奥斯项目 Buzios5、Buzios7 单元建造进度分别为 90% 和 33%。Buzios6、Buzios 8 单元正开展建造前准备工作，Buzios9—12 单元处于项目前期。

（施建中　苏威旭）

【创新“三三二一”小股东管控模式】 2021 年，拉美公司针对小股东管理特点，逐步建立以“知情权、话语权、监督权、收益权”为核心的“三三二一”小股东管控体系，即与资源国政府、合作伙伴及合资公司三种关系，高层指导委员、股东专业委员会、中外方员工三个平台，股东会、董事会两个会议，对小股东审计监督，使小股东能高度参与合资公司管理，发挥小股东作用。结合巴西里贝拉深海项目作业特点，进一步形成“作业公司 + 联管会 + 联合项目部”三位一体的多方合作机制，从项目运作层面保证小股东话语权及利益。

（施建中　苏威旭）

【财税管理】 2021 年，拉美公司通过压控投资、修旧利废、减本降费等成本控制举措，保持年度投资规模整体可控，减少资金支出。贯彻精准亏损治理要求，坚持“一项一策”原则，召开专题会议、分析亏损原因，强化财税管理，实现管理增效。

（施建中　苏威旭）

【MPE3 产量逆势增长】 2021 年，MPE3 公司协调外部资源，推动“带疫”生产经营，产量逆势上扬，主要财务指标同比大幅增长，疫情防控“三零”和社会安全“三保”、QHSE“四零”。净恢复躺井数、开井率和日产水平分别同比增长 151%、115% 和 153%。7 月、10 月，油田单日产量陆续突破 8 万桶 / 日、10 万桶 / 日，7 月 31 日、11 月 4 日，中油国际公司亿吨权益效益产量工作领导小组发来贺信。12 月，油田日产水平时隔 2 年后重新达到 10.9 万桶 / 日，扭转原油产量连续 5 年下滑被动局面。

（施建中　苏威旭）

【安第斯项目超额完成年度计划】 2021 年，安第斯项目分红完成预算的 750%，原油作业产量为年度计划的 101.9%，天然气作业产量为年度计划的 117.6%。

（施建中　苏威旭）

【秘鲁公司超额完成产量目标】 2021 年，秘鲁公司 10/57/58 区项目完成原油作业产量完成年度计划的 107.4%，天然气作业产量完成年度计划的 105.1%；6/7 区完成原油作业产量完成年度计划的 120.6%，天然气作业产量完成年度计划的 117.7%。

（施建中　苏威旭）

【安防设施升级】 2021 年，委内瑞拉各项目公司逐步推进驻地安防设施升级改造。其中 MPE3 项目完成 Morichal 驻地安防设施和中国石油集团公司 2018 年社会安全审核 12 项不符合项目整改。

（施建中　苏威旭）

【关爱员工】 2021 年，拉美公司组织国内专家为健康异常员工开展远程会诊，指导各单位开展谈心谈话、心理疏导、线上文体活动等关心关爱举措。

（施建中　苏威旭）

【人员轮换】 2021年，拉美公司完成人员交流轮换53人次，创近3年新高。其中，调出18人、调入16人、区域内轮换19人，轮换人次占比达26.5%。

（施建中　苏威旭）

【干部任免】 2021年，拉美公司任免各层级干部63人次。提拔为二级正职4人，其中45岁以下3人，占比75%；提拔为二级副职8人，其中40岁以下4人，占比50%；提拔无级别经理12人，其中36岁以下5人，占比42%。持续加强年轻干部选拔推荐力度，向中油国际公司推荐41周岁以下现职二级副职7人，推荐36周岁以下无级别干部8人。

（施建中　苏威旭）

【新能源与绿色发展】 2021年，拉美公司新能源和绿色发展工作组引导各单位加强政策研究，分享低碳新技术应用和能源转型发展方面知识及案例，开展《全球“双碳”目标下拉美新能源发展情况汇报》等讲座。

（施建中　苏威旭）

（西非公司　提供）

西非公司

21 世纪初，中国石油在苏丹、南苏丹、阿尔及利亚形成北非地区项目群后，2003 年 11 月中国石油与尼日尔能矿部签署协议，获得 Bilma 和 Tenere 两个区块的勘探许可，成为两个区块的作业者，合同模式为矿税制，中国石油正式进入尼日尔油气勘探市场。12 月 18 日，中国石油以 10% 股份参股 Cliveden 公司在乍得 Ronier 地区的一个风险勘探区块，从此进入乍得 H 区块勘探开发项目。2004—2014 年，先后成立阿尔及利亚公司、突尼斯公司、莫桑比克公司。2006 年 12 月，中油国际（乍得）有限责任公司成立。2007 年 9 月 20 日，中国国家主席胡锦涛和乍得共和国总统 Idriss Deby Itno，出席在北京人民大会堂举行的中国石油天然气集团公司、乍得石油能源部《乍得炼油厂合资协议》签署仪式。2008 年 7 月，成立乍得最大合资企业和最大工业企业恩贾梅纳炼油有限公司［中方名称为中油国际（乍得）炼油公司］，也是中国石油在海外建设完成的第二大炼油厂。2011 年，乍得总统代比出席恩贾梅纳炼油厂投产仪式并表示，与中国的合作让乍得赢得了能源独立，炼油厂就是乍得能源独立的标志。2008 年 6 月 2 日，中油国际与尼日尔能矿部签署 Agadem 区块产品分成协议。随着中国石油在尼日尔建成百万吨级的油田，2009 年 1 月 15 日，尼日尔炼厂在尼日尔津德尔注册成立，2011 年 11 月 28 日，建成投产，成为 2011 年海外“十大重点工程项目”之一。2013 年 6 月 4 日，津德尔炼油厂（即尼日尔炼厂）工程及 Agadem 原油管道工程项目荣获中国石油工程建设协会颁发的石油境外工程金奖。

2017 年以来，中尼交往更加密切，合作进入新的阶段。2017 年 6 月 2 日，国务委员王勇在尼日尔访问期间，视察中国石油尼日尔公司，充分肯定中国石油“走出去”战略，对中国石油海外业务 20 年耕耘及在尼石油合作取得的成绩给予高度评价。同年年底，根据中国石油集团公司深化海外油气业务体制机制改革要求，成立中油国际西非公司（简称西非公司），组建中国石油西非地区协调组，统一协调支持中国石油在乍得、尼日尔、阿尔及利亚、莫桑比克、突尼斯的石油合作项目及服务保障业务。西非公司本部设在乍得首都恩贾梅纳，业务涵盖油气勘探、开发、管道运输、LNG、炼化、油气销售等。承担西非地区协调、管理、监督、服务等职能，重点负责授权范围内的项目运营协调和支持、公共关系、HSSE 监督、股东事务等职能。2018 年 4 月 6 日，尼石油部长加多、中油国际公司总经理叶先灯、合作伙伴公司台湾中油探采事业部执行长张敏共同签署大 EEA《谅解备忘录》（MOU）。8 月 31 日，中国石油集团公司董事长王宜林在北京拜会出席中非合作论坛北京峰会的尼日尔共和国总统伊素福，伊素福充分肯定中国石油在尼日尔经济发展和民生领域做出的努力，希望通过双方更加务实深入的合作，实现该项目的早日投产和尼日尔原油的外输以造福两国人民。2019 年，为加快推进尼贝管道项目建设，中油国际公司成立中油国际尼贝管道公司（简称尼贝管道公司）。9 月 17 日，在尼日尔迪法省库勒勒（Koulele）举行阿加德姆二期油田及外输管道建设项目开工奠基仪式，启动尼日尔阿加德姆油田二期开发工程暨尼贝管道建设。2021 年 2 月 5 日，中国石油集团公司董事长戴厚良视频连线中油国际（尼日尔）公司，亲切慰问节日期间坚守奋战在海外抗疫和油气合作一线的同志及海外员工家属，并致以节日问候和美好的祝愿。4 月 8 日，按照《集团公司总部组织体系优化调整实施方案》，西非公司纳入支持与服务板块（支持与服务子集团）。10 月 28 日，中国石油集团公司批复全面实质性启动尼日尔 Agadem 区块油田二期一体化项目开工报告。截至 2021 年底，中国石油集团公司在西非地区乍得、尼日尔等 6 个国家投资运营 11 个油气项目，建成 700 万吨 / 年原油生产、1000 千米管道输送以及 200 万吨 / 年原油加工能力，形成上中下游一体化完整产业链，在区域内 22 个国家有 67 个乙方单位开展工程技术服务业务，甲乙方单位中方员工达 4200 余人。在市场化和合规前提下，西非公司统筹域内投资业务积极带动系统内工程技术服务业务，与系统内乙方签订合同额占全部合同额比例达 90%。2022 年 4 月 16 日，根据中国石油集团公司《中国石油国际勘探开发有限公司、海外大区公司、项目（国别）等单位“三定”工作实施方案》，西非公司上报《中国石油西非公司职能配置、内设机构和人员编制规定（草案）》。

（韩　朔）

【概况】 2021 年，西非公司克服主要资源国政局出现重大变动、社会安全风险陡然上升、新冠肺炎疫情持续蔓延等诸多困难，成功应对乍得社会安全危机，尼日尔上游和乍得上游项目聚焦重点目标领域，甩开新区带、新层系，打好勘探进攻仗，自主勘探持续获得重大发现，多口探井喜获高产油流，在剩余有限勘探期内进一步夯实储量规模；重点工程建设有序推进，尼日尔二期项目全面开工。西非域内统筹做好新冠肺炎疫情防控、社会安全应对和生产经营各项工作，储量、利润等主要指标创近年最好水平，确保“十四五”良好开局。全年，新增原油可采储量、油气作业产量当量、加工原油量分别完成年度计划的 125%、103% 和 108%。实现净利润、自由现金流、经济增加值分别完成挂靠布伦特 48 美元 / 桶油价下考核指标的 129%、248% 和 266%。

（韩　朔）

【油气勘探】 2021 年，乍得上游项目公司科学部署、精心组织，重点领域风险勘探和滚动评价取得重要进展。Doseo 坳陷储量规模进一步扩大，中央低凸起部署探评价井均有发现。Bongor 盆地 Moul-Pavetta 地区顺向断块勘探取得新发现，Moul-Pavetta 地区具备开发方案申报和建产条件。Bongor 盆地西部重点风险探井实现地质目的。尼日尔上游项目公司在2020年Bilma区块Trakes斜坡南部风险勘探获重大突破基础上，2021年初快速发现一系列优质高产高丰度油藏。3月，优选风险探井均获油气发现。截至12月，完成Bilma区块全部探井钻探。

（韩 朔）

【开发生产】 2021年，乍得上游项目公司强化油田精细管理与生产组织，坚持管理与治理并重，进一步巩固老区稳产基础。尼日尔上游项目油田开发指标取得优异成绩，为项目公司原油任务完成奠定基础。

（韩 朔）

【重点工程建设】 2021年10月28日，中国石油集团公司批复尼日尔二期一体化项目开工报告，二期地面工程全面实质性启动。年内，科洛尔浮式LNG船体集成安装和调试优于计划进度稳步推进，11月15日如期启航，2022年1月抵达莫桑比克预定海域。

（韩 朔）

【炼油化工与销售】 2021年底，乍得炼厂累计安全运行365天，加工原油量完成全年加工计划的110.96%，综合商品收率完成全年计划的100.52%；单位加工损失、炼油累计综合能耗均低于全年计划。销售产品完成全年销售计划的118.00%。营业利润完成全年目标的143%，净利润完成全年目标的156%，自由现金流完成全年计划自由现金流的205%。全年，尼日尔炼厂加工原油完成生产任务的104.87%，完成各项业绩指标。炼厂开拓成品油内销和外销市场，实现产销平衡。

（韩 朔）

【人员本地化】 2021年，乍得炼厂推进人员本地化工作，为当地提供大量就业和供应商机会，促进当地经济发展。为政府培养炼化管理岗位和操作岗位394人，通过后勤服务、安保、绿化等业务间接解决当地800余人就业。截至2021年底，乍得炼厂有中乍员工688人（中方294人，乍方394）。乍方高级管理岗位11人（占乍方总人数的3%），中层管理及技术岗位143人（占乍方总人数的36%），技术及操作岗位240人（占乍方总人数的61%），员工本地化率58%。年内，尼日尔炼厂响应资源国和尼方管理层本地化诉求，克服封闭管理不利影响，高效协调生产运行和岗位人员安排，有计划、分步骤推动中方员工减员，全年轮换71人，减员6人，年底中方员工总人数为197人，完成上级下达的控制在205人以内的指标，并与尼方研究讨论，制定未来2年本地化方案，转变中方人员职能，转换尼方人员角色，推动合格尼方人员上岗，加速技术转移，实现加速推进本地化目标。

（韩 朔）

【HSSE管理】 2021年，乍得上游项目公司高效运转应急指挥体系和组织体系，拓展多种渠道进行信息收集，完善应急转移工作方案，靠实应急转移所需各项资源基础，提前开展资产保全工作，成功应对“4·20”社会安全突发事件。8月，乍得炼厂在合资公司层面组织管理人员35人，开展为期7天的专项培训，通过中、法文双语授课，提升双方管理人员对HSE管理体系的认识和理解。9月，乍得炼厂在合资公司层面发布C版QHSE体系文件，由1个管理手册、74个程序文件组成，QHSE体系文件符合性和可操作性进一步提高。10月，开展QHSE管理体系内部审核，发现并整改各类问题127项，体系运行良好。2020年底，中国石油集团公司将莫桑比克社会安全风险等级调高为极高Ⅲ。2021年，针对马普托日益严峻的社会安全形势，莫桑比克项目进一步完善项目社会安全管理体系，修订《莫桑比克突发事件总体应急预案》《莫桑比克社会安全突发事件专项预案》《应急撤离专项预案》，上报中国石油集团公司进行预案评审并通过；修订中油国际（莫桑比克）公司《航空医疗转运应急预案》按时上报中油国际概述进行预案评审并通过。举行2次不同情境下的应急演练，提高员工社会安全意识；完成别墅区窗户加装防护网工程及中方驻地摄像头安装工程；给项目员工配制绑架赎金险，提升公司在员工遭遇突发事件的保障能力。

（韩　朔）

【疫情防控】 2021年，乍得上游项目公司强化责任落实，筑牢常态化疫情防控防线。编制完善《疫情防控常态化工作方案》《油田现场员工返岗程序》等规章制度，增强疫情防控工作规范性；中方人员疫苗接种率100%；对工作和生活场所进行日常消杀；动态储备防疫物资、治疗药品及制氧机等医疗设备，推动建设中心诊所，提高医治能力。建立甲乙方联防联控机制，牢筑“封闭管理、网格化管控、个人防护、环境消杀、定期检测”5道防线，监督落实疫情防控主体责任，进行常态化监督检查。加强员工防疫能力培训，严格旅途管理，提升疫情防控水平，强化员工个人防护意识与能力。年内，尼日尔上游项目公司成立尼日尔二期上下游一体化疫情防控领导小组，推进疫情防控常态化管理。9月底，实现中尼员工新冠疫苗接种率100%，尼亚美和前线建成全面核酸检测能力，推动尼方员工复工返岗工作，二期建设疫情防控方案9月29获国际部批复通过。全年，尼日尔炼厂召开防疫工作专题会议124期。实现中方员工100%接种新冠疫苗，完成152人次的疫苗加强针的注射。当地员工403人接种疫苗，疫苗接种率98.8%。实现“不发生聚集性疫情，不发生因疫情导致员工死亡病例”的疫情防控目标。2021年，莫桑比克项目与驻莫大使馆保持紧密联系，跟踪“春苗行动”进展，沟通相关环节，利用有利时机，为中国石油在莫人员完成疫苗接种3人、补种3人，加强针11人，实现莫桑比克中国石油在岗人员100%接种，完成西非公司接种考核硬指标。宣传和引导当地员工接种新冠疫苗，当地员工疫苗接种率达100%。完成中国石油集团公司国际部第四轮疫情防控视频巡检，对巡检问题进行全部整改。

（郑　林　秦献涛　鲁文杰　韩　朔）

【企业文化建设】 2021年，乍得炼厂在中国石油国际勘探开发有限公司新闻中心发稿3篇，在西非网站发稿4篇，在乍得内网发稿13篇，并向西非公司提供宣传照片，视频若干，通过乍得国家电视台对乍得炼厂员工接种疫苗进行一次电视报道。全年，尼日尔上游项目累计在《中国石油报》、中油国际网站、西非公司网站发稿48次。其中，“尼石油部长考察油田盛赞可持续发展能力”新闻稿在国内新华社、《中国日报》等媒体刊发，累计网络转载258次。10月，《宝石花绽放撒哈拉——尼日尔一体化项目投产运行十周年纪实》一文在《中国石油报》整版刊登。2021年，尼日尔阿加德姆上下游一体化项目获能源国际合作最佳实践案例。年内，尼贝管道项目公司在尼、贝两国报刊上发表多篇文章，向外传递真实信息发出好声音。2021年，在中国石油集团公司举办的第六届新媒体内容创作大赛中，尼贝管道公司主创的题为《憧憬》短视频，入围大赛决赛环节。

（韩　朔）

【社会责任】 2021年，乍得上游项目公司坚持互利共赢，作为乍得最大石油生产商为乍得克服疫情与经济衰退、乍得社会的稳定做出贡献。强化在主流媒体宣传力度，先后获得乍得文化部颁发“友好”奖状，乍得ETV电视台授予的“最佳合作伙伴奖”。重点关注“有影响力、有创造力、有关公司发展”的公益活动，独家赞助由孔子学院及中国驻乍使馆共同举办的“汉语桥”世界大学生中文大赛；资助恩贾梅纳第八区举办预防疟疾宣传活动，现场捐赠蚊帐；在圣诞节期间向恩贾梅纳“上帝保佑”孤儿院赠送生活必需品。乍得炼厂生产的汽油、柴油、液化气、燃料油和聚丙烯等，为当地经济发展和民生改善注入新鲜活力，实现乍得成品油自给自足，当地成品油价格对比炼厂投产前有大幅下降，乍得炼厂向乍得首都恩贾梅纳市累计供电2.6亿千瓦·时，解决近20万人的日常生活用电问题，为乍得政府缴纳各种税费6亿余美元。5月30日，乍得炼厂向恩贾梅纳妇女协会捐赠450袋25千克大米、450袋25千克面粉、450袋通心粉、450袋25千克糖和450罐5升成品油，改善当地民众生活；乍得炼厂为Ennedi Est省扶贫基金会捐助1500万西法，为Grand Coeur扶贫基金会捐赠3000万西法。尼日尔上游项目为二期项目建设提供和谐有利的石油社区环境，继续做好恩固提地区、马内及管道沿线公益活动建设。全年，完成恩固提地区35口水井、6间教室及1间诊所的修建，马内及管道沿线9间教室及10口水井建设，捐赠救护车轮胎10套，捐赠救护车燃油费2000美元，累计社会公益支出50.36万美元。尼日尔炼厂投入2200万西法，为周边村庄学校建造两间教室；为Zaouzaoua村健康中心和其余周边4座村庄捐赠1400万西法的药品和医疗设备，缓解疟疾给村民带来的痛苦；向尼日尔第一夫人基金会捐赠500万西法，用于表彰尼日尔优秀大中小学生；为尼日尔环境部和津德尔州政府组织植树节活动捐赠528万西法，履行炼厂参与环保事业的承诺；为孤儿院等社会福利机构捐赠价值350万西法的食品，为周边4座村庄修建供水点等。全年，尼贝管道公司为西非石油论坛捐款22650.61美元，为尼日尔共和国庆典足球赛捐款25897.96美元。

（郑　林　王品钧　张　盼　王　妍
鲁文杰　王　菲　韩　朔）

【乍得社会安全突发事件应对】 2021年4月11日，乍得反政府武装跨境进入乍得，6天攻至距首都恩贾梅纳仅200千米地区，且刚宣布第六次获连任的乍得总统代比在前线负伤去世，使乍得社会安全形势随时可能出现失控状态。法国、美国等多国使馆连夜撤离在乍人员，中国驻乍得大使馆通知进入紧急状态。事件发生非常突然且迅速，中国石油在乍中方员工1040人，加上相关协助单位，中方员工共1597人，员工生命安全及生产经营均受到严重威胁。中国石油集团公司成立应对乍得形势应急工作专班，中油国际公司成立应对乍得形势应急工作领导小组，西非公司和所属项目公司成立前线应急指挥组，做到前后方无缝对接、国内国外分级管控，科学有序开展应对工作。西非公司在这次社会安全突发事件中，成功实现零伤害、零损失，保证项目1597人平安，并在各外资公司陆续停产撤离情况下，乍得上游项目和乍得炼厂全力保障乍得油品和电力供应等民生需求，提升中国石油在乍得政府和民众心中的形象。通过实战检验突发事件应对预案，进一步优化并形成应对模式、组织体系及应对措施，为持续应对危机奠定基础。外交部安全司司长白天对中国石油乍得项目安保工作给予肯定，强调“我给中石油在乍得的安保工作打99分，中石油在资金投入、措施和管理经验方面值得其他中资企业借鉴，彰显了央企的责任和担当。”

（韩　朔）

（国际管道公司　提供）

国际管道公司

2017年7月，中国石油集团公司加强海外油气业务专业化、一体化管理、调整完善体制，优化资源配置，打造中国石油集团公司海外油气管道运营专业化公司，制订《海外油气业务体制机制改革框架方案》，在不改变合资方式基础上，对中亚管道有限公司、中国石油集团东南亚管道有限公司实施整合，设立中油国际管道公司（简称国际管道公司），列为海外勘探开发分公司项下管理。国际管道公司是中国石油集团公司海外油气管道专业化公司，投资运营管理13个境内外独资与合资公司，构建“一体两翼”发展格局。8月，完成乌国铁路穿越改造工程。12月30日，中国管道建设标准GB 50251采标成为吉国国家标准，填补在中亚地区输出中国标准的空白。

2018年9月，中国石油集团公司印发《关于推行企业和领导人员岗位分级分类管理的意见》，明确中油国际管道公司为一级一类企业。同月，中油国际管道公司机关办公地点迁址至北京市朝阳区安定路5号院2号楼恒毅大厦。12月20日，国际管道公司突破年输气量500亿立方米，全年累计向国内输送天然气517.3亿立方米，输送原油2149.5万吨，其中中亚天然气管道系统年度总进气量首次突破500亿立方米，中缅原油管道商业运行第一年输量突破千万吨，经营效益再创历史新高。QHSE业绩突出，获中国石油集团公司“安全环保先进企业”荣誉称号。

2019年8月27—28日，国际管道公司首次组织参与国家能源局“一带一路”油气管道应急演练，得到国家能源局、外交部和中国石油集团公司高度肯定。全年，管道运行安全平稳，实现输气631亿立方米，转供国内504亿立方米，输油3050万吨，转供国内2168万吨。国际管道公司获中国石油集团公司“宣传思想文化工作先进集体”荣誉称号、2016—2018年度“一带一路”油气合作先进单位、2016—2018年度外事工作先进单位、天然气冬季保供先进单位；连续三年在中国石油集团公司业绩考核中为A级企业。

2020年1月5日，D线塔国段1号隧道无偏差、安全贯通，为建设D线精品工程奠定基础。12月22日，AGP自2009年运营以来实现中方首次分红。BSGP全年实现安全平稳输气129.4亿立方米，连续5年增长率超过20%。新疆分公司实现整体经营扭亏。全年，国际管道公司实现输气590亿立方米，转供国内434亿立方米，输油2987万吨，转供国内2087万吨，为特殊时期保障国家能源供应发挥重要作用。

2021年4月8日，按照《集团公司总部组织体系优化调整实施方案》，国际管道公司纳入油气和新能源板块（油气子集团）。年内，国际管道公司针对全球疫情持续蔓延，地区形势风云激荡，保供任务陡然加重，改革压力深入传导，经营发展环境日趋复杂等情况，落实中国石油集团公司工作部署，以习近平新时代中国特色社会主义思想为指导，抓住国际油价回升、国家经济稳步复苏有利时机，着力防范化解重大风险，统筹推进业务高质量发展，油气两大业务链平稳高效运行。全年，向国内供应天然气486亿立方米；向国内累计输送原油2088万吨。实现考核口径净利润同比增长，创历史新高；净资产收益率、营业收入利润率、全员劳动生产率稳步提升，实现零事故、零污染、零伤害良好安全绩效。12月，国际管道公司机关办公地点迁址至北京市昌平区沙河镇中国石油科技园A12地块B2座。

2022年4月16日，根据中国石油集团公司《中国石油国际勘探开发有限公司、海外大区公司、项目（国别）公司等单位“三定”工作实施方案》，国际管道公司上报中国石油集团公司人力资源部《中油国际管道公司职能配置、内设机构和人员编制规定（草案）》。5月20日，中国石油集团公司人力资源部批复方案，并要求6月30日前完成改革落地。

2002—2022年，国际管道公司业务覆盖乌兹别克斯坦、哈萨克斯坦、塔吉克斯坦、吉尔吉斯斯坦、缅甸、中国，管理运营6条天然气和3条原油管道，建有一座30万吨级原油码头，铸就“六气、三油、一港”超级管道网络，总投资266亿美元，总里程超1.1万千米，年油气输送能力1.05万吨油当量，管输规模占全国现有陆上进口能力的75%。

（杨　帆）

【概况】2021年，中油国际管道公司面对新冠肺炎疫情和百年变局，以习近平新时代中国特色社会主义思想为指导，贯彻落实中国石油集团公司部署，加强组织建设，着力防范化解重大风险，统筹推进业务高质量发展，油气两大业务链平稳高效运行。高效协调应对缅甸“2·1”事件和哈萨克斯坦“1·5”事件重大社会安全风险突发事件，保障员工生命安全和管道平稳运行；推进人才强企工程，专项选拔优秀年轻干部，储备可持续发展的人才基础。克服重重困难，实现本部按期、安全、高效、和谐搬迁。提质增效“升级版”成效显著、盈余回收机制全覆盖，亏损治理成效持续巩固。持续完善跨国调控体系，完善完整性管理体系，持续推进关键技术攻关，生产运行水平持续提升；克服疫情不利影响，西北原油管道反输改造工程全面竣工，哈南线扩建工程快速推进，新项目开发有序推进。改革三年行动、人才强企工程全面实施，数字化转型科技创新稳步推进，改革创新步伐扎实有力。深层次提升依法合规治企水平、高标准完善采办管理体制机制、全方位提升战略研究水平，管理效能持续释放。始终抓好疫情常态化防控和 QHSE 管理，未发生较大健康、安全生产、环境和社会安全事件。全面推进从严治企和廉政建设，强化新闻宣传和跨文化融合，发展基础更加牢固。在需求反弹、供给不足背景下，把能源保供作为首要政治任务，在高输量、强负荷工况下，通过建专班、强调控、细计划、严管理、控管存、勤保障，精准执行生产任务。克服极寒天气、康采恩断供、缅甸 / 哈萨克乱局等重大难题，坚决履行冬季保供使命，有效保障重大政治活动和国计民生。全年，向国内输送天然气 486 亿立方米，向国内累计输送原油 2088 万吨。经营业绩创历史最好水平，年度考核口径净利润同比增长 29.6%。自由现金流完成年度目标 120.7%，净资产收益率、营业收入利润率、全员劳动生产率稳步提升。QHSE 指标持续优良，实现“三个零”和“五个杜绝”的安全生产目标。获中国石油集团公司 2020—2021 年冬季保供工作先进单位。

（杨　帆）

【“科创中国”企业云课堂】 2021 年 5 月 13—14 日，国际管道公司在北京承办“科创中国”企业云课堂——走进中国石油暨 2021 年中国石油技能人才提质增效行动启动会。启动仪式上，宣布成立中国石油海外管道人才评价中心，代表中国石油集团公司搭建海外人才开发、职业技能鉴定和国际认证统一平台，由国际管道公司运作。中国科协副主席徐延豪，全国工商联副主席李兆前，中国石油集团公司董事段良伟出席启动仪式。国际管道公司总经理孟繁春致辞，副总经理孟向东为中国石油海外管道人才评价中心揭牌。会议期间，组织现场观摩、研讨会、中国石油集团公司技能专家协会年会等活动，21 家企事业主管人力资源领导、负责人及 36 名中国石油集团公司技能专家到场观摩；国际管道公司人力资源部就海外人才“双维度”评价模式及《中油国际管道公司海外属地员工技能评价管理办法（征求意见稿）》与参会人员开展交流讨论；在中国石油集团公司技能专家写作委员会上，对 2020 年中国石油集团公司技能专家年度考核情况进行总结，就协会管理、运行、考核及下一年度安排进行研讨。

（杨　帆）

【海外人才队伍建设】 2021 年 7—9 月，国际管道公司组织业务骨干参加 CIOB（英国皇家特许建造学会）、NEBOSH（英国国家职业安全与健康考试委员会职业健康安全国际通用证书）国际通用证书培训班，通过专业培训、模拟自测、复习冲刺，25 人获国际通用证书，得到国际劳工组织、中国人力资源贺社会保障部好评。

（杨　帆）

【人才强企培训基地】 2021 年 10 月 10 日，国际管道公司新疆培训基地揭牌仪式在新疆公司举行，国际管道公司总经理孟繁春出席仪式并讲话，副总经理、安全总监钟凡为新疆培训基地揭牌。国际管道公司贯彻落实人才强企工程，注重人才培养，以规模化、专业化、国际化为发展目标，打造北京战略型培训基地、新疆生产型培训基地、云南经营型培训基地，构成公司三大培训基地网络，加强顶层设计，系统规划布局，发挥地理优势和资源优势。

（杨　帆）

【管道运行】 2021年，国际管道公司加强跨国调控能力，开展AB线在线管存计算系统建设，形成“工况实时测算、实时调整”调控机制；中乌天然气管道合资公司（简称ATG）建立“三地互备联动”，哈地区创新“两会一群”制度，建立下载气、管存、哈气资源变化和原油出口配额监控等预警机制；完成昌平调控中心建设，建成本部WEB SCADA系统，建成WKC1站和CS6站站场“全要素”数字孪生体模型，推动乌哈“站控转中控”模式落地。完善管理体系，制定EAM系统建设实施规范，推进设备资产全生命周期管理实施；开展干线及高后果区风险识别，建立地质灾害和水下管道完整性管理体系；在冬季保供前高效开展防腐层、环焊缝缺陷修复作业，开展伊江穿越段长效治理并落实监测措施，完成阿克苏水工保护工程。提高维抢修能力，承办中国石油首届海外属地员工职业技能竞赛，属地化员工32人参加竞赛，加强中外员工在生产技术领域交流融合；举办国际管道公司第一期管道完整性管理与维抢修业务能力提升培训班；BSGP制定哈南管道维抢修建设规划，编制《油气管道动火技术规范》；新疆公司完成维抢修制度和专项预案编制，健全维抢修管理体系。推进关键技术攻关，《长输管道压缩机异常震动原因分析及消减方案研究》获中国石油集团公司“石油技能人才提质增效行动”专项资助；完成单向阀内漏问题研究和压气站站内管道检测技术课题研究。

（杨　帆）

【西北原油管道反输改造工程】 2021年，西北原油管道项目克服疫情肆虐、承包商更换、物流不畅等不利影响，创新实践中小项目＋当地承包商管理模式，7月16日，完成阿曼输油泵站投产并移交，比原计划提前3个月建成600万吨/年的反输能力。9月16日，增建的阿曼输油泵站加热炉系统投产，具备反输西哈高凝原油能力。2021年底，增建的加热炉燃料气管道系统建成，完成600万吨/年反输改造工程建设任务，全年实现反输西哈原油约270万吨。开辟西哈原油出口中国新通道，提升中国西部原油保障能力。

（杨　帆）

【哈南线150亿米^3/年扩容工程】 2021年，哈南线项目克服疫情影响，破解技术和商务瓶颈，加快推进哈南线150亿米^3/年扩容工程。推广应用云平台技术文件审批系统，提升疫情期间设计文件审批效率，解决压缩机组选型重大分歧，8月27日，完成压缩机组合同签署，提前2个月实现巴站扩建现场开工。2021年底，完成压缩机基础浇筑，综合进度达42%，超额完成年度建设任务指标。哈南线天然气管输能力从100亿米^3/年提升至150亿米^3/年，为哈气增供出口中国创造有利条件。

（杨　帆）

【新项目前期工作】 2021年5月，国际管道公司配合中国石油集团公司开展跨国天然气合作谈判，组建新项目前期工作领导小组和工作专班，及时准确提供技术、商务、法律等专业支持，推动路由谈判实现突破性进展，维护原路由方案不变。建立月度推进会机制，推动可研初设调整、投资复核、建设管理模式研究、创优规划、新技术新装备新材料应用等前期重点工作，开展国内管道现场调研，提升新项目工程设计施工和管理水平。

（杨　帆）

【与乌兹别克斯坦国家油气股份公司股东沟通】 2021年2月10日，国际管道公司与乌兹别克斯坦国家油气股份公司召开视频会议，就保障乌气冬季输量、监事会成员变更以及建立股东层会议机制等事宜交换意见。6月28日，双方以视频方式，召开股东大会，就采办豁免事宜交换意见，并达成共识。年内，取得临时豁免。

（杨 帆）

【与塔吉克斯坦输气公司股东沟通】 2021年4月2日，国际管道公司与塔吉克斯坦输气公司召开视频会议，就项目建设工期事宜及合资公司管理团队改革问题等交换意见。6月2日，双方召开董事会，就共同成立工作组启动研究塔方股东贷款利息事宜、合资公司2020年财务审计报告审批等问题达成共识。

（杨 帆）

【与SEAGP/OP公司董事会暨股东沟通】 2021年10月13—14日，国际管道公司分别主持召开SEAGP/OP公司董事会暨股东大会，缅甸油气公司、浦项国际公司、KG-SEAGP公司、印度燃气公司、印度石油天然气公司股东代表参加会议，就SEAGP/OP公司2021—2022财年经营计划及预算等决策议题达成一致。

（杨 帆）

【与哈萨克斯坦石油运输股份公司股东沟通】 2021年6月24日，国际管道公司与哈萨克斯坦石油运输股份公司就反输改造工程EPC合同执行情况及工程建设存在问题、推进措施、下步工作及中哈原油管道阿拉山口生产指挥中心建设进行沟通并交换意见。10月21日，双方股东就建立哈萨克斯坦输油股份公司和西北原油管道公司长期分红方案、批复合资公司年度预算、阿曼泵站运维合同及召开合资公司年度股东大会事宜进行沟通并交换意见。

（杨 帆）

【与哈萨克斯坦天然气运输股份公司股东沟通】 2021年4月7日，国际管道公司与哈萨克斯坦天然气运输股份公司召开视频会议，对AGP、BSGP合资公司2021年度预算、BSGP管输费支付、巴佐伊站压缩机选型、KUMS计量站投产、科尔吉特—阿塔站收购和合资公司员工薪酬等问题进行交流和沟通，并就相关问题达成共识。12月23日，双方召开股东大会，就AGP/BSGP薪酬调整、AGP/BSGP融资置换、AGP管输费调整、AGP自耗气价格上涨、TAPLine股权转换等事宜进行沟通并安排合资公司后续工作。

（杨 帆）

【依法合规治企】 2021年，国际管道公司强化风险分析识别和评估预警，ATG、AGP持续开展风险识别和分析，定期开展系统评估，持续更新管控进展。7月13日，TTGP发布法律风险识别防控工作体系文件，确立每年7—8月开展系统评估出具风险报告、持续更新管控进展、全天候跟踪化解的工作模式，推动法律风险防控机制在TTGP落地实施。跟踪美国涉缅制裁动向，建立本部与项目协调联动的常态化信息收集和风险预警工作机制。持续监测缅甸法律环境变动情况，跟踪涉缅制裁措施，及时开展影响评估。指导项目落实工作周报机制，完善应对制裁影响法律工作预案，加强与合作伙伴沟通，推动免除基于制裁原因暂停付款可能产生的经济责任。按要求参与中油国际公司工作专班，每周按时报送制裁变动监测情况、分析评估意见及风险应对措施执行情况。加强法治宣传教育，提升全员法治素养、提高公司治理法治化水平，贯彻《中央宣传部、司法部关于开展法治宣传教育的第八个五年规划（2021—2025年）》，落实中国石油集团公司普法工作安排，制定并印发《中油国际管道公司法治宣传教育第八个五年规划（2021—2025年）》，突出学习宣传习近平法治思想、宪法、民法典、与推动公司高质量发展密切相关的法律法规和法律文件、中国石油集团公司依法合规治企政策文件 6 个方面内容，持续优化领导干部、经营管理人员学法和考试制度。强化法治宣传和法治文化建设，强化涉外法治宣传，强化领导干部带头守法用法、合规管理、典型案例教育、违法违规整改问责 4 种机制。加强组织实施和工作保障，按照各项工作任务时间节点分阶段落实普法工作安排。

（杨　帆）

【采办管理】 2021 年，国际管道公司持续推动采购国产化工作，降低运行采购成本。4 月 27 日经中方股东协调乌方股东与乌国政府相关部门沟通，解决 ATG 面临的生产经营困难；通过中国石油集团公司国际部沟通协调，中乌能源合作分委会第六次会议将 ATG 采办自主权问题纳入讨论议题，并按照公司口径争取采办豁免，首次从政府层面表达中方高度关切。5 月 4 日，乌国总理阿里波夫批准并签署乌国应对危机委员会第 76 号会议纪要，ATG 取得与生产相关部分采办事项临时豁免，保障 ATG 各项采办计划开展。年内，采取探索关键配件和简单服务的国产化起步，逐渐过渡到关键设备国产化工作思路，陆续开展压缩机组备件国产化及发电机和备件国产化课题研究，在取得一定研究成果的基础上，结合国产化研究成果工作进度，综合考虑各海外项目实际情况，从技术、经济效益和制造能力等方面，对国产化可行性进行综合研判，借鉴国内西气东输项目等成熟经验，对压缩机核心部件进行调研，逐步实现部分海外项目压缩机组干气密封和部分过滤设备在合资公司的国产化替代工作，在满足现场生产需求同时加快采购进度，降低运行采购成本，获得显著管理效益，在打破国外厂家技术封锁、逐步实现核心装备国产化方面具有里程碑意义。

（杨　帆）

【战略研究】 2021 年，国际管道公司与 11 家单位签署战略合作协议，在不同领域与专业公司合作，实现优势互补。与专业智库、机构开展合作，跟踪地缘政治、社会安全、行业动态等关键信息，编制关键信息参考周报。开展缅甸、阿富汗、哈萨克斯坦局势等 5 项专题研究，形成《应对“北溪—2”管道对中俄能源合作不利影响的若干建议》《绿色低碳趋势对国际管道业务的影响及应对》《缅甸天然气投资环境和能源市场分析专题报告》《哈萨克斯坦局势分析报告》等 5 项专题研究报告，汇集专家力量深入分析重大事件对公司影响，提供战略决策支持。哈地区成立 5 个管理研究工作组，强化地区战略和前瞻性技术研究，统筹合资公司共性问题解决。

（杨　帆）

【管理创新成果】 2021 年，国际管道公司管理创新成果《跨多国长输油气管道生产运行管控模式的优化实践》《降本增效精细化管理体系的构建与应用》《共同体模式下股权管理与法律风险管控的创新与实践》，获 3 项省部级奖，管理类论文《跨国长输油气管道业务管控模式分析——以中油国际管道公司为典型案例》等获 11 项省部级奖，其中一等奖 2 项。《中亚天然气管道 AB/C 线》在第二届“一带一路”能源部长会议上，获“能源国际合作最佳实践案例”。

（杨　帆）

【疫情常态化防控】 2021 年，国际管道公司按照“国内、国外两条线，文件管理、人员管控、物资管理、宣传和舆情、应急管理五落实”防控原则，累计组织防疫专题会 380 次，完成重大决策 22 项，升版防控方案 3 次，开展防控培训 1.3 万人次，实现疫苗接种率 100%，超期在岗员工心理疏导与关心关爱率 100%，全年双向动迁率 100%，开展站场突发疫情等应急演练 57 次，及时科学应对中国石油集团公司

"11·10"突发涉疫事件，充分利用国际管道公司"6+N"宣传平台，与合作方联合建设宣传平台，多渠道发布宣传报道213篇，ATG向布哈拉州政府捐赠医疗救护车。

（杨　帆）

【QHSE专业化建设】 2021年，国际管道公司QHSE一体化管理体系通过世界知名管理咨询公司DNV-GL（挪威船级社）体系认证审核，并获得RVA（荷兰认可理事会）ISO 9001、ISO 45001、ISO 14001三大体系认证证书，5家合资公司完成体系认证复审，标志国际管道公司QHSE管理在精细化、制度化、规范化管理方面达到世界先进水平。按照HSE管理培训矩阵，开展各级员工HSE管理培训，40人完成领导干部HSE资格复训取证，16人通过NEBOSH国际资质认证，51人获中国石油集团公司级QHSSE资格证书。

（杨　帆）

【员工健康】 2021年，国际管道公司完善生理与心理健康预警体系，制定"一人一案"健康干预及监测方案，重点人员针对性心理咨询与干预率达100%。为海外项目配备健康保障资源，组织疫苗接种，为国际管道公司本部（含云分）配备健康保障包，开展疫情防控系列健康讲座，中医上门义诊，"健康达人"评选等活动，倡导并员工建立科学健康生活方式。推动员工心理服务项目研究及数智化健康管理创新平台试运行。加强医疗资源配置，储备日常药品6个月。新疆公司保障前线抗疫和日常药品供应及境外项目防疫物资转运。云南分公司加强与边检、海关、防疫部门协调，保障人员陆路通关，落实员工关爱计划。

（杨　帆）

【环保管理】 2021年，国际管道公司梳理近3年温室气体排放数据，调研各项目所在国环境标准和政策，建立国际管道公司环境管理档案。ATG等3家合资公司完善环境管理方案，SEAP等4家合资公司编制环境管理应急预案，BSGP发布管道运行温室气体排放和废物处理标准。

（杨　帆）

【保密管理】 2021年，国际管道公司进一步优化机要文件管理台账，实现全流程闭环管理。利用生产协调例会分享保密案例分析，召开保密警示教育会议，开展保密知识竞赛，形成保密常态化宣传教育模式。落实保密工作责任制，履行维护国家秘密和中国石油集团公司商业秘密安全政治责任；按照"责任逐级分解、工作落实到人、强化督促检查、严格责任追究"原则，落实领导干部保密工作责任制；以保密责任书为抓手，按层级签订领导干部保密责任书，组织所有入职、离职、退休人员签订保密承诺书，及时为新入职员工配发保密行为"十不准"提醒鼠标垫。加强保密制度建设，执行国家保密密码相关法律法规和规章制度，坚持用制度管人、管网、管事，落实中国石油集团公司《保密重点单位和重点部门部位保密管理办法》《领导干部保密责任制管理办法》等，把制度建设贯穿于保密管理全过程，将保密管理纳入制度化、规范化、科学化轨道。加大监督考核力度，坚持经常查、反复查、重点查、有针对性地查，保密办公室与科技信息部组成保密检查组，突出办公专网、信息系统、涉密计算机及移动存储介质检查。将保密工作纳入各单位、各部门业绩指标考核内容，对领导干部落实保密管理"一岗双责"情况实行一票否决，保密工作严肃性、权威性显著提高。全年流转各类涉密文件3000余人次，未发生延误、漏传、泄密等事件；产生商业秘密文件12件，派生国家秘密文件9件，均按照规定程序定密；为公司管理层领导、海外项目负责人配发工作手机 27 部。

（杨 帆）

【提质增效】 2021 年，国际管道公司使用提质增效“升级版”，部署四大类 23 项措施，实现降本增效 2.18 亿美元，完成年度目标的 173%，单位管输成本持续硬下降。各项目积极筹划，制定措施，ATG 解决管输费零税率增值税返还问题，收到返还现金 3012 万美元；AGP 推进业财融合，建立预算专题协调例会制度，解决投资完成率低、预算分歧项多等难题，在油价攀高情况下，加强价格复议，维持自耗气价格在较低水平，节省 580 万美元；KCP 凝聚中哈方合力，临时补偿管输费案件胜诉，避免减收和罚款约 7000 万美元；BSGP 解决 2020 年超输管输收入问题，保全约 6300 万美元超额利润；MT 以反输改造工程为提质增效着力点，优化投资 876 万美元。SEAP 落实资本运营成果，实现退税 1.99 亿元。盈余回收机制全覆盖，各合资公司分红创历史新高。AGP 优化分红方案，BSGP、KCP 完成首次分红，国际管道公司实现在运项目“分红全覆盖”。国际管道公司主动担当作为，完成 SPI 减资，为中油国际公司贡献现金超 50 亿元人民币。亏损治理成效持续巩固，逐月开展全级次财务主体盈亏分析，推进长短期治亏措施。TTGP、TKGP 主动担当，压减人工成本，实现 SPI 架构下的防亏保盈，SEAP 扭亏，中亚香港合并层面实现减亏 22.84%。

（杨 帆）

【改革三年行动】 2021 年 9 月，国际管道公司印发《改革三年行动实施方案》，推进五大类 94 项改革任务，全年完成综合进度 72.5%，超额完成改革阶段性目标。优化管理模式，发布新版《中方审批及备案事项清单》，以合资公司为平台，以股权管理为主线，厘清管理权限分配，向本部各部门及各海外项目开展《中方审批及备案事项清单》修订意见征集并发布。强化法律环境监测分析和评估，将内控测试范围首次延伸至海外，风险防控体系得到持续优化；开展 2021 年度内控自我测试，开展“三重一大”决策机制和资金管理专项测试，开展中缅、中吉项目和新疆公司内控测试，按期发布 2022 年版内控手册；完成中国石油集团公司管理层测试。以审计委员会为平台，组织股东联合审计，实现对境外合资公司有效监督；以经济责任审计为抓手，强化领导干部履职监督，规范权力运行；以监督检查财务收支的真实合法效益为基础，推动重大决策部署有效落实，实现对中方管理机构高质量监督，对新疆分公司、阿拉山口子公司以及云南分公司进行专项审计。

（杨 帆）

【数字化转型】 2021 年，国际管道公司启动数字化转型顶层设计，改组成立网络安全与信息化工作领导小组，与昆仑数智、华为签订全面战略合作协议，启动首批合资公司数字化转型试点。完善管道完整性管理信息系统，初步搭建中油国际公司—合资公司两级完整性管理系统框架，建成工程建设数字化管理测试平台，编制形成人力资源管理数智化转型解决方案，AGP 实现 GIS 系统与 PIS 系统融合，BSGP 启动巴站数字化建设。

（杨 帆）

【网络安全】 2021 年，国际管道公司编制网络安全总体规划及蓝图，印发《公司网络安全管理办法》，在中油国际公司搭建集防护、监测、响应、处置等安全能力于一体的网络安全运营管理平台。全年，未发生重大网络安全事件，保障重大敏感时期网络安全。在 HW2021 网络安全攻防演习中，实现“零通报、零失分”，受到中国石油集团公司表扬。

（杨 帆）

【科技创新】 2021年，国际管道公司印发中、英、俄文版《科技成果推广建议目录》，收录68项科技成果。印发《科技项目与科技奖励评审管理办法》，提高科技评审工作效率。组织第二届“五新五小”科技创新成果评审，部署15项成果应用推广，其中5项成果在合资公司实施。推进国际管道公司技术标准体系建设，开展首届优秀标准奖评选和“标准云课堂”，完成181项国际管道公司技术标准编制，推动3项中国标准在项目所在国实施。年内，国际管道公司获中国石油集团公司信息化工作先进单位称号，科技成果获省部级奖项1项，中油国际公司4项，获发明专利1项，实用新型专利2项。

（杨　帆）

【3E人力资源价值评价与提升管理】 2021年，国际管道公司建立3E人力资源价值评价与提升管理体系，完善人才蓄水池、国内外人才流动、干部队伍建设、国际化人才开发、双维度人才评价、多序列晋级发展、市场化薪酬管理、全员绩效管理等管理机制，制定领导力测评方案，构建人力资源价值创造闭环管理机制。推进落实4个“百人计划”，制定珠峰计划、英才计划、丝路计划，培养管道科学家、青年骨干和丝路英才，建设基础扎实、准备度高、充满活力的人才梯队。选聘中国石油集团公司技能专家2人，认定高级主管、二级工程师52人，主管、三级工程师及其他岗位21人。

（杨　帆）

【企业文化建设】 2021年，国际管道公司提升品牌影响力，聚焦冬季保供、工程建设、疫情防控、学习教育等生产经营重点，组织国际管道公司内网发布网络专题9个、发布稿件近千篇；在外部媒体发布稿件31篇。推进文化融合，印发《跨文化融合建设纲要》《跨文化融合评估指导办法》，编制《企业传播策略白皮书（缅甸篇）》。制作面向属地化员工英文版特刊SPI VISION，制作上线“万里国脉、同心筑梦”云展览，编制《我与中缅油气管道项目》缅文图书，“中国书架”在AGP落地，扩大跨文化工作试点范围。家企氛围和谐，组织健步走、儿童夏令营、家属“开放日”等活动，对超期海外员工回国人员300余人开展访谈，召开一届三次职工代表大会，推进落实职代会提案44项、建议意见63项。累计组织员工慰问活动4000余人次。国际管道公司霍尔果斯计量站成为中国石油集团公司首批20个“百优示范队站”创建单位之一。

（杨　帆）

【社会责任】 2021年，中缅项目公司制作发布防疫知识短片和动画视频，向民众普及新冠肺炎疫情知识，举办线上青年短视频挑战赛，为疫情中的青年人加油。向曼德勒市方舱医院、皎漂市隔离中心捐赠现金，用于维持防疫重点机构运行，缅甸政府向中缅项目颁发防疫捐赠荣誉证书。截至2021年底，累计向缅甸各级政府部门、管道沿线村镇、社区、孤儿院、敬老院、寺院以及其他社会机构捐赠口罩16万只、洗手消毒液3000瓶、一次性手套1.5万副、防护服600套、大米3500千克、食用油900升。9月21日，ATG向乌兹别克斯坦布哈拉州政府捐赠第二辆救护车，布哈拉州立电视台、布哈拉“Istiklol TV”电视台等多家乌国主流新闻媒体进行广泛报道。

（杨　帆）

（俄罗斯公司　提供）

俄罗斯公司

2007 年 9 月，中国石油集团公司为加强对俄油气合作统一协调与管理，成立中俄合作项目部。2008 年 10 月—2009 年 4 月，中俄合作项目部推动完成中俄政府间与公司间原油管道建设与运营、原油贸易和金融贷款一揽子合作协议谈判，开创两国金融与能源合作挂钩的合作新模式。2009 年 4 月—2010 年 9 月，中俄合作项目部组织完成中俄原油管道黑龙江穿越跨境段工程建设，2011 年 1 月，中俄原油管道投入商业运营，当年实现满负荷输油 1500 万吨。中俄原油管道的建成为中俄两国发展长期稳定原油贸易奠定基础，对推动中俄战略协作伙伴关系发展、促进和保障中国原油安全供应具有积极意义，尤其是创新提出的在跨境施工区设立"封闭建设区"模式，成功解决两国施工人员、施工机具跨境作业海关及边检问题，极大提高跨境施工效率，成为跨境工程建设模板。2011 年 1 月，中国石油集团公司批准海外勘探开发公司所属中油国际（俄罗斯）投资公司[1]划归中俄合作项目部管理。2013 年 3 月，中俄合作项目部代表中国石油集团公司与俄罗斯石油公司达成通过新建中俄原油管道复线新增供油

1　中油国际（俄罗斯）投资公司 2003 年 3 月在俄罗斯莫斯科市注册，中油国际公司持股 90%，中国石油天然气香港有限公司（简称中油香港）持股 10%。2022 年 1 月 12 日，中油国际公司通过增资扩股将持股比例增加至 99.9937906085351%，中油香港持股 0.0062093914649%。

1500万吨/年、稳定供油30年协议。2014年1月，中俄合作项目部推动完成收购俄罗斯亚马尔LNG股份公司[1]20%股权交易。2014年4月，中国石油集团公司批准中俄合作项目部加挂中国石油天然气集团公司俄罗斯公司牌子。11月，中国石油集团公司撤销中俄合作项目部，俄罗斯公司单独列入中国石油集团公司直属企事业单位序列，行政由中国石油集团公司直接管理，业务归口海外勘探开发分公司管理。2017年7月，海外油气业务体制机制改革，中国石油俄罗斯公司更名为中国石油国际勘探开发有限公司俄罗斯公司（简称俄罗斯公司），归中油国际公司管理。2018年5月，俄罗斯公司整体前移至俄罗斯莫斯科办公，作为中油国际公司派出机构，承担俄罗斯地区业务协调、管理、监督、服务等职能，重点负责授权范围内项目运营的协调和支持、公共关系、HSSE监督、股东事务等工作。作为中国石油集团公司俄罗斯地区企业协调组组长单位，指导和监督中国石油集团公司各驻俄企业生产经营和健康安全环保工作。2019年7月，俄罗斯公司推动完成北极LNG2有限责任公司[2]（简称北极LNG2公司）10%股权收购。10月，俄罗斯公司试点实行一体化共享管理模式，即以俄罗斯公司为主体，以中油国际（俄罗斯）投资公司为载体，共享亚马尔LNG项目和北极LNG2项目股东事务和综合管理团队。12月，俄罗斯公司按照7个业务板块"一体化"管理模式，调整领导班子成员和相关负责人分工，明确分管业务内容。2021年4月8日，按照《集团公司总部组织体系优化调整实施方案》，俄罗斯公司纳入油气和新能源板块（油气子集团）。

（唐春梅）

【概况】 2021年，俄罗斯公司落实中国石油集团公司、中油国际公司工作部署，科学动态实施疫情防控措施，开展"转观念、勇担当、高质量、创一流"主题教育活动、"弘扬大庆精神、立志海外创业"主题活动、"我为员工办实事"岗位实践活动等，推进提质增效升级工程、亏损治理和人才强企等专项工作，持续提升生产经营和股东行权管理水平，取得"十四五"良好开局。2021年，亚马尔项目天然气生产突破300亿立方米，LNG突破1950万吨，油气当量突破2480万吨，俄罗斯公司连续两年为中油国际公司保亿吨产量高质量发展作出贡献；侏罗系勘探获大发现；第四条生产线投产，新增90万吨/年生产能力；10月18日，亚马尔LNG项目获第二届"一带一路"能源部长会议"能源国际合作最佳实践案例"殊荣。北极LNG2项目克服疫情影响，总体工程进度累计完成59%，一期工程进度达73%，项目专用机场晨曦机场投运，第三条LNG生产线按提前一年投产目标加快推进；成功签署外部融资协议，保障项目建设期稳定资金来源。截至2021年底，俄罗斯公司有员工51人，其中外籍员工9人，设经营管理部、股东事务部、企业文化部、综合管理部

---

1 亚马尔LNG股份公司2005年4月在俄罗斯注册成立，是集油气田勘探开发、天然气处理、液化、北极航道海运和全球销售于一体的大型LNG一体化公司，拥有俄罗斯北极地区"南塔姆贝"凝析油气田勘探开发许可证。公司股东为俄罗斯诺瓦泰克公司（50.1%）、法国道达尔公司（20%）、中油国际公司（20%）、丝路基金（9.9%）。

2 北极LNG2有限责任公司2014年6月在俄罗斯注册，是集油气田勘探开发、天然气处理、液化、北极航道海运和全球销售于一体的又一大型LNG一体化公司，拥有俄罗斯北极地区晨曦气田勘探开发许可证。公司股东为俄罗斯诺瓦泰克公司（60%）、法国道达尔公司（10%）、中油国际公司（10%）、中国海洋石油集团有限公司（10%）、日本北极公司（日本三井物产株式会社与日本国家石油、天然气和金属公司组成的合资公司，10%）。

4个职能部门，分综合板块、企业文化板块、计划财务板块、股东事务板块、技术支持板块、工程建设板块、采办销售板块7个业务板块，管理中油国际（俄罗斯）投资公司（简称投资公司）、亚马尔 LNG 项目、北极 LNG 2项目。

（唐春梅）

【北极 LNG2 项目模块建造】 2021年1—2月、5—7月，北极 LNG2 公司实施2次赶工激励计划，调动各类资源，激发模块厂赶工积极性。2021年冬季来临前实现全部里程碑，一期模块按计划装船启运，为2022年如期实现一期混凝土重力式平台（GBS）拖航和落位区安装奠定基础。7月26日，项目首个模块装船。8月16日，项目第一批模块（包括首个模块）启运，经北极东北航道过白令海峡。9月14日，安全运抵俄罗斯油田现场。8月26日，全球最大的 LNG 集成管廊——北极 LNG2 项目主管廊模块启运，经北极东北航道过白令海峡运至俄罗斯摩尔曼斯克模块集成场地（图1）。截至2021年底，一期模块65%完成安装。

（孙仍建　王　翔）

图1　2021年8月26日，北极 LNG2 项目管廊模块启运至俄罗斯穆尔曼斯克模块集成场地（俄罗斯公司　提供）

【北极 LNG2 项目融资】 2021年2月8日，北极 LNG2 公司落实15年期欧元外部融资方案，股东大会批准外部融资计划。4月27日，股东大会批准外部融资方案。4月28日，北极 LNG2 公司与俄资银团签署融资协议。4月30日，首笔提款到账。7月29日，北极 LNG2 公司股东大会批准国际银团融资协议。11月30日，北极 LNG2 公司与国际银团签署融资协议。

（荆　璐）

【主题教育活动】 2021年3月14日，俄罗斯公司召开“转观念、勇担当、高质量、创一流”主题教育活动启动会，宣布主题教育活动实施方案。俄罗斯公司总经理回顾中俄油气合作历程和各阶段重要成果，要求全面、客观分析中俄油气合作面临的挑战和机遇，从更高政治站位，以更加昂扬斗志，为中俄油气合作事业大发展和保障国家能源安全做出贡献。4月6日，俄罗斯公司副总经理作《全面贯彻落实2021年全国两会政府工作报告的解读》宣讲，组织学习中国“十三五”时期发展成就和“十四五”时期主要目标任务，并就《政府工作报告》中能源合作内容展开讨论。4月17日，俄罗斯公司总会计师宣讲俄罗斯公司“十四五”规划。4月23日，俄罗斯公司领导班子就“一流怎么创、高质量怎么干、担当怎么办、观念怎么转”进行专题讨论，明确实现公司“十四五”高质量发展三条主线，即坚持效益优先原则，持续推动现有项目提质增效；推动新项目开发取得新发展新突破；做好人才队伍建设、管理效率提升、风险防控、信息化、企业文化建设等保障工作。5月6日，俄罗斯公司副总经理宣讲公司业务发展策略，通过数据对标，剖析研判中俄油气合作潜在挑战以及存在机遇。5月8日，投资公司副总经理宣讲碳中和知识与政策，介绍亚马尔项目二氧化碳回注业务规划与进展。通过主题教育活动系列宣讲，统一员工思想认识，开拓视野思路，丰富知识素养，提高业务技能，为“十四五”谋好篇布好局。

（丁建国　吴　森）

【制定管理制度】 2021 年 3 月 15 日、11 月 6 日，俄罗斯公司分别发布更新版《中油国际公司俄罗斯公司管理制度手册》。7 月 1 日，发布《中油国际俄罗斯公司合规管理办法（试行）》和《中油国际俄罗斯公司合规倡议书》，作为指导公司合规管理工作的规范性文件。

（黄绪春）

【召开俄罗斯地区疫情防控领导小组会】 2021 年 3 月 26 日，俄罗斯公司召开俄罗斯地区疫情防控领导小组会议，传达驻俄使馆中资机构疫情防控视频会议精神，视频巡查督促工程建设公司俄罗斯公司、华铭园项目、中联油俄罗斯公司、中技开俄罗斯办事处、西部钻探俄罗斯项目部等集团公司驻俄单位疫情防控工作。会上，对各驻俄单位常态化疫情防控措施落实情况、防疫药品、物资储备情况进行巡查，俄罗斯地区协调组组长、俄罗斯公司总经理蒋奇要求，各驻俄单位提高政治站位，进一步增强做好疫情防控工作责任感；做好常态化防控，抓严抓实抓细疫情管理工作；做好统筹安排，严控疫情的衍生风险；加强员工和家属关心关爱工作，确保队伍稳定。

（汪培树）

【合规管理示范创建】 2021 年 5 月，俄罗斯公司被中国石油集团公司、中油国际公司选定为合规管理示范创建单位。2020 年 6 月 1 日—2021 年 6 月 30 日，俄罗斯公司合规委员会推进合规管理示范创建，管控反垄断合规领域转移定价合规风险，总结合规管理示范创建成果，每月编写并向中国石油集团公司、中油国际公司报送《合规管理示范创建工作进展情况报告》，每季度向中油国际公司报送重大法律合规风险情况、重大纠纷案件情况等材料。6 月 30 日，向中国石油集团公司、中油国际公司报送《坚守合规底线，实现商务创效 合规管理示范创建工作总结报告》，并获肯定。7 月 1 日，印发《中油国际俄罗斯公司合规管理办法（试行）》《中油国际俄罗斯公司合规倡议书》。合规委员会主任委员、俄罗斯公司总经理代表员工签署《中油国际俄罗斯公司合规倡议书》。7—12 月，俄罗斯公司贯彻落实中国石油集团公司推进合规管理再深入要求，按照中国石油集团公司、中油国际公司指导意见，推进合规管理示范创建工作，每月报送《合规管理示范创建工作进展情况报告》，促进俄罗斯公司全面合规建设再深入。

（黄绪春）

【亚马尔 LNG 项目获奖项】 2021 年 5 月，亚马尔 LNG 项目入选中俄友好、和平与发展委员会生态理事会与中华人民共和国生态环境部联合评选的“中国在俄企业绿色发展典型案例”。10 月，在主题为“携手迈向更加绿色、包容的能源未来”的第二届“一带一路”能源部长会议上，亚马尔 LNG 项目入选“能源国际合作最佳实践案例”。

（姜　民）

【晨曦机场投运】 2021 年 6 月 17 日，由亚马尔 LNG 股份公司子公司萨贝塔机场公司承建和运营的北极 LNG2 项目晨曦机场投运。晨曦机场 2019 年第四季度开工建设，设计等级为 3C 级，建有一条 1550 米长的跑道。

（陈　明　孙仍建）

【调整风险防范与控制委员会成员】 2021 年 7 月 25 日，俄罗斯公司下发《关于调整中油国际俄罗斯公司风险防范与控制委员会的通知》，调整风险防范与控制委员会成员，充实委员会职能，设立俄罗斯公司风险与控制工作组，坚持依法依规治企。

（黄绪春）

【企业内控建设】 2021年7月25日，俄罗斯公司按照《关于落实集团公司开展企业内控体系有效性自查工作的通知》，向中油国际公司上报《中油国际俄罗斯公司和中油国际（俄罗斯）投资公司企业内控体系有效性自查工作报告》及相关附表。

（黄绪春）

【亚马尔项目名列重大工程企业教育基地名录】 2021年9月，俄罗斯公司亚马尔团队在中国石油发布的新版《企业文化手册》中名列石油英模行列，亚马尔项目名列石油文化资源之"一带一路"重大工程企业教育基地名录。

（吴　森）

【投资公司股东事务】 2021年4月4日，俄罗斯公司对全员进行《中油国际公司俄罗斯公司股东事务管理工作实施细则（修订）》培训。5月19日，进行投资公司合同管理办法（试行）、事后合同管理培训。全年，投资公司召开股东大会5次，审议通过总经理任期延期、中油国际公司增资、治理机构优化、注册地址变更、章程修订、2020年年报和财务报告审批等议题，推动债务清理和治理结构优化，加强合同管理和授权管理。

（黄绪春）

【提质增效与亏损治理】 2021年，俄罗斯公司制定"355"提质增效专项行动方案，即实施效益提升、保亿吨权益产量、新项目开发3项行动计划；向生产、建设、销售、财务运营、管理5个环节要效益；健全风险防控、安全保障、合规管理、监督考核、教育宣传5项保障机制和"一提升、一变更、一整合、一清理"亏损治理目标，即提升生产经营质量、变更亚马尔LNG项目本位币、整合俄罗斯公司利润、清理投资公司债务的亏损治理行动方案，加强与中油国际公司沟通汇报，逐月进行督导督办。全年，分析筛选新项目机会6个，通过初评后向中油国际公司推荐新项目机会3个，组织国内科研单位对1个项目开展研究评估，包括法律税务研究和经济评价；推进亚马尔项目最终受益人确认、纳税居民证明、银行结算账户开立等工作，提交各环节程序材料，配合完成各项审批，保障亚马尔LNG项目首次向股东分红入账；完成亚马尔LNG项目信用证开立，完成偿债准备金替换，进一步拓展金融支持服务渠道；北极LNG2项目签署外部融资协议，融资谈判引入银行竞价机制，分批签署，达到有效降低贷款利率、合理安排外部资金以满足项目建设节奏目标；北极LNG2项目融资优化股东担保结构，提前释放股东担保；投资公司债务清理取得商务部、国家发展改革委、国家外管局等部门增资备案，增资款支付到账，俄境内登记备案程序如期完成，投资公司完成扭亏目标。

（蒋平荆璐）

【人才强企工程】 2021年，俄罗斯公司按照"四化"人才队伍建设方案，营造风清气正、干事创业用人生态，优选精兵强将，培育实践学习、创新创优的成才环境，铺设轮换交流渠道。充实领导班子队伍，签订任期岗位聘任协议和经营业绩责任书，提拔1名总经理助理；北极LNG2项目6名派员全部入职合资公司，完成1名退休员工接替；投资公司新增1名俄籍总会计师和1名资金岗员工；转正1名实践锻炼员工，推荐1名实践锻炼员工赴中油国际（土库曼斯坦）阿姆河天然气公司工作，向专家中心轮换1名财务干部，新进1名销售业务实践锻炼新员工，新进集团挂职锻炼中层干部1名；完成13人次任职动议，1名二级正干部平调、1名联合公司派员岗位任职、2名投资公司副经理任职。坚持“使用是最好的培养”，安排年青员工参与联合公司咨询委员会工作，参与股东审计和股东代表会议。加强内部培训，开展财务三张表、慢病管理、工程质量管理、油气田勘探开发流程、井控知识、网络安全知识等内部培训，全年完成6次全员线上培训，8人次专业培训，22人次防恐培训。

（张 婷）

【HSSE管理与疫情防控】 2021年，俄罗斯公司在HSSE体系框架内，编制1个标准10个手册，开展新冠肺炎密接、驻地火警演练，开展“安全生产月”宣传和安全生产专项整治三年行动，持续提升员工健康、安全和新冠疫情防护意识。与国际SOS签订服务合同，设立保健室，SOS常驻医生负责员工日常健康监测和快速核酸检测，预约专业机构上门核酸和抗体检测及疫苗接种，减少员工外出就医和检测风险。全年，累计辅助医疗85人次，其中首诊46人次，医疗跟进39人次，外出陪诊19人次，完成快速核酸检测226人次。专辟独立健身空间，保证中方员工日常健身需求。俄罗斯公司领导班子完成心理健康和谈心谈话培训，班子成员与8—10名员工逐一谈心谈话，了解员工工作、家庭情况，关心员工健康和心理问题。采取“一人一策”“一事一策”“分区办公”等措施，实现疫情常态化科学管控。持续更新《疫情期间人员动迁指导手册》，指导员工通过动迁前后各层级审批和旅途、隔离酒店疫情防护，全年安排43人次休假，完成103人次动迁。推进疫苗加强针接种，中方员工22人在俄罗斯接种当地疫苗加强针，17人在国内完成加强针接种。加大核酸检测频次，实行司机和保洁一周一测、其他人员按需检测政策。全年未发生项目聚集性疫情，未发生因疫情导致员工损工或死亡病例。

（汪培树）

【企业文化建设】 2021年，俄罗斯公司开展“转观念、勇担当、高质量、创一流”主题教育活动、“弘扬大庆精神、立志海外创业”主题活动、“我为员工办实事”岗位实践活动等，持续推进团队建设。在做好疫情防控基础上，组织“我为员工办实事”活动，开展互助理发，组织乒乓球、网球、瑜伽、骑行、健步走等兴趣小组活动，组织“包饺子”比赛、“迎春杯”乒乓球比赛、金秋采风等户外团建活动。全年，俄罗斯公司发表新闻报道50余篇、6.5万余字、图片80余幅，为中央电视台、中国石油集团公司、中油国际公司提供音视频材料100G。

（吴 淼）

【亚马尔项目油气勘探】 2021年，亚马尔项目完成陆上700平方千米三维地震采集以及部分区块快速处理和解释工作。完成侏罗系1口探评井钻井、压裂和试油，测试获得高产天然气和凝析油，侏罗系勘探获大发现。

（黄文辉　王永华）

【亚马尔项目油气开发生产】 2021年，亚马尔项目加大钻井现场管控力度，优化钻井措施，提前做好油套管、井口等材料储备。优化气井投产方案和气井生产制度，避免个别生产井含水上升。全年，动用钻机5部，开发井开钻15口、完钻13口、完井13口。全年投产新井15口。

（黄文辉　王永华）

【亚马尔 LNG 项目工程建设】 2021 年，亚马尔 LNG 项目完成 3 条 LNG 生产线（分别于 2017 年 11 月、2018 年 7 月、11 月建成投产）120% 产能提升改造试验，生产线试验结果均达到预期目标。5 月底，全部采用俄罗斯工艺设备和诺瓦泰克公司自有液化工艺技术的第四条 LNG 生产线投运。亚马尔 LNG 项目二氧化碳回注、2 号甲醇再生装置等工程建设有序推进（表 2）。

（陈　明　孙仍建）

【亚马尔 LNG 项目 HSSE 管理与疫情防控】 2021 年，亚马尔 LNG 项目强化新冠肺炎疫情管理、生产安全管理和生态环境管理。在疫情肆虐情况下，亚马尔 LNG 股份公司科学制定疫情防控措施，狠抓返岗前闭环隔离、网格化施工等关键环节，实施奖惩措施，推动员工新冠疫苗接种，全员疫苗接种率达 99.1%，实现无聚集性感染、无重症案例目标，做到疫情防控与生产经营两不误。亚马尔 LNG 项目实施工艺安全管理，逐步提升 LNG 生产线 120% 高负荷运转能力。6 月，获 BSI 颁发的 ISO 14001：2015 环境管理体系最新版认证。9 月，通过国际融资机构独立环境代表对项目 HSSE 审核。全年识别环境隐患 35 项，完成整改 34 项。

（姜　民）

【亚马尔 LNG 项目股东事务】 2021 年，中方股东代表参加亚马尔 LNG 项目董事会会议 47 次、股东大会 3 次，咨询委员会会议 11 次，审议董事会和股东会议题 166 项。

（黄绪春）

【北极 LNG2 项目油气勘探开发】 2021 年，北极 LNG2 项目完钻 2 口探井，完成 4 口探井射孔试油，完成年度新增储量计划的 127%。全年，动用 5 部钻机，完钻开发井 34 口，完井试油 32 口。

（杨玉龙）

【北极 LNG2 项目工程建设】 2021 年，北极 LNG2 公司各股东通过合同变更和优化模块建造安排，缩短三期混凝土重力式平台（GBS）建造时间 10 个月。全年，总体工程建设进度累计完成 59%（图 2）。

（孙仍建　王　翔）

表 2　2018—2021 年亚马尔 LNG 项目主要生产经营指标统计表

指　标	2021 年	2020 年	2019 年	2018 年
天然气作业产量（亿立方米）	300.17	293.37	278.39	141.88
天然气权益产量（亿立方米）	60.08	58.67	55.68	28.38
凝析油作业产量（万吨）	88.87	104.6	117.23	75.39
凝析油权益产量（万吨）	17.78	20.92	23.45	15.08
LNG 作业产量（万吨）	1951.00	1884.00	1837.70	858.18
开发井（口）	187	174	158	134

（黄文辉　王永华　张　军）

图 2　2021 年 10 月 23 日北极 LNG2 项目首个管廊模块在俄罗斯摩尔曼斯克诺瓦泰克海工场地安装——模块滑移（俄罗斯公司　提供）

【北极 LNG2 项目销售海运】 2021 年，北极 LNG2 项目完成 LNG 购销协议、转运站使用协议、凝析油船船运协议签署。

（欧阳良琛）

【北极 LNG2 项目股东事务】 2021 年，中方股东代表参加北极 LNG2 项目股东会 11 次，审议议题 21 项，咨询委员会会议 11 次。

（黄绪春）

中国石油国际勘探开发有限公司年鉴 2022

CHINA NATIONAL OIL AND GAS EXPLORATION AND DEVELOPMENT COMPANY YEARBOOK

海外项目公司

综　述

2021年，中油国际公司对海外直属项目进行全面管理。海外直属项目包括加拿大、澳大利亚、印度尼西亚、缅甸等8个国家16个项目。其中，在加拿大运作7个油气合作项目，包含1个勘探开发项目（中加公司项目），4个开发项目（麦凯河油砂项目、多佛油砂项目、白桦地天然气项目和都沃内天然气项目），1个LNG项目（加拿大LNG项目），1个管道项目（激流管道项目），油砂、页岩气已进入开发生产阶段，加拿大LNG项目一期工程仍在建设中。在印度尼西亚运作1个勘探开发项目（印尼项目）和1个勘探项目（马杜拉项目）。其中，印度尼西亚项目包含2个合同区块，项目合同模式为产品分成合同，合作方包括印度尼西亚国家石油公司（Pertamina）、马来西亚石油公司（Petronas）、新加坡长青石油天然气公司（Petrogas）、美国康菲国际石油有限公司（ConocoPhillips）、印度尼西亚当地Petronusa公司等。在澳大利亚运作2个勘探开发项目（箭牌项目和波塞冬项目）和1个开发项目（布劳斯项目），主要合作伙伴为壳牌公司、WOODSIDE等。在缅甸运作1个勘探项目（AD1/6/8区块）和2个管道项目（中缅原油管道项目和中缅天然气管道项目），缅甸AD1/6/8项目合作伙伴为Woodside公司。2021年，中油国际公司持续强化生产经营、投资预算和经营策略研究等方面指导，努力推动海外资产结构优化。印尼项目持续优化Panen油田、WB-SB气田、SWB-WB油田开发方案，确保设计阶段降低工程投资；泰国项目坚持低成本运营战略，注重做实发展基础，实现油田核心生产区邦亚区块到期退还、重新投标并签署石油特许权合同、重启新一轮勘探开发期的切换；缅甸凯尔公司实际勘探投资和各项费用均低于预期，投资和费用减控效果明显，亏损治理效果显著；新加坡公司主动发挥小股东非作业者作用以及代管职能，坚持降本提质增效升级和三年改革专项行动方案，为继续实现产量目标稳固“基础版”，对标“升级版”；加拿大公司在产项目中都沃内、白桦地和激流管道三个项目实现“双正”，在产项目整体实现净现金流上亿加元；澳大利亚公司积极开展新能源项目市场研究，开展澳大利亚能源行业转型比较研究工作，寻找新能源项目机会。

（徐金忠）

中油国际（印度尼西亚）公司

【概况】 2021年，中油国际（印度尼西亚）公司（简称印尼公司）突出抓好佳步延期、提质增效、疫情防控等关键工作，统筹生产与安全、经营与防疫关系，年度各项工作取得良好成绩。通过开展“转观念、勇担当、高质量、创一流”主题教育和学习教育活动，明确目标，压实责任，以效益为开发主线，通过优化现有油田开发策略，加强油井措施、维护性工作管理。持续优化Panen油田、WB-SB气田、SWB-WB油田开发方案中地面工程设计方案，根据方案技术和经济对比结果，选择设计方案，保证设计阶段降低工程投资。加强疫情防控，实施外出管控措施、增加现场筛查、改进网格化管理、开展疫苗接种等措施，克服居家办公影响，因地制宜开展系列活动，增强团队凝聚力。通过研判各类安全环保风险、压实安全生产责任、加强安全教育与培训、强化安全检查与整改、完善安全规定与制度。截至2021年底，印尼公司佳步区块榜库区块仍在运营，2个勘探区块提前申请退出，其中西佳碧Ⅱ区块完成退出；5个开发区块合同到期已完成或正在履行退出程序。累计生产油气当量产量8300余万吨，先后投产油气田10余个。印尼公司有中外方员工2007人，其中中方员工12人，本地化率达99.4%。连续保持3667天无生产事故，无亡人事件，生产经营形势安全稳定。

（李海鹏）

【“十四五”规划编制】 2021年1月5日，中油国际公司下发《关于进一步做好“十四五”规划编制工作及规划方案征求意见的通知》，印尼公司及时组织与佳步区块延期方案进行对比分析，采纳联合公司业务部门和计划部门反馈意见。1月15日，完成印尼公司“十四五”及中长期发展规划主要生产经营指标调整完善和上报。8月5日，中油国际公司下达“十四五”规划指标安排，印尼公司根据要求对指标进行细化，并编制“十四五”暨中长期油气业务发展规划文字报告。8月31日，完成规划管理子系统填报。

（李海鹏）

【疫情防控】 2021年2月5日、2月中旬，印尼公司在油田、雅加达开展第二轮防疫全员培训，增强防疫意识，在6月继续开展全员培训教育，达到全覆盖并且两次、三次全覆盖，提高员工防范意识。油田隔离屋隔离时间延长至9天，对进入油田工作员工开展第二次核酸检测（进入油田后第5天）。5月，油田现场进入3个月紧急状态（8月继续延长至10月）。5月起，对油田开展3轮次全员筛查，筛选出阳性病例并及时安排隔离，确保油田员工安全和生产稳定。7月，印尼公司根据印尼疫情二次爆发对正常生产经营秩序带来影响，落实中国石油集团公司、中油国际公司防控管理要求，实施外出管控措施，雅加达全员继续居家办公，去办公室需得到TFT批准；中方人员外出要经主管领导和HSE部门批准，仅允许使用专门为中方人员配备的车辆和司机。改进网格化管理，在原网格基础上，进一步细分，油田现场BGP和Geragai两个作业区16个部门，将1000余人划分为213个网格，平均每个网格不到5人。按照印尼政府要求，开展印尼公司员工疫苗接种，并在下半年开始加速接种疫苗，要求雅加达机关和油田现场尽快完成两针接种任务，截至2021年底，中外方员工疫苗接种率达100%。在防疫的基础上，搞活企业文化建设形式，克服居家办公影响，因地制宜开展系列活动，制定个人健康改进计划，每周召开值守人员碰头会，通过微信小程序实施每日健康状态打卡，提供室内健身器材，开展“抗击疫情、坚持运动、保持高效、永不停止”活动、“我为员工办实事”岗位实践活动、“Go productive，Never stop”全民健身活动，缓解疫情造成的员工工作生活压力，促进员工之间沟通交流，增强团队凝聚力和向心力。

（贾文宏　严佳佳）

【社会安全管理】 2021年3月，印尼公司根据网络上针对中方人员及中资企业发动攻击等不利言论，强化社会安全管理，依托联合公司专业团队，升级防控措施，外松内紧，油田现场增加安保巡查时间和力度，并及时与当地警察局沟通，确保油田生产设施和人员安全。4月，进行中方专家紧急情况各种风险等级条件下应急反应桌面推演，联合公司IT部、GA部、财务部、HR部、公共关系部、HSSE部等部门，统一协作，模拟随着社会安全形势逐步升级，反应级别的逐步提高，最后以中方人员完全撤离印尼为演练结束点。

（贾文宏）

【油气销售管理】 2021年6月17日，印尼公司为保证佳步延期后天然气销售，签订MOU协议[1]。9月6日，与GJE签订Amendment Ⅱ GSPA。坚持向财务，KKR Migas及其合作伙伴进行天然气销售月报汇报制度并及时向中油国际公司发布月度报告。就2022年Geragai原油和凝析油销售策略和合作伙伴进行讨论和协调，与Geragai原油和凝析油销售的现有买方（Pertamina）就销售价格和条款进行讨论，确保完成2022年《销售购买协议》实施，凝析油继续销售给印尼国油的KPI公司，原油是销售国际市场，与SKK Migas等保持良好沟通关系确保与GSPA签署新的GSA，与TGI和PHR建立协调交流机制确保向Rokan供气，延长与PLN Batam和GJE供气协议，寻找潜在销售市场，扩大天然气销售。

（丁发新）

【马杜拉区块退出启动会】 2021年8月4日，印尼公司（根据2018年9月9日中油国际公司以及印尼政府区块退出规定）与SKK Migas召开马杜拉区块退出启动会，并按要求向印尼政府递交所需文件，即储量报告、各种构造、岩性圈闭、有利目标及远景目标材料，基于AFE各类资料及数据，以及数据归还官方报告等，有序办理土地归还资质证（需完成6口井的土地恢复证明，2020年完成2口井，2021年完成3口井，拟2022年完成最后1口井），进行库房资产盘查（2021年完成公司内部盘查，按规定提交所有资料），等待印尼政府（SKK Migas）检查验收并拿出处置意见。

（贾文宏）

【佳步区块延期后义务工作量研究】 2021年8月21日，印尼公司在勘探技术交流会上，向合作伙伴推荐NEB SUN-1井作为延期后第一口探井方案并获得伙伴认可。9月23日，在TCM/OCM会上获得该井预算批准。10月25日，SKK Migas对该井位钻前准备工作计划及预算进行批准。10月31日，印尼公司上报中油国际公司审批。12月，获得最终批复。印尼公司开展延期后开放区域地震勘探部署讨论及研究，以及佳步区块内地震勘探部署研究的可行性及初步设想，以投资回收为目标，继续推进在佳步区块地震勘探部署在政府层面的批准。根据佳步延期后工作计划，在Panen和Gemah油田提出11口开发井钻井方案，完成地质设计准备，井场准备、相关服务合同采办程序在进行中。

（贾文宏）

【佳步区块签署延期合同】 2021年11月12日，印尼公司佳步区块4家伙伴共同与印尼政府（SKK Migas）签署延期合同，新合同期20年，产品分成合同模式不变，中国石油继续担任作业者，体现出合作伙伴、印尼政府对中国石油专业水平和经营管理能力的肯定。自2018年3月，中油国际公司启动佳步区块合同延期工作，2021年9月10日，获印尼能矿部批准。为避免外部不确定因素对区块延期造成影响，印尼公司在获得政府批复后，迅速协调3家合作伙伴，启动新PSC协议签署等相关工作，在2个月内完成最终签订。11月22日，新合同获印尼能矿部长签字后生效。

（李海鹏）

【法人治理事务】 2021年，印尼公司董（监）事会和职员会设立情况不变，管理中油国际公司印尼管理平台公司属下11家境外公司法人治

---

1 MOU协议：从2023年开始向Rokan供气，2036年开始向Pusti供气。

理事务，这些境外公司持有区块项目9个，其中2个在产作业项目、1个正在履行政府退出、6个已到期或退出项目。11家境外公司注册地分布于巴哈马、百慕大和BVI。各管理公司常设董事会和高级管理职员会，仅有1家印尼注册项目公司设监事会。在各区块管理体系中与伙伴共同建立联合运作或作业委员会，中方代表担任正式及替补代表成员或某项事务部门主管。董事会作为各公司经营管理实际治理机构，负责公司业务经营活动的指挥与管理，对公司股东及本部负责并报告工作，经股东事务岗，形成汇报机制。年内，根据中油国际公司人员职务岗位调动，印尼项目所属公司治理机构人员同步进行调整，钱明阳接替宫本才、金立浩接替徐亚林、俞金保接替朱福民、王七林接替聂昌谋在各治理公司中职位。

（黄菁娇）

【油气开发生产】 2021年，印尼公司继续以效益开发为主线，通过优化现有油田开发策略，加强油井措施、维护性工作管理，确保佳步油田稳产，榜库区块稳定运行。油气当量完成年度考核指标的104.60%及奋斗目标的101.18%。权益产量当量完成年度计划的104.53%及奋斗目标的100.88%。全年，计划实施措施井12井次。通过优化方案，严格过程管理，措施井取得较好效果，截至2021年底投产7口井。

（卢学瀛）

【油气开发产量踏线运行】 2021年，印尼公司克服新冠肺炎疫情影响、BGP生产设施故障、GSPL销售需求不稳定等不力因素，产量踏线运行。其中，Sabar-D2，Gemah-6井实施后投产见效明显，措施后初期增油870桶/日，增气30.30万米^3/日，累计增油7.67万桶，增气3673.33万立方米。实施154井次油气井维护性工作，截至2021年底，完成125井次，实施后初期日增油2574桶，日增气14.91万立方米。经SKK Migas批准，在WB-SB油田Baturaja层实施4口井试采（POP）。4口井已完成施工并投产，初期日增油113桶，日增气18.43万立方米。Betara及周边油田Gumai层综合地质研究基本完成，着手准备POD编制及上报。Panen油田低阻储层研究基本完成，结合对现有油藏认识，完成开发挑战方案编制，并获SKK Migas批准。

（卢学瀛）

【重点工程建设】 2021年，印尼公司持续优化Panen油田、WB-SB气田、SWB-WB油田开发方案，确保设计阶段降低工程投资。根据Rokan油田用气需求，研究编制2种供气方案，包括方案主要工程量、费用预估和方案优缺点对比等。跟踪油气井修井作业计划，提前准备施工方案与施工材料，精心组织施工，实施连井20口，完成年产量任务。承包商派遣4名服务工程师（2名日本工程师，1名新加坡工程师，1名英国工程师）动迁至油田现场指导印尼公司开展发电机组调试。由于新冠肺炎疫情影响，印尼政府加强旅行管控，服务工程师办理旅行许可进度受到影响。为加快服务工程师动迁进度，印尼公司与印尼政府相关部门通过电话、邮件和召开视频会议等方式，加强沟通和协调，经印尼公司努力，12月为3名服务工程师办理签证，计划2022年1月初到达雅加达。及时去除生产瓶颈实现稳产，WB-SB区块天然气系统回压较高，影响气井产量。经研究论证，决定租用3台压缩机提升天然气外输压力，压缩机租赁项目8月投产，解决天然气系统回压高影响生产问题，初期释放日产能7百万立方英尺（1立方英尺=0.0283立方米），经济效益明显。NEB站和Gemah站压缩机租赁项目由于承包商进口许可和压缩机额定处理能力等问题终止合同，为满足生产所需，印尼公司研究制订将 SWB 站伴生气压缩机搬迁至 Gemah 站方案。压缩机搬迁项目已开始现场施工。

（刘明明）

【经营管理】 2021 年，印尼公司面对新冠肺炎疫情影响、油气转型挑战加大、印尼防疫形势持续严峻等困难和压力，进一步明确工作目标，层层压实责任，完成年度目标任务，实现“十四五”良好开局。全年销售收入完成预算目标的 133%，净利润和自由现金流分别完成预算目标的 144% 和 199%，经济增加值完成预算目标的 233%，人工成本和管理费用同比分别控减 25.4% 和 25.7%。

（李海鹏）

【QHSE 与风险防控】 2021 年，印尼公司研判安全环保风险，压实安全生产责任，加强安全教育与培训，强化安全检查与整改，完善安全规定与制度；持续抓好疫情防控；加强员工健康管理，保证值守中方人员身心健康；继续做好环保风险合规管理，满足政府要求。截至 2021 年底，连续保持 3667 天无生产事故，无亡人事件，无中方人员感染新冠事件，无聚集性感染事件。全年印尼公司继续获印尼政府颁发的各类嘉奖数 10 项，再次获绿色环保等级证书，创建新的安全生产里程碑，QHSE 管理迈上新台阶，保障生产经营形势安全稳定（表 1）。

（贾文宏）

表 1　2021 年印尼公司获奖情况一览表

时间	奖项名称	颁发单位
4 月	生产开发零事故奖	印尼人力资源部
4 月	勘探钻井零事故奖	印尼人力资源部
4 月	艾滋病防控银奖	印尼人力资源部
7 月	新冠防控金奖	油田所在的占碑市
9 月	可持续发展目标金奖	印尼经济统筹部
9 月	苏布罗托奖安全生产奖	印尼能矿部
11 月	油气安全管理奖和油气无损工时奖	印尼能矿部
12 月	Betara 天然气处理厂和 Geragai 原油处理厂天然气和原油绿色等级环保奖	印尼环境及林业部

【安全生产管理】 2021 年，印尼公司继续抓好安全生产管理，升级 HSSE 管理体系，其中环境方面获得 ISO 14001：2015 认证，健康方面从 OHSAS18001 升级至 ISO 45001，并更新部分 ERP；完成公司内部 2021 年度 HSE 审核，邀请 Sucofindo 进行外部审计。加大一线安全风险排查和隐患治理，开展佳步区块钻井和生产作业及标准操作程序、劳保、工作许可等专项整治，对检查出 4 大类 21 项问题制定整改措施，并在 11 月全部完成整改。9 月，中油国际公司对印尼公司开展远程井控审核视频会议，经讨论发现不符合项 10 项，针对审核发现，印尼公司专门开会讨论整改，落实到人，要求在规定时间内完成，并派专人跟踪整改进度，10 项审核发现问题已整改完毕。开展 2021 年重点领域安全生产集中整治工作，在罐区、井控等方面，开展专业集中风险检查分析改进。因受新冠肺炎疫情影响，管理层无法到现场进行安全检查，印尼公司将该项检查变更为交叉检查，通过各不同部门之间相互检查，互相发现问题促进提高。全年，发现问题 322 项，基本整改完成。1—11 月，继续开展承包商管理，完成 49 个承包商风险评估，其中低风险 29 个，中风险 3 个，高风险 17 个；完成资质预审项目 2 个，完成资质登记项目 13 个；完成工作前审查、工作中检查和最终评估项目 1 个。

（贾文宏）

【年度计划管理】 2021年，印尼公司以提质增效专项行动为抓手，综合考虑佳步区块合同延期批复节点、榜库区块实施效果等因素，对2021年调整计划和2022年计划安排进行合理组织、有序编制、严格审查。9月30日，针对2021年投资调整计划报送时间节点提前，与联合公司工作流程不契合且准备时间大幅缩减等影响，组织联合公司计划部与用户部门逐个对接、关键问题及时反馈解决、详细落实疫情影响等，及时完成编报任务，佳步区块有效压减勘探人工成本和措施作业投资，马杜拉区块充分考虑疫情影响、及时调整工作目标。7月12日，根据中油国际通知，印尼公司启动2022年投资及生产经营框架计划编制，8月5日，以佳步区块延期和不延期2种情景，榜库区块年度现金流为正，马杜拉区块加快推动履行退出程序为原则，完成第一版上报。9月10日，佳步区块延期获政府批复后，及时调整计划编制原则并对延期情景下工作计划，进行再梳理和再确认，明确至2023年2月前合同过渡期伙伴投资及回收原则和方法。10月8日，向中油国际公司上报第二版。10月9日，进行对接汇报，最终达成一致意见。

（李海鹏）

【资金制度化管理】 2021年，印尼公司扎实做好各区块资金管理、财务管控工作。建立制度和定期审查，保证资金安全，及时报送财务情况，不定期抽查项目公司资金部银行存款管理，确保项目公司资金使用安全。实时跟踪每笔政府税款筹款和伙伴筹款，确保资金时效性，每笔筹款文件都和总部财务部保持实时沟通，确保按时准确支付。按照中国石油集团财务大检查要求，针对资金管理和会计信息质量相关方面开展专项检查，按时上报财务大检查工作报告。印尼公司根据中油国际公司“提质增效”工作要求，成立“提质增效”负责组，由印尼联合公司总裁担任组长，佳步区块总经理担任副组长，联合公司各部门经理作为成员，负责降本增效措施落实。将各类成本费用传递到联合公司各部门，定期讨论“提质增效”进展，逐月向中油国际公司上报“提质增效”专项报告，优化油气处理工艺、提升效率，助推降本增效。全年，印尼公司经营类净现金流增加上千万美元。

（李　锐）

【两金压控】 2021年，印尼公司应收账款年末时点控制指标（权重70%）完成率为248.5%，季末均值控制指标（权重30%）完成率为30.2%，综合完成率为278.7%，超额完成指标。印尼公司研究汇兑损益产生原因，针对不同情况分析并努力降低汇率风险，加强对当地增值税预缴及返还工作流程管理，尽量缩短时间间隔。加强对印尼盾汇率的跟踪和余额控制，加强对当地员工退休补偿基金管理等事宜。

（李　锐）

【财务资产管理】 2021年，印尼公司严格资产采购、确认、计量、实物管理等，遵守产品分成合同要求及印尼政府相关法规和制度。做好税收管理工作，确保符合印尼法律规定，避免罚款罚息。应对税务审计，减少审计发现，避免税务纠纷。跟进PPIJ 2008—2015年税收纠纷进展，经多方努力，在胜诉2011年度和2012年度税务法院纠纷基础上，其他年度各项税务纠纷在税局，地方法院和高院间有条不紊逐笔推进中。

（李　锐）

【资本运营管理】 2021年，印尼公司继续稳步推进区块退出工作，完成各区块关闭总结报告，完成西佳碧区块债转股工作，一年后启动关闭公司程序，实施进行艾兰德、贝森及突班项目公司的联合审计和税务审计，完成南佳碧退出程序，正在核实是否有遗留债务问题，如没有，即可申请关闭公司。

（贯文宏）

【采购管理】 2021年，印尼公司签订486份合同，仍在进行招投标198项。全年，平均招标时间是服务合同招标55工作日，物资采购招标时间28工作日。采办用时均少于规定允许时间，未出现招标用时超过规定时间情况，采办效率高。通过商业谈判、调整拟招标合同的造价估算、招标邀请多家竞争性承包商等方法节约成本。项目公司制定未来3年降库存优化目标路线，保障在区块合同到期时，公司库存资产总额符合合同规定限制范围并最大化成本回收额。全年，实际库存价值比管理目标减少4.4%，主要通过要求各有关部门提高现有物资利用，向其他承包商转移多余物资和向政府提交物资注销申请等途径，进而减少库存量。每月对物资进行清点检查，上报中油国际公司。尽管由于Covid-19现场存在人力有限情况，资产管理团队仍进行2次年度库存清点。各项工作按照疫情防疫规定完成任务，根据SKK Migas规定标准比例即平均物资供应与平均用户物资需求之比，项目公司得分120分（最高KPI得分），表现优秀。

（丁发新）

【主题教育与学习教育活动】 2021年，印尼公司落实“转观念、勇担当、高质量、创一流”主题教育和学习教育活动，开展系列特色活动，如答题竞赛活动、“企业文化知识”竞赛等。在2020—2021年度海外直属项目中方骨干团队考核评价中，被评为“示范岗骨干团队”。

（严佳佳）

【基层团队“三基”建设】 2021年，印尼公司深化基层团队“三基”建设，加强项目公司领导班子建设，完成3位领导任命和动迁程序。落实任期制改革和契约化管理，完成领导班子成员4人岗位聘任协议和经营业绩责任书签订。提高精准科学选人用人水平，推动内部市场用人机制，面向海外公开招聘2人，行政调配3人，轮换回国4人，人员流动率高达41%；调整领导班子成员3人，任命副总师和部门经理3人，其中1人为年轻干部。

（严佳佳）

【新闻宣传】 2021年，印尼公司加大正面新闻宣传力度，组织集体学习，通过多种媒体渠道塑造公司形象，对外包括主流媒体（报纸印刷、电视和网络报道）、社交媒体上宣传，参与各种油气行业展览（印度尼西亚油气协会年度展览、印度尼西亚油气公司人力对话等）和各项活动如记者招待会等，对内有公司内部宣传渠道，如公司灯笼杂志和官方网站。公共关系渠道形式多样化、内容丰富，以此加强公司对外沟通，提升在当地乃至国际媒体关注度，树立良好形象和品牌，赢得资源国政府和社会公众认同与支持。全年，在印尼发表658篇媒体宣传正面报道。

（严佳佳）

【企业社会责任】 2021年，印尼公司投入专项资金，用于资源国社区居民教育、医疗健康、环境卫生、基础设施、灾难捐助及生活条件改善，为油区居民建造医疗和教育中心，提供清洁水处理设施，帮地方政府建造道路桥梁等基础设施和伊斯兰教学校，为洪水等自然灾害提供紧急援助和重建资金，为抗击疫情提供现金捐款和防疫药品物资捐赠等，构建和谐发展社区环境，受到印尼政府高度认可，得到社会各界一致好评。截至2021年底，印尼公司累计实施社会责任项目数百个。其中2021年土著孩子（Suku Anak Dalam）扶持项目获印尼社会事务部颁发的优秀社区发展奖；9月，巴蒂克传统蜡染女性帮扶项目获企业社会责任发展工商协会颁发的印尼可持续发展目标奖（ISDA）金奖。

（严佳佳）

【法务事务】 2021年，印尼公司配合并推动完成《佳步区块修订和重申生产分成协议》即延期协议谈判、商讨和最终签署。佳步延期合同期20年，承包商保持不变，参与权益有变化，11月12日签署延期协议，2023年2月27日起效。推进艾兰德、贝森等3个区块终止后与伙伴及作业者处理未尽权利义务工作，签署解决处理协议，保障维护中方日后利益。主动向政府提议并开展马杜拉区块提前退出工作，完整提交退出方案和文件，并筹备资产清点检查。支持有关部门起草完善合作备忘录2件、油气产品销售修订协议7件。开展西佳碧-Ⅱ区块境外公司PT EJI（印尼）、EJL（BVI）注销清算前期调研工作，协调注册地法律代理、印尼公证所和独立律所开展初期可行性分析。支持业务发展部编制新项目资料保密协议和后续尽职调查工作（表2）。

（黄菁娇）

表2 2021年印尼公司支持有关部门完善合作备忘录及油气产品销售修订协议一览表

序号	合同协议名称	签署日期	签署（乙）方	主要内容
1	《现有液化天然气销售协议第11次修订协议》	2021/2/17	国家石油公司 Pertamina	修订内容为售价、付款保函和合同期限
2	《葛尔盖原油销售协议》《葛尔盖凝析油销售协议》	2021/3/17	国家石油公司 Pertamina	销售时期为2021年1—12月；销售量为中方、Petronas和GPI的100%份额
3	《佳步工作区块与PUSRI天然气销售谅解备忘录》	2021/6/17	Pupuk Sriwidjaja Palembang（PUSRI）公司	自2036年起向买方销售60 BBTUD天然气
4	《佳步工作区块与PT Pertamina Hulu Rokan天然气销售谅解备忘录》	2021/6/17	PT Pertamina Hulu Rokan	自2023年2月起向买方销售50 BBTUD天然气
5	《现有天然气销售协议第2次修订协议》	2021/9/6	PT Gemilang Jabung Energi	修订内容为合同期限和总合同累计销售量
6	《葛尔盖原油销售协议》修订；《葛尔盖凝析油销售协议》修订	2021/9/28	国家石油公司 Pertamina；PT Kilang Pertamina Internasional（KPI）	针对2021年3月17日签署的销售协议进行修订，将印尼国油的所有权利及义务转至KPI公司名下
7	《现有天然气销售协议第2次修订协议》	2021/11/15	PT PLN Batam	修订内容含2018年的“照付不议”销售量将转至2021年9月至11月期间
8	《现有液化天然气销售协议第12次修订协议》	2021/12/1	PT Pertamina Patra Niaga	修订内容为价格、付款保函和合同期限
9	《液化天然气销售协议修订协议》	2021/12/14	国家石油公司 Pertamina；PT Pertamina Patra Niaga	将印尼国油提油的权利与义务转至PPN公司名下

【股东事务管理】 2021年，印尼公司召开治理机构会议17次，包括8次董事会、4次股东会、3次董事会暨股东会、2次作业项目伙伴（股东）会。完成所属5个项目，6个公司治理机构3个中方代表调整。组织审查文本并协调签署所属项目公司治理机构决议16份、纪要3份。牵头起草信函3件，牵头解决重点涉及法律商务事项1件。通过议案为人员任免、经营计划、利润分红。治理会议以线上视频会议形式召开，代表行权方面按照有关要求规定执行；按时按质完成所属管理9家境外公司2020年经济申报；配合开展佳步区块延期伙伴联合作业协议前期比较分析工作。

（黄菁娇）

【改革与企业管理】 2021年，印尼公司继续本着"集中管理、加强控制、降低成本、提高效率"原则，推进共享管理模式平稳高效运行，结合剩余在产区块的特点和差异，完善"一套人马、多重角色"共享分摊核算机制，对佳步和榜库等区块生产运营、人力资源、资金管理、会计核算、物资采购等业务成本，实行统筹安排和整体衔接，实现管理资源有效利用、充分共享和最优配置，确保相关费用成本被政府、伙伴、本部三方认可，有效回收。按季度组织印尼公司风险事件管理与分析排查上报，开展2021年度海外企业重大风险排查并完成风险排查表填写和上报。填报中国石油集团公司境外企业（项目）内控体系建设及监督情况调查表，按要求开展国资委开展企业内控体系有效性自查，填报印尼公司内控体系有效性自查表并编制自查报告。完成2022年度风险评估问卷，并编制2022年海外重大风险评估暨风险管理报告。

（李海鹏）

中油国际（泰国）公司

【概况】 2021年，中油国际（泰国）公司（简称泰国项目公司）响应中国石油集团公司、中油国际公司号召，克服泰国新冠肺炎疫情持续加剧蔓延等不利影响，以"稳健运营，稳中求进"为工作方针，负责泰国L1和L21两个石油区块运营，区块权益隶属昆仑能源有限公司，由昆仑能源委托中油国际公司进行勘探开发、生产作业和运营管理。坚持低成本运营战略，注重做实发展基础，实现油田核心生产区邦亚区块到期退还、重新投标并签署石油特许权合同、重新启动新一轮勘探开发期的切换。中泰员工团结一致，勤奋工作，通过精细化管理和真抓实干，抗疫与生产并举，在困难和危机中创效增效，超额完成全年工作目标。

（石浩继）

【区块开发生产】 2021年，泰国项目公司L1和L21油田区块面积约120平方千米，由昆仑能源全资子公司CNPCHK（Thailand）Ltd.担任作业者。截至2021年底，两个区块（自1993年、2003年投产）累计生产原油1118.4万桶。

（石浩继）

【疫情防控】 2021年4月起，面对泰国新一波新冠肺炎疫情持续加剧蔓延等情况，泰国项目公司将员工的生命健康放在首位，贯彻落实中国石油集团公司、中油国际公司部署，及时加强各项疫情防控措施，在人防、物防、技防3个方面持续更新改进。推进新冠疫苗接种，采取多种渠道预约，9月，实现中泰方全体员工疫苗两针接种率100%；11月，实现中方员工第三针加强针接种率 100%。

（石浩继）

【L1 邦亚区块石油特许权合同签署】 2021 年 4 月，泰国项目邦亚区块停产后，项目产量和收入大幅下降，单位成本大幅提高，抗风险能力极弱，可持续运营面临严峻挑战。6 月下旬，泰国能源部主持新一轮开发期招标，面对复杂敏感的外部形势，泰国项目公司加强政府沟通，精心运作，周密组织，方案科学，策略得当，8 月初按时递交投标文件，经政府多轮评审，10 月 12 日，获泰国内阁批准。在中油国际公司相关部门和昆仑能源泰国董事会有效组织和支持下，多方协调、合规有序地履行中油国际公司和昆仑能源内部程序审批。11 月 19 日，在中国驻泰国大使和泰国副总理兼能源部长的共同见证下，L1 邦亚区块石油特许权合同成功签署，使 L1 邦亚区块与 L21 区块的协同开发优势重新得以持续，为泰国项目今后的健康运营奠定根本性保障，也将对中国石油在泰油气业务的新发展起到积极的促进作用（图 1）。

图 1　2021 年 11 月 19 日，在中国驻泰国大使和泰国副总理兼能源部长的共同见证下，L1/64（邦亚）区块石油特许权合同成功签署（泰国项目公司　提供）

（石浩继）

【生产风险排查】 2021 年，泰国项目公司针对运行近 30 年的设备老化严重等问题，加强换抽油机等设备安全隐患排查，对关键部件进行有序更换，完成 4 个储油罐残余油清理，消除安全隐患。

（石浩继）

【HSE 与风险防控】 2021 年，泰国项目公司严肃三项纪律，不定期开展“四不两直”抽查行动，对采油队夜班时段重点检查，特别是加大对毒品、酒精的抽查力度，实施毒品“零容忍”，查处多起违规行为并进行处理。6 月，开展“安全生产月”活动，学习习近平总书记安全生产重要论述，组织全员进行安全教育和警示教育；开展消防培训和疏散演习，提高实战能力；设立宣传栏，加强安全知识和规章制度宣传力度；对 QHSE 体系文件进行内部检查和梳理，制定下一步完善目标和工作计划；开展雨季安全风险专项排查，修复损毁道路，检查维修油田电路，集中进行防雷电措施完善。持续排查安全风险隐患，加大对老旧设备、重点设备管理力度，定期检测评估安全性能，及时更换问题设备和配件。年内，实现人员零伤害、生产零事故、环境零污染及新冠病毒零感染。

（石浩继）

【环保与安保管理】 2021 年，泰国项目公司执行环保零排放标准，所有固体和液体污染物均由专业有资质环保公司进行处理，处理流程和方法经第三方评估和政府环保部门监督；各井场雨水污水进行分流处理；气体排出也经第三方定期检测，温室气体排出量由每年的植树量平衡。泰国项目公司建立社会安全管理体系，制定外出管理制度。曼谷办公室有门禁系统，现场营地和井场均设视频监控，营地有两名保安 24 小时值守，对访客加强管理、检查，并登记有关信息，安全告知，用有效身份证件换取访客卡。与社区、当地警察、相邻石油公司等保持密切联系，对泰国安全形势密切跟踪。及时对社会安全管理程序文件定期更新，对安全设施进行检查，组织维护和应急演练，确保防恐安全人防、技防、物防措施落实到位。

（石浩继）

【品牌与社会责任】 2021年，泰国项目公司承担社会责任，在当地文化、教育、卫生社会活动以及油田遭受水灾和疫情侵袭时，主动向苏可泰政府和红十字会捐助钱款和应急物资包400包，救助水灾地区居民（图2）。向油田所在地邦亚社区学校捐赠太阳能电池板，资助兰克布县修建防疫方舱医院，参与社会慈善活动18次，赢得社会各界好评。

图2 2021年，在泰国遭受水灾时，泰国项目公司主动伸出援手，向当地捐款捐物（泰国项目公司 提供）

（石浩继）

【企业文化建设】 2021年，泰国项目公司以“稳健运营，稳中求进”为工作方针，坚持低成本运营战略，注重做实发展基础，团结一致，勤奋工作，通过精细化管理和真抓实干，有效降低作业成本，摸索出一套成功的项目管理模式，持续为股东贡献利润和现金流，形成“扎根海外、艰苦创业、坚忍不拔、搏击风雨，无私奉献，做铁人，做石油能人，做堂堂正正的中国人”的企业文化。

（石浩继）

中油国际（缅甸）凯尔公司

【概况】 2021年，中油国际（凯尔）有限责任公司（简称凯尔公司）实际勘探投资和各项费用均低于预期，完成全年各项生产经营任务，投资和费用减控效果明显。亏损治理效果显著，亏损压减幅度达47.19%。强化预算审核和精细化管理，压减2020—2021合同年度联合作业体费用。精心组织、安全优质高效实施2口深海探井钻探，作业时效达99%，大幅节约投资，并在AD-8区块Tun Tauk-1取得上新统砂体勘探发现。加强政府公关，实现AD-1/8区块初始勘探期第七次延期。推进与周边区块联合开发及新项目机会筛选工作。持续改进完善QHSE管理体系，扎实做好疫情常态化管理，有效应对缅甸社会安全形势恶化，实现中方人员“零感染”目标。凯尔公司全年投资及费用完成率96.01%。截至2021年底，凯尔公司设勘探部、作业部、财务计划部、采办部、HSSE部、行政人事部6个机关部门。中方员工编制12人，现有中缅员工18人，其中中方员工6人，缅籍员工12人。

（王海强　蔡　铮）

【TT-1、KM-1深水探井钻探】 2021年1月4日，凯尔公司与合作伙伴Woodside协作，联合体组织DDKG2钻井船到达TT-1井井位。1月5日，采取表层批钻方式开钻TT-1井、KM-1井。2月21日，钻至3549米完钻。该井在上新统P1.2砂体取得勘探发现。2月25日，完成

TT-1井全部作业。3月15日，完成AD-1区块KM-1井全部作业。2口井井身质量合格率、固井质量合格率均达100%。通过优化设计、作业程序，如应用表层批钻、下部井段连续作业，减少作业时间，减少钻井资源占用时间实现控减钻井成本，实现设计阶段“800万美元”成本节约。对TT-1、KM-1井实施精细化管理，钻完井作业持续改进接近技术极限，钻井时效达99%，实现第二个“800万美元”成本节约，2口井单井成本降至约3600万美元。

（尤建广　蒋兴迅）

【AD-8区块Tun Tauk-1井开钻】 2021年1月5日，凯尔公司AD-8区块Tun Tauk-1井开钻。1月10日，完成第一阶段钻井作业。2月9日，开始第二阶段钻井作业。2月21日，钻至3549米完钻。在上新统砂体取得勘探发现。

（万立坡）

【社会安全管理】 2021年2月1日，缅甸政局动荡，凯尔公司发出社会安全三级应急管理启动令，进入社会安全三级应急管理，开展5次社会安全应急演练和培训，对社会安全突发事件作出有效响应。4月，更新《社会安全突发事件专项应急预案》（CAL/PR/ERP207），并根据风险评估结果编制、完善相关的社会安全突发事件专项应急处置方案。按照中国石油集团公司极高Ⅲ风险等级最低标准要求完善《凯尔公司安保方案》，编写《中油国际（缅甸）凯尔公司应急转移（撤离）预案》。7月2日，开展社会安全突发事件应急（抢劫、应急通信设备使用、转移）演练。10月15日，凯尔公司将《突发事件应急预案》提交中国石油集团公司国际部，进行备案审查并通过，得分90.5。11月15日，将《社会安全管理体系》，提交中国石油集团公司国际部备案审查。

（尤建广　蒋兴迅）

【疫情防控】 2021年5月，缅甸第三波疫情暴发，导致新冠肺炎疫情肆虐，中方员工23人次出入国境，其中1次航班熔断，4人是航班上密切接触者。为确保中方员工“零感染”，凯尔公司中方宿舍实行安全岛管理，中缅员工居家办公，严格执行《新冠肺炎疫情防控常态化工作方案》，开展新冠肺炎疫情防控知识培训311人次，明确员工旅途全流程管控措施包括监督措施，强化对手机消毒描述，重点管控机场、就餐、如厕、登机、乘坐摆渡车、提取行李、入住酒店、入境期间和入境后隔离期间核酸检测等高风险点。实现中国石油国际业务“两个不”目标、中方员工“零感染”目标。

（尤建广　蒋兴迅）

【与杭州院召开阶段工作交流会】 2021年6月30日，凯尔公司与杭州地质研究院召开阶段工作交流会议，明确生物气成藏条件，应继续加强有利目标及已有气藏对比研究，开展AD-8二维区三维地震采集可行性分析和潜在新项目评价调研。

（万立坡）

【缅甸部长级常委会批准勘探期延期】 2021年8月12日，缅甸能源电力部（MOEE）召开部长级常务委员会（EC）会议，批准AD-1/8区块初始勘探期延期事宜。8月24日，凯尔公司收到MOGE批准AD-1/8区块初始勘探期延期一年信函。

（万立坡）

【WPB申请MOGE获批】 2021年12月23日，凯尔公司收到2021—2022 WPB申请MOGE正式批复。

（万立坡）

【勘探研究】 2021年，凯尔公司组织技术支持单位杭州地质研究院，对AD-1/8区块年度新钻2口深水探井Khine Myeh-1和Tun Tauk-1进行钻后评价分析。利用2口探井的测井数据，开展测井解释、分析 2 口井储层特征及含油气性，并综合利用 AD–1/8 区块重处理三维地震资料解释成果，评价 AD–8 北目标与 AS–1 井东南目标的油气潜力。结合前期地质认识，深化深水生物气藏成藏条件研究。基于重处理三维地震资料的解释成果及生物气成藏条件分析，开展 AD–1/8 区块剩余勘探目标的评价与优选，估算剩余资料潜力。通过钻后评价，优选出 AS–1 井西北等勘探目标 7 个，即三维地震资料区目标分别为 AD–1 南、AS–1 井西南、10A–NW、AD–1 中、AD–8 北；二维地震资料区目标为 AD–8 西和 AD–8 西北。1 月 5 日，AD–8 区块 Tun Tauk–1 井开钻。2 月 21 日，钻至 3549 米完钻。该井在上新统 P1.2 砂体取得勘探发现。联合体已向 MOGE 申报勘探发现。

（王海强　蔡　铮）

【区块退出】 2021 年，凯尔公司按照计划，稳步做好区块退出收尾工作。根据中油国际公司要求，AD–6 区块退出审计时间为 11 月 9—19 日，凯尔公司配合审计组，提供审计资料 19 项，并回答审计组问题；与审计组对复核类底稿、立查立改类底稿及问题类底稿进行确认签字。12 月 9 日，审计资料由 Woodside 安排运至内比都。除会同合作方 Woodside 通过视频会配合 MOGE 审计外，还指派项目公司当地雇员专程去内比都现场参与配合审计。12 月 13—23 日，AD–1/6/8 区块 2018—2019 财年、2019 财年可回收成本审计，2019 年 10 月—2020 年 3 月 AD–6 审计，采用远程审计方式，完成 AD–6 区块退出 MOGE 审计，并对审计问题作出完善改进。

（王海强　蔡　铮）

【新项目开发】 2021 年，凯尔公司按照中油国际公司新项目开发策略，开展新项目机会筛选。凯尔公司获悉 PHE 公司缅甸陆上 PSC C–1 区块，因财务困难正寻找合作伙伴，主动与 PHE 公司接洽，签署保密协议并获取评价资料。8 月 6 日，凯尔公司与 PHE 公司召开第一次会议，初步讨论双方对区块认识及技术、商务问题。8 月 16 日，中方进驻 PHE 公司网络资料室查看数据。10 月 27 日，凯尔公司与杭州地质研究院召开阶段评价会议。11 月 30 日，杭州地质研究院完善初步评价材料。12 月 6 日，凯尔公司向中油国际公司上报 PHE 缅甸 PSC C–1 区块概况、勘探潜力评价、PHE 公司开发规划及下步新项目工作建议。12 月 23 日，参与中油国际公司业务发展部召开的缅甸陆上 PSC C–1 区块资源潜力和推进策略讨论会并汇报区块相关情况。对 PSC C–1 区块保持跟踪，并开展中油国际公司在缅投资风险分析评价工作。

（王海强　蔡　铮）

【项目采购管理】 2021 年，凯尔公司根据 2018 年起因合作伙伴 Woodside 是技术作业者，有关勘探与钻井方面等重大采办都由 Woodside 负责，凯尔公司只负责项目公司日常运营涉及的几个额度较小的采办与合同签订工作。2021 年，凯尔公司签订 7 个额度较小的服务合同，年合同总额不高，其中合同额较高的是办公室房屋租赁合同。

（万立坡）

【环境保护】 2021 年，AD–1/8 区块勘探作业根据缅甸联邦共和国环境保护法和环境保护条例进行环评研究，并获缅甸自然资源和环境保护部对拟议钻探活动环评报告批准，保证项目工作合法开展。1 月 4 日，钻井船到达井位开始执行深海钻井作业，3 月 15 日完成全部作业复员。2 口井勘探作业中成功实施环境管理计划，所有监测环境参数均在批准环境管理计划（EMP）中所述限制范围内，实现“零事故、零伤害、零污染”的 QHSE 目标。

（尤建广　蒋兴迅）

【HSSE 风险双重预防机制建设】 2021 年，凯尔公司推进安全风险分级防控和事故隐患排查治理双重预防机制建设。7 月 20 日，成立项目公司安全风险防范领导小组；建立 HSSE 风险防控程序，按要求上报风险防控清单，对风险防控措施实施进行定期监测；编写更新《项目社会安全风险评估报告》，识别风险，做好风险清单，并在 HSE 信息系统上登记；每季度进行社会安全检查，每季度进行隐患排查治理，完成隐患排查及整改。加强交通安全管理，公司所属车辆安装 GPS 汽车定位追踪器，实现防盗、定位、超速报警等功能；逐条落实本部提出的 18 条应对缅甸安全局势应对措施，开展应急培训和演练；重视“四防”建设，按要求完成“四防”整改，完成车辆缓冲阻碍装置、声音报警装置等整改。

（尤建广　蒋兴迅）

【提质增效】 2021 年，凯尔公司以“提质增效专项行动”为抓手。加强沟通，强化预算审核，压减不必要费用支出；在 2021—2022 年度计划预算编制时，控减自身费用，了解澳方工作范围，敦促澳方压减不必要、不合理费用；鉴于缅甸局势 Woodside 将澳方员工撤回澳大利亚，敦促其控减澳方仰光办公室管理费预算。强化财务过程精细化管理，加强联合资金余额及联合费用的管理；加强筹款精细化管理，审核合作伙伴发来的筹款文件，对筹款各项目进行分析，及时和联合账资金余额（JV CASH）进行核对，6 月、11 月，通过联合账户向中方退回筹款；加强对联合费用账单（JV Billing）精细管理，按照 JOA 规定复算各项费用支出，并对比联合账单，如有疑问及时与合作伙伴沟通解决；从而节约 2020—2021 合同年度 AD-1 区块管理费、地质研究费用以及 2020—2021 合同年度 AD-8 区块管理费、地质研究费用。加强对 AFE 的启动和关闭管理，监督各 AFE 项目开立和关闭时间，避免出现无正当理由推迟关闭 AFE，出现向 AFE 项目多记费用情况。

（刘贵阳）

【亏损治理】 2021 年，凯尔公司贯彻落实亏损企业治理要求，成立亏损治理工作领导小组，制定亏损治理任务目标、具体措施及工作安排。与 Woodside 保持定期沟通，表达中方治理亏损的要求和建议，推动中方亏损治理方案策略落实；加强对管理费和地质研究费使用的审核把关。利用远程媒介沟通交流，召开技术委员会（TCM）、作业管理委员会会议（OCM）及与 MOGE 召开的管理委员会（MCM）降低管理费，并根据疫情防控要求，对当地员工要求非必要居家办公，节约办公成本。全年，压减幅度达 47.19%。

（刘贵阳）

【财务资产管理】 2021 年，凯尔公司在资金流动各环节严格把控，确保资金使用安全、规范、有效。加强银行账户和现金管理，对银行账户开立、关闭、升级或授权签字人变更业务，首先以请示形式上报中油国际公司，获得批准后，由总会计师、总经理依次于业务申请文件上签字后进行相应操作；现金取款金额视库存现金额度及现金需求量而定，原则上库存现金美元额度、缅币均控制在一定范围内。严格票据管控，凯尔公司在银行留存的印鉴实行总经理与总会计师双签制度；正在使用的票据及相关文件包括转账申请表、银行支票、汇款申请表等。严把现金管理关，凯尔公司财务部严格控制现钞结算范围及员工使用备用金，能使用银行转账的业务，不接受现金支付申请，库存现金额度控制当地规定的限额之内。对员工归还所借资金导致超出库存现金额度等情况，出纳及时将超额部分存入银行。出纳将检查库存现金余额并与库存现金账面数进行核对，核对表由总会计师签字，确认核对一致。设立库存现金管理台账，每日由出纳进行盘点，确保账实一致，并由总会计师签字确认。资金支付管理，资金支付申请部门提供申请表格并附相应支持材料，如合同、发票等原始文件。由部门经理、AFE经理、销售采办部经理审核后递交分管副总经理、总经理审核签字，移交财务部审核。会计初审后，交至总会计师审核批准后付款。

（刘贵阳）

【预算管理】 2021年，凯尔公司根据产品分成合同6.3款，合同者需在每个合同年度结束前90天内向缅甸国家石油天然气公司（简称MOGE）提交下一个合同年度的预算（WPB）；根据联合作业协议6.1.2款，作业者需在向MOGE提交下一个合同年度预算前45天内向伙伴各方提交下一个合同年度的预算，预算经过作业委员会（OC）讨论通过后形成会议决议（OCR）。凯尔公司及时将决议报中油国际公司规划计划部审批，审批通过后，凯尔公司将审批后的预算报MOGE审批。

（刘贵阳）

【筹融资管理】 2021年，凯尔公司合作伙伴Woodside公司设立联合账，用于核算AD1/6/8三个区块财务事宜。根据联合作业协议规定，澳洲Woodside公司负责准备月度筹款文件，直接向中油国际公司筹款，凯尔公司于次月以发票形式向Woodside公司签发当月实际开支，由Woodside公司进行支付。为有效监督管理筹款进度，确保年度筹款总额与年度投资预算相吻合。凯尔公司与Woodside公司协商后，就此问题达成一致看法，Woodside公司月度筹款文件先发送至凯尔公司，凯尔公司审核整理后，再发送至板块，由板块直接向Woodside公司付款。2021年，板块完成向Woodside公司付款，Woodside公司向板块返还多余筹款。

（刘贵阳）

【内控与风险管理】 2021年，凯尔公司开展项目公司内控测试，配合中油国际公司企业管理部进行内控测试评价工作，为项目的合规运营提供制度保障。在2020年内控管理体系建成完善的基础上，2021年开展内控体系的宣传、贯彻、执行、测试、完善工作，推动《内控手册》贯彻执行。评估《内控手册》合理性和适用性，对个别制度进行完善。落实有限授权、“三重一大”决策机制等重要规章制度。2021年9月28日—10月22日，中油国际公司企业管理部内控测试组对凯尔公司开展非现场内控测试评价，从财务报告内部控制及非财务报告内部控制角度出发，对凯尔公司内部控制体系中重要业务领域设计有效性、执行有效性进行评价，并就凯尔公司内控体系设计和运行中存在的差异和问题，梳理管理症结、提出管理建议。测试时间为2020年1月1日—2021年9月30日，对设计有效性及执行有效性两个方面进行测试。测试发现例外事项3类，包括未进行固定资产盘点及清查、未编制支票领用登记台账和账号权限新增发起人、权限归属人、审批人为同一人。针对前两类问题，凯尔公司按照要求进行整改，对第三类问题，凯尔公司已更新内控制度。10月，根据海外勘探开发分公司《关于启动2022年度重大风险评估暨风险管理报告编制工作的通知》要求，凯尔公司开展2022年风险评估，风险防范与控制委员会办公室向公司管理层及各部门经理发放2022年风险评估问卷，参与人员根据2022年项目面临的内外部形势及运营实际，对相关风险发生可能性及影响程度进行打分，最终确定排名前十项风险并按照要求做好2022年风险管理工作计划。

（刘贵阳）

【审计成果】 2021年，凯尔公司配合中油国际公司审计部完成总经理离任审计及AD-6退出审计（中方及MOGE）。9月6日，按照中油国际公司DWXC组《关于XC缅甸项目的工作通知》，凯尔公司启动远程迎审，包括原总经理代传书离任审计，内控体系测试等。离任审计覆盖期间为2018年3月—2020年11月，审计时间为2021年9月6日—2021年10月15日。凯尔公司配合审计组提供审计资料46项，回答审计组问题，对复核类底稿、立查立改类底稿及问题类底稿进行确认签字。截至2021年底，最终审计报告由本部下发至凯尔公司。AD-6区块退出审计审计时间为2021年11月9日—2021年11月19日。凯尔公司配合审计组提供审计资料19项，并参与审计组组织的视频会议，截至2021年底，完成主体审计，审计报告在审阅中。AD-1/6/8区块2018—2019财年、2019财年的可回收成本审计及2019年10月—2020年3月AD-6退出审计于2021年12月13—23日在内比都进行，审计采用远程审计方式进行。审计资料于12月9日由Woodside安排运至内比都。12月23日，完成审计工作。

（刘贵阳　万立坡）

【区块联合开发】 2021年，凯尔公司AD-1/8区块两轮勘探发现天然气可采储量，并经调研获悉邻区AD-7区块也发现天然气可采储量。根据初步经济评价，AD-1/8及AD-7区块均不具备单独商业化开发条件。为巩固AD-1/8区块勘探发现天然气成果，提升区块经济型及可持续性，9月22日，凯尔公司与合作方澳大利亚Woodside公司召开会议讨论下步联合开发策略，中澳双方均对AD-1/8及AD-7区块（韩国大宇公司持有60%权益，Woodside持有40%权益，）联合协同开发的初步意向。11月11日，中澳与AD-7区块参与韩国大宇公司进行三方会议，初步讨论确定联合协同开发策略前需要开展的工作，大宇公司申请AD-7区块初始勘探期延期为联合开发争取时间和条件；中澳韩三方拟签署保密协议后互相分享资料与信息；如需可召开针对中方AD-1/8区块或韩方AD-7区块的技术讨论会；三方对彼此区块具备初步认识后，继续探讨联合开发可行性。

（刘贵阳）

【公司年鉴与史志类书籍编写】 2021年，凯尔公司组织员工历时半年，经3次修改，完成《凯尔公司史志》《凯尔公司年鉴（2018—2020年）》编纂，共近7万字。凯尔公司克服涉及点面多、时间跨度长、收集资料和文字编写难度大等困难，制定编写计划和编写提纲，组织资料收集与编写，比较翔实、客观地记录凯尔公司近20年的发展历程。

（万立坡）

【保密管理】 2021年，凯尔公司通过签订保密协议、参加各项保密宣传活动、参加线上保密培训等方式，增强全员保密意识，强化保密工作管理。中缅员工共18人全部与公司签订保密协议；中方设置保密管理兼职人员1人、员工6人全部参加保密培训；凯尔公司领导在回国休假时，主动参加保密教育，并通过有关考试。年内，未发生失泄密事件，保密工作总体安全、平稳、有效。

（万立坡）

【信息化建设】 2021年，凯尔公司对拥有区块一直处于油气勘探阶段，项目规模受限，因此未连接中国石油集团公司专网。凯尔公司租用缅甸当地网络服务商宽带网络接入互联网，通过中国石油集团公司VPN登录内网并使用OA协同办公平台，提升文控工作信息化水平，提高文控安全管理系统DSM的有效应用，保证信息、文件保密性和安全性。

（万立坡）

【股东事务管理】 2021年，凯尔公司与伙伴Woodside继续依据签署联合作业协议JOA组成联合作业体JV，按照JOA规定由Woodside担任技术作业者，负责联合作业及其有关的技术商务等工作，CNPCI作为合同作业者负责与PSC合同相关的政府事务及WPB报批等工作。以注册地和资源国公司法、公司章程、区块PSC合同、联合作业协议（JOA）、本部与项目公司治理机构工作指南为依据，管理股东事务工作。凯尔公司加强股东事务管理，按要求向中油国际公司报送股东事务月报、组织机构会议材料及相关股东决议事项，组织开展各项组织机构会议，完成董事会成员，管理委员会（MC），联合体作业委员会（OC）及技术委员会（TC）成员及时变更，保证股东事务行权机构中方代表正常行权。依法依规组织中方代表参加TC/OC/MC会议等组织机构会议并有效合规行权，通过组织机构会议与合作方商议完成年度两口深水钻井作业实施、钻井电测及XPT压力测试实施、组织双方技术团队开展两口井钻井结果及钻后评价分析工作、向政府申报TT-1井勘探发现、协商联合体工作计划预算编制、AD-6区块退出政府审计、AD-1/8区块初始勘探期延期、区块下步策略研究以及与邻区AD-7区块气藏联合开发等事宜。

（王海强　蔡　铮）

【工会活动】 2021年，凯尔公司面对突如其来的缅甸政局变动、德尔塔病毒等变异毒株持续肆虐、员工正常轮换动迁受阻等困难，做好疫情期间员工关心关爱工作，创造条件鼓励员工加强身体锻炼，改造驻地车库为乒乓球室，供员工打球锻炼身体，鼓励大家利用驻地院内空间进行健步走活动。4月13日，在缅甸泼水节举行健步走活动。7月10—11日，举行乒乓球比赛，营造和谐愉悦氛围。针对员工心理面临较大压力，开展“一对一”员工访谈，了解员工健康、工作、家庭生活、情绪管理等情况，及时进行人性化心理干预，排除心理焦虑。按照工会经费支出范围，在缅甸特殊时期创造性地开展工会活动。

（刘贵阳）

中油国际（澳大利亚）公司

【概况】 2021年，中油国际（澳大利亚）公司（简称澳大利亚公司）克服全球新冠肺炎疫情持续、苏拉特一期建设征地困难等不利因素影响，实现生产运行平稳，经营取得良好业绩。开展澳大利亚新能源项目市场研究，开展澳大利亚能源行业转型比较研究工作，寻找新能源项目机会。有序推进工程建设，投资可控。配合中油国际公司开展西澳项目合资合作。HSSE业绩持续良好，箭牌能源公司获澳大利亚石油大会年度安全卓越成就奖。公司员工为河南水灾捐款12275澳元。全年经营性现金流和EBITDA继续为正，完成年度减亏目标。苏拉特一期工程建设稳步推进。中方员工及家属实现新冠肺炎疫情“零感染”。

（王敏思）

【布里斯班控制中心（AOC）建成启用】 2021年11月3日，箭牌布里斯班控制中心（AOC）建成启用，并启动箭牌项目管理转型工作。控制中心为箭牌项目数字化智能油田建设核心枢纽，具有生产监控操作—煤层气油藏与地面设施动态监控—天然气交易等三大功能，实现对苏拉特盆地气田的远程在线运维经营决策一体化管理。

（胡宇骋）

【驻布里斯班总领馆总领事到公司调研】 2021年11月8—10日，中国驻布里斯班总领馆总领事徐杰等到澳大利亚公司、箭牌能源公司中控室和现场调研。8日，徐杰等到箭牌能源公司参观营运中心，箭牌能源公司首席执行官Cecile Wake女士一同参观。9—10日，徐杰等到澳大利亚公司调研，参观库房、中心处理厂、电厂、井场以及社区联络中心并慰问现场工作人员，与相关企业负责人座谈，表示中国石油在澳业务对中昆能源合作具有十分重要的意义，要求公司做好疫情防控、安全生产和社会安全管理工作。澳大利亚公司总经理、箭牌能源首席运营官蒲海洋一同调研。

（王敏思）

【波塞冬项目剩余商业矿费权益划转】 2021年11月30日，波塞冬项目股东同意Liberty Petroleum Corp向其子公司Liberty Browse Corp一次性划转波塞冬项目剩余1.381406%商业矿费权益。

（赵建武）

【亏损治理】 2021年，澳大利亚公司推进落实箭牌项目亏损治理，按照"澳大利亚公司亏损治理的关键在箭牌，箭牌的关键在苏拉特，苏拉特的关键在一期产能建设"的总体思路，围绕苏拉特一期建设、老气田挖潜、苏拉特二期方案编制、强化钻修井作业管理、加强采办管理、控减人工成本、扩销推价、推进博文策略研究、加快KNJV区块开发等10个方面，确定箭牌项目减亏32条措施，并取得阶段成果。

（王保雄）

【工程建设】 2021年，澳大利亚公司有序推进工程建设，投资可控。钻完井作业、地面工程按计划推进；Daandine入口调整装置和David IPF机械完工；箭牌运营中心（AOC）投入运行；Daandine CGPF去风险项目完成。

（周昭勇）

【方案优化与策略研究】 2021年，澳大利亚公司持续优化苏拉特一期开发方案并完成跟踪评价。12月20日，苏拉特一期David IPF机械完工，制定苏拉特二期开发策略，开展博文区块经营策略研究。与国内专家到华北油田山西煤层气公司调研。

（郑科宁）

【人员轮换】 2021年，澳大利亚公司针对疫情反复延宕、病毒变异增多、传播速度加快、入境条件苛刻等困难和挑战，按照中油国际公司部署，统筹考虑工作需要、员工在澳工作年限和个人意愿，推进轮换工作。全年，轮换14人（调离和调入各7人），接收4名实践锻炼人员；班子成员与员工开展一对一谈心谈话。

（韩　健）

中油国际（新加坡）公司

【概况】 2021年，中油国际（新加坡）公司（简称新加坡公司）主动发挥小股东非作业者作用以及代管职能，继续坚持降本提质增效升级和三年改革专项行动方案，为继续实现1亿吨权益产量目标稳固"基础版"，对标"升级版"。全年，超额完成35.8万吨油气当量权益奋斗目标，连续两年超过300万吨作业产量，40万吨权益产量，税前利润创近五年之最，年度业绩考核指标完成优良，QHSE和保密以及廉政建设符合要求，无事故（事件）发生。获2021年度中国石油海外油气业务先进集体，中油国际公司2020—2021年度优秀骨干团队称号。

（侯福斗）

【油气勘探开发生产】 2021年，新加坡公司根据35.8万吨权益产量目标，梳理各参股项目并分解指标，利用春季联管会契机，宣传中方总部要求和新加坡公司目标，团结伙伴和作业者，推动作业者积极上产，超额完成2021年目标。渤海区块在完成年度计划开发井基础上，通过梳理油田低产低效井，在综合考虑单井生产情况、剩余可采、措施潜力及综合治理可实施性，删选13口低效低产井。通过技术和经济论证后，优选7口井实施，并全部投产。渤海区块全年实际完钻41口开发井，完成全年原油产量目标。截至12月31日，年度原油作业产量完成计划的112.4%；权益产量完成计划的111.6%；年度天然气作业产量完成计划的167.8%；权益产量完成计划的157%。

（侯福斗）

【WHPK平台改造项目建设】 2021年2月，新加坡公司WHPK平台改造项目海洋作业手续获中国政府批准（图3）。3月1日，陆地建造工程开工。12月10日19时16分，第一口油井（6K-02H）投产（试生产）成功，比原计划提前5天。标志着持续近两年的方案设计审批和投资建设产生收益，后续井将陆续投产。截至2021年底，完钻6口井，其中1口为注水井，日产量4000—4500桶。

图3 WHPK平台（左边）桥联至WHPE平台（右边）（新加坡公司 提供）

（侯福斗）

【Sampang区块Paus Biru气田项目建设】 2021年8月23日，中油国际公司专家中心审核通过《SPC项目印尼Sampang区块Paus Biru气田可行性研究报告》。9月13日，中石油国际事业新加坡公司召开“三重一大”会议，同意按照中油国际公司批复意见执行Sampang区块Paus Biru气田可行性研究报告。可行性研究报告批复表明，印尼Sampang区块伙伴层面全力支持Paus Biru气田开发，继续推动该区块产量接替与可持续发展。

（栾海亮）

【降本增效】 2021年，新加坡公司说服4个区块作业者，在高油价时期，紧抓有效益产量增长目标不放，通过增产实现增效，实现税前利润完成预算的234%。渤海区块，通过敦促作业者加快ODAP新井钻进和联井效率、推动K平台建设提前投产、追加加密调整井等增产措施，全年增效显著，完成净利润预算的263%；印尼Sampang区块，延长现有在产气田生产年限，通过销售气延期协议等商务手段，争取气田效益最大化，全年完成净利润预算的121%；印尼Kakap区块，持续控制操作费用增长，尽可能提高天然气销售量，全年实现扭亏为盈；越南102/106区块，利用疫情好转时机，推动作业者与越南PVGAS开拓下游天然气需求市场，商品气量生产稳步提高，完成净利润预算的107%。

（栾海亮）

【QHSE与风险防控】 2021年，新加坡公司促进各项QHSE制度贯彻落实，针对项目公司QHSE管理制度相对薄弱等情况，完善QHSE各项管理制度，成立中油国际新加坡公司（SPC E&P）QHSSE委员会、安全生产专项整治三年行动计划实施方案委员会，制订《2021年中油国际新加坡公司安全生产预案》，对安全生产、消防、交通、反恐以及重大失密、泄密等安全事件制订应急方案，做到“安全第一，预防为主”。项目公司针对项目所在地气候特点，制定健康管理相关办法，包括《中油国际新加坡公司疟疾防控方案》《公寓预防疟疾管理要求》，要求中方员工重视个人健康管理。截至2021年底，新加坡项目油气田生产实现零事故、零污染、零死亡。

（张思富）

【疫情防控】 2021年，新加坡公司继续开展“一二三四”防疫工程。实行“一项目一策”差异化常态化管理；突出“两手抓、两手硬”，实现“两不误、两促进”；实践三级联防联控工作机制，坚持疫情上游项目防控属地化常态化管理；做好稳定队伍、信息沟通、联防联控、场地个人常态化防疫四项基本功。新加坡公司及时掌握新加坡疫情动态，中国石油集团公司、中油国际公司以及新加坡召集单位等政策；配发防疫物资，监督中外员工和家属认真佩戴口罩，执行政府和公司防疫政策。年内，新加坡公司中方2人按防疫要求，顺利返回国内休假。3人完成疫苗注射，2人完成加强针注射。外籍员工全员完成疫苗注射。

（张思富）

中油国际（加拿大）公司

【概况】 2021年，中油国际（加拿大）公司（简称加拿大公司）根据中国石油集团公司确定的经营策略和中油国际公司“十四五”规划战略目标，聚焦实干担当，锐意开拓进取。应对加拿大疫情高峰，保持良好的HSSE业绩，做好油田现场疫情管控，中方人员无感染。完成本部下达的各项生产经营任务，完成权益油气产当量约160万吨，超产2%。在产项目中都沃内、白桦地和激流管道3个项目实现“双正”，在产项目整体实现净现金流上亿加元。48美元/桶油价下较2020年减亏36%，超额完成2021年减亏30%的目标。

（瞿华平）

【商务市场】 2021年，加拿大公司集中力量推进加拿大LNG项目气源落实、CGL商务谈判、中加公司资产剥离和其他资产优化工作。通过与国际事业加拿大公司（简称PCIC）形成LNG项目一期气源清晰组合，基本锁定一期前10年数亿立方米气源供应商和管输方式，包括白桦地、Murphy、马石油、Enbridge、NGTL，其中签署NGTL管输协议、获加拿大联邦能源署批准，其他气源合作意向基本明确、关键条款基本成型。在气源采购之外，配合中油国际公司推进资产收购，进行天然气资产筛查和建议，解决长期气价风险。全年，开展CGL管道商务谈判，解决一期成本超支问题，形成管输协议修订关键条款，谈判仍在推进。“来料加工”模式稳步推进，凝析油提取协议和商务模式已确定，在程序合规基础上中加公司资产处置取得实质性进展。7月30日，北瑞宁项目完成向作业者Pine Cliff转让；12月20日，庄海勒项目完成向作业者Bearspaw，以及行使优先收购权的Blue Springs公司转让；12月24日，乎利项目与相邻区块作业者Cavalier完成资产收购谈判，以及中国石油集团公司资产评估备案；7个租约退地获中油国际公司批准，并向阿尔伯塔省政府提交退地申请。对剩余麦凯Ⅲ租约和孤石项目形成明确处置策略。白桦地项目签署第二口污水处理井协议，进一步降低污水处理费；签署道路费用分摊比例调整协议，费用分摊比例显著降低。麦凯河油砂项目持续推进稀释剂转换研究、降低稀释剂成本，凝析油管输方案基本明晰并获相应报价；横山管道管输量优化稳步推进，部分转让获数家公司报价，整体退出在筹划。都沃内项目重定营地策略，通过谈判显著降低原有营地遣散成本，未来每年可节约数百万加元营地成本。全年加拿大公司3个在产项目油气液产品销售平稳，稀释剂、燃料气、电力等稳定供应。推进“照付不议”协议优化工作，继续与PCIC合作管理BTT和Keystone，全年回收BTT罐租数百万美元，回收Keystone管输费逾千万美元，并实现额外创利数万美元；完成AESO电网容量买断，将“照付不议”量从57兆瓦降低至35兆瓦；白桦地NGTL管输量、都沃内Alliance管输量优化成果显著，通过向PCIC和其他第三方转让，避免冗余成本各数百万加元；10月，重谈Alliance美国段管输费，费率降低三分之一，4年期限内节省管输费近千万美元；都沃内项目NGL产品调整销售模式，经管道运输、分馏后直接销售给Pembina公司，不再由原作业者Ovintiv代理，免除管道退回等费用，NGL和凝析油销售收入每年可增加近百万加元。

（万伟伟）

【LNG项目工程建设】 2021年，加拿大LNG项目完成22.5万立方米LNG储罐升顶；较原计划提前5个月完成LNG一期工程全部6000余根桩基施工；完成LNG码头清淤工作；优化项目二期执行策略，开展潜在技术方案分析；完成RTA码头建设并移交至Rio Tinto；完成公用工程装置区及工艺装置区首船模块外运；完成NGTL首期管输协议投标。截至2021年底，项目整体实施进度为57.4%，工程详细设计进度完成99.3%;采购进度完成88.2%；现场施工完成38.2%；模块建造完成54.4%。

（姜　宁）

【麦凯河油砂项目】 2021年，加拿大麦凯河油砂项目在做好生产安全管理和疫情防控工作基础上，以“上产量、降成本、提销价”为抓手。按照“一井一策”原则，结合国内技术支持单位建议，对5口高压差生产井继续放大生产压差，解除筛管堵塞问题对产量影响；对3口ICD电泵井调升Subcool，解决电泵气锁问题，在漏失严重的7口井进行降低注气压力，减少漏失影响；根据年度计划完成AE02油管ICD安装，措施实施后增产约350桶/日。与支持单位辽河油田建立上产“双周会”制度，进行生产动态分析，制定上产措施。通过对14口高压差ICD井组进行生产井井筒蒸汽吹扫降低井组压差，提高井组产能。在组织国内外技术团队研究论证基础上，项目团队结合前期侧钻井经验，向中油国际公司呈报2口井侧钻方案。8月24日，2口侧钻井方案获本部批复，并于12月9日开钻。麦凯河采油厂油砂设施投入运行已超过4年。全年，采油厂完成100项涉及安全、生产优化和升级改造（MOC）。完成站场警报系统优化工作，油处理端警报总数从12736次下降至65次，水侧警报总数从5445次下降至187次。完成7个平台冷凝水回收项目，提高热能回收利用效率。通过管理和技术优化创新，实现项目整体提质增效，项目天然气和电力用量较预算减少15%—25%；优化药剂策略，开展新型药剂试验，减少药剂费用超过150万余加元；优化现场管理机构和人员配置，全年累计节约费用近10万加元；控减采油厂废物处理费用。全年，降低成本近1000万加元。2月，项目团队与研究院（RIPED）完成麦凯河油砂一期开发调整方案编制及上报。中油国际公司根据中国石油集团公司策略提出审核建议。项目公司与勘探院按照审核建议对开发调整方案进行两次修订调整优化。11月初，中油国际公司要求暂停开发调整方案审查，项目公司紧急组织勘探院和辽河技术支持团队编制完成 AF 平台 4 个井组加密试验方案。12 月中旬，上报本部审查。

（郭兴海）

【都沃内页岩气项目开发生产】 2021 年，加拿大公司都沃内项目新钻开发井 2 口，完井投产 3 口，完成中油国际公司下达的计划生产指标。6 月，完成都沃内项目开发调整方案编制并提交中油国际公司，10 月 28 日，通过专家评审。

（张　鹏）

【都沃内页岩气项目工程建设】 2021 年 1 月 7 日，加拿大都沃内项目 2 口新井开钻。5 月 1 日，开始投产，比原计划提前 3 个月，新井甜点层段钻遇率达 90%，13–04 井水平段长 4092 米，创都沃内项目水平井段长度纪录。完井投产 3 口井，3 口井压裂作业总用时 26 天，刷新都沃内项目多项纪录，每日泵注时间达 19 小时，最长压裂水平段长度 4112 米，完成连续油管钻取桥塞总长 7540 米。9 月 1 日，加拿大公司完成都沃内项目接管并开始独立作业。原来自主经营营地转为租用其他营地模式，每年实现成本节约 200 万加元；完成 IT 系统整合，创建加拿大公司日报模板和生产数据系统；组建具有页岩油气开发经验的技术管理和操作团队。

（张　鹏）

【激流管道项目】 2021 年，加拿大公司激流管道项目部立足现有管输系统，在运行上确保系统安全、合规、高效运行，尽可能减少新增资金投入和压实现有系统运营费用；从商务上解决一期项目建设遗留问题，并阻止二期工程建设启动。年初，按照计划完成激流管道从麦凯首站到第一中间泵站间管道变形和裂纹检测、储罐年度检测、站场电气仪表检测校验、管道关断阀的调试等维护项目。9 月 23 日，对激流管道 Pembina N40 连接线实施首次管内原油置换操作。通过加强与作业方（TCE）沟通，6 月底，完成横山管道连接线机械施工后（对已完成部分进行隔离和充氮保护），推迟后续末端核心密度计、管线电伴热系统、界面检测以及投产等工作，节约资金投入 447.5 万加元。另外，因中方（PCC）增强业务参与度及疫情影响，运行维护工作得到优化，全年节约费用 446 万加元。作业方（TCE）与伙伴方（PCC）实现激流管道项目（GRPS）安全管理零事故、人员零伤害，疫情管理零感染的良好业绩，全年输送油砂原油（PXB）和合成原油（SCO）1915 万桶，超额完成计划 6%。年内，完成激流管道（GRPS）和南激流管道（SGRPS）240 处管道通行路植被恢复，剩余 10 处 2022 年完成。针对一期项目尚未解决的征地补偿纠纷，土地主不接受阿尔伯塔地权局 202 万加元赔偿裁决（土地主索要 580 万加元），并于 4 月底再次上诉。鉴于上游油砂产量预期，激流管道冗余输量较大，继续开拓市场，引入第三方油源，有 3 家潜在托运方。

（余地云）

【白桦地项目】 2021 年，加拿大白桦地项目按计划完成 6 口开发井钻井，总钻井时间好于预期，其中 B9–14 井，建井周期为 9.6 天，创下项目钻井进度新纪录，相比预算的 14.4 天 / 口井，减少钻井时间 30% 以上。通过主动放弃部分长期管输合同和第三方公司签署天然气管输转让合同等措施，大幅削减中方剩余管输承诺，管输负担与 2020 年相比消减 30%，管输合同利用率提高 78%。3 月 1 日，与壳牌签署污水处理井补充协议，将第一口污水处理井注水份额从 10% 增加至 15%，单位操作费用进一步下降。截至2021年底，污水处理井累计为中方节省份额操作费相当于回收85%的投资。11月18日，针对审计发现公共道路费用分摊问题，双方签署协议，壳牌一次性退还相关历史费用，中方份额分摊费用比例从20%下降至11%，每年中方份额费用可相应减少。推动完成新一轮矿权置换，签署与Strathcona公司矿权置换协议。全年，白桦地项目完成天然气产量19.65亿立方米，其中权益产量3.93亿立方米；完成凝析油+天然气液产量3.6万吨，其中权益产量0.72万吨，完成计划目标的109%和奋斗目标的105%。超额完成生产经营指标，财务指标获历史性突破，中方进入项目后，首次实现全年净现金流和净利润双正。

（杨龙明）

【开源节流降本增效】 2021年，加拿大公司加强提质增效和亏损治理，明确治理目标，编制亏损治理措施方案，制定工作时间表、路线图，落实责任人。全年，降本增效取得显著成效，各项目采取重点措施，获得成效。麦凯河油砂项目加强采油厂运行维护服务管理，通过实施多项泵维护新措施等方式，节约操作维护合同费用200万加元；控减井下作业费用支出，优化观测井维护工作范畴，减少使用化学增产措施等，节约成本近200万加元；开展新型药剂试验，采用以硝酸代替硼酸等措施，降低药剂费用180.5万加元。都沃内项目通过提前3个月投产新井增收约1311万加元，采用人工举升等措施提高采收率增收创效1618万加元，通过提高施工效率，节约投资成本数万加元等。LNG项目利用政府优惠政策，取得新技术政府补贴中方权益1010万加元，督促联合公司控减业主费用（中方权益）390万加元，就RT的二期土地租赁协议进行重谈，避免12月合同终止风险，短期内规避合同终止导致的中方权益近2000万加元损失。白桦地项目通过终止和向第三方转让管输量、收回返还污水处理费和道路分摊费用、递延第二口污水井等累计节约367万加元。多措并举，大幅压减管理费用，包括推迟非重要岗位招聘，取消各类非强制培训，企业支付养老金比例永久性从8%降低至4%，疫情期间取消员工交通补贴，裁撤2个职能部门和裁减7个员工，节约人员成本约863万加元；控减法律、审计、咨询等管理费，累计节约成本299万加元；利用疫情期间居家办公，优化办公楼运行及办公费等，累计节约547万加元，优化IT投资，累计节约191万加元。

（李永兴）

【HSSE与风险防控】 2021年，加拿大公司按照中国石油集团公司和中油国际公司对HSSE工作要求，围绕麦凯河油砂项目（MRCP）运行维护、都沃内页岩气项目作业接管、健康企业建设和新冠肺炎疫情防控等重点工作，完善HSSE管理体系和工艺安全管理体系，加强HSSE和工艺安全风险防控，做好应急管理、新冠肺炎疫情防控和健康促进，减轻环境影响和预防职业健康危害，保持HSSE业绩优良。截至2021年底，实现2503天损工伤害率为零，在加拿大新冠肺炎疫情风险居高不下、卡尔加里成为阿省疫情重灾区、项目现场周边企业和社区相继暴发疫情不利环境下，取得中方员工零感染、工作场所零聚集性疫情的阶段性成果，获评中油国际公司2021年度健康管理先进集体，通过中国石油集团公司健康企业认证，并作为中国石油海外项目健康企业建设优秀案例，推荐至国家卫健委。

（赵奇志）

【HSSE体系建设与合规运行】 2021年，加拿大公司结合接管都沃内项目运行及MRCP运行维护需要，完成对14个环境管理文件、《HSSE

关键岗位标准》等修订，制定《温室气体管理标准》《都沃内项目 NORM 暴露控制方案》；完成都沃内项目油田开发方案和运行接管计划 HSSE 章节编写、MRCP 油田开发方案 HSSE 章节修订、资本项目 HSSE 方案编写、加拿大公司基层站队 HSE 标准化建设标准和评审验收标准编制；加拿大公司 HSSE 委员会召开 4 次管理评审会议，卡尔加里联合健康安全委员会召开 5 次季度会议、MRCP 联合健康安全委员会召开 11 次月度会议；以 95 分通过阿省安全协会 ESC 体系认证监督审核。完成都沃内项目社会安全脆弱性评估及 CCTV 方案编制和实施、MRCP 项目社会安全脆弱性再评估，针对诈骗短信、游行示威活动、随机伤人等治安事件发布 11 次社会安全警示。完成中方员工 2020 年 HSSE 述职和履职能力评估，将 HSSE 履职能力评估纳入 PCC 所有员工年中和年底业绩考核。完成 64 个专题、3207 人次的 HSSE 培训；开展常态化安全经验分享和 HSSE 文化建设活动，为加拿大公司管理层周例会做 40 次安全经验分享，针对异常高温天气、因山火导致的雾霾天气等发布健康安全警示 24 期。依托 ISNetworld 系统，保持从承包商准入的资质预审，到合同执行过程中监督、合同执行完毕后 HSSE 绩效评估全过程管理机制，完成 14 个合同投标文件 HSSE 评审、13 个承包商的 ISN HSSE 业绩评审，完成多个都沃内项目潜在承包商和供应商的评估和 HSSE 资质预审，建立都沃内项目合格承包商名录；召开 10 次与主要承包商的 HSSE 业绩评审会；启动对高风险承包商“新员工计划”的专项审核。

（赵奇志）

【安全风险防控和应急管理】 每季度更新部门业务风险清单，3 月完成 HSSE 风险清单年度评审和修订。2021 年 8—10 月，加拿大公司开展安全生产专项整治三年行动、HSE 风险双重预防工作，组织反违章专项整治，领导层按照 VSL 计划定期到现场做安全巡视，现场管理层和 HSSE 监督按计划开展月度 HSSE 检查、对安全设备设施和车辆的月度检查、测试或周检，以及针对作业许可、上锁挂签等专项审核，每月更新隐患排查整改清单，关闭检查发现整改措施 138 项；MRCP 和都沃内项目继续通过工作前安全交底会或班前会、月度安全会和安全周会、启动前危害因素评估和评审、工作前安全分析（JSA）、现场隐患分析（FLHA）、作业许可（PTW）、行为安全观察（BBS）、隐患报告卡（iACT 卡）等工具和方法，强化对风险主动管理；通过预防性维护和变更管理流程，持续保证设备设施完整性；提前部署、周密组织冬季安全生产隐患排查和冬防保温措施落实。依托 Nimonik 系统保持识别、收集、跟踪、评估适用的法律法规、标准和其他要求机制，在中国石油集团公司 HSE 法律法规和合规性评价平台，填报 122 项 HSSE 法律法规；发布 MRCP 和中加公司乎里项目 2021 年合规性评价报告，未发现不符合。保持对所有事故事件主动报告、深入调查、公正处理的文化，依托工作场所事故事件跟踪系统（WITS）执行事故事件、违规违章问题报告、调查、纠正和预防措施的制定和措施跟踪，将 32 起各类事故和未遂事件录入中国石油集团公司 HSSE 信息系统。保持业务连续性管理体系和应急管理体系，完成预案年度评审、修订和对总部报备，编制《都沃内项目应急预案》；按照预案要求储备、检查、维护和更新应急物资；完成 23 人 ICS 100 取证培训、多期新修订和新编制预案的宣传贯彻，组织 58 次、685 人次的应急演练；妥善处置 BC 省洪灾导致关键物资供应中断等突发事件。执行《旅程管理规定》，每月对 MRCP 旅程管理、

IVMS 数据和驾驶行为进行统计分析，召开 7 次 MRCP 交通安全业绩评审会议，在都沃内项目引入独自工作员工和 IVMS 系统，总里程数比 2020 年增加，未发生道路交通事故。坚持每季度召开消防协管员会，对新协管员进行灭火器操作、突发火情处置等培训，在卡尔加里和 MRCP 分别开展消防和疏散演练；每月检查灭火器、喷淋系统、自动关停系统，每周测试消防泡沫、消防水、撤离喇叭和警示灯、ATV 泡沫系统；聘请持有不同资质的第三方机构，完成自动喷水灭火系统、独立消防栓和竖管、消防泵、电动消防泵、消防警报系统、灭火系统、一体化压缩空气泡沫系统（ICAF）、灭火器的测试和年检；在夏天山火高发季，每日监测和通报山火情势，并与政府合作应对现场作业区附近 3 次山火。

（赵奇志）

【环境保护与监测】 2021 年，加拿大公司编写并向政府提交 MRCP 环境保护和改进法令（EPEA）更新申请；继续执行 EPEA 的环境保护措施和 7 个环境监测项目，即土壤、湿地、浅层地下水、浅层热流动、废气排放和环境污染物浓度、无组织排放、驯鹿和野生动物监测，为政府提交第三个综合性野生动物监测报告（CWR），编制都沃内现场排放管理计划（FEMP）、无组织排放计划；完成相对精度测试审核（RATA）和烟囱人工采样、野生动物监测摄像头维护；实施采油平台蒸汽凝液回收改造、换热器就地化学清洗系统（CIP）技改等项目、投运 CBD 项目，将 MRCP 天然气和电力使用量分别减少 24% 和 12%；继续开展对项目勘探区（OSE）、井场、取土坑环境复原，向政府提交 3 个 OSE 修复证书申请；完成 15 种新引入化学品环境风险评估，将都沃内项目化学品纳入 SDS 资料库；按政府要求编制并提交 9 类环境月报、11 类环境年报、6 类其他环境报告；开展季节性环境教育和培训（如丛林驯鹿限制活动期、候鸟繁殖期）；完成中油国际环境风险分级调查和证明材料提交。

（赵奇志）

【健康企业建设与疫情防控】 2021 年，加拿大公司对标海外项目健康企业建设标准，开展健康企业建设试点，从健全管理制度、建设健康环境、提供健康管理与服务、营造健康文化等方面开展健康工作。疫情防控工作组每周召开一次工作组例会，每两周与资产项目管理人员召开一次例会，每月向管理层做一次疫情形势分析和卡尔加里员工返回办公室方案汇报，监测和评估阿省疫情风险，与现场一起根据疫情风险变化动态调整生产运行计划、完善疫情防控常态化工作方案和管理规定，及时宣贯到员工和承包商，并督促落实；对 MRCP 侧钻井作业之类涉及大量承包商进入现场的资本项目，执行包括疫情防控措施在内的专项 HSSE 管理方案，对所有抵达现场人员实施行前健康筛查、第 1 天和第 5 天快速检测（全年快速检测 1890 人次）、每日测体温，保持足量的防疫物资和生活物资储备，推动员工疫苗接种（加方员工疫苗接种比率高，中方员工 100% 完成两针接种、70% 完成加强针接种）；疫情信息报告及时，疫情相关突发事件得到妥善应对，杜绝工作场所聚集性感染；管理中方员工出行、健康监测、个人防护、国际动迁、防疫培训及考核，保持中方员工零感染、零输入；开展谈心谈话、心理健康培训、团队建设、节日慰问，保证员工身心健康。

（赵奇志）

【质量与计量管理】 2021 年，加拿大公司推进质量和计量管理体系（QMMS）三年建设计划，完善质量和计量管理体系框架，发布业务部门质量和计量管理最低要求和关键业绩指标，10月，开始关键业绩指标数据采集；发布公司《质量和计量管理标准》；开展质量和计量管理体系审核；组织一次全员质量和计量管理标准培训；保持MRCP维护计量器具台账，按法律法规和标准完成所有强制检定计量器具检定；对沥青油产品、采购的产品和服务、工程项目、钻完井、固修井作业等执行适用的质量检查、检测和验收标准，保持质量合格率100%；全年未发生质量事故事件。

（赵奇志）

【企业文化建设】 2021年，加拿大公司开展全员创效活动（Employee Value Creation Program），提升中外方员工参与度，鼓励员工提出合理化建议，发现减亏增效措施，并对优秀提案予以奖励。通过开展奔向北京（Race to Beijing）和志愿者日（Calgary Zoo Volunteer Activity）等线上和线下活动，增强外籍员工荣誉和文化认同感，提升中外方员工凝聚力。面对全球碳减排政策，按照中国石油集团公司“清洁替代、战略接替、绿色发展”三步走部署，成立绿色低碳发展工作小组，研究油砂项目和都沃内项目碳减排措施。定期组织员工大会（Town Hall）向外籍员工宣传中国石油集团公司和中油国际公司本部的政策要求，重要中国节假日通过送水饺等活动，关爱基层员工，宣传中国传统文化。按要求担任加拿大中国商会西北地区分会（CCAE）会长单位，克服疫情不利因素，组织商会7次线上讲座和一次夏季户外活动，内容涵盖财务管理、税务政策、投资经营、商务运作、成本控制、油气生产、网络通信等，增强加拿大公司在当地油气行业和中资机构影响力，受到商务部对外投资和经济合作司表扬。

（瞿华平）

中油国际（英国）赛宁公司

【概况】 2021年，中油国际（英国）赛宁公司（简称赛宁公司）分别与振华石油公司和乍得上游项目公司续签合作协议，与多巴油销售代理协议，在销售推价和客户拓展方面取得显著成效。原油销售量约5421.47万桶，购销亚马尔项目液化天然气约5078.5万百万英热单位。妥善应对各种风险挑战，获亚贸公开授信，并完成对股东分红。截至2021年底，赛宁公司领导班子4人，员工11人，其中中方员工6人，华腾中方员工2人，当地员工3人。

（钱一晨）

【获亚贸公开授信】 2021年7月，收到中油国际公司从华腾工业回购赛宁公司1%的股权证明文件后，经俄罗斯公司支持，赛宁公司再次向亚贸申请全额授信及取消中油国际开具的母公司保函。经协商，7月26日，赛宁公司获亚贸全额货款授信支持，中油国际公司收到亚贸退回的母公司保函，进一步简化亚马尔现货LNG销售流程，消除中油国际担保责任，实现亚马尔液化天然气销售提质增效。

（钱一晨）

【长期合同续约】 2021年，赛宁公司与振华石油公司商谈，续签3年期合作协议。与乍得项目公司签署新一期多巴油销售代理协议。新协议在原代理协议基础上规定新客户注册流程，更新多巴油交易客户名单，并对销售代理过失赔偿进行界定。

（钱一晨）

【销售推价】 2021年，赛宁公司销售达尔油实现加权平均升水2.25美元/桶，刷新历史最高水平，继2020年再次实现达尔油销售年加权平均升水。与2020年相比，升水提高0.55美元/桶，高出部分为上游项目及伙伴多实现销售收入约500万美元。特别是2月装现货达尔油实现+3.81美元/桶高升水，刷新近一年达尔油销售升水。代理销售乍得多巴油，最高销售升水1.82美元/桶，年均销售升水约0.63美元/桶。与2020年同期相比，平均销售贴水上涨1.41美元/桶。赛宁公司对阿曼原油下半年销售合同和2022年上半年销售合同进行招标，均以官价加20美分以上完成销售。

（钱一晨）

【客户拓展】 2021年，赛宁公司抓住市场对重质低硫油需求走强机遇，继续加大达尔油客户开发和推介力度，促成ENGEN和PERTAMINA注册入网。还促成MERCURIA成为伙伴达尔油稳定投标客户。除联油、联化等传统客户外，BB Energy、海油、Cathay、Synergy等贸易商成长为尼罗油稳定客户。4月，组织厄瓜多尔NAPO原油招标销售中，首次引入REPSOL公司，进一步丰富NAPO原油销售客户名单。

（钱一晨）

【应对突发事件】 2021年，赛宁公司先后经历亚马尔LNG撞船事故、乍得EXXON MOBIL油田停产、乍喀管道停输，苏丹港断路、苏丹国家政变、厄瓜多尔OCT管道停输等突发事件。赛宁公司先后宣布1次不可抗力、多次准备宣布不可抗力。通过“预判、沟通、预案”等措施，解决重大突发事件，为各海外项目公司“安全、平稳、连续”的出口销售油气产品保驾护航。

（钱一晨）

【完成股东分红】 2021年，赛宁公司完成向股东分红，通过实际举措对合作伙伴践行承诺，彰显中国石油国有大型企业的责任担当。

（钱一晨）

中油国际（荷兰）欧信公司

【概况】 2021年，中油国际（荷兰）欧信公司（简称欧信公司）按照母公司授权，陆续在当地召开各公司年度股东视频会，审阅并通过上次股东会会议纪要，批准2020年度财务报告。召开20余家公司董事会，按年度例行会议合规要求，审议上次董事会后公司新签署董事决议、合同协议和其他文件，汇报公司本年度主要经营及重要业务情况等。完成Pervinage Holding B.V.和Pervinage SARL两家公司清算工作。加强疫情防控组织领导，落实分工、制订防疫方案、强化培训，提前筹备防疫物资，保证员工和家属无疑似或确诊病例。截至2021年底，欧信公司管理欧洲中间层公司25家（表1），其中全资子公司16家、合资公司9家，主要分布在荷兰、卢森堡、德国等地；中间层公司总数比2020年减少2家。公司员工6人，其中中方人员3人，当地雇员3人。

（张广本）

【召开股东会】 2021年3—4月，欧信公司各公司年度股东会按照母公司授权陆续在当地召开视频会，审阅并通过上次股东会会议纪要，批准2020年度财务报告，批准将本年利润转入累计未分配利润，批准、确认和认可公司董事会在上一财年管理行为并解除董事相关责任等。

（张广本）

【召开董事会】 2021年11月，欧信公司克服因疫情原因无法组织现场会及员工居家办公等情况，采取视频会议方式，召开20余家公司董事会，按照年度例行会议合规要求，审议上次董事会后公司新签署董事决议、合同协议和其他文件；汇报公司本年度主要经营及重要业务情况，包括董事变更、有关内部服务协议变更、银行账户变更、会计核算方式、贷款及专项工作进展等；向董事会汇报荷兰基础合规要求及本年度新规，近年年度财务报告、纳税申报、国别报告/主体文档/本地文档情况及年度预算情况等。

（张广本）

【总经理变更】 2021年4月23日，根据中油国际公司通知，欧信公司总经理罗强调任中油国际公司财务部主任，段淑萍任欧信公司总经理。

（张广本）

【PK项目法人减压】 2021年，欧信公司根据中国石油集团公司和中油国际公司PK项目法人层级压减工作部署，PK项目整体架构优化重组基本就绪，新股权架构开始运行。一些原中间层公司成为空壳公司，无实际经营需要也无可利用税库，经报请总部批准同意后拟进行公司清算。6月25日，欧信公司启动卢森堡Pervinage SARL公司清算事宜，12月25日，完成清算流程及当地商会注销备案，该公司注销。7月1日，启动荷兰Pervinage Holding B.V.公司清算事宜，9月30日完成清算流程及当地商会注销备案，该公司注销（表3）。

（张广本）

【疫情防控】 2021年，欧信公司采取加强组织领导、落实分工、制订防疫方案、强化培训、提前筹备防疫物资等措施，虽然员工长期居家办公、中方员工轮休时间一再拖延，但欧信公司员工通过远程办公、视频会议等多种线上方式，保障各项工作稳定、有序推进。在中国石油集团公司多轮次疫情和HSE巡检中，结果良好。根据中油国际公司要求，组织员工有序休假，未出现长期、超期工作人员。疫情期间，保证员工和家属无疑似或确诊病例。

（朱霁虹）

表3　截至2021年底欧信公司管理范围的欧洲中间层公司一览表

国　家	公司名称	公司类型	相关项目
荷兰控股	CNODC Management B.V.	全资	欧信公司
	CNODC Dutch Coöperatief U.A.	全资	非上市序列控股平台
	CNPC Kazakhstan B.V.	合资（65%）	卡沙甘项目
	CNPC Central Asia B.V.	全资	塔吉克项目
	CNODC West African Pipeline B.V.	全资	尼贝宁管道项目
	CNODC Libra B.V.	全资	巴西项目
	CNODC Mozambique B.V.	全资	莫桑比克项目
	Polyshine Holding B.V.	全资	Yamal 项目
	CNPC Intel Holding Coöperatief U.A.	全资	叙利亚幼发拉底项目
	CNPC E&D Holdings Coöperatief U.A.	全资	上市序列控股平台
	CNPC Buzachi B.V.	全资	北布扎齐项目

续表

国　家	公司名称	公司类型	相关项目
荷兰控股	CNPC International (Buzachi) B.V.	全资	北布扎齐项目
	CNPC Mangistau B.V.	全资	曼格什套项目
	CNPC America B.V.	全资	拉美公司
	PetroChina Investment Holding B.V	全资	国投序列平台公司
	PetroChina Investment (Brazil) B.V	全资	巴西项目
卢森堡控股	PetroChina Energy Holding Lux S. à .r.l.	全资	国投加拿大项目
荷兰参股	Shell Syria Petroleum Development B.V.	合资（35%）	叙利亚幼发拉底项目
	Himalaya Energy Syria B.V.	合资（50%）	叙利亚幼发拉底项目
	Valsera Holdings B.V.	合资（50%）	PK 炼厂项目
	Mangistau Investments B.V.	合资（50%）	曼格什套项目
德国参股	HES Nina Gmbh	合资（50%）	叙利亚幼发拉底项目
	HES Gas Syria Gmbh	合资（50%）	叙利亚幼发拉底项目
	HES Ash Sham Gmbh	合资（50%）	叙利亚幼发拉底项目
	HES Deir Zoir Gmbh	合资（50%）	叙利亚幼发拉底项目

国内所属单位

综 述

中油国际公司根据《集团公司海外油气业务体制机制改革框架方案》，2017 年实行“集团公司—海外油气业务专业公司—海外项目公司”三级管理体制，构建以“业务线”“职能线”“区域线”和“支持线”四位一体的管控体系。在新的管控模式中，按照管理扁平化、流程标准化、系统集成化、服务专业化、运营信息化总体要求，在优化中油国际公司本部部门和岗位设置、发挥专业化优势和统筹协调作用基础上，将公司本部和海外地区公司、国别公司共性化的行政事务性工作纳入海外油气业务技术商务共享服务中心，逐步形成“公司本部 + 技术商务共享服务中心”的管控架构。为此，中油国际公司组建 3 大中心（海外研究中心、专家中心、后勤保障中心）、3 小分中心（人事、财务、HSSE），以及中油锐思商务平台等国内所属单位。将分散在中油国际公司本部、海外地区公司、项目公司的人力资源管理、财务、HSSE、后勤服务、技术与商务支持等事务性及需充分发挥专业技能的工作集中纳入专业化共享服务中心，统一为海外业务提供服务，从而实现资源优化配置，提供低成本高效率的共享服务，逐步推广市场化有偿服务，实现成本分摊、过程创效，为海外油气业务优质高效发展提供高质量支持服务保障。

2021 年，专家中心围绕“一库一中心”建设，融合技术与商务支持，试行“专人专项”，推动股东行权和商务支持体系建设，做精建言献策、专家论坛、战略研究和海外项目管理实务丛书编写工作，为中油国际公司“十四五”高质量发展作出智力参谋和技术商务支持新贡献。专家中心将“初步构建专人专项支持管理模式”作为重点工作之一，制定《专家中心专人专项股东行权实施办法（试行）》，确定试点项目，积累专人专项股东行权经验；发动专家研究海外项目经营管理和商务技术问题，举办专家论坛 16 场、“海外项目提质增效”国际论坛 1 场，围绕管理实务和项目执行重点难点问题，提出实践指导性和影响力专家建言；修订《投资项目可行性研究报告评审管理办法》，编制《评审专家管理办法》《专家委员会工作程序》，提升可研报告评审水平；组织中心专家对海外项目提交的 99 项提质增效成果进行量化评优，对其中有代表性典型案例通过提质增效专家论坛予以推介，负责技术支持和重大技术攻关项目立项，以及重要时间节点的成果审核、检查与评估。

2021 年，海外研究中心立足年度海外油气业务生产经营目标，着眼中长期高质量发展，加强重大风险勘探领域理论和技术攻关，强化开发动态调整、开发方案全周期管理与新技术先导试验，着力提高勘探和规模开发新项目的评价质量，加强高端智库研究和战略谋划，积极构建新型海外研发支撑体系，努力实现“十四五”开门红。海外研究中心持续推进海外技术支持体系建设，加强管理制度建设，制定《科技咨询管理细则（试行）》《新项目评价管理办法》，完善内部质量控制体系，提升研究支撑水平和成效；完成中国石油集团公司“十四五”海洋基础性战略性前瞻性项目开题等相关工作，做好基础研究与技术支持；发挥海外技术支持体系决策参谋部作用，多轮次持续优化完善“十四五”海外科技和业务规划，完成海外油气中长期科技发展战略；加强高端智库研究和战略谋划，全年承担的科研成果累计获局级以上科技进步奖和管理创新奖34项。

2021年，后勤保障中心围绕为海外项目服务、为员工及家属服务、为公司本部服务的“三个服务”宗旨，推进大后勤保障体系建设和改革三年行动方案落实，持续推进制度化、标准化、信息化“三个体系”建设，制定并发布《中国石油海外项目营地建设规范》；完成中国石油集团公司档案管理系统与中油国际公司协同办公系统的集成归档；全年协助就医477例，解决海外员工家庭新冠肺炎疫情期间突发性事件5次，有效稳定员工队伍，守护员工家庭和谐，实现“十四五”良好开局。

2021年，锐思公司坚持新发展理念，践行高质量发展，致力打造海外油气业务技术商务创效平台，拓宽海外油气业务创效渠道。坚持商务创效经济主线，通过参与海外项目招投标，中标多个项目，已投入10余个海外项目生产与建设，向海外项目推广应用石油专利技术、专有技术和专家资源，实现海外投资项目技术服务有偿化转移；通过运用国际化商务运作模式、商务创效奖励激励机制，进一步拓宽创效渠道；根据不同合同模式个性化制定商务策略，开辟海外油气业务增收创效新渠道；开展技术支持、新技术推广、培训业务等创效项目实现经济效益，构建海外技术商务支持体系、技术创新成果转化机制、资源国员工培训体系，扩大业务规模，增强创效能力，合同额实现大幅增长，逐步成为提升海外油气业务经济效益重要增长极。

（徐金忠）

后勤保障中心

【概况】 2021年，后勤保障中心按照中油国际公司党委部署，围绕为海外项目服务、为员工及家属服务、为公司本部服务的“三个服务”宗旨，推进大后勤保障体系建设和改革三年行动方案落实，持续推进制度化、标准化、信息化“三个体系”建设，制定并发布《中国石油海外项目营地建设规范》；完成中国石油集团公司档案管理系统与公司协同办公系统的集成归档；全年协助就医477例，解决海外员工家庭疫情期间突发性事件5次，有效稳定员工队伍，守护员工家庭和谐，创下系统内后勤服务商社会公开招标的先例，实现“十四五”良好开局。后勤保障中心获中国石油海外油气业务先进集体1次，获中国石油海外油气业务先进工会组织奖1次，获中油国际公司2020年度特殊贡献奖三等奖1次，获中油国际公司党课优秀课件评比一等奖1次，被评为中油国际公司示范党支部1个、优秀党支部1个，达标党支部3个。

（赫　晗）

【党建工作】 2021年2月，经中油国际公司党委批准，完成中国共产党中油国际后勤保障中心总支部委员会和所属4个党支部换届、家工委党支部增选工作。截至2021年底，后勤保障中心党总支设党总支委员7人，设基层党支部6个，有党员90人，其中在职党员38人。后勤保障中心党总支以习近平新时代中国特色社会主义思想为指引，提高政治站位，树牢“四个意识”，坚定“四个自信”和“两个维护”，建立和落实“第一议题”制度，推进党史学习教育，分批赴贵州开展红色主题教育活动。强化党建“三基本”建设与“三基”工作有机融合，全年组织党总支集体学习6次，各党支部党史专题学习18次，党史学习宣贯1次，书记讲党课6节，开展大讨论、党史知识答题竞赛各6次，查摆各类问题6个，开展“弘扬大庆精神、立志海外创业”主题党日活动，组织签署承诺书33份，推进大庆精神铁人精神再学习再实践。召开党员大会、党总支会和支委会169次，讲授党课9节。开展年度党支部工作考核，夯实党支部党建基础。成立巡察整改工作领导小组，主动配合公司巡察组以“巡审联动”方式开展巡察，同时完成2018—2020年度财务收支内控制度建立和执行、资产管理情况等方面全面审核工作。对照“三个聚焦”监督要求，做好“后半篇文章”，针对公司党委巡察组反馈的4个方面14个问题，制订《后勤保障中心党总支巡察反馈问题整改方案》，全面完成问题的整改。制修订制度25项，完成巡察反馈情况党内通报和向群众公示工作。创建党员责任区1个、党员示范岗6个、党员责任区6个。加强后勤保障工作宣传力度，在中国石油集团公司党史学习教育简报和中国石油集团公司工会平台发表《从党史学习中汲取力量，在推动“我为员工群众办实事”实践活动中奋发有为》《距离虽远服务必达，关心关爱只增不减》，在《中国石油报》宣传报道2篇。中油国际公司内网宣传报道156篇。后勤保障中心网站和微信公众号发布宣传报道178篇。编写后勤保障中心《故事集》第3册。后勤保障中心党总支在公司2021年度“四力”提升责任制考核评价中被评为A+。

（黄　威）

【第二届后勤保障工作会】 2021年4月23日，中油国际公司第二届“中油国际公司后勤保障工作会议”召开。会议总结两年来后勤保障工作的经验，就后两年搭建海外油气业务大后勤保障体系，建设后勤保障信息化平台工作进行部署，并表彰2019—2020年度公司后勤保障工作先进集体及先进个人。中油国际公司总经理、党委副书记贾勇出席会议并讲话。后勤保障中心作题为《聚焦服务海外油气业务，完善大后勤保障体系，奋力谱写“十四五”后勤保障高质量发展新篇章》工作报告。海外人力资源共享服务分中心、海外财务共享服务分中心、海外HSSE技术支持中心分别作相关政策宣讲，中东公司鲁迈拉项目、中亚公司、西非公司分别作后勤保障工作典型经验交流发言。会议采取国内主会场和海外41个视频分会场的方式召开，公司国内外后勤保障领域干部员工、退休员工及家属代表200余人参加会议。

（郝　韵）

【服务海外项目工作】 2021年，后勤保障中心围绕档案管理、营地运行和履行“大办事处”职能，为海外项目提供后勤保障支持。开展档案服务，启动中油国际公司自建OA系统与中国石油集团公司档案管理系统集成工作，完成64163条数据审核和集成归档；完成俄罗斯公司国内历史资料清理工作，5个退出项目资料归档，对48个项目开展档案业务指导和培训。组织营地服务，根据《中国石油海外项目营地项目规范》，完成尼日尔二期营地建设方案编制；按照标准对32个项目中方账预算审核，推进海外项目按照海外后勤服务标准合同模板签订后勤服务合同，规避法律和财务风险；完成《健康食堂标准化手册》在阿拉木图、尼日尔炼厂和苏丹宾馆三个中方基地海外试点。履行“大办事处”职能，与尼日尔炼厂签订《后勤服务合同》，全年为海外项目转送物资1290批次、药品12批次，完成海外员工145人学历、结婚证子女出生证明等公证认证，办理公证认证和加急签证187人次，办理接送机开会车辆申请451次。

（杨　光）

【服务海外员工与家属】 2021年，后勤保障中心服务员工及家属，解决住房产权、医疗服务和员工及家属“急难愁盼”等问题。想方设法解决12年来公司住房历史遗漏问题，完成办理59号楼64套员工配售房屋不动产登记，为其他18户入住腾退房员工家庭，办理产权证提供条件；改造安华里公寓，解决公司新员工住宿困难。提供医疗服务，在北京等7个城市协助员工及其家属就医477人次，手术39例，出具员工及家属健康分析报告1份；在昆仑大厦和通讯楼配置健康小屋，为员工健康检测940人次。关心关爱海外员工，组织海外员工家庭传统节日慰问和超期工作海外员工家庭慰问，发放慰问品7批次10467份，发放《海外员工家属服务守护卡》1500多份；建立天津、涿州、大庆海外员工家属联络点，组织健康讲座、征文、健步走等各类活动加强海外员工家属与公司的互通互信，全年6500余人次参加活动；完成79名新增退休人员社会化移交，落实退休人员统筹外补贴发放、体检、费用报销等待遇保障和服务工作，解决退休随调配偶“三节”慰问金发放历史遗留问题；利用退休员工“青年湖畔”、员工家属“平安·守护”等平台，加强与退休职工、海外员工家属沟通，慰问和困难帮扶196人次，协助海外员工家庭处理突发性事件5次。

（曹鹤伦　雪　梅）

【服务公司部门工作】 2021年，后勤保障中心调整办公环境，完成中油国际公司本部办公楼6部电梯隐患改造；主动排查办公楼安全隐患，其中整改消防隐患63个，其他问题及时整改270余次，物业满意度96%。提供餐饮服务，巩固中油国际公司本部餐厅健康食堂标准化试点成果，强化餐饮质量、卫生、服务意识，守住食品安全底线，餐饮满意度达95%。组织公务交通服务，开展“车队专项整治月”活动，列出问题清单并及时整改，安全管理服务质量得到提升；利用社会资源，提高服务质量，全年接送机（站）1681人次，出车1217次，安全行驶无事故。

（夏　亮　张国庆　曹鹤伦）

【制度化体系建设】 2021年，后勤保障中心制订制度13项。编制《中共中油国际后勤保障中心总支部委员会议事规则》《中共中油国际后勤保障中心总支部委员会谈心谈话制度实施细则（试行）》履行为党支部服务职能；编制《健康小屋运行方案》《中油国际海外后勤服务合同签订指导意见》《中国石油国际勘探开发有限公司新增退休人员社会化移交工作实施细则》，修订《中国石油国际勘探开发有限公司退休职工慰问工作实施办法》《中油中亚石油有限责任公司采办管理办法》《中油中亚石油有限责任公司基建工程管理办法（试行）》，完善后勤各项业务规章制度体系建设。截至2021年底，后勤保障中心累计制修订制度84项，颁布并实施执行制度62项，发挥规章制度在后勤保障中的规范、引导和保障作用。

（赫　晗）

【标准化体系建设】 2021年，后勤保障中心与中国石油集团公司标准化所专家和矿区服务专业技术委员会专家广泛交流研讨，建立完善后勤保障中心标准化体系框架。首批发布标准中有21项标准为后勤保障中心起草编制，包括《健康食堂标准化手册》《电子公文归档与管理规范》《国内单位办公用房和工位管理规范》等标准；

编制《中国石油海外项目营地建设规范》，由中国石油集团公司发布；制定并发布《海外项目后勤服务规范》等 8 项；推进《境外档案工作手册》《健康食堂标准化手册》在海外项目实施，完善海外油气业务后勤服务标准体系建设。截至 2021 年底，后勤保障中心累计发布各级标准 26 项。

（孙 奇）

【信息化体系建设】 2021 年，后勤保障中心完成大后勤保障信息化平台二期建设目标，实现 29 个新功能模块、74 个子模块和 138 个页面上线试运行及测试，实现工作台页面优化和后勤系统的独立部署，并完成平台三期建设模块梳理；完成后勤保障中心 PC 内网升级维护改版工作，改版后的网页栏目包括中心动态、项目服务、员工服务、本部服务、关于我们、海外支持、服务风采、精彩生活、三个建设、专题报道、总经理信箱等新闻和活动。此外，iLink 中后勤保障服务模块增加至 11 个。

（刘会文 恒 珊）

【专项工作】 2021 年，后勤保障中心落实疫情防控，按照中油国际公司疫情防控领导小组部署，开展疫情常态化防控工作，编写“办公区域发现疑似疫情紧急预案”，组织各部门制定《健康安全环保风险识别与防控清单》和目标责任分解指标，加强督促检查力度和手段，开展“四不两直”检查 27 次。重点关注食品冷链、快递、公务交通、外协人员管理 4 个关键点，落实管控排查。全年，开展疫情防控检查 27 次，整改隐患 47 个。支持提质增效，梳理中油中亚公司境外持股情况，配合本部资本运营部完成苏丹石化贸易公司处置。用好国家税收优惠政策，将财政部、税务总局对服务业的支持政策落到实处。通过框架协议等方式实现规模化采购，锁定优质商品低位价格，降低成本。提高资金使用效率，提高资金计划精准度，降低资金额度无效占用。进一步发挥行政后勤支持职能，与尼日尔炼厂签订《后勤服务合同》，与乍得上游项目联合公司签订《档案服务合同》；推进中油国际公司改革三年行动方案，完成改革三年行动任务 93%，超过预期目标。

（李 雨）

专家中心

【概况】 2021 年，专家中心学习贯彻党的十九大和十九届五中、六中全会精神，开展党史学习教育活动，先后组织 4 批红色主题教育活动、12 次主题党日活动、4 堂党课，积极发展新生力量。落实中国石油集团公司、中油国际公司年初工作会议和领导干部会议精神，围绕“一库一中心”建设，融合技术与商务支持，试行“专人专项”，推动股东行权和商务支持体系建设。做精建言献策、专家论坛、战略研究和海外项目管理实务丛书编写工作。做好防疫、保密、常规 QHSE、人事、培训、计划预算、行政后勤等工作，为中油国际公司“十四五”高质量发展作出智力参谋和技术商务支持新贡献。2021 年，在中油国际公司国内基层党支部考评中，专家中心被评为“优秀党支部”。1 人获中国石油集团公司“优秀科技工作者”；在中油国际公司评选中，2 人获“优秀党务工作者”、1 人获“优秀党员”、2 人获“优秀员工”、1 人获“先进工会工作者”、1 人获 QHSE 先进个人等荣誉称号。

（许 昕）

【战略研究】 2021 年，专家中心发动专家研究海外项目经营管理和商务技术问题，举办专家论坛 16 场、“海外项目提质增效”国际论坛 1 场（图 1）。围绕管理实务和项目执行重点难点问题，提出实践指导性和影响力专家建言，全年呈报专家建言 13 期。开展全球 LNG 价格大幅度变动原因、全球LNG项目布局和建设规律、俄罗斯油气进口替代策略成败与启示、氦气、氢能、加拿大LNG项目策略研究、应对碳中和、俄罗斯油气管道博弈、油气合作与“一带一路”等课题研究，参与中国石油集团公司咨询中心加拿大 LNG 项目策略研究课题咨询，中国石油集团公司外事局“一带一路与新发展格局协同下能源央企发挥的角色和作用”课题研究咨询，中国石油集团公司政策研究室、勘探院和经研院氦气智库报告技术咨询、中油国际中亚公司氦气项目评价咨询、经研院中油国际企业文化升级研究咨询和接受访谈等。注重经验总结与理论提升，完成项目获中油国际公司 2021 年度管理创新项目一等奖，被推荐参评集团公司管理创新成果奖。公开发表论文 11 篇，其中 6 篇分获石油石化管理创新优秀论文一、二、三等奖。

图 1　2021 年 11 月 26 日，中油国际专家中心举办海外项目提质增效专家论坛（中油国际公司专家中心　提供）

（许　昕）

【股东行权管理】 2021 年，专家中心将“初步构建专人专项支持管理模式”作为重点工作之一，制定《专家中心专人专项股东行权实施办法（试行）》，确定塔吉克斯坦博格达项目为专家中心首个专人专项股东行权试点项目，积累专人专项股东行权经验。专家中心的专家担任海外项目中方代表，研究相关基础合同，按时参加治理机构会议。参与塔吉克博格达项目行权，多次与塔国政府部门及 TOTAL 代表举行视频会议（图 2），就中方无偿受让 TOTAL 在区块 50% 权益事项进行沟通；致函塔国能源部官员，建议在 PSC 合同补充协议中增加延长合同期、延迟退地、确认区块前期可投资回收细则等条款，得到对方积极回应，并建议写入补充协议文本初稿，对改善区块经济效益发挥重要作用。参与突尼斯项目股东行权，争取伙伴 KUFPEC 支持、说服 ETAP 和作业公司，通过 OCM 会议取消发电机采购计划，避免中方退出前大额投资。参与澳大利亚箭牌项目股东行权，4 次参加董事会预备会议，就箭牌公司业绩表现、生产运行状况、合规情况、苏拉特一期项目执行情况、苏拉特二期及后续开发策略、博文区块

图 2　2021 年 6 月，中油国际公司专家中心参加博格达项目 CoCom 会议（中油国际公司专家中心　提供）

开发策略、外部环境及面临技术商务问题等进行讨论；跟踪箭牌项目苏拉特一期项目执行情况，审核苏拉特区块整体开发策略，参加博文井型优化方案、博文区块开发技术等专题研讨会，针对澳大利亚公司亏损治理工作方案提出措施建议。参与阿尔及利亚438B项目行权，与公司业务部门和项目公司配合，推动完成438B项目退出。参与阿塞拜疆K K项目行权，参加年度OCM会议，讨论批准2021年预算和工作计划。

（王武和）

【商务支持】 2021年，专家中心修订《投资项目可行性研究报告评审管理办法》，编制《评审专家管理办法》《专家委员会工作程序》，提升可行性研究报告评审水平。与中油国际公司规划计划部共同修订公司投资项目后评价管理办法，参与中油国际公司合理化建议和创新创效攻关项目管理办法、中国石油集团公司重大科技专项管理办法等10余项企业基础制度制定或修订。完成《伊拉克鲁迈拉项目扩股（预）可行性研究报告》等10个报告评审（图3），参与《加拿大麦凯河油砂项目一期开发调整方案》等14个可行性研究报告和开发方案预审，对委内瑞拉MPE3等4个海外投资项目简化后评价报告及PK项目自评价报告进行评审。审查莫桑比克项目鲁伍马LNG一期可行性研究报告，研究并反馈《关于推迟鲁伍马LNG一期工程FID并开展与1区联合开发机会（JDO）研究》审查意见。跟踪鲁伍马LNG一期价值提升工作进展，支持跟踪FID前相关协议进展情况；关注莫桑比克科洛尔FLNG项目工程建设进展及投资情况，研究并反馈科洛尔LNG项目超FID投资审查意见。参与中国石油集团公司咨询中心组织的加拿大LNG项目专题研究并提供多项咨询意见。加强对加拿大都沃内项目资产分割后投资方案的评审，将原方案投资规模进行控减。对伊拉克艾哈代布、蒙古塔木察格、阿克纠宾让那若尔等项目可研评审后，分别控减投资规模。参加35个新项目及现有项目可行性研究报告经济评价审查，从评价方法、参数、模型及商务风险等方面提出修改意见及工作建议近400条。完成改革三年行动方案专家中心相关任务及海外项目总经理岗位价值评估。会同中油国际公司规划计划部完成《2020年中石油海外投资项目后评价年度报告》，下发海外项目推广。

（杨茂源）

图3 2021年9月23日，中油国际公司专家中心参加伊拉克艾哈代布油田开发调整方案可行性研究报告评审会（中油国际公司专家中心 提供）

【技术咨询】 2021年，专家中心参与加拿大油砂项目、尼日尔Bilma区块、乍得项目、秘鲁58区等项目勘探开发技术研讨会，参加巴西阿拉姆项目、秘鲁58区、阿曼5区及缅甸AD 1/8区块探井地质论证与钻后评价等工作。参加索马里海上区块招标、东方石油项目、巴新PPL576区块、苏里南浅海区块、印尼Rokan油田合作等新项目地质评价论证。受中油国际公司委托，组织中心专家对海外项目提交的99项提质增效成果进行量化评优，对其中有代表性典型案例通过提质增效专家论坛予以推介。组织专家对“五新五小”群众性经济技术创新优秀成果评审，推荐相关优秀成果。配合中油国际公司开展2022年海外项目生产经营与投资计划预算对接和审查，参加海外项目亏损企业治理工作方案审查、中油国际公司“十四五”勘探开发规划审查、中油国际公司2020年度科技进步奖成果评审、2020年度管理创新奖成果评审、筛选2021年中国油气开采工程新技术交流大会相关适用技术向海外项目推荐等。

（刘志华）

海外研究中心

【概况】2021年，海外研究中心深入学习贯彻习近平新时代中国特色社会主义思想和“七一”重要讲话精神，扎实开展党史学习教育和“转观念、勇担当、高质量、创一流”主题教育活动，立足年度海外油气业务生产经营目标，着眼中长期高质量发展，全面履行海外油气业务“一部三中心”定位职责，加强重大风险勘探领域理论和技术攻关，强化开发动态调整、开发方案全周期管理与新技术先导试验，着力提高勘探和规模开发新项目的评价质量，加强高端智库研究和战略谋划，完善自身组织机构和人才队伍建设，构建新型海外研发支撑体系，实现“十四五”开门红。

（王一帆）

【技术支持体系建设】2021年，海外研究中心持续推进海外技术支持体系建设。加强管理制度建设，制定《科技咨询管理细则（试行）》《新项目评价管理办法》，完善内部质量控制体系，强化内部质量控制，提升研究支撑水平和成效。根据中国石油集团公司《科技成果登记管理办法》，做大海外研究中心科技奖励申报和成果转化创效载体，加强顶层设计和统筹优化，打造海外技术支持体系升级版，基本构建以海外油气基础理论研究、关键技术攻关、重大开发方案编制等应用性研究为核心的海外研发支撑体系。参与全球布局、加快新型研发机构讨论，协助迪拜研究院筹备和挂牌工作，基本构建“全球布局、国内统一，迪拜前置、后方支撑”的新型海外技术支持和研发支撑体系架构和组织方式。截至2021年底，海外研究中心总人数约450人。其中，中油国际公司员工77人；副高级以上职称占85%，硕士以上学历占64%，党员占75%。

（严　瑾）

【基础研究与技术支持】2021年，海外研究中心协助勘探院杭州地质研究院，完成中国石油集团公司“十四五”海洋基础性战略性前瞻性项目开题等相关工作，承担《全球油气资源评价与选区选带研究》《美洲地区超重油与油砂高效开发关键技术》《丝绸之路经济带大型碳酸盐岩油气藏开发关键技术》3项“十三五”国家专项研究。完成《海外重点战略大区勘探技术研究与应用》《海外油气田开发关键技术研究与应用》《海外油气田工程技术集成配套与应用》3项中国石油集团公司“十三五”科技专项研究，均通过最终验收。通过悉心筹划，完成3项中国石油集团公司“十四五”海外基础性战略性前瞻性项目的开题审查、预算审核、任务下达，推动进入统筹实施阶段。谋划“十四五”国家油气重大专项海外部分立项工作。

（王一帆）

【重要成果与创效】2021年，海外研究中心组织巴西深水阿拉姆区块综合研究和首口探井井位论证，推动古拉绍-1井及时上钻、加强动态跟踪评价和与巴油交流，支撑获世界级重大发现。加强陆上风险勘探论证并推动实施，支撑亚马尔侏罗系、尼日尔、乍得多赛欧坳陷和阿克纠宾阿克若尔构造带获得规模储量发现。推进成熟探区精细勘探，在乍得、PK、阿曼5区和巴西布兹奥斯项目取得重要进展；落实“一项目一策”，狠抓效益新井达标率与措施有效率，推进开发方案全周期管理，完成17个开发（调整）方案编制、21份可行性研究和3项后评价。支持阿姆河等重点项目产能建设。推进注水工作，实现年综合递减在合理范围；推动乍得智能分注等先导试验，加强阿克纠宾等项目钻采工程技术支持，支撑全年油气权益产量目标完成；评价新项目55项（勘探31项，开发24项），支撑布兹奥斯项目5%权益交割、与BP成立鲁迈拉合资公司以及北布扎奇、印尼Jabung等4个现有项目延期；系统开展“一企一策”治理研究，制定澳大利亚箭牌、加拿大油砂等项目减亏技术路线和策略。完成ADM和K&K等项目资产处置优化评价，支撑K&K、突尼斯项目完成资产处置；加强油价波动周期策略演变分析，完善SEC储量评估潜力评价体系，完成SEC质询海外部分回应；组织三轮SEC/PRMS自评估、自摸底及第三方对接，支撑实现稳储增效目标；对外发布《全球油气勘探开发形势及油公司动态（2021年）》，首次发布低碳与新能源发展形势与启示内容。

（王一帆）

【发挥海外技术支持体系参谋作用】 2021年，海外研究中心发挥海外技术支持体系决策参谋部作用，多轮次持续优化完善“十四五”海外科技和业务规划，完成海外油气中长期科技发展战略。全球油气资源信息系统GRIS 3.0入选中国石油集团公司“十三五”自主研发的标志性产品。加强与锐思公司的技术商务一体化运作，协助锐思公司实现首次与小股东项目联合公司签署技术服务合同，与卡沙甘联合作业公司签署井工程技术服务合同；与俄罗斯诺瓦泰克公司就亚马尔LNG和北极LNG2项目油藏地质开发技术服务初步达成一致意见；以卡沙甘井工程技术服务合同为契机，推进海外技术支持信息共享系统井工程模块建设，项目立项报告通过中油国际公司批准，列入2022年计划。

（王一帆）

【获科技进步奖与管理创新奖】 2021年，海外研究中心加强高端智库研究和战略谋划，上报中国石油集团公司决策参考11篇、值班信息5篇，上报国家高端智库报告2篇、国家部委高端建议3篇，上报中油国际公司工作建议12篇、海外业务战略信息参考3篇。全年，海外研究中心承担的科研成果累计获局级以上科技进步奖和管理创新奖34项。其中，省部级特等奖1项、一等奖12项、二等奖14项、三等奖1项，局级一等奖2项、二等奖4项（表1）。

（王一帆）

【技术人才培养】 2021年，海外研究中心做好技术人才培养、交流和轮换工作，承担大量中油国际公司人员轮换任务，员工从2018年初的36人增至2021年底的77人，各海外项目交流轮换回国人员29人次，赴海外项目29人次。海外研究中心以培养国际化技术人才为目标，鼓励专业技术骨干与国外科研院所和机构开展联合研究、交流及执行访问学者任务，支持技术人才参加国际学术会议。以加强核心科研技术团队专业能力培养为目标，组织勘探院首席专家和企业技术专家、院外各领域专家开展专业技术讲座和各类软件培训，拓展技术人才专业视野，提升技术人才实操能力。重视青年员工培养，举办2021年度海外研究中心青年学术交流会，选派优秀青年员工参加中国石油集团公司第五届青年勘探开发学术交流会并获一等

表 1　2021 年中油国际公司获局级以上科技进步奖和管理创新奖一览表

序号	获奖项目名称	奖项名称	获奖单位
1	中非复杂叠合型裂谷油气勘探关键技术	中国石油和化学工业联合会科技进步奖特等奖	中油国际公司、勘探开发研究院、中油国际尼罗河公司
2	海外油气业务优质高效发展研究	中国石油集团公司管理创新奖一等奖	中油国际公司、勘探开发研究院等
3	阿布扎比低渗碳酸盐岩油藏开发关键技术及应用	中国石油集团公司科技进步一等奖	中油国际公司、勘探开发研究院
4	缝洞型碳酸盐岩油藏高效开发关键技术及工业化应用	中国石油和化学工业联合会一等奖	勘探开发研究院等
5	中东生屑灰岩油藏高渗条带静动态一体化表征技术与应用	中国石油和化工自动化应用协会一等奖	中国石油勘探开发研究院、中油国际（伊拉克）哈法亚公司
6	伊拉克复杂生物碎屑灰岩油藏整体水平井注水开发调整关键技术及规模应用	中国石油和化工自动化应用协会一等奖	勘探开发研究院
7	海上底水稠油油藏效益开发关键技术与规模应用	中国石油和化工自动化应用协会一等奖	勘探开发研究院、中油国际（新加坡）公司等
8	中石油海外非常规气储量资产化管理体系建设与实践	中国石油企业协会一等奖	勘探开发研究院
9	非洲资源国高端石油技术人才培养管理新模式构建与实践	2021 年度石油石化企业管理现代化创新优秀成果奖一等奖	中油国际尼罗河公司南苏丹 3/7 区项目公司，勘探开发研究院
10	不同开发阶段水驱特征评价与调整技术及应用	中国石油与化工自动化应用协会技术发明奖一等奖	勘探开发研究院
11	稠油过热蒸汽开采理论与实践	中国石油和化工自动化应用协会优秀科技著作奖一等奖	勘探开发研究院
12	海外油田开发方案设计策略与方法	石油石化企业管理现代化协会管理现代化创新优秀著作奖一等奖	勘探开发研究院
13	古老岩层油气成藏示踪评价技术体系	中国发明协会一等奖	勘探开发研究院
14	致密气有效储层地震预测技术及应用	中国石油和化工自动化应用协会科技进步奖二等奖	勘探开发研究院
15	伊拉克哈法亚油田井筒安全构建钻井工程关键技术	中国石油集团公司科技进步奖二等奖	勘探开发研究院

续表

序号	获奖项目名称	奖项名称	获奖单位
16	伊朗北阿扎德甘油田 400 万吨建产稳产技术研究与应用	中国石油集团公司科技进步奖二等奖	勘探开发研究院
17	海上巨型油田群资产技术经济一体化评价技术及应用	中国石油和化工自动化应用协会科技进步奖二等奖	勘探开发研究院、中油国际等
18	两伊南部复杂生物碎屑灰岩综合评价技术及规模应用	中国石油和化工自动化应用协会科技进步奖二等奖	勘探开发研究院
19	松辽盆地基岩天然气成藏理论技术创新与勘探突破	中国石油和化工自动化应用协会科技进步奖二等奖	勘探开发研究院
20	川西地区复杂气藏地球物理关键技术及规模应用	中国石油和化工自动化应用协会科技进步奖二等奖	勘探开发研究院
21	厄瓜多尔雨林地区安第斯“双高”油田开发关键技术与应用	中国石油集团公司科技进步奖二等奖	中油国际公司、勘探开发研究院
22	巴西里贝拉盐下湖盆碳酸盐岩储层分布规律、成藏模式及重大发现	中国石油集团公司科技进步奖二等奖	中油国际公司、勘探开发研究院
23	阿克纠宾致密难动用碳酸盐岩油藏水平井高效开发技术研究与应用	中国石油集团公司科技进步奖二等奖	勘探开发研究院
24	哈萨克让纳若尔带凝析气顶碳酸盐岩油藏稳产 500 万吨开发关键技术	中国石油集团公司科技进步奖二等奖	勘探开发研究院
25	海外上游在产项目多维度发展能力评价体系构建	中国石油集团公司管理创新奖二等奖	中油国际公司、勘探开发研究院
26	构建海外油气投资项目全生命周期价值管理与投资决策支持体系与实践	中国石油集团公司管理创新奖二等奖	中油国际公司、勘探开发研究院
27	油气生成模拟与油气源对比分子指标提取装置	中关村绿色矿山产业联盟银奖	勘探开发研究院
28	近 10 年国际石油公司应对低油价策略及启示	第八届全国石油经济学术年会优秀论文三等奖	勘探开发研究院
29	海外油气田开发方案全周期管理创新与实践	中油国际公司管理创新奖一等奖	中油国际公司、勘探开发研究院
30	基于风险价值、波士顿矩阵和全周期价值理论的多维度矩阵方法在海外资产优化策略研究应用与实践	中油国际公司管理创新奖一等奖	中油国际公司、勘探开发研究院
31	境外上游资产多维度动态价值评估体系创新与处置管理实践	中油国际公司管理创新奖二等奖	中油国际公司、勘探开发研究院
32	基于模块化、低耦合及强鲁棒性设计的海外智能效益分析算法及技术平台的搭建与应用	中油国际公司管理创新奖二等奖	中油国际公司、勘探开发研究院
33	海外油气储量资产评估技术方法体系建设	中油国际公司管理创新奖二等奖	中油国际公司、勘探开发研究院
34	聚类分析、精准施策，超低油价下油气份额储量实现稳中有升	中油国际公司管理创新奖二等奖	中油国际公司、勘探开发研究院

奖。依托海外研究中心各专业所，对中油国际公司上游业务新员工进行培养，接收实践锻炼新员工2人。

（严　瑾）

中油锐思技术开发有限责任公司

【概况】 2021年，中油锐思技术开发有限公司（简称锐思公司）坚持新发展理念，践行高质量发展，致力打造海外油气业务技术商务创效平台，拓宽海外油气业务创效渠道。开展提质增效升级版工程和亏损企业治理工作，聚焦创效空间开拓、创效政策执行、效益意识强化和合规水平提升4个方面。锐思公司坚持商务创效经济主线，提升海外油气业务商务创效管理水平，通过参与海外项目招投标，中标多个项目，已投入10余个海外项目生产与建设，向海外项目推广应用石油专利技术、专有技术和专家资源，实现海外投资项目技术服务有偿化转移；通过运用国际化商务运作模式、商务创效奖励激励机制，进一步拓宽创效渠道；根据不同合同模式个性化制定商务策略，开辟海外油气业务增收创效新渠道；开展技术支持、新技术推广、培训业务等创效项目实现经济效益，构建海外技术商务支持体系、技术创新成果转化机制、资源国员工培训体系，扩大业务规模，增强创效能力，合同额实现大幅增长，逐步成为提升海外油气业务经济效益重要增长极。2021年，锐思公司有员工30人，其中主体员工25人（含合同化19人、市场化5人、借聘1人）、自聘人员5人。领导班子职数7人，8个部门分别为综合管理部、人力资源部、计划财务部、市场开发部、商务运营部、技术管理部、培训管理部、海外技术商务一体化工作组。合并管理北京锐思、中加石油交流培训中心2个法律实体。通过运用多主体来开展商务运作，有效实现创效意图。通过梳理优化支持体系，形成“中油国际统筹协调+海外项目发现机会+锐思公司商务运作+国内单位业务支持”体系框架。

（谢新宇）

【合规治理】 2021年，锐思公司重点加强合规治理，编制合同审核要点指引，完善技术服务合同、派遣协议、培训服务等合同模板，对照中国石油集团公司标准合同模板，开展合同标准化建设，优化技术支持合同相应条款，消除法律风险和合规隐患。创新形成合同会审、联审机制，完善评标指标体系，提高商务合规管理水平。以审计和巡察整改为契机，开展合规和基础管理专项提升行动，修订锐思公司采办管理办法，建立承包商、供应商和经销商资源库，加强招标工作管理和实施，完善评标过程的指标体系，优化打分项目，提高非单一采购方式比例，全年非单一采购方式签订的合同比例较2020年提高11%。

（谢新宇）

【管理提升】 2021年，锐思公司制修订三重一大、财务采办、公文处理、HSE、评审费管理等8项管理制度，制度体系更加完善。更新和发布采购申请单、合同审批单。落实公文规范化、周报表单化、任务督办化、例会结构化、决策依据数据化、预算分解编码化、业绩考核刚性化，提高公司运营能力。开展效益导向管理，组织单笔合同效益分析、分区域合同效益分析、年度效益预测分析等，专题研究增值税免税，增值税加计抵减、境外预扣税豁免等税收筹划工作，并转化为经济效益。梳理优化内设部门职责和岗位分工，实现各类用工薪酬归口化管理，理顺外协人员用工管理关系。制定专家评审费管理办法，建立专家评审工作规范，为专家价值体现提供制度支撑。参照中国石油集团公司科技奖项申报要求，按照“一合同一策”方式，对技术服务内容描述和合同签署模式做出更为个性化调整，极大增加科技人员申报中国石油集团公司科技奖项便利程度。锐思公司班子成员带头走访科技一线人员，持续打造双方互信互赖关系，工作协作水平得到提升。

（陈盛会）

【亏损治理】 2021年，锐思公司克服困难，完成北京中油锐思技术开发有限责任公司（以下简称“北京锐思”）和中加石油技术交流培训中心（以下简称“中加中心”）的亏损治理。北京锐思处于业务清理阶段，技术支持业务全部结束，没有收入来源，业务由锐思公司接管。面对北京锐思出现名下无形资产尚未摊销完毕，人工薪酬仍需支付锐思公司主动将亏损治理与提质增效有机结合，一体协同，明确提出亏损治理只是起点，最终目的是提质增效。通过多次组织专题研究，根据业务特点分析亏损成因，量身打造扭亏策略，优化梳理费用受益单位，降低成本负担，捋顺服务关系和服务内容，保证北京锐思有一定收入来源；将短期治亏与长期治亏相结合，对各类资产情况进行深入调查，该核销核销，该减值减值；亏损治理与业务优化相融合，统管筹划，将减亏工作和过程创效业务相结合，将锐思公司商务创效业务利润装入北京锐思，在满足过程创效业务要求基础上，成功完成北京锐思亏损治理。中加中心正处于改制阶段，首先需解决会费收取问题，在预算紧张和现有资源有限情况下，坚持完成12期《加拿大油气市场月报》编写，作为会费收取依据；通过与各董事单位“一对一”对接，说明原因、争取各单位理解，提前开展会费收取工作；提前终止《中加中心网站维护》等合同，尽可能压缩开支，最终实现中加中心扭亏。

（宋宇波　李仁昌）

【商务创效】 2021年，锐思公司首次根据已发布的《中国石油国际勘探开发有限公司商务创效奖励管理办法（试行）》（简称《管理办法（试行）》），完成2019—2020年度创效奖励方案测算、报批和发放兑现。锐思公司重视宣传《管理办法（试行）》，发挥创效奖励政策考核引导作用，通过借鉴跨国油气公司国际商务运作，实现公司管理体系和“共享服务”向海外输出有偿化，全年新增5家海外企业与锐思公司签署技术支持协议，新增大量创效业务，与北京锐思、澳大利亚箭牌能源项目签订三方协议。作为新合同方，接替北京锐思承接箭牌能源所有技术服务订单，并重新签订业务承接框架协议，实现从北京锐思至锐思公司业务的平稳过渡；首获北阿项目、MIS项目技术支持服务合同，取得该地区新突破；与锐思公司海外HSSE技术支持中心和瑞飞国际公司合作，成功为尼日尔尼贝管道项目提供HSE体系建设和ERP技术支持咨询服务创效；锐思公司在项目公司和本部相关部门支持下，承接加拿大LNG项目和巴西海上项目国内模块建造监理服务业务，在全球疫情肆虐、人员流动受限等不利局面下，在主动为海外企业解难帮困服务提升中寻找创效新方向；针对伊拉克政府违背特别服务业务约定，设计审批障碍甚至要求特别服务业务也要招投标等情况，配合哈法亚项目公司，经多方沟通并不懈申诉，赶在2021年底前完成特别服务合同签署。

（宋宇波）

【技术支持】 2021年，锐思公司通过签订框架服务协议和技术支持协议，在中方大股东项目和作业者项目大量获取技术服务订单，实现技术输出创效。与乍得项目紧密对接，获取乍得开发区精细构造解释、Ronier 等油田开发方案调整、南部盆地油气沉积研究、探区安全钻井关键技术研究、衰竭储层钻修井液体系研究、EISC 系统运维技术支持 6 项技术合同，落实合同研究与技术支持服务执行工作，配合乍得项目完成技术商务支付结算。为了解决乍得项目急需现场 QHSE 体系推广技术支持人员，锐思公司主动承接并协调办理出国手续，保证技术支持人员快速到达工作现场开展技术支持，降低乍得公司用工成本；针对阿姆河上级管理费项目预算及落实迟缓等问题，锐思公司分析优化简化验收文件提交流程，得到项目公司认可，在年内按时按成 2021 年阿姆河上级管理费项目所有商务程序、9 项课题研究任务和完工文件提交验收；锐思公司与“一院十五中心”签署海外技术支持合同 38 个，其中为满足海外研究中心各所科技成果都能登记和申报需求，特意将海外研究中心原合同分拆为 23 个合同，以符合中国石油集团公司科技部科技成果登记和申报相关政策。配合中油国际公司科技信息部和其他相关业务部门参加阶段、中期和终期验收，提出修改意见，加强研究质量提升，使各支持单位高质量按时完成合同规定任务。相关支持费用也及时按照合同约定分期结清。全年，实现创效收入约 4.7 亿元，实现创效利润约 3897 万元。

（宋宇波）

【技术推广】 2021 年，锐思公司通过多次沟通谈判，完成多元热流体技术推广应用协议签署。北京亦通公司、江苏亦通公司签署《权利义务转让协议》，完成北京亦通公司所持有的国内专利权限转让给江苏亦通公司相关手续，理顺技术合作关系；与江苏亦通公司签署《多元热流体技术合作推广应用协议》，为 KMK 项目推广奠定基础，推动 KMK 项目多元热流体技术扩大试验。在《战略合作框架协议》基础上，适应控水技术推广，与技术拥有方禹贡国际有限公司签署《保守商业秘密协议书》，协调安第斯项目技术对接及相关研究。对地区公司进行技术调研，结合项目公司技术现状和技术瓶颈问题，有针对性寻找国内技术资源进行分析研究，形成技术手册发给海外项目，对技术可行性和适应性进行探讨。收集“十五中心”特色技术形成技术目录，为后期新技术推广打下基础。全年，2 项《多元热流体技术》发明专利获授权。

（刘秋林）

【技术商务一体化】 2021 年，锐思公司组织卡沙甘联合公司（NCOC）投标工作，中标钻完井专家咨询与同行评审工作，实现中油国际在非作业者项目技术支持突破，双方签订技术服务框架协议，该协议包括股东义务支持（Master Service Commitment）和非股东义务支持（Non-MSC）两部分。卡沙甘联合公司授予锐思公司 2 个股东义务支持合同，已完成关于修井机基本设计结构和载荷验证的专家技术支持课题，获得股东义务支持极高评价。12 月底，完成另一股东义务支持合同，包括文献调研和实验测试，支持单位与卡沙甘联合公司保持联系，确保课题高质量完成。参加非股东义务支持课题投标和信息咨询，组织国内支持单位参与“油藏模型不确定性分析”“地震子波整形分析”2 个非股东义务支持课题投标，以及“管道泄漏监测”“动设备振动测试”信息咨询。主动与卡沙甘联合公司财务部门沟通，锐思公司中国税收居民身份证明通过卡沙甘联合公司税务部门审核，卡沙甘联合公司将免除锐思公司 20% 的非侨民所得税。锐思公司首次与卡沙甘项目公司签署 2 个技术服务合同，共 4 个课题，其中联合公司采办审批课题，由锐思公司一体化工作组独自完成。

（徐　浩）

【培训交流】 2021年，锐思公司克服因新冠肺炎疫情原因，无法正常开展培训业务的困难，深挖海外项目潜力，主动引导培训转向线上，协调各方培训资源，承办国内培训项目，包括中油国际新员工入职培训、西非大讲堂第一、二期、西非公司年轻干部培训班、井控专业培训等。海外项目持续深挖潜力，推进乍得上游及炼厂、尼日尔上游本地化培训等项目有突破性进展。参与哈法亚项目本地化培训项目投标，首开基于标前协议联合投标模式。全年组织2次培训调研，年初完成海外项目培训需求问卷调查，在对中油国际全球90余个项目进行培训需求调查后，形成《海外项目培训需求调查统计报告》；下半年，与中油国际公司法律部配合，收集中方主导20余个项目主合同，梳理出培训义务条款情况，完成《海外项目培训义务条款总结》《海外项目培训工作建议》。

（徐　浩）

组织机构与领导名录

综　述

1984年7月，国务院对外经济贸易部批准石油工业部成立中国石油天然气勘探开发公司（英文名称为 China National Oil & Gas Exploration and Development Corporation，缩写 CNODC），为陆上对外合作开采石油业务的国家公司，负责油气资源对外合作谈判、签约和合同执行。1985年6月，对外使用中国石油开发公司名称。1992年8月，停止使用中国石油开发公司名称，恢复使用中国石油天然气勘探开发公司（简称勘探开发公司）名称。

1994年4月，中国石油天然气总公司成立国际勘探开发合作局，与勘探开发公司合署办公。1998年10月，撤销国际勘探开发合作局，业务由勘探开发公司负责经营管理。

2008年9月，中国石油决定，成立海外勘探开发分公司，作为专业分公司负责海外石油天然气勘探开发、炼油化工、管道运营业务管理，正局级建制。为利于统筹海外油气业务发展，中国石油将中国石油天然气勘探开发公司项下的海外油气业务及其所属中油国际（广西）炼油有限公司、中油中亚石油有限责任公司等国内单位授权海外勘探开发分公司全面管理。调整海外油气业务管理体制，南美公司、尼罗河公司、哈萨克斯坦公司、中石油（土库曼斯坦）阿姆河天然气公司、中石油中亚天然气管道有限公司、中俄合作项目部6个单位，行政上由集团公司直接管理，业务上授权海外勘探开发分公司归口管理；未列入中国石油直接管理的其他海外项目（公司），授权海外勘探开发分公司全面管理。勘探开发公司行政上由集团公司直接管理，业务上由海外勘探开发分公司归口管理，机关属于“一套人马，两块牌子”。

2017年6月，中国石油批复同意《中国石油天然气集团公司海外油气业务体制机制改革框架方案》。海外油气业务体制机制改革后，勘探开发公司改制为专业化子公司，更名为中国石油国际勘探开发有限公司（简称中油国际公司），为中国石油管理海外油气业务的专业化子公司，承担中国石油海外油气投资业务板块管理职责。海外勘探开发分公司仅保留机构和公章。

2021年4月，按照《集团公司总部组织体系优化调整实施方案》，原部分中油国际公司海外地区公司更名为中油国际公司海外大区公司。截至2021年底，中油国际公司设机关部门21个，机关人员编制360人（不含公司领导）。有海外项目中方机构3个、海外大区公司5个、所属海外项目公司8个、国内单位8个。

（刘姝丽）

组织机构

【概述】 2021年4月，按照《集团公司总部组织体系优化调整实施方案》，原部分中油国际公司海外地区公司更名为中油国际公司海外大区公司。年内，对3个中方机构编制职数进行调整。截至2021年底，中油国际公司设机关部门21个，即办公室（党委办公室、董事会办公室、监事会办公室）、党群工作部（企业文化部、党委宣传部）、人力资源部（党委组织部）、规划计划部（战略发展中心）、财务部、资本运营部、法律事务部、健康安全环保部、科技信息部、销售采办部、审计部、纪委办公室（党委巡察办公室）、企业管理部、股东事务部、业务发展部、勘探部、油气开发部、生产运行部、工程建设部、炼油化工部、管道部。机关人员编制 360 人（不含公司领导），其中处级职数 109 人（含总经理助理、副总师等职数 9 人）。海外大区公司 5 个，即中国石油中亚公司、中国石油中东公司、中国石油尼罗河公司、中国石油拉美公司、中国石油西非公司。其他海外项目中方机构 3 个，即中油国际管道公司、中石油阿姆河天然气勘探开发（北京）有限公司、中油国际俄罗斯公司。海外直属项目公司 9 个，即中油国际（加拿大）公司、中油国际（印度尼西亚）公司、中油国际（泰国）公司、中油国际（缅甸）凯尔公司、中油国际（澳大利亚）公司、中油国际（新加坡）公司、中油国际（荷兰）欧信公司、中油国际（英国）赛宁公司、中油国际（利比亚）公司。国内单位 8 个，即北京中油锐思技术开发有限责任公司、中油锐思技术开发有限责任公司、海外人力资源共享服务分中心、海外财务共享服务分中心、中油国际后勤保障中心、中油国际专家中心、中油国际技术研究中心（海外研究中心）、海外 HSSE 技术支持中心。

（刘姝丽）

【集团公司总部组织体系优化调整】 2021 年 4 月，按照《集团公司总部组织体系优化调整实施方案》，原部分中油国际公司海外地区公司更名为中油国际公司海外大区公司。原中油国际中亚公司、中油国际中东公司、中油国际尼罗河公司、中油国际拉美公司、中油国际西非公司分别更名为中国石油中亚公司、中国石油中东公司、中国石油尼罗河公司、中国石油拉美公司、中国石油西非公司。

（刘姝丽）

【3 个中方机构编制职数调整】 2021 年，中油国际公司调整 3 个公司中方机构编制职数。2 月，调整中油国际（英国）赛宁公司中方机构编制职数，领导班子职数由 3 人调整为 4 人，人员编制保持 6 人不变，不再设高级业务经理。6 月，中油国际公司批复中油国际（泰国）公司中方机构编制职数，明确人员编制 5 人，全部中方员工应在联合公司任职。领导班子职数 3 人，设总经理 1 人（二级正），副总经理 2 人（其中 1 人兼职安全总监，二级副），另设业务经理 2 人。中油国际（加拿大）公司都沃内天然气项目完成转股后，为进一步加强中方对项目公司管理，8 月，中油国际公司调整中油国际（加拿大）公司中方机构编制职数，中方人员编制增加 4 人，作为都沃内天然气项目部专项使用。调整后，加拿大公司中方人员编制由 25 人调整为 29 人。都沃内天然气项目部设中方总经理 1 人，岗位层级比照二级正，加拿大公司二级正职数增加 1 人。都沃内天然气项目部下增设部门 1 个，名称为生产运营管理部，设经理、副经理各 1 人，岗位层级比照三级正、三级副。

（刘姝丽）

【中油国际公司机构设置】 截至 2021 年底；中油国际公司设机关部门 21 个，包括办公室（党委办公室、董事会办公室、监事会办公室）、党群工作部（企业文化部、党委宣传部）、人力资源部（党委组织部）、规划计划部、财务部、资本运营部、法律事务部、健康安全环保部、科技信息部、销售采办部、审计部、纪委办公室（党委巡察办公室）、企业管理部、股东事务部、业务发展部、勘探部、油气开发部、生产运行部、工程建设部、炼油化工部、管道部。机关人员编制 360 人（不含公司领导），其中处级职数 109 人（含总经理助理、副总师等职数 9 人）。海外大区公司 5 个，包括中国石油中东公司、中国石油中亚公司、中国石油尼罗河公司、中国石油拉美公司、中国石油西非公司。海外项目中方机构 3 个，包括中油国际管道公司、中石油阿姆河天然气勘探开发（北京）有限公司、中油国际俄罗斯公司。海外直属项目公司 9 个，包括中油国际（加拿大）公司、中油国际（印度尼西亚）公司、中油国际（泰国）公司、中油国际（缅甸）凯尔公司、中油国际（澳大利亚）公司、中油国际（新加坡）公司、中油国际（荷兰）欧信公司、中油国际（英国）赛宁公司、中油国际（利比亚）公司。国内单位 8 个，包括北京中油锐思技术开发有限责任公司、中油锐思技术开发有限责任公司、海外人力资源共享服务分中心、海外财务共享服务分中心、中油国际后勤保障中心、中油国际专家中心、中油国际技术研究中心（海外研究中心）、海外 HSSE 技术支持中心。中油国际公司中方员工 4078 人，资源国雇员和国际雇员 69978 人（图 1）。

（刘姝丽）

【中油勘探开发有限公司】 2004 年 8 月，集团公司决定，整合集团公司和股份公司的国际勘探开发业务，设立中油勘探开发有限公司，与勘探开发公司合署办公，一套机构两块牌子。统一管理集团公司和股份公司在哈萨克斯坦、阿尔及利亚、乍得、厄瓜多尔、委内瑞拉、加拿大、尼日尔、阿塞拜疆、阿曼、印度尼西亚 10 个国家的资产和业务。2005 年 3 月，由股份公司与勘探开发公司各出资 50%，组建中油勘探开发有限公司，注册地址在北京市，统一管理集团公司和股份公司在海外 10 个国家的资产和业务。2008 年 9 月，海外勘探开发分公司成立后，其海外油气投资业务在中油勘探开发有限公司项下运作。2017 年 6 月，海外油气业务体制机制改革后，中油国际公司受托管理中油勘探开发有限公司。

（刘姝丽）

【中石油国际投资有限公司】 2009 年 8 月，股份公司决定，设立中石油国际投资有限公司，作为股份公司独资设立的一人有限责任公司，注册地址在北京市。不设董事会、监事会，设执行董事 1 人，兼任总经理；设监事、职工监事各 1 人。作为股份公司海外油气业务投资运营平台，由海外勘探开发分公司负责运营管理。2017 年 6 月，海外油气业务体制机制改革后，中油国际公司受托管理中石油国际投资有限公司。

（刘姝丽）

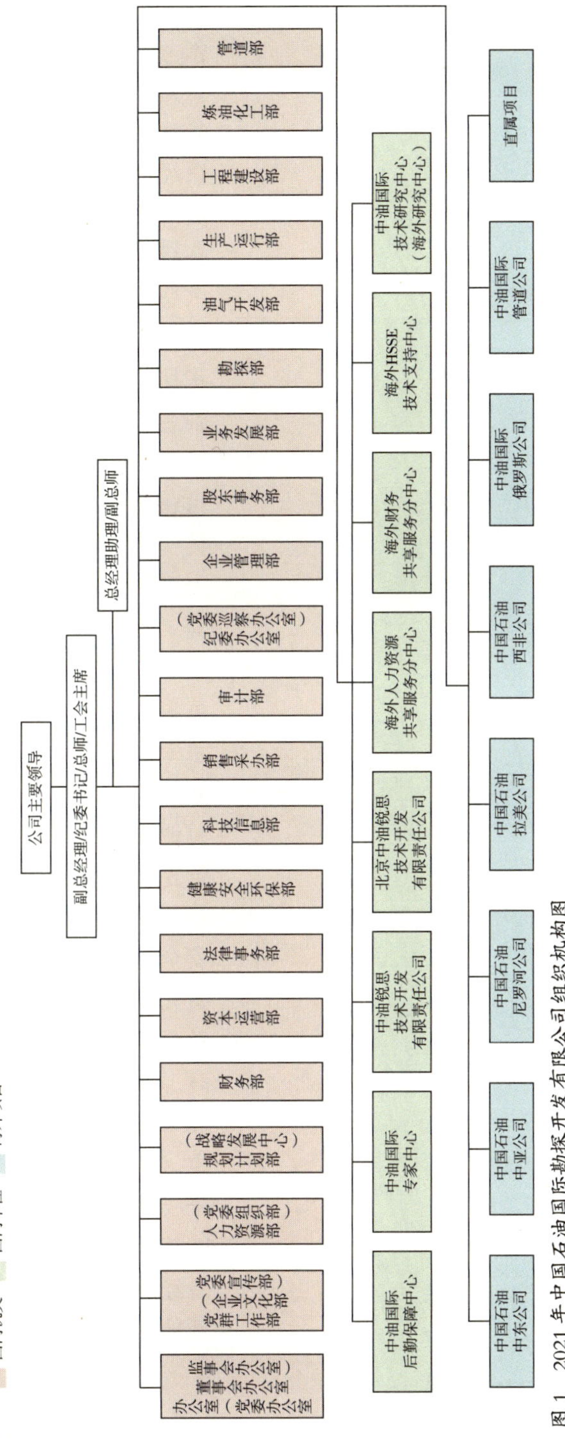

图 1　2021 年中国石油国际勘探开发有限公司组织机构图

公司领导名录[1]

【中油国际公司】

1. 董事会

董事长

叶先灯（2020.3—2021.12）[2]

董　事

叶先灯（2017.12—2021.12）

李越强（2017.12—）

王仲才（2018.2—）

赵　颖（女，2019.2—）

张品先（2017.12—）

郭铁栋（2017.12—）

任一村（2017.12—）

陆德喜（2017.12—）

高　伟（2017.12—）

2. 监事会

主　席

卢耀忠（2017.12—）

监　事

卢耀忠（2017.12—）

周建明（2017.12—）

李　军（河南范县，2017.12—）

赵要德（2017.12—）

于开敏（2017.12—）

张书文（2017.12—）

职工监事

戴瑞祥（2017.12—）

李敏杰（2017.12—）

李　杜（2019.3—）

刘　毅（2020.3—）

张　宇（2020.10—）

黄先雄（2020.12—）

3. 行政领导

总经理

贾　勇（2021.1—）

高级副总经理

卞德智（正局级，2017.7—）

刘英才（正局级，2017.7—）

张品先（正局级，2017.7—）

副总经理

王行义（2017.11—）

吕建池（2018.10—）

吴　杰（外交部挂职干部，2019.1—2021.4）

宋泓明（正局级，2020.3—）

刘　毅（正局级，2020.3—）

张　宇（2020.10—）

黄先雄（2020.12—）

总工程师

刘有超（2018.10—）

总地质师

黄先雄（2020.12—）

窦立荣（2021. 4—）

安全总监

黄先雄（兼任，2020.12—）

总会计师

高　伟(2017.5—）

4. 工会领导

主　席

张成武（2020.12—）

5. 总经理助理、副总师领导名录

总经理助理

戴瑞祥（2016.5—）

1　在职领导任职起始时间追溯至其任该职的起始时间。

2　2021 年 12 月，叶先灯退休。

谷孟哲（2021.12—）
副总地质师
潘校华（2019.3—）
副总会计师
李程远（2020.7—2021.4）
副总经济师
蒋满裕（2016.5—）
徐　冰（2018.5—）
吕　菁（女，2019.3—2021.6）
李树峰（2019.11—2021.4）
朱　巍（2021.2—）
安全副总监
阎世和（2016.5—）

（刘姝丽）

【中油勘探开发有限公司】

1. 董事会
董事长
叶先灯（2020.4—）
副董事长
张少峰（2018.2—）
董　事
叶先灯（2018.2—）
王仲才（2018.2—）
张少峰（2018.2—）
张品先（2018.2—）
陆德喜（2019.5—）
赵　颖（2019.5—）
2. 监事会
主　席
卢耀忠（2018.2—）
监　事
卢耀忠（2018.2—）
戴瑞祥（2018.2—）
3. 行政领导
总经理
贾　勇（兼任，2020.12—）
副总经理
刘英才（兼任，2016.2—）

（刘姝丽）

【中石油国际投资有限公司】

1. 执行董事
叶先灯（2020.4—）
2. 监事
监　事
赵　颖（2017.7—）
职工监事
戴瑞祥（2017.7—）
李　杜（2019.3—）
3. 行政领导
总经理
叶先灯（兼任，2020.4—）

（刘姝丽）

中油国际公司本部部门领导名录

【办公室（党委办公室、董事会办公室、监事会办公室）】

主　任
徐　冰（2014.7—2018.5；兼任，2018.5—）
副主任
冯　辉（2016.7—2018.8；正处级，2018.8—）
刘　杰（2018.1—）
戴　军（2019.3—）
于　添（2019.3—）

罗黛琛（女，2020.6—）

（刘姝丽）

【党群工作部（企业文化部、党委宣传部）】

主　任

李　杜（2016.6—）

副主任

范存强（2016.5—）

王欣昀（女，2018.5—）

韩晓霞（女，2019.11—）

（刘姝丽）

【人力资源部（党委组织部）】

主　任

戴瑞祥（2014.5—2021.2）

谷孟哲（2021.2—）

副主任

崔东辉（正处级，2018.11—）

翟大海（2018.11—）

王滨成（正处级，2019.8—）

张　晔（2019.11—2021.2）

叶大建（正处级，2020.4—）

鲁　燕（女，2020.4—2021.12）

武　昌（2020.4—）

迟艳波（女，2021.12—）

（刘姝丽）

【规划计划部】

主　任

李志勇（2019.11—）

副主任

王金站（2017.1—）

冯文康（2018.7—）

周　勇（2020.7—）

战略发展中心

主　任

李志勇（兼任，2019.12—）

副主任

赵　林（2017.6—）

白福高（2018.7—）

张　辉（2020.7—）

任重远（挂职，2021.10—）

（刘姝丽）

【财务部】

主　任

李程远（2018.11—2021.4）

罗　强（2021.4—）

副主任

徐　岩（2017.11—）

严　明（正处级，2019.11—）

杨云洁（女，2019.11—）

葛凤华（2019.11—）

王　鲲（女，2020.6—）

刘双涛（正处级，2020.11—）

孙傲雪（女，2021.2—）

（刘姝丽）

【资本运营部】

主　任

朱　巍（2018.7—）

副主任

李霄阳（女，2018.8—）

葛春霞（女，2018.12—）

（刘姝丽）

【法律事务部】

主　任

于海涛（兼任，2021.2—）[1]

副主任

凌　洋（2018.5—2021.4）

高晓姝（女，2018.7—）

卫俊宏（2019.3—2021.2）

焦　洋（2019.3—）

杨　洋（女，2020.6—）

刘鸿娜（女，正处级，2021.2—）

（刘姝丽）

【健康安全环保部】

主　任

阎世和（兼任，2019.5—2021.4）

赵成斌（2021.4—）

副主任

黄明非（2008.11—）

李　伟（2019.1—）

胡显伟（2020.6—）

尚卫忠（2020.6—2021.5）

王红涛（2020.7—2021.5）

杨意峰（2021.4—）

刘丽萍（女，2021.12—）

（刘姝丽）

【科技信息部】

主　任

马文杰（2018.3—2021.12）

唐　玺（2016.1—2018.3；2021.12—）

副主任

李永产（正处级，2016.11—）

刘　斌（正处级，2018.1—）

张春雷（2019.1—）

（刘姝丽）

【销售采办部】

主　任

池德峰（2017.6—）

副主任

杨　超（2017.6—）

许　权（2018.12—）

（刘姝丽）

【审计部】

主　任

李敏杰（2017.1—）

副主任

张　浩（2016.3—）

郭晓辉（2020.6—）

（刘姝丽）

【纪检监察部（党委巡察办公室、纪委办公室）】

主　任

邵定波（2018.9—）

副主任

曹立华（2018.9—）

张宁浩（2019.1—）

中油国际公司党委巡察专员

刘玉娟（女，2020.7—）

徐冬娜（女，2021.10—）

中油国际公司党委巡察副专员

陈　龙（2020.11—）

（刘姝丽）

【企业管理部】

主　任

韩　涛（2020.6—）

1　2021 年 1—2 月期间，法律事务部主任空缺。

副主任
杨征宇（2016.11—2021.4）
袁亚骞（2018.7—）
崔　宁（2020.7—）
汪向东（正处级，2021.5—）

（刘姝丽）

【股东事务部】
主　任
吕　菁（兼任，2019.8—2021.6）
戴瑞祥（兼任，2021.12—）[1]
副主任
于鸿江（正处级，2016.11—）
韩武艺（正处级，2018.7—）
王　哲（女，2020.6—）

（刘姝丽）

【业务发展部】
主　任
赖泽武（2014.8—）
副主任
赵书怀（2018.7—）
李　刚（四川内江，正处级，2018.7—）
陈奇峰（2020.6—）
徐　宁（2020.6—）
杜春国（2020.11—）

（刘姝丽）

【勘探部】
主　任
马海珍（2016.7—2021.9）
汪望泉（2021.12—）
副主任
李章明（正处级，2013.8—）
徐　洪（正处级，2014.11—）
汪望泉（正处级，2019.12—）
王景春（2020.7—）

（刘姝丽）

【油气开发部】
主　任
余国义（2018.11—2021.4）
聂昌谋（2021.4—）
副主任
赖伟庆（2016.6—2021.2）
贾　瀛（女，2019.3—）
胡华君（2019.7—）
叶秀峰（2021.2—）
张宸恺（正处级，2021.4—）

（刘姝丽）

【生产运行部】
主　任
冯建华（2017.3—）
副主任
刘林海（2016.1—2021.6）
于成金（2016.1—2021.2）
朱怀顺（正处级，2019.12—）
闫　军（2019.12—）
王　康（2021.5—12）
李　杨（2021.12—）

（刘姝丽）

【工程建设部】
主　任
魏建武（2019.11—）

1　2021年6—12月期间，股东事务部主任空缺。

副主任
梁道君（2014.2—）
孙立国（正处级，2017.6—）
刘冀朋（2019.1—）

（刘姝丽）

【炼油化工部】
主　任
石振民（2019.1—2021.2）
陈　磊（2021.2—）
副主任
董玉明（正处级，2019.1—）
薄勇浩（正处级，2019.1—）
孙　瑜（2021.2—）

（刘姝丽）

【管道部】
主　任
李兴涛（2019.1—）
副主任
于震红（女，2019.5—）
夏　刚（2020.6—）

（刘姝丽）

中油国际公司海外地区公司、中油国际公司海外大区公司及海外项目中方机构领导名录

【中油国际中东公司—中国石油中东公司】
1. 公司领导
总经理
王贵海（2020.8—）
常务副总经理
卢江波（2021.3—）
副总经理
李庆学（2016.3—）
许岱文（2016.3—）
成忠良（2016.3—）
姜明军（2016.3—）
范建平（2016.3—）
李应常（2018.10—）
宫长利（2018.10—）
韩绍国（2020.10—）
张建立（2021.3—）
总会计师
张红斌（2018.10—）
2. 工会领导
主　席
韩绍国（2016.12—）

（刘姝丽）

【中油国际中亚公司—中国石油中亚公司】
1. 公司领导
总经理
卞德智（2015.12—）
常务副总经理
方甲中（2020.8—）
副总经理
卫玉祥（2008.9—）
姜　石（2008.9—2021.12）
李永红（2018.10—）
胡红民（2020.10—）
陈怀龙（正局级，2020.12—）
李树峰（2021.4—）
姜日元（2021.12—）
安全总监
方甲中（兼任，2021.1—）

【中国石油中亚地区协调组】

组　长

卞德智（2015.12—）

（刘姝丽）

【中油国际尼罗河公司—中国石油尼罗河公司】

1. 公司领导

总经理

刘英才（2017.11—）

常务副总经理

刘志勇（正局级，2018.10—）

副总经理

朱继刚（2015.1—）

周作坤（2018.4—2021.4）

李　刚（安徽铜陵，2020.10—）

总会计师

李程远（2021.4—）

安全总监

刘志勇（兼任，2020.8—）

2. 工会领导

主　席

李　刚（2019.1—）

【中国石油尼罗河地区协调组】

组　长

刘英才（2018.1—）

（刘姝丽）

【中油国际拉美公司—中国石油拉美公司】

1. 公司领导

总经理

陈金涛（2020.8—2021.6）

武军利（2021.6—2021.12）

黄　革（2021.12—）

副总经理

杨　华（2012.6—）

王印玺（2016.3—）

高希峰（2016.3—）

高金玉（女，2018.10—）

耿玉锋（2020.10—）

万广峰（2021.3—）

总会计师

于清进（2017.5—）

安全总监

高希峰（兼任，2016.3—2021.5）

高金玉（代理，2021.5—）

2. 工会领导

主　席

耿玉锋（2019.1—）

【中国石油拉美地区协调组】

组　长

陈金涛（2020.8—2021.12）

黄　革（2021.12—）

（刘姝丽）

【中油国际西非公司—中国石油西非公司】

1. 公司领导

总经理

刘合年（2020.12—）

副总经理

李智明（2017.11—）

程存志（2017.11—）

李学军（2020.10—）

张　军（2020.12—）

周作坤（2021.4—）

2. 工会领导

主　席

李学军（2019.1—）

总会计师

郑剑华（2017.11—）

安全总监

李智明（兼任，2020.5—2021.1）

张　军（兼任，2021.1—）

（刘姝丽）

【中油国际管道公司】

1. 公司领导

总经理

孟繁春（2017.7—）

副总经理

孟向东（正局级，2017.7—）

李自林（2017.7—）

金庆国（2017.7—）

张　鹏（2017.7—）

钟　凡（锡伯族，2018.10—）

王红军（2019.1—）

总会计师

周颖秋（女，2017.7—）

安全总监

钟　凡（兼任，2020.8—）

2. 工会领导

主　席

孟向东（2018.1—）（刘姝丽）

【中石油阿姆河天然气勘探开发（北京）有限公司】

总经理

陈怀龙（2020.12—）

副总经理

刘廷富（2008.4—）

靳凤兰（女，2017.5—）

柴　辉（2021.12—）

安全总监

柴　辉（兼任，2021.12—）（刘姝丽）

【中油国际俄罗斯公司】

1. 公司领导

总经理

蒋　奇（2007.9—）

副总经理

杜玉明（2018.10—）[1]

裴建胜（2020.11—）

刘　志（2021.3—）

总会计师

张为民（2018.10—）

安全总监

杜玉明（兼任，2018.10—2021.3）

刘　志（兼任，2021.3—）

2. 工会领导

主　席

裴建胜（2018.10—）（刘姝丽）

中油国际所属海外单位领导名录

【中油国际（印度尼西亚）公司】

总经理

钱明阳（2020.3—）

副总经理

聂昌谋（2018.12—）

王七林（2021.2—）

俞金保（2021.2—）

1　2020 年 10 月起，杜玉明到新疆挂职锻炼。

总会计师
徐亚林（2017.3—2021.2）
金立浩（2021.2—）
安全总监
俞金保（兼任，2021.2—）[1]

（刘姝丽）

2. 行政领导
总经理
魏　静（2016.6—2021.2）
苏　一（2021.2—）
副总经理
张瑞崧（2006.7—）
石浩继（2018.7—）

（刘姝丽）

【中油国际（加拿大）公司】
总经理
付吉林（2017.7—）
副总经理
杨　涛（2016.2—）
介燕萌（女，2018.3—）
郑　炯（女，2018.12—）
聂志泉（2018.12—2021.5）
余国义（2021.5—）
总会计师
范　劼（2019.8—）
安全总监
聂志泉（兼任，2018.12—2021.5）
余国义（兼任，2021.5—）

（刘姝丽）

【中油国际（缅甸）凯尔公司】
1. 董事会
董　事
刘合年（2017.3—）
李程远（2018.12—2021.4）
2. 行政领导
总经理
张春书（2021.1—）
总会计师
孙宝民（2016.5—）
刘贵阳（2021.2—）
副总经理
万立坡（2016.6—）
李　仁（2016.6—2021.7）

（刘姝丽）

【中油国际（泰国）公司】
1. 董事会
董事长
成　城（2016.10—）
董　事
成　城（2013.11—）
谢　茂（2016.10—）
魏　静（2016.10—2021.2）
孙海泉（2016.10—）

【中油国际（澳大利亚）公司】
总经理
蒲海洋（2020.4—）
副总经理
童　铭（2016.6—）
王　权（2016.11—）
周明平（2018.11—2021.4）
杨立庆（2019.1—）
彭正新（2020.4—）
罗占刚（2020.6—）

1　2021 年 1—2 月期间，中油国际（印度尼西亚）公司安全总监空缺。

严　明（女，2021.2—）
赖伟庆（2021.2—）
安全总监
周明平（兼任，2021.1—4）
赖伟庆（兼任，2021.4—）
总会计师
于军哉（2017.11—）　　（刘姝丽）

【中油国际（新加坡）公司】
总经理
侯福斗（2019.1—）　　（刘姝丽）

【中油国际（荷兰）欧信公司】
总经理
罗　强（2019.8—2021.4）
段淑萍（女，2021.4—）
副总经理
张广本（2020.11—）　　（刘姝丽）

【中油国际（英国）赛宁公司】
总经理
吴　浩（2017.5—）
总会计师
国　霞（女，2017.5—）
副总经理
赵　飞（2017.11—）
姬　然（华腾公司，2020.9—）
栾徐可（2021.2—）　　（刘姝丽）

【中油国际（利比亚）公司[1]】
总经理
（空缺）　　（刘姝丽）

中油国际公司所属国内单位领导名录

【北京中油锐思技术开发有限责任公司】
1. 董事会
董事长
高　伟（2018.11—）
董　事
高　伟（2018.11—）
吕　菁（女，2017.12—）
戴瑞祥（2017.12—）
李程远（2017.12—）
马文杰（2018.11—）
米林林（2018.11—）
2. 行政领导
总经理
曹　敏（女，2020.11—）
副总经理
黎　江（2017.2—）
陈　蓓（女，2018.8—）
刘　军（2019.11—）
总会计师
米林林（2018.7—）　　（刘姝丽）

【中油锐思技术开发有限责任公司】
总经理
曹　敏（2020.11—）
常务副总经理
郑小武（2019.11—2020.6；兼任，2020.6—2021.2）

1 自2016年8月，利比亚公司完全处于休眠状态，相关业务由中油国际公司业务发展部代管。

任立新（兼任，2021.4—）
副总经理
黎　江（2016.6—）
陈　蓓（2018.8—）
刘　军（2019.11—）
总会计师
米林林（2018.7—）

（刘姝丽）

【海外人力资源共享服务分中心】
主　任
崔东辉（2020.6—）
副主任
刘金杼（2018.3—）
运维总监
张　薇（2018.3—）
迟艳波（2020.4—2021.12）
孙士立（2021.12—）

（刘姝丽）

【海外财务共享服务分中心】
主　任
刘双涛（2020.11—）
副主任
徐少婷（女，2017.6—）
运维监督
马文良（2017.6—）
运维总监
茹士涛（2019.11—2021.5）

（刘姝丽）

【中油国际后勤保障中心】
主　任
章亚泉（2017.11—）
常务副主任
韩　峰（2018.1—）
副主任
张睿智（2018.1—）
赵晓飞（2019.8—）

（刘姝丽）

【中油国际专家中心】
主　任
李书良（2020.12—）
副主任
张　杰（2018.1—）
秦宏伟（2020.6—）

（刘姝丽）

【中油国际技术研究中心（海外研究中心）】
党委书记
史卜庆（2018.10—）
副主任
郑小武（2020.6—2021.2）
范子菲（2020.6—）
张兴阳（2020.11—）
任立新（2021.4—）

（刘姝丽）

【海外 HSSE 技术支持中心】
主　任
尚卫忠（2020.6—2021.5）
李　伟（2021.5—）
副主任
刘　峰（2019.1—）
运维总监
刘建辉（女，2019.1—）

（刘姝丽）

荣 誉

国家级荣誉

表 1　2021 年中油国际公司国家级荣誉

序号	授奖单位	获奖单位 / 个人	获奖名称	获奖背景信息
1	中国腐蚀与防腐学会	中油国际(伊拉克)艾哈代布公司迟化昌、王冠	科学技术奖励二等奖	《艾哈代布油田高盐高氯高酸环境腐蚀控制关键技术应用》获得二等奖；该协会是中国科学技术协会的组成部分
2	《商法》杂志社	中油国际法律事务部	《商法》年度卓越法务团队(能源与自然资源)	《商法》年度法务大奖评选是基于中国市场的中外企业法务、高管及法律界专业权威人士提供的推荐及评价，在考察各法务团队就其所从事领域过去一年的杰出交易、案例及引人注目的其他成就的基础上，经专业调研、核查最终形成榜单，具有极高的业内认可度和含金量。 中国石油化工集团、中国有色矿业、中国平安保险、中国电建集团国际工程、京东方、小米集团、可口可乐等各行业领域知名国内外企业都参与了本次评选。经过激烈角逐，中油国际法律团队被评为能源及自然资源领域唯一一家卓越法务团队

【第一届石油石化企业基层党建创新案例】1 个：

一等奖

中国石油国际勘探开发有限公司

中国石油集团公司荣誉

集体荣誉

【集团公司天然气冬季保供工作先进单位】1 个：

中油国际管道公司

【集团公司天然气冬季保供工作先进集体】1 个：

中油国际(土库曼斯坦)阿姆河天然气公司

【集团公司首批档案与史志编研优秀项目】1 个：

项目名称：《境外建设项目文档管理规定》细则编制

承担单位：中国石油国际勘探开发有限公司

完成人员：徐　冰　孙立国　冯　辉　宋　菁　张　琦　于震红　王　菲

【集团公司先进集体】4 个：

中国石油国际勘探开发有限公司(海外勘探开发分公司)

中国石油中东公司

中国石油中亚公司

中国石油拉美公司

【集团公司质量健康安全环保节能先进企业】5 个：

中国石油国际勘探开发有限公司

中国石油中亚公司

中国石油西非公司

中国石油拉美公司

中国石油中东公司

【集团公司科技工作先进单位】2 个：

中国石油国际勘探开发有限公司

中国石油中东公司

【集团公司信息化工作先进单位】2 个：

中油国际管道公司

中国石油拉美公司

【集团公司科技创新团队】3 个：

中油国际（土库曼斯坦）阿姆河天然气公司阿姆河天然气高效开发创新团队

中国石油中东公司中东公司技术分中心

中国石油中亚公司奇姆肯特炼厂催化剂技术攻关团队

【集团公司信息化工作先进集体】2 个：

中油国际俄罗斯公司综合管理部

中国石油西非公司尼日尔上游项目公司 IT 部

【集团公司保密密码工作先进单位】1 个：

中国石油国际勘探开发有限公司

【集团公司保密密码工作先进集体】3 个：

中国石油中东公司综合办公室

中国石油拉美公司综合管理部

中油国际管道公司办公室（党委办公室）

【集团公司井控工作先进企业】2 个：

中国石油西非公司

中国石油中东公司

【集团公司质量先进基层单位】4 个：

中国石油国际勘探开发有限公司中东公司艾哈代布项目地面工程部腐蚀防控工程班组

中国石油国际勘探开发有限公司尼罗河公司苏丹 6 区项目管道运行班组

中国石油国际勘探开发有限公司拉美公司委内瑞拉 MPE3 项目产能扩建设计班

中国石油国际勘探开发有限公司西非公司乍得上游项目 Kome 末站

【集团公司环保先进基层单位】7 个：

中国石油中东公司

中油国际（伊朗）北阿扎德甘公司采油厂 FSF（采油 / 气队）

中国石油中亚公司

中油国际（哈萨克斯坦）PK 公司哈德公司 Akshabulak 油田作业部综合处理站

中国石油尼罗河公司

中油国际（南苏丹）3/7 区项目公司采油厂 Paloch 采油队

中国石油拉美公司

中油国际（秘鲁）10/57/58 区公司 10 区发电站

中国石油西非公司

中油国际（乍得）炼油公司常压装置

中油国际管道公司

中缅油气管道项目木姐管理处南坎计量站

中油国际俄罗斯公司

中油国际（俄罗斯）亚马尔公司 LNG 厂液化单元

【集团公司 HSE 标准化先进基层单位】7 个：

中国石油中东公司

中油国际（伊拉克）哈法亚公司油气处理三厂（CPF3）

中国石油中亚公司

中油国际（哈萨克斯坦）阿克纠宾公司十月采油厂生产设备运行车间南区转油站

中国石油尼罗河公司

中油国际（苏丹）化工公司气分 – 聚丙烯装置

中国石油拉美公司

中油国际（厄瓜多尔）安第斯公司 Tapir 油田生产大队

中国石油西非公司

中油国际（尼日尔）上游项目公司管道运行部首站

中油国际管道公司
中哈天然气管道项目 CCS7 站
中油国际俄罗斯公司
北极 LNG2 项目模块安装连接工作组
【集团公司基层党建"百面红旗"】1 个：
中国石油国际勘探开发有限公司某党支部
【集团公司物资采购管理先进单位】1 个：
国际勘探开发有限公司
【集团公司第六届新媒体内容创作大赛优秀组织单位】1 个：
中油国际公司
【集团公司直属工会优秀组织单位】1 个：
中油国际管道公司

【中油国际公司微记录作品特别优秀奖】

作品名称	报送单位	主创人员
"回家"系列微记录	中油国际公司	

【中油国际公司动漫和 H5 作品三等奖】

作品名称	报送单位	主创人员
忠犬大白——跨越国界的温暖陪伴	中油国际公司	李春辉

【中油国际公司图文作品三等奖】

作品名称	报送单位	主创人员
我们眼中的撒哈拉沙尘暴	中油国际公司	林伟明

个人荣誉

【集团公司天然气冬季保供工作先进个人】6 人：
柴　辉　中油国际中亚公司土库曼斯坦阿姆河天然气公司生产工艺总工程师
范敬春　中油国际中亚公司经营管理部主任
孙　强　中油国际管道公司中乌气项目副总经理
叶建军　中油国际管道公司中哈气运行副总经理
刘林海　中油国际公司生产运行部副主任
张　楠　中油国际公司管道部任专业经理

【集团公司先进工作者】13 人：
中国石油国际勘探开发有限公司（海外勘探开发分公司）
徐　冰　副总经济师、董事会秘书、办公室（党委办公室）主任
赵　涛　后勤保障中心物业房产部党支部书记、经理
吴　浩　中油国际（英国）赛宁公司总经理兼安全总监
中油国际管道公司
刘支强　中油国际管道公司中缅油气管道项目马德岛皎漂管理处新康丹泵

站站长
向志雄　中哈天然气管道项目 AB 线 7 号站站长
中石油阿姆河天然气勘探开发（北京）有限公司
王敬章　中油国际（土库曼斯坦）阿姆河天然气公司检维修中心经理
中国石油中东公司
刘照伟　中油国际（伊拉克）哈法亚公司开发部副经理
赵向国　中油国际（阿布扎比）公司总经理助理兼生产作业部经理
中国石油中亚公司
王岩峰　中油国际（哈萨克斯坦）阿克纠宾公司总工程师
中国石油尼罗河公司
佟鑫森　中油国际（南苏丹）3/7 区项目公司总经理
中国石油拉美公司
徐学忠　中油国际（厄瓜多尔）公司总经济师
中国石油西非公司
刘青力　中油国际（乍得）上游项目公司油田总协调
赵玉飙　中油国际（尼日尔）上游项目公司 FOC 兼作业区管理部经理

【集团公司优秀科技工作者】17 人：

中国石油国际勘探开发有限公司
杨　放　胡　欣　龚幸林　唐　玺
吴林钢　王永华　马文杰　卢学瀛
郑科宁　蔡丽君
中国石油中东公司
何艳辉　迟化昌
中国石油中亚公司
李兴博
中国石油尼罗河公司
周俊杰
中国石油拉美公司
喻　彬
中国石油西非公司
王晓丰　翟光华

【集团公司信息化工作先进个人】8 人：

王　铁　中油国际管道公司
杨　杰　中石油阿姆河天然气勘探开发(北京)有限公司
李宝鑫　中油国际俄罗斯公司
周景伟　中国石油中东公司
李春来　中国石油中亚公司
刘　恒　中国石油尼罗河公司
李英辉　中国石油拉美公司
赵冬阳　中国石油西非公司

【集团公司 QHSE 先进个人】27 人：

中国石油国际勘探开发有限公司
方高亮　赵奇志　孙　瑜　禹胜阳
李　伟　王琳珲　刘飞飞　王宏宣
李长江
中国石油中东公司
何艳辉　赵志强
中国石油中亚公司
陈楚薇　曹增民　汪华成
中国石油尼罗河公司
梁敬东　王永生　张　睿
中国石油拉美公司
邱智辉　逯　卫
中国石油西非公司
王红涛　石振民　尚卫忠
中油国际管道公司
王广辉　韩相军　白　弋
中油国际俄罗斯公司
姜　民　李　林

【集团公司优秀共产党员】6人：

成忠良　姜　石　白　涛　陆　峰

刘万余（满族）　唐春梅（女）

【集团公司优秀党务工作者】3人：

宋少宁　阎世和　刘启吉（满族）

【集团公司保密密码工作先进个人】9人：

中国石油国际勘探开发有限公司

李宝鑫　白　鸥　李英辉　梁　剑

宋国华　闫吉森　任雁群　时　妍

冯　辉

【集团公司井控工作先进个人】24人：

中国石油中东公司

齐文旭　李　荣　梁奇敏　林久刚

中国石油中亚公司

郭启军　王金磊　王海涛　张永江

中国石油尼罗河公司

刘应利　王立超　赵东喜

中国石油拉美公司

刘　志　郝强升　于勤学

中国石油西非公司

高庆云　王福和

中国石油俄罗斯公司

路建光

中油国际（澳大利亚）公司

朱丽军

中油国际（乍得）项目公司

冯数玖

中油国际（尼日尔）项目公司

孔祥吉

中国石油国际勘探开发有限公司专家中心

罗淮东　王金国

中国石油国际勘探开发有限公司

王文广　谷红军

【集团公司物资采购管理先进个人】6人：

国际勘探开发有限公司

李庆伟　付振民　李昌初　甘火华

都　都　贾倩怡

【集团公司直属工会优秀合理化建议】7人：

单位	成果	建议人
中油国际管道公司	长期停输站场用电降本增效的研究	王成祥　李国斌　杨炳辉　付　骁
	利用跨国光缆富余资源，向国内几大运营商提供资源租赁服务，增加公司效益	王永军
	在站场设备维修服务中打破技术垄断、提高竞争性	任文明
	霍尔果斯计量站色谱分析仪动力气改造	陈群尧

【集团公司直属工会优秀技术创新成果】15人：

单位	成果	完成人
中油国际管道公司	中缅原油管道南坎计量站有效节省 SEVERN 减压阀维修费用	刘图征　龚　琳　马　力
	“一带一路”跨境油气能源战略通道国家级应急演练组织与实施	姜进田　刘　锐　潘　涛
	中亚地区跨国光链路的优化	刘　锐　陈　凯　袁运栋
	通讯方案革新提高工程经济效益	盛朝辉　潘　轲　郝　云
	多措并行优化马德岛港港作船舶作业时效实现安全节油	宋海龙　姜　波　孙洋洋

附 录

附录 1　新年致辞

新年致辞

全体员工、退休老同志及家属：

日新求进，天道酬勤。伴随着新年的钟声，我们迎来了充满希望与挑战的 2021 年。在这辞旧迎新的美好时刻，我们谨代表中国石油国际勘探开发有限公司党政领导班子，向坚守奋战在海内外各条战线上的全体干部员工、广大退休老同志和家属朋友们，致以诚挚的问候和衷心的感谢！

刚刚过去的 2020 年，极不平凡、极具挑战、令人难忘。面对全球百年变局和世纪疫情，我们深入学习贯彻习近平新时代中国特色社会主义思想，在集团公司党组坚强领导下，团结带领海外广大员工栉风沐雨、砥砺前行，实现“十三五”圆满收官，海外油气业务高质量发展迈出坚实步伐。

回首难忘的一年，我们迎难而上、奋力拼搏，积极应对变局并开创新局。扎实开展“战严冬、转观念、勇担当、上台阶”主题教育活动，全力打响疫情防控阻击战、提质增效攻坚战和效益实现保卫战，在极其艰难的情况下实现了全体中方员工及家属疫情“零”感染，奋力守住了海外一亿吨油气权益产量大关，海外经营业绩位居集团公司前列。

回首难忘的一年，我们风雨同舟、众志成城，全力应对突如其来的全球疫情。海外广大干部员工在资源国相继封锁国门、倒休轮换一度暂停的情况下，舍小家，为大家，克服巨大身心压力及疫情感染风险，坚守海外项目一线，将对亲人和故土的思念化作辛勤汗水，勾勒出海外石油人恪尽职守、无私奉献的最美群像。

回首难忘的一年，我们共克时艰、责任共担，赢得国内外多方赞誉认可。我们积极为资源国和合作伙伴捐款捐物、传授经验，对中外方员工一视同仁，始终将员工生命安全和身体健康放在首位，展示了负责任的国际大油公司形象。我们多场合多层面讲好中国石油故事，涌现出一大批立得住、叫得响的先进典型和模范人物，推动“一带一路”建设行稳致远。

时间之河川流不息，奋斗脚步永不停止。站在“两个一百年”奋斗目标的历史交汇点上，我们心潮澎湃；展望建设世界一流综合性国际能源公司的光明前景，我们豪情满怀！

2021 年，世界经济形势依然严峻复杂，新冠疫情仍将全球蔓延，我国将开启全面建设社会主义现代化国家新征程。我们既要增强忧患意识、风险意识，也要坚持底线思维，坚定必胜信心。让我们更加紧密地团结在以习近平同志为核心的党中央周围，在集团公司党组的正确领导下，立足新发展阶段，贯彻新发展理念，用汗水浇灌收获，以实干笃定前行，全力推动海外油气业务高质量发展再上新台阶，以优异成绩迎接建党 100 周年。

衷心祝愿大家在新的一年里身体健康，工作顺利，阖家幸福，万事如意！

董事长、党委书记　　　　总经理、党委副书记

中国石油国际勘探开发有限公司

2021 年 1 月 1 日

新春贺信

全体员工、退休老同志及家属：

大家好！2021年农历春节即将来临。在这辞旧迎新之际，我们谨代表中油国际公司党政领导班子向辛勤奋战在各海外项目、各工作岗位的全体员工，向广大退休老同志和家属朋友们，致以新春的问候和美好的祝福！

过去的一年，是集团公司海外油气业务开展国际化经营近30年来最为艰难、最具挑战的一年，我们共同经历了百年不遇的全球疫情、百年石油史上最为惨烈的油价下跌，部分资源国政治经济环境发生的深刻复杂变化给公司生产经营带来严峻冲击。面对大战大考，我们以习近平新时代中国特色社会主义思想为指导，在集团公司党组的正确领导下，团结一心、攻坚克难，坚持以人为本，科学构建疫情防控体系，深入推进提质增效专项行动和主题教育活动，守望相助，多措并举，全力组织海外油气生产，奋力守住了海外油气权益产量当量一亿吨大关，经营效益保持集团公司前列地位，实现“十三五”圆满收官，向集团公司党组和国家交出了一份靓丽答卷。这其中，员工和家属都做出了贡献，人人都是好样的，公司党委感谢大家！

时间的流逝不舍昼夜，前进的航程击鼓催征。今年是“十四五”开局之年，也是我们党成立100周年。刚刚召开的集团公司工作会议和公司工作会议，描绘了“十四五”和今后一段时期的宏伟蓝图。站在新的历史起点上，我们要将集团公司党组的殷切期望化作不竭动力，携手并肩，坚毅前行，为集团公司建设世界一流综合性国际能源公司，为保障国家能源安全做出海外石油人的新贡献，以优异成绩迎接中国共产党百年华诞。

每逢佳节倍思亲。伴随着灯笼高挂、火树银花，中华民族的传统佳节春节即将到来，浓浓的乡愁才下眉头，却上心头。此时此刻，还有许多海外员工奋战在生产经营一线，无法与亲人相聚，举家团圆。由于疫情肆虐，很多员工只能待在隔离区、安全岛内，和同事们在云端联欢。还有一些员工正在收拾行囊，即将踏上返岗的征途，成为最美逆行者。

真挚地说一句，大家辛苦了！你们对亲人的思念和牵挂，公司党委深刻理解，感同身受。虽然我们远隔万水千山，但公司党委和大家的心始终紧紧相连。你们对海外油气事业的奉献与付出，公司党委永远铭记，祖国和人民永远铭记。希望大家坚定必胜信念，拼搏进取，互帮互助，安排好节日生活工作，确保在外人身安全和身心健康，特别要做好个人卫生防护，过一个欢乐祥和的春节，个个平平安安回来。无论何时何地，公司党委和全体员工永远是大家坚强的后盾，温暖的依靠。

最后，祝大家新春快乐、身体健康、阖家幸福、万事如意！祝海外油气事业乘风破浪、再创辉煌！祝伟大祖国繁荣昌盛，人民幸福安康！

给大家拜年了！

董事长、党委书记　　　　总经理、党委副书记

中国石油国际勘探开发有限公司

2021年2月9日

附录 2　重要媒体报道

虽远隔千山万水，但我们的心在一起！

《中国石油报》 2021 年 2 月 7 日　第 1 版

“连上了，连上了，董事长好！”“你们好！大家辛苦了！”在中国石油大厦总值班室里，集团公司董事长、党组书记戴厚良与兰州石化长庆乙烷制乙烯项目和中油国际（尼日尔）上游项目员工视频连线，向大家致以新春的问候与祝福。

2 月 5 日 17 时，陕西榆林寒风凛冽、呼气成霜，与低温形成反差的是热火朝天的乙烷制乙烯项目现场，各参建单位 3000 多名员工正鼓足干劲、分秒必争。此刻，近万公里外的尼日尔，当地时间 10 时，坚守在油气生产和抗疫一线的尼日尔项目员工，在公司员工餐厅与北京视频连线。他们身旁的餐桌上，放着刚刚包好的一帘帘饺子。

“当地食堂吃得习惯吗？”“住宿问题怎么解决的？”“生活基地什么时候能建成？”戴厚良仔细询问项目员工的工作、生活和疫情防控情况，与他们唠家常、谈生产，叮嘱大家做好个人自身防护，注意劳逸结合。在集团公司党组领导心里，员工身心健康始终是最大的牵挂。

在榆林，兰州石化长庆乙烷制乙烯项目被列为国家乙烷裂解制乙烯示范工程，是中国石油的重点炼化项目。来自寰球工程、昆仑工程等 10 家单位的干部员工，冬季不歇、春节不休。在参建员工眼里，项目高质量建成投产是他们新年的奋斗目标。

戴厚良对项目员工们说：“各参建单位要一家人一条心，一个目标一股劲，齐心协力推进项目工程建设，坚持‘单机试车要早、吹扫气密要严、联动试车要全、投料试车要稳、经济效益要好’原则，做好各项生产准备工作。希望大家共同努力，早日把项目建成精品工程、效益工程、阳光工程。”

在尼日尔，中尼石油合作被称为“尼日尔人民的希望之光”。自 2008 年与尼日尔政府签署合作协议以来，中国石油已经在撒哈拉沙漠腹地建成了年产百万吨原油的生产基地和现代化炼油厂，尼日尔也拥有了上中下游一体化的完整石油工业体系。目前，尼日尔项目正加快准备二期开发建设，向着 500 万吨稳产 15 年的目标奋进。

“通过视频看到大家精神和身体状况都很好，我感到非常高兴。虽然远隔千山万水，但集团公司始终关注着坚守在海外的员工们，我们的心是连在一起的。我相信，尼日尔项目一定会为当地经济社会发展、增进中非友谊产生积极作用。”戴厚良对海外员工们说。

董事长的问候与关怀，让员工们倍感温暖。“我们一定不辜负您的信任，高质量高水平确保项目如期建成投产！”“您放心，我们一定做好个人防护，健健康康的、平平安安的！”“感谢您的挂念，我们将铆足劲大干一场，过一个难忘的新年。”

段良伟、黄永章，总经理助理、管理层成员，总部相关部门、专业公司负责同志参加视频连线活动。

（记者　李妍楠）

从北京到尼日尔　关爱滋润我们心田

《中国石油报》 2021 年 2 月 9 日　第 5 版

“希望大家在远离祖国的时候，把自己的生活安排好、工作安排好。虽然远离祖国，但我们也要过一个欢乐祥和的春节！”集团公司董事长戴厚良在春节慰问海外员工时殷殷叮嘱。

“虽然远隔千山万水，但集团公司始终关注着坚守在海外的员工们，我们的心是连在一起的！”连日来，戴厚良董事长慰问时温暖的话语，在尼日尔上游项目的餐厅里循环播放，在海外员工中产生强烈反响。“不辜负集团公司的关怀，不辜负集团公司领导的信任，高质量高水平确保项目建成，为中非友好做出更大贡献”成为尼日尔项目、西非公司乃至中油国际全体员工的共同心声。

“加快尼日尔二期工程建设步伐，尽快完成全面开工建设准备工作，力争项目 2023 年建成投产！”2 月 7 日，中油国际西非公司尼日尔上游项目召开尼日尔二期开发建设和尼贝管道建设推进启动大会，明确二期上下游一体化项目建设关键时间节点，对加快项目建设进行再部署。

为了让员工在项目上安心过年，尼日尔上游项目对员工生活、生产组织、疫情防控、安保防恐、值班值守都做出精细安排，开展了新冠预防知识竞赛、羽毛球比赛、台球比赛、趣味运动会和新春歌咏大会等“迎新春、抗疫情”系列文体活动；营地的主要路口，大红灯笼高高挂，员工餐厅拉起了彩带，挂上了大红福字，充满了欢乐中国年的喜庆气氛。尽管疫情期间物资储备困难，项目仍然为广大员工准备了充足的年货。春节期间，“美食周”活动将持续上演，届时天南地北的各色菜肴，也能让大家感受到家乡的味道。

“抓好油田生产不放松，抓好疫情防控不放松，抓好安全安保不放松，抓好队伍稳定不放松，让集团公司领导放心。”西非公司总经理刘合年在传达和贯彻董事长慰问精神的公司例会上提出要求。

近年来，尼日尔项目已建成一期 100 万吨原油生产基地和 100 万吨的炼油厂，为资源国建立起一体化的石油工业体系，为当地经济和社会发展做出了突出贡献。尼日尔二期正在加快建设，将创造更好效益和做出更大贡献。

2020 年，面对新冠疫情和低油价的双重挑战，尼日尔上游项目一手抓疫情防控，一手抓生产经营，通过深入开展“战严冬、转观念、勇担当、上台阶”主题教育活动和提质增效专项行动，生产经营和安全生产等各项工作取得良好业绩。项目超额完成中油国际下达的全年原油产量目标任务，增储上产工作取得重大突破。

特别是在疫情防控方面，尼日尔上游项目认真贯彻集团公司、中油国际、西非公司疫情防控工作部署，实施严格的封闭管理和网格化管控，实现了“零疫情、零感染”的业绩。员工们坚守岗位，全力保障当地成品油供给，也在当地树立了良好的企业形象。

“作为一名海外基层工作者，在远离祖国的撒哈拉腹地，收到董事长的亲切问候，倍感温暖，深受鼓舞。新的一年，我们将再接再厉，在撒哈拉谱写自己的灿烂人生。”与董事长视频连线的尼日尔上游项目勘探部员工刘邦说。

尼日尔二期要在基础条件薄弱、支持体系差的撒哈拉大沙漠腹地如期建成年产 500 万吨规模的油田和外输管道，难度巨大、挑战巨大。

这不仅是“最具挑战、最具难度、最具风险、战线最长”的海外“四最”项目，还具有1万海里超长海运、超过2000公里超长内陆运输和400公里沙漠运输的“三超长运输”的特点，建设难度可想而知。

虽然新冠肺炎疫情依然肆虐，2021年，尼日尔上游项目将认真贯彻落实集团公司工作会议精神，坚持疫情防控和工程建设两不误，尽快建成600万吨产能，确保“十四五”良好开局，为集团公司海外业务的发展做出积极贡献。

（本报记者　杨晓宁
通讯员　刘三学　陈　希）

千万里之遥　温暖似春风扑面

《中国石油报》2021年2月9日　第5版

中国传统节日春节前夕，集团公司戴厚良董事长、李凡荣总经理、段良伟安全总监和黄永章副总经理等领导视频连线慰问海外员工，在海外石油人中引发热烈反响。全体海外员工及家属倍感温暖、备受鼓舞，纷纷表示，要把集团公司的关怀化作实际行动，坚决贯彻落实好集团公司工作会议精神和各项决策部署，坚守岗位，抓好疫情防控和生产经营各项工作，以优异成绩实现“十四五”良好开局。

中油国际公司董事长叶先灯表示：“要将集团公司领导的关心厚爱和殷切期望化作不竭动力，团结一心，攻坚克难，为集团公司建设世界一流综合性国际能源公司，为保障国家能源安全做出海外石油人的新贡献。”

中油国际西非公司副总经理、尼日尔上游项目总经理程存志表示：“董事长的讲话使项目全体员工深受鼓舞，我们一定落实安排好工作，不忘初心、牢记使命，为二期项目早日建成努力奋斗。”

西非公司外籍员工代表伊萨卡表示：“公司为尼日尔提供了上千个工作岗位，不少人还走上了中高层管理岗位。公司为我们修建了很多学校、医疗所，为油田及管道沿线的社区打了很多水井，做了很多公益事业，我们由衷地感谢中石油。”

乍得上游项目公司总经理朱恩永说：“集团公司领导的连线慰问是对项目全体员工的巨大鞭策和鼓舞。乍得上游项目将认真贯彻落实集团公司工作会议精神，进一步周密部署，扎实认真做好疫情防控工作，推动公司业务‘十四五’高质量发展。”

中油国际哈法亚项目总经理助理黄洪庆说：“集团公司领导视频巡检哈法亚项目，是对项目的关心。我们将严格落实集团公司防控要求，战胜内外部严峻形势的挑战，打赢疫情防控阻击战，做到片区安全、安保可靠，完成生产经营目标。”

哈法亚项目经营计划部经理宋代文表示：“作为海外最大的作业者项目，集团公司领导对哈法亚项目视频巡检以及对全体海外员工的慰问，体现了集团公司对海外员工身心健康和生命安全的高度重视，让我们深刻感受到集团公司领导对项目员工的关注、关心、关切与关爱。我们要坚守好自身岗位，勇担当、善作为，毫不松懈、慎终如始地做好项目的安保和疫情常态化防控工作，也要尽最大努力做好自己的本职工作，再创佳绩。”

哈法亚项目HSE部经理欧阳文表示：“感谢集团公司领导的慰问和嘱托。我们将按照集团公司的HSE管理和疫情防控要求，认真落实，不留死角，继续做好疫情防控和安全支持工作，为哈法亚油田的平稳作业做出自己的贡献。”

工程建设公司（CPECC）海湾地区公司总经理朱健表示：“每逢佳节倍思亲，尤其是今年疫情影响严重，我们许多员工已经很长时间没有回国休假了。此时此刻，集团公司领导给大家送来了慰问和祝福，让大家心里倍感温暖。在疫情防控方面，我们将继续按照‘一国一策、一项目一策、一人一策’的方针严格落实，确保中方员工零感染。我相信，有中国政府和集团公司做坚强后盾，海湾地区公司一定能克服胜疫情影响，圆满实现在建项目的执行目标。”

CPECC 海湾地区公司常务副总经理、巴布项目总经理吴家熬说：“在春节即将来临之际，集团公司领导亲自巡检并慰问远在阿联酋沙漠深处的巴布项目全体员工，我们非常感动并深受鼓舞。面对严峻的疫情形势，巴布项目全体中外员工严格按照集团公司的各项防疫要求，确保项目正常运转，并在疫情期间实现了业主的投产要求。作为项目经理，我深感责任重大。我将决不辜负集团公司和公司领导的期望与重托，带领全体员工克服疫情影响，在年内实现项目的全面投产，向集团公司交上一份优秀答卷。”

CPECC 海湾地区公司员工代表岳忠科表示：“我刚刚从项目现场回到国内休假。感谢集团公司领导的关心关爱。CPECC 海湾地区公司制定了人员轮岗轮休计划，在海外坚守时间比较长的员工今年大都可以回家轮休了。休假结束后，我会尽快返回现场，以更加饱满的精神状态投入工作，为集团公司海外事业做出新贡献。”

（本报记者　崔　茉　袁　莲）

祝愿送海外　平安度佳节

《中国石油报》2021 年 2 月 9 日　第 5 版

2 月 5 日，集团公司董事长戴厚良连线中油国际（尼日尔）上游项目员工，向大家致以新春的问候和祝福。在此之前的 2 月 3 日，集团公司专门举行 2021 年国际业务新冠肺炎疫情防控专题视频会，总部机关部门、有关专业公司、海外地区协调组、海外业务企业等 51 家单位近千人在线上“云集”。在回顾总结集团公司国际业务 2020 年度疫情防控、部署国际业务 2021 年度疫情防控重点工作的同时，集团公司总经理李凡荣，集团公司安全总监段良伟和集团公司副总经理黄永章对重点海外项目进行了视频巡检和新春慰问，对全球疫情之下海外石油人的坚守和奉献表示衷心感谢。

适应国际业务疫情防控常态化形势

“通过视频看到大家精神和身体状况都很好，我感到非常高兴。虽然远隔千山万水，但集团公司始终关注着坚守在海外的员工们，我们的心是连在一起的。我相信，尼日尔项目一定会为当地经济社会发展、增进中非友谊产生积极作用。”集团公司董事长戴厚良与中油国际（尼日尔）上游项目员工视频连线时向大家致以新春的问候与祝福。

“中方员工还有多少人没有实现倒班轮换？目前，坚守时间最长的员工有多久？当地雇员是住在营地还是通勤？……”集团公司总经理李凡荣在视频会上关切询问，反复叮嘱要加强疫情衍生风险应对，关心关爱员工身心健康，做好员工及家属春节慰问等工作。

一年来，面对新冠肺炎疫情全球爆发的严峻形势，集团公司国际业务各单位、各项目按照集团公司疫情防控领导小组的工作要求，把员工生命安全和身心健康放在首位，第一时间启动一级响应，建立四级联防联控机制，按照“一国一策”“一地一策”“一项目一策”细化防控措施，疫情防控取得重大战略成果，实现了全体海外中方员工零确诊，无因疫情导致死亡病例，无输入病例。中国石油的抗疫经验得到中央领导、国资委、商务部的多次表扬，并成为海外中资企业疫情防控的样板。

截至2月8日9时，全球新冠肺炎感染人数已突破1.06亿，现有确诊病例超2773万人，死亡人数超过232万人，总体扩散蔓延态势不减。特别是近期部分国家发现新冠病毒变异，疫情防控的复杂性和难度都大幅增加。从海外项目所处的环境看，当前越来越多的国家迫于经济压力，放松严格限制措施，导致疫情传播概率上升。从海外业务自身内部管理看，疫情导致海外项目工作重心发生变化，员工长期处于高压紧绷状态，身心疲惫，尤其需要关心关爱。

为此，集团公司要求，各单位要始终保持清醒头脑，充分认清、准确把握国际业务疫情防控面临的新形势、发生的新变化。针对境外疫情常态化的实际，集团公司根据国务院联防联控机制、商务部、国资委等有关要求，结合海外项目实际，正在组织更新修订《国际业务新冠肺炎疫情常态化防控工作指导意见（第三版）》。国际业务做好打持久战的思想准备，在“抓落实”上狠下功夫。各海外项目贯彻集团公司“境外疫情防控情况复杂，必须持之以恒抓实抓细”的要求，突出加强重点场所和重点环节管控，全力提高一线医疗保障能力，明确责任抓落实、锚定目标抓落实、强化督查抓落实、盯住基层抓落实，及时跟踪境外项目疫情新形势，实现“人、物、环境”同防。

提升应对突发事件能力和风险管控能力

经过坚持不懈的努力，集团公司统筹推进疫情防控和生产经营各项工作，应对突发情况的能力和抗风险能力进一步增强。各海外项目通过加强疫情防控国际合作，与资源国、合作伙伴和当地社区共同构建疫情防控的利益共同体。

当前，海外项目很多是资源国重点项目，为避免因为疫情造成停工或减产，集团公司强调，各海外项目需要统筹推进疫情防控、生产经营和安全稳定各项工作，确保国际业务持续健康发展；全力保障“一带一路”油气重大合作项目，推进“一带一路”倡议走深走实，造福沿线国家和人民，实现互利共赢、共同发展。

同时，国际业务是集团公司高质量发展的重要组成部分，对于提升公司国际化水平和综合实力具有带动作用。疫情形势下，针对海外项目成本、现场生产组织方式都发生很大改变的实际，集团公司特别指出，创新升级国际业务发展模式，对现行的国际业务管理规章制度流程进行全面梳理，研究确定是否需要更新或出台新政策，确保各项制度流程符合疫情常态化下国际业务管理需要。

考虑到新冠疫情对全球政治、经济和社会产生的深远影响，集团公司要求，各海外项目准确把握当前和今后的内外部形势变化，坚持底线思维，积极有效应对政治风险、安全风险、社会风险等各类风险挑战。特别是强化疫情衍生风险防控，提高预警能力和防范意识。通过强化安保管理，堵住风险漏洞，切实抓好安全生产工作，提升突发事件应急处置能力。

春节期间送温暖到海外员工和家庭

“我们将细化回国倒班休假的具体措施，确保中外方员工身心健康。”在2月3日的视频巡检中，中油国际哈法亚项目总经理成忠良回答道。

“我们将继续做好疫情防控常态化下的管理工作，确保员工健康、安全。”工程建设公司海湾地区公司总经理朱健这样说。

“在新冠肺炎疫情高风险地区的尼日尔、乍得，我们要让地处大漠无法实现常规轮休的员工，从心里感受到节日的气氛。”中油国际西非公司副总经理张军表示。

在新春佳节即将来临之际，海外项目员工的工作、生活和健康情况牵动着集团公司领导的心。

“值此新春佳节来临之际，集团公司谨向坚守在海外的你们致以诚挚的问候和崇高的敬意，并向你们的家人致以衷心的感谢和亲切的慰问。”集团公司致全体海外员工慰问信中这样写道。

2021 年春节的脚步临近。每逢佳节倍思亲。集团公司要求，各单位主动了解海外项目员工生活需求，向境外项目供应一批年味十足的年货。各单位领导班子实现分包划片，对海外项目进行视频或电话慰问，逐户走访到海外员工家庭，主动帮助他们解决实际困难，满足合理诉求。同时，在做好疫情防控的前提下，各海外项目适当组织员工开展集体文娱活动，营造温馨喜庆的节日氛围，令员工在海外安度春节。

员工是集团公司最宝贵的财富。在这次视频会上，集团公司反复强调，进一步强化员工关爱工作，确保员工队伍稳定。结合当前全球国际航班减少且受到严格管控、人员出入境受到制约的实际，采取有力措施关心关爱员工身心健康，继续发挥心理专业咨询机构的力量，加强心理疏导和人文关怀，提升海外员工心理健康水平。各单位通过对海外员工及家庭摸底，分类帮扶，消除员工后顾之忧；对在外时间较长的员工，要制订详细计划，安排专人“一对一”帮扶，切实增强员工安全感、幸福感。

（本报记者　刘　亮）

筑牢根基　感受管道脉动

——中油国际管道公司哈国南线天然气管道运行管理工作纪实

《中国石油报》 2021 年 3 月 9 日　第 7 版

哈萨克斯坦突厥斯坦压气站　何凡　摄

记者 3 月 3 日获悉，尽管面临着新冠肺炎疫情蔓延、天然气出口计划量接连下调等严峻形势，2020 年，中油国际管道公司哈国南线天然气管道合资公司运营的哈萨克斯坦南线天然气管道，依然实现了年输量的逆势增长，比上年增长超过 26%。

这背后是中哈双方员工的通力合作和不懈努力。

疫情之下，中哈双方员工守望相助，全方位打牢哈萨克斯坦南线天然气管道（简称哈南线管道）运行管理基础，为中哈两国能源事业做出了重要贡献。

建立科学调度机制
提升运行效率效益

哈南线管道是中国石油在“一带一路”沿线重要的互利共赢工程，是哈萨克斯坦国内骨干天然气管线，在向哈国南部地区居民供气中发挥着重要作用。

随着管道建设持续推进，2020 年初，哈南线管道投产的压缩机站场已达 6 座，压缩机、发电机等各类设备日益增多。管道输气相关方众多，高效通畅的调度信息是基础。疫情下信息沟通、人员上岗均受阻，给管道运行管理带来极大考验。

为解决这一难题，中油国际管道公司哈国南线天然气管道合资公司（合资公司）去年3月开始着手完善调度信息汇报机制，更新应急响应程序文件；9月完成了调度协议条款更新，新增了异常工况下调度信息汇报流程等内容。

按照新的调度信息机制，运行承包商每天将关键设备、气量等运行状态数据，及时向合资公司阿拉木图调控中心报送，同步传输给中油国际管道公司北京总部调控中心。总部建设的SPS仿真系统和大数据分析平台，可以为各管道提供更科学合理的仿真优化建议。2020年初，总部与哈南线管道调控中心建立起邮件调度令机制，推动运行更加科学高效。

去年4月进入输气淡季，当时哈南线日输量在2800万立方米左右，开启了3个压缩机站。总部经过仿真优化提出，只用开启两个站就能满足输量要求，于是发出邮件调度令。合资公司调度中心随即协调运行方案调整，实施站场关闭。仅此一项，就节约了半个月的自耗气约150万立方米，大大降低了运行成本。

为提升运行效率，合资公司去年还梳理出40项运行关键管控节点，建立了“运行指标库”，按时组织分输站计量系统检查和冬季运行检查，把精细管理落实到每一步的运行操作上。

在各项严密细化的运行管理措施下，2020年全年管道运行平稳，运行管理关键指标全部达标。特别是入冬以来，单日进气量和外输量屡创新高，并早在11月3日管道输气总量就超过了上年全年的输气量。

筑牢运行配套支撑

强化稳定输气保障

运行能力的全面发挥，还需要从运行商务、疫情防控等各方面提供支撑和配套。

由于哈南线管道采取的是委托运行模式，站场运行操作和设备维修等主要由各家承包商来实施，要采购不少第三方服务，这些都需要及时签署服务协议来保证工作连续性。其中包括压缩机组维护、增压服务、自耗气等生产类协议，及防腐层修复、应急物资储备等投资类服务，总计多达40项。每项协议都需要多方调研、专业把关、多轮次沟通。2020年受疫情影响，很多外委服务采办有所延迟，有的还成本上升，但管道运行不停，这些服务也不能停。

为确保协议及时签署、质量可靠，早在去年年初，合资公司内部生产技术部门就集中了中哈方的技术专家，成立了6个专业小组，分别跟踪落实这些服务协议。

对发电机、压缩机维护等技术要求高、成本高的合同，专业小组重点把关人员资质和服务质量，邀请多家有技术实力的承包商参与竞标，反复研究相关资料和协议条款，有的协议跟承包商邮件沟通多达30余次。

协议谈判签署贯穿了全年，在中哈方股东支持下，运行服务、输气协议等重点合同顺利完成签署。此外，利用合同延期、签署补充协议等多种举措，保证了发电机组维护、航空巡线等第三方服务按计划正常开展，最大限度保障了管道输气能力。

为降低疫情对管道运行的冲击，合资公司从去年3月开始就构建起全方位疫情防控体系，严防现场疫情传播。严格落实现场作业防疫要求，加大承包商入场许可检查力度，并安排现场代表坚守岗位、暂停休假，确保疫情期间的管道运行维护。

在管道沿线的克孜洛尔达调控中心，疫情出现以来，现场哈方员工一直坚守岗位。中方员工不少人坚守岗位超过400天，大部分超过一整年。中哈方干部员工携手，用坚守和奉献为管道平稳运行筑起了坚强保障。

系统打造安全屏障

确保运行稳定受控

安全生产是管道平稳运行的底线。常规的冬夏季输气压力变化就是一大挑战。特别是冬季输气高峰期，管道内部气压升至最高，上千公里的管道，只要有一处裂缝都会造成难以想象的管道安全事故。去年 3 月以来，哈国疫情蔓延，让本就严峻的安全生产形势变得更加复杂。

合资公司严格落实哈国政府和中油国际管道公司总部安全生产各项法律规范，多角度推进，全方位打牢管道运行的安全屏障。

首先是持续开展管道完整性管理，确保管道本质安全。油气管道需要周期性开展管道内检测，来及时发现管道变形、腐蚀等各种隐患。去年 3 月 15 日开始，合资公司组织开展管道内检测作业，检测里程 1143 公里，共收发球 60 余次，于 5 月 20 日完成一阶段线路第二次内检测工作。9 月 11 日，项目组织哈国运行承包商对筛选出的 6 处疑似缺陷点进行开挖验证。

“经开挖检查没有发现需立即修复的缺陷，本次内检测工作圆满完成。”参与检测的 ROSEN 公司专家表示。

管道伴行路是管道运维的基础设施。去年春汛期间，合资公司组织了对管道伴行路的全面水毁隐患排查，共检查出 5 处隐患点。合资公司当即组织承包商调运了推土机、挖掘机等设备物资赶赴现场，在短短两天内就完成伴行路修复工作。

在确保本质安全基础上，运行安全监管更是必不可少。2020 年，合资公司 IMS 体系由德国权威机构成功进行了认证，有效提升了管道运行作业层面的风险管控能力。合资公司还针对管道运行实际，组织编制发布合资公司《作业安全分析程序》等 15 项作业层面的安全管理标准和程序，按计划开展应急演练和管道运行安全检查并跟踪整改落实，确保运行安全风险受控。

随着运行管理水平和输气能力的提升，哈南线管道作为哈国天然气管网“中枢神经”和“能源大动脉”的作用将更加突显，也必将为“一带一路”建设、中哈两国能源合作做出更大贡献。

（记者　薛子文　通讯员　何　凡）

让“蓝金”造福中土两国人民

——阿姆河天然气公司发展纪实

《中国石油报》2021 年 5 月 25 日　第 7 版

5 月，阿姆河天然气公司（简称阿姆河公司）营地所在的土库曼斯坦法拉普地区艳阳高照，最高气温已近 40 摄氏度。卡拉库姆沙漠腹地的夏天已经到来了，生产基地里也是一派火热的忙碌景象。截至 5 月 21 日，阿姆河公司已累计生产天然气 1188 亿立方米，助推中土两国天然气贸易量突破 3000 亿立方米。

中油国际（土库曼斯坦）阿姆河天然气公司第一天然气处理厂

中国石油阿姆河天然气公司钻井作业现场　阿姆河公司　供图

在土库曼斯坦沙漠中的地震勘探车

茫茫荒漠中从无到有、从小到大，阿姆河公司以“无一时短供、无一日断供”的稳定供气能力，在中土合作中发挥了主供气源作用，绵长的管道让沿线5亿多百姓享受到“蓝金”的温暖。

沙漠打造合作典范

土库曼斯坦大部分国土为沙漠，其天然气探明可采储量却高达35万亿立方米。在中土两国政府的高度重视和两国建设者的共同努力下，2009年12月14日，中、土、乌、哈四国元首共同开启通气阀门，见证中亚天然气管道工程竣工投产。

中国石油人驻守大漠14载，凭借先进的气田勘探开发经验，钻修井作业、工程建设、工艺设备等方面技术优势，在浩瀚的卡拉库姆沙漠腹地攻克一项项世界级建设开发难题。

“整个项目在沙漠中，荒无人烟。当时勘探队伍跑了一周多，别的带不了，每天就只靠吃馕，每人也只能吃一个。”现任阿姆河公司总经理也是当年第一批参加项目勘察与交接工作的陈怀龙说。这一串数字凝聚着中土两国建设者的心血和汗水——6个千亿立方米气区，高效建成2座天然气处理厂、14座集气站、126口生产井，年产量超过140亿立方米，年供气量130亿立方米，被誉为“中土能源合作典范”。

科技催生丰硕成果

阿姆河畔建设有石油界公认的难题：高温、高压、高含硫的“三高”条件，地址和气候环境复杂恶劣。这给前期勘探和后期开发带来极大困难。

凭借技术利器，阿姆河公司发现了两个千亿立方米储量的大型整装气区，通过滚动开发建成100亿立方米产能。同时，在主产区的东西两侧也实现勘探突破。快速高效的勘探，为产气保供提供了丰富的资源储备。

“通过多年摸索，我们突破了前人关于储层发育模式的理论局限，探索出开发此类高压碳酸盐岩酸性气藏的钻完井配套技术，实现了高难地质条件下的钻井技术突破。”公司钻井总工艺师吴先忠介绍说，“最终取得了合同区钻井成功率100%、测试综合成功率92.8%、探井成功率83.1%、开发井成功率100%的成绩。”

解决了储层开发的问题，阿姆河公司产能建设进入了快车道，创造了“中国石油速度”。在建设高峰期，有3720名中方员工在现场连续工作半年以上。仅用18个月就在沙漠中建成年产50亿立方米商品气的阿姆河项目一期工程。阿姆河项目年产90亿立方米的二期工程也提前半年竣工，再次令外界惊叹。

随着项目一期工程进入递减期，阿姆河公司开启了右岸二期工程，以承担起资源接替任务。这个公司以气田地质特征和开发关键点为依据，精准施策，在多方集智攻坚之下，最终牢牢抓住了阿姆河开发技术的“牛鼻子”。这些技术突破使得二期工程有望在已建成 90 亿立方米年产规模的基础上，再力争稳产 10 年以上，有力地支撑了 140 亿立方米的长期稳产目标。

今年年初以来，阿姆河公司作业产量最高时达到 4450 万米^3/ 日，在保证天然气生产安全平稳运行的同时，公司不断依靠技术创新推进油气增储上产，资源基础日渐巩固，这让阿姆河项目“底气十足”。

谱写互利共赢新篇章

5 月 2 日，15 名土库曼斯坦学员结束了为期两周的 HSE 脱产在线培训，摩拳擦掌、跃跃欲试，做好了走上自己工作岗位的准备。“这样的培训，每年要开上 10 至 15 期。”负责人事的唐厚昌介绍说。

公司成立 14 年来，中土双方员工比例从 3 比 7 降至 1 比 11。如今，217 名中方员工和 2400 名土方员工一起撑起一个年产百亿立方米的现代化天然气项目，本土化战略是阿姆河公司的人才密码。

阿姆河公司的项目年产气量从 37 亿立方米升至 140 亿立方米，在 HSE 管理方面一直保持“零污染、零伤害、零事故”。截至目前，累计实现安全生产超过 2.4 亿人工时。

公司高度重视人才的培养，启动了“管理及专业人才”和“操作技能人才”两个“百人培养计划”，陆续推出配套的考核激励政策。14 年来，阿姆河公司共选派土方员工 5.63 万多人次赴中国各大油田、高校培训实习。选派 139 名土库曼斯坦学生赴中国留学，其中 90 余人学成归国，投身土库曼斯坦油气领域。

在今天的集体农庄米干村，一桶桶“甘泉特产”是村民们走亲访友的礼物。这里曾是该州缺水最严重的居民区，水中盐碱含量高、水质差，当地人民生活饱受困扰。2014 年，阿姆河公司为米干村援建了现代化的净化水厂，水厂经四道工艺过滤杀菌后，产出可直接饮用的高质量饮用水。米干村的长老、村民喝着甘泉，跳起欢快的民族舞。村里的米合莱大妈兴奋地说：“我们从心底感谢你们！”

走到土库曼斯坦巴德格雷合同区，能看到一条条四通八达的公路，被当地人亲切地称为“中国路”。阿姆河公司修建各类生产用路 1092 公里、各类桥梁 11 座。过去因下雨、洪水而中断交通的情况一去不复返。附近一位畜牧农庄经理说：“路修好了，交通更便利了，非常感谢中国石油！”

“如果我没有在中国石油工作，可能永远没有这样的机会参与到加快我们国家经济发展、改善老百姓生活的大项目里。”已在阿姆河公司工作了 13 年的当地员工尼亚斯感慨道。

为服务中土战略伙伴关系和中土能源合作大局，服务“一带一路”建设，阿姆河公司提出建设世界一流天然气合作项目的目标，制定了总体实施方案和工作要点，绘就未来美好的发展蓝图。

（记者　王馨悦　张　鑫　张书义
冷有恒对本文亦有贡献）

点滴做起降库存莫桑比克项目提质增效

《中国石油报》2021 年 6 月 8 日　第 7 版

6 月 2 日，中油国际莫桑比克 4 区项目联合公司的中方派员杨卫东很高兴。经过他和同事的积极努力，100 根在仓库里积压 7 年的套管，以原值 70% 的价格出售，不仅最大限度地回收了这批套管的采购价值，互利共赢，还减少了库存费用，降本增效 50 多万美元。

中国石油 2013 年开始参与莫桑比克的海上天然气勘探开发和生产，其中 4 区项目是中国石油在东非地区首个超深海大型天然气及 LNG 项目，也是中国公司在莫桑比克最大的单体项目。中国石油作为参股方和非作业方，充分发挥中方派员在联合公司的作用，积极参与该项目的投资活动，并对相关问题提出建议。

2019 年和 2020 年，莫桑比克项目公司中方派员（联合公司财务部）积极参加联合公司的库存盘点。盘点中，中方派员发现，库存中有一批 2013 年采购的 20 寸套管，在钻井完成后还有剩余。这些套管由于规格型号不配套，无法继续在 Coral 项目钻井中使用。

针对库存盘点中发现的问题，中方人员明确提出处理建议，并积极跟踪进展。经过谈判，ENI ANGOLA 公司同意依照原值的 70% 计 51 万美元采购 100 根套管，且自行承担该批套管的检验、吊装和运输等费用。目前，后续工作正在积极推进。

（通讯员　唐　超）

新丝路项目当地操作工在维护单井采气树管线仪表

中央控制室通过 SCADA 系统远程采集气田运行数据，监控野外各生产单元安全运行

气田输气管线系统跨越当地人工运河　曹增民　摄

让“丝路之花”越开越艳

——中油国际（乌兹别克斯坦）公司新丝路项目 HSE 管理纪实

《中国石油报》 2021 年 6 月 8 日　第 7 版

6 月 5 日是世界环境日，记者了解到，位于乌兹别克斯坦南部布哈拉州卡拉库里人迹罕至的沙漠腹地，中油国际（乌兹别克斯坦）公司新丝路项目（简称新丝路项目）气田现场，中乌双方员工正在各个生产岗位上忙碌着，营地绿色环保，生机盎然。

这个项目自2017年投产至今，未发生可记录工业安全事件、新冠肺炎疫情感染事件及群体性公共安全事件，连续两年被当地政府环保局评为环保先进企业。中国驻乌兹别克斯坦大使、外交部海外项目考察团等都曾前去气田现场观摩、学习。

优良的HSE业绩背后，是新丝路项目中乌方干部员工精诚合作，精准施策，逐步建立起了“预防为主、应急保障”的安全生产体系，为这朵“丝路之花”打下坚实的安全环保基础。

以人为本　员工健康放首位

践行“以人为本”的HSE理念，对新丝路项目来说并不是一件容易的事。

项目生产基地位于沙漠腹地，距离最近的县城近30公里，缺乏社会依托。夏季高温、冬季严寒，沙漠中还有蝰蛇、乌蛛等剧毒害虫。同时，新丝路项目所产的含硫化氢天然气属于剧毒气体，一旦泄漏将造成很大危险。

新丝路把员工健康作为安全生产的前提，除了在气田建设中提升自动化程度，通过远程操作和监控降低人员风险，还不断强化安全风险管理，为项目雇员提供健康保障。

项目把对操作工的安全培训作为确保员工健康的“第一关”。针对不同岗位的操作工，编制不同的安全作业程序进行培训。特别是针对含硫气体泄漏风险，新丝路项目会对新入职操作工统一组织正压呼吸器使用培训。每年组织的操作工安全技能比赛和紧急状况处置演习上，呼吸器佩戴使用、采气站点的风险识别可控制措施、人员受伤急救都是必考的项目。

在野外行车、清管作业等各项高风险生产作业中，如果生产人员无法识别风险点，或者识别了但没有做好预防，都会威胁生产人员的健康安全。新丝路项目对此制定了针对性的健康保障机制。在输气管道清管作业中，针对含硫化氢气体泄漏等风险，不断总结经验，将以往晚上收发球调整到白天。收发球前开展端口清洗，过程中全程监控，大大降低了操作工的健康安全风险。

新丝路项目还充分利用当地医疗资源为员工提供健康保障。2018年7月，在正式投产前，项目与所在地阿拉特县医院签署医疗服务合同，县医院派出临床经验丰富的专业大夫，24小时在项目现场提供医疗服务。此外，项目还为全体雇员购买了医疗保险，指定专业医院进行体检和疾病治疗。

匠心独运　夯实安全基础

复杂恶劣的生产环境，给这个项目的安全生产管理带来多重挑战。新丝路项目把安全生产视为系统工程，充分把握规律、精准施策，提升本质安全水平，把安全管控贯穿到生产的每一个环节，从根源上杜绝事故的发生。

项目首先通过与下游天然气处理厂联动，精细科学排产，减少生产环节中的突发因素干扰，从而有效降低了设备故障率，从源头降低安全风险。

在管理过程中，新丝路项目按照“全员、全过程、全天候、全方位”的原则，将安全环保工作细化分工，做到“人人赋予责任，事事有人担当”。根据设备功能划分责任，明确专业电工、生产部操作工日常维护工作界面，确保责任清晰。

对重点地区和关键环节加大隐患排查力度，确保本质安全。项目对管道内腔定期进行防腐蚀处理，确保在高硫天然气生产和运输条件下集气系统运行的可靠性；对技术设备进行提前预防性维护，保证生产系统中采气电动控制系统等各类设备稳定运行。

各类生产作业是安全管控的关键环节。今年4月10日开始的单井移动计量作业中，作业人员和HSE人员分工负责、密切配合，检查作业设备状态，严格按照操作规程开展作业。作业人员不仅明确开关生产阀门、测试管路密闭性等操作要求，还要熟练掌握紧急状况处置步骤。

除了日常的应急演练培训，这个项目还与布哈拉州消防局合作，建设起专业的消防体系。早在2018年3月，项目建设过程中，就邀请当地消防局专家参与了项目消防站的建设。运营期间，与消防局合作，由其派遣专业人员到项目现场值班，每周开展例行训练，每年开展两次检查，建立起健全的消防安全响应机制。

严密的安全管理体系大大提高了系统运行的可靠性，让安全环保工作为项目安全生产保驾护航。

重视环保　推进绿色发展

中国石油“在保护中开发、在开发中保护、环保优先”的环保原则，也被新丝路项目带到了乌兹别克斯坦。尽管是沙漠偏僻地带，环保的各项措施要求也未放松。

在运行初期，这个项目就认真研究乌国政府批准的《环境影响评价报告》，将报告推荐做法逐条应用到钻修井泥浆、生活废水、废弃物等各类污染物处理中，确保各项措施符合当地环保法规。

油气田企业环保风险重点之一的钻修井泥浆坑，如果处置不当会对地下水、地表环境造成污染。新丝路项目严格按照规范进行处理：上一口井可用泥浆运输到下一口井利用，环保与节约并举；泥浆坑水泥基底、防渗布铺垫，防止泥浆液体渗漏；泥浆坑蒸发固化后填埋，表层土确保达到农业种植要求。

项目与所在地政府环保局下属的废弃物处理站合作，将生产生活废弃物由环保局专用车辆运至政府指定废弃物处理场，合规处置。废旧机油、废旧电瓶、金属边角料等则送由当地环保局指定农机站再利用。

同时，项目还以同样的标准，将承包商纳入统一管理，确保钻修井井场、集气站周边、管道建设沿线植被恢复作业等符合当地政府要求。在此前的天然气运输管道建设沿线可以看到，现在已经青草鲜花满地、郁郁葱葱，甚至比原始地表的野草长得都旺盛。

每年春天，项目还组织员工在营地内栽种树木花草。今年植树节前后栽种了松树、果树100余棵，绿化种草300多平方米。营地内各采气站、清管站场做到油污不落地，站点周围复耕土地植被绿意盎然，像一朵“丝路之花”，在卡拉库里沙漠腹地显得格外耀眼。

（记者　薛子文　特约记者　曹增民）

定向钻井再创新纪录

阿克纠宾项目新井投产

《中国石油报》2021年7月13日　第7版

7月9日记者获悉，地处哈萨克斯坦的中亚公司阿克纠宾项目让那若尔油田三开定向井5195井顺利完井，并创造这个油田多项钻井新纪录。

5195井是阿克纠宾项目今年第一批新井之一，井深3802米。从开钻任务下达之初，项目公司就与施工单位西部钻探互相配合，科学精心组织。项目克服作业任务集中、中方骨干人员和生产机具不足、新冠肺炎疫情蔓延等困难，中哈方员工密切合作，顺利克服密度高达1.95克/立方厘米的塑性泥岩二开井段，以10.78米/小时的平均机械钻速、7.6天的钻井周期，高效完成三开1440米定向施工任务，首次在让那若尔油田KT-Ⅱ井三开井段实现了一趟钻钻进施工。

这口井还进行了油改电实验，不仅减少设备维护成本，降低了机修时率和环保排放费用，而且稳定的动力输出也为井下动力工具发挥了较高的效率。最终，让那若尔油田 5195 井三开钻井周期 40.48 天、完井周期 49.5 天、三开 1440 米段定向施工一趟钻完成，均创油田历史最好纪录。

目前，阿克纠宾项目第一批 9 口新井已经完钻 8 口，将陆续进入投产作业阶段，为项目公司完成年度油气产量任务起到重要的促进作用。

（通讯员　王岩峰　记者　李春辉）

哈萨克斯坦西北原油管道阿曼泵站竣工验收

《中国石油报》 2021 年 7 月 13 日　第 7 版

当地时间 7 月 9 日，在哈萨克斯坦阿拉木图召开的中油国际管道公司西北原油管道反输改造工程年内整体完工投产协调会议上，哈方股东代表阿里诺夫表示，反输改造工程的建设完工将实现哈国境内的“西油东送”，将有更多原油出口中国，对两国的能源合作有着重大深远的意义。

此前的 7 月 1 日，西北原油管道反输改造工程阿曼泵站举行了竣工验收仪式。这标志着西北原油管道经过两年多建设，正式达到工程规划的 600 万吨 / 年的反向输油能力，将大力提升哈萨克斯坦西部原油向中国的出口能力，同时也将极大地增强我国西北能源通道的保障能力。

2018 年 11 月，哈萨克斯坦西北原油管道反输改造一期工程启动，经过前期建设于 2020 年 6 月 17 日投产，达到 300 万吨 / 年的反输能力；二期工程于 2019 年 12 月开工建设，其中新建的阿曼泵站是保障反向输油能力达到 600 万吨 / 年的关键工程。阿曼泵站如期实现竣工验收，标志着反输改造二期工程所有关键主体工程全部完工，将为年内实现反输改造工程全面建成投运打下坚实基础。

为按期实现建设目标，中油国际管道公司西北原油管道合资公司坚持以“抗疫生产两手抓，健康效益双胜利”为指导，与承包商结成命运共同体，克服重重困难，全力推动阿曼泵站加快建设进度。

这个公司充分吸取国际最新的疫情防控经验，更新防控措施手册和预案，加密监督检查频次，保证了现场疫情措施的严格落实，工程建设始终有序稳步推进。针对疫情下的物资采购难题，协助承包商联系国外生产厂家，推动与地方政府沟通，快速开通施工现场物资供应“绿色通道”，推动所需设备材料如期运达现场。

工程建设实行全周期升级管理。西北原油管道合资公司作为业主方，全面深度介入设计、采办、施工现场管理等工程实施各具体环节，依法合规帮助承包商解决疫情防控、资金短缺等现实困难。针对涉及阿曼泵站按期竣工的关键工作和工序提前介入，业主现场代表协助承包商优化施工组织，提高工作效率。增派第三方监理人员赶赴施工现场，加大现场安全生产的监督检查力度。提前组织编制阿曼泵站专项设备调试试运方案及安全应急预案，协调当地应急保障资源，确保调试试运安全顺利实施。

此外，中哈双方股东密切沟通协调，加快审批进程，及时解决工程面临的重点难点问题。项目中方团队担当尽责，长期坚守，自疫情蔓延以来平均坚守现场超过 450 天。

（通讯员　王渊博　盛朝辉　记者　薛子文）

书写合作共赢的“西非答卷”

——乍得上下游一体化项目投产运行10周年纪实

《中国石油报》 2021年7月13日 第7版

新的10年蕴含着新的希望。

乍得项目将继续秉承互利共赢的理念，紧抓“一带一路”建设和共筑“中非命运共同体”的宝贵历史机遇，扎实推进各项业务，锚定航向，克服困难，努力奋斗，书写新的辉煌。

6月29日是乍得恩贾梅纳炼油厂建成投产10周年纪念日。这座建设在距中国1.2万公里的非洲中部稀树草原上的现代化炼厂，连同投产运行的中国石油乍得上下游一体化项目，被当地媒体称为创造了乍得工业的“奇观”。

乍得炼厂为污水排放修建的氧化池，已成为当地的一道美景

古达瓦镇小学孩子们在中国石油捐建的教室上课。乍得上游项目乍得炼厂项目 供图

乍得炼厂中方员工现场指导当地员工操作

10年来，中国石油始终秉承“互利共赢、合作发展”的合作理念，不断拓展中乍能源合作的深度和广度，巩固和增进中乍人民的友谊，在“一带一路”沿线国家书写了一份亮丽的“西非答卷”。

油气勘探 硕果累累

10年来，乍得上下游一体化项目在中乍两国政府的关心支持下，在中国石油与股东方、合作伙伴的共同努力下，实现了从小到大、从弱到强、从快速发展到高质量发展的跨越。

上游油田创新地质认识，开展立体勘探，加快风险勘探，强化滚动勘探，取得了一系列重大突破和发现。2011年以来，乍得上游项目累计新增石油可采储量超1亿吨。

原油产量连续10年箭头向上。在规模增储的同时，上游油田加快上产。2014年，乍得油田2.1期项目投产，油田产能翻番。当年11月，罗（罗尼尔）科（科梅）长输管线投产，打通原油外输通道，油田产量快速增长至300万吨。此后，上游油田产量以每年百万吨速度增长，实现了从100万吨到600万吨产能规模的历史性跨越。

10年来，炼厂累计生产和销售石油产品530万吨，生产的汽油、柴油、航空煤油和燃料油产品，除保障乍得国内供应外，还外销至中非共和国等国，已成为当地经济支柱产业和利税大户。炼厂的液化气产品，极大地改善了首都恩贾梅纳居民的生活，保护了当地生态。电站项目每年为首都20万人提供电力供应。

中非能源合作“范本”

作为中乍合作的“压舱石”项目，这个项目正在打造成为中非能源合作的“范本”。

“我们非常感激罗尼尔油田长期以来帮助我们维护道路。请接受我最诚挚的谢意！”这是一封来自乍得上游罗尼尔油田社区古达瓦镇镇长尤素福·阿力法先生的感谢信。在古达瓦镇村民眼里，是中国石油改变了他们的命运。罗尼尔油田投产当年，为小镇打了4口水井，建立了当地第一所希望小学，接纳了300多名学生。镇上有了啤酒屋、俱乐部、咖啡厅，人口从500人增加到上万人，成为油田发展带动村镇城市化的典型。

10年来，中国石油积极履行社会责任，仅在乍得上游就累计为当地缴纳税费24亿多美元，超过300家当地承包商为中国石油提供物资和服务，增加了3万多个就业岗位。

中国石油加快本土化进程，加大对当地员工的培训力度。乍得炼厂与乍得MAO石油高等专科学校签署合作办学协议，每年为资源国培养大批炼化行业技术人才。乍得上游项目专门建立了培训中心，提升当地员工的操作水平。

此外，中国石油还积极参与和谐社区建设，定期前往恩贾梅纳“上帝保佑”孤儿院看望儿童，组织中方女工到乍得妇女中心教授瑜伽、参加国家妇女周等活动。近几年，在捐助灾民、捐建学校、资助农业与养殖业、环境治理、社区服务等方面，炼厂公益事业累计投资达860万美元。

新冠肺炎疫情蔓延后，乍得上游项目员工、曾在中国留学的阿里先生向中国驻乍得大使馆捐款，表达对中国人民的关心之情。2020年年初至今，中国石油在乍员工疫情期间坚守岗位，保证当地油品供应。

披荆斩棘　西非模式

乍得，地处非洲内陆，常年炎热高温，自然条件十分艰苦，热带疾病肆虐，社会安全和健康风险高。10年来，乍得上下游一体化项目不仅保持了健康发展，而且各项指标均位居海外板块前列，成为“明星项目”，创造了“西非模式”“西非经验”。

乍得项目始终坚持弘扬大庆精神铁人精神，广大员工不惧恶劣的自然环境，攻坚克难，顽强拼搏，涌现出“中央企业劳动模范”窦立荣，集团公司劳动模范王景春、刘结柱、韩海斌，集团公司十大杰出青年张军涛等一批先进人物典型，乍得上游项目勘探部被评为集团公司先进集体。

项目把创新作为驱动发展的动力和解决复杂问题的“金钥匙”，持续完善科技创新机制，建立以需求为导向、生产研究深度融合的技术创新体系，探索形成“地质勘探＋油气田开发＋工程建设＋原油外输”的四大优势技术系列，形成支撑增储上产的核心成果。

10年来，乍得上游项目先后获得集团公司科技进步一等奖2项、二等奖1项，中油国际科技进步奖28项，申请国家发明专利6项。

一体化项目严格遵循国际惯例，遵守当地法律法规，严格执行母公司的制度规定，做到依法合规、诚信经营，有效规避和防范法律、税收等经营风险；与资源国政府和合作伙伴交往中，始终坚持互相尊重、以诚相待，为发展创造了和谐友好的外部环境。

在乍得二期油田开发和管道建设中，中国石油充分发挥甲乙方一体化、上下游一体化和勘探开发一体化优势，共举一面大旗，实现了工程建设提速和项目优质建成投产。

这个项目把员工生命安全和身体健康放在首位，绝不以牺牲资源国环境为代价发展油气。上游油田通过实施钻修井作业井场防渗工程、引进无坑钻井作业模式、建设回收池系统和焚烧炉系统等措施，实现了石油开发与环境的和谐统一。

面对百年未有之大变局，面对新冠肺炎疫情仍在非洲大陆蔓延，“我们要甘做为国为民的孺子牛、创新发展的拓荒牛、埋头苦干的老黄牛，凝聚新共识，勇挑新重担，把西非地区建设成中国石油海外有效益、有深度、有影响的常规油气重点合作区！”西非公司总经理刘合年激励在乍全体员工时说。

（记者 杨晓宁 通讯员 李文汉 李星军）

一泓清水情润撒哈拉

中油尼日尔投身公益事业

《中国石油报》2021年7月13日 第7版

7月9日，记者在与中油国际尼日尔上游项目公司副总经理哈桑的聊天过程中，了解到他亲眼见证了中国石油在当地开展公益事业带来的变化。撒哈拉沙漠腹地，由这个公司援建尼日尔的希望小学传来了琅琅读书声，孩子们露出求知若渴的眼神，沉浸在知识的海洋中。援建学校或许并不十分宽敞，却为孩子们带来了希望。

自2008年中国石油在尼日尔开展生产运营以来，尼日尔公司积极投身当地社会公益事业。在尼日尔的大漠深处，修建教室89间，接纳学生千余人，为当地教育发展做出了积极贡献。除此之外，令当地居民欣喜的还有水井建设。截至目前，在尼日尔当地已建造了101口水井，有效地缓解了当地社区居民用水难的问题。尼日尔公司组织人员帮助当地居民修井，更换水泵、安装全新的太阳能发电机组，当地民众看在眼里喜在心田。一泓奔涌而出的清水，浸润的是尼日尔老百姓的情谊与感动。

截至今年6月底，中油国际尼日尔公司在当地累计纳税18.57亿美元，创造就业岗位4622个，修建诊所6间，医疗转运约200次。中尼石油合作多年来，先后选派近200名尼方员工和石油部人员赴中国及其他国家进行专业学习，累计培训尼方员工10.5万人，为尼日尔培养了一大批石油技术和管理人才。

（通讯员 于文璟）

莫桑比克科洛尔项目稳步进行

《中国石油报》2021年7月20日 第7版

记者7月15日获悉，莫桑比克科洛尔深海浮式液化天然气项目业主与承包商实现累计安全人工时超3000万小时，主要HSE指标优于行业平均水平。

科洛尔深海浮式液化天然气项目2017年启动，经过4年设计和施工，目前FLNG船已经在韩国三星船厂进入陆上试车阶段。科洛尔项目采用世界领先的浮式液化天然气技术，计划建造一艘年生产能力340万吨LNG的浮式液化天然气船，通过与液化天然气货轮搭配使用，可直接停泊在气田上方进行作业，实现海上天然气的开采、处理、液化、存储和外输。

项目自成立以来，中方公司积极汲取6家

股东公司高水平技术实力和管理经验，推动作业者逐步建立适合项目特点的 HSE 管理体系，进一步提升科洛尔项目整体 HSE 管理水平。

科洛尔项目作为非洲第一个大型深海浮式液化天然气开采、生产、储存与运输一体化项目，既要充分考虑海上作业的特殊性，也要充分考虑有限空间里的紧凑性等，对工艺安全管理提出挑战。

去年项目进入建造高峰期以来，承包商总人数长期保持在 3000 至 4000 人，工程进度紧，交叉作业多，对 FLNG 建造的现场安全管理提出较大挑战。项目设定关键 HSE 管理 KPI 指标，严重事件率（SIR）、可记录安全事件率（TRIR）及失时工伤率（LTIF）均优于行业标准，2020 年至今各建造场地均未发生重大安全事故。

面对新冠肺炎疫情，项目中外方团队迅速制定防控方案和可执行化细则。莫桑比克项目公司股东层面与合资公司建立良性沟通渠道，敦促管理团队切实做好防疫工作，中方公司编制“一人一策”防控措施，确保了员工零感染。截至目前，项目总体进度完成 89%，保持踏线运行，为明年按计划日期投产打下了坚实基础。

（记者　杨晓宁　通讯员　王士博）

曼格什套项目油田　冯伟平　摄

阿克纠宾项目三开定向井 5195 井　王岩峰　摄

聚焦高质量　实现双引领

——中亚公司提质增效工作纪实

《中国石油报》 2021 年 7 月 20 日　第 7 版

记者 7 月 16 日了解到，在哈萨克斯坦阿克纠宾项目让那若尔油田，仅工程师寥超一人就顺利完成三开定向井 5195 井的全部定向施工。

这口井于近日顺利完井时，创造了油田多项钻井纪录。这是中亚公司以新技术、新工艺

阿姆河天然气公司 B 区东部气田投产现场　孙波　摄

应用促进提质增效的缩影。最新统计信息显示，今年上半年，中亚公司生产经营指标全面高于计划指标运行，其中经营利润和净现金流联袂大幅超前，形成双箭头引领的态势，凸显了中亚公司聚焦高质量发展、全力推进提质增效升级的工作成效。

稳产治亏增效三手并施

今年年初以来，以阿克纠宾项目让那若尔油田第一轮新井687井、5199井相继开钻和推进石油合同延期工作为标志，中亚公司推动提质增效、油气上产等工作不断取得新突破。

6月3日，阿克纠宾项目今年第一口巴列姆井顺利完钻。这是项目公司为保证稳产今年部署的80口新井之一。6月16日，PK项目KETEKAZGAN油田提前两个半月投产，为项目完成年度上产任务打下良好基础。

与此同时，在公司提质增效升级专项行动方案8个方面33条工作措施中，“严控低效无效投资”“强化经营分析”“坚持推动资产优化”等措施，重在因地制宜降本增效和亏损治理。

阿克纠宾项目重点评估和提升新井产能到位率及措施有效增油量，通过资金安全排查增加公司抗汇率风险的能力和安全边际；PK项目认真分析成本因素，细化到成本要素投入的各个环节；曼格什套项目以稳产增油、扩销出口等综合手段减亏增效。

6月14日，随着催化装置检修后一次投产成功、产品合格，奇姆肯特炼厂圆满、安全完成现代化改造后的首次大检修。这次3年长周期运行后的检修备受当地关注，大检修的安全完成，为炼厂降低加工损耗和优化加工成本起到了助推作用。

上半年，中亚公司和项目公司同心推进治亏增效，取得重要阶段性成果。在严峻的市场形势下，仍保持了经济效益远超时间进度和在海外油气业务的领先地位。

大场面新项目培育“底气”

重点项目公司的行动与地区公司夯实资源基础、保障中亚油气合作可持续发展的“十四五”规划环环相扣。面对各项目已投入开发的主力油田已进入高含水开发后期、储量替换率较低的情况，上半年，中亚公司积极寻找大项目和大场面，以保障中亚油气合作高质量可持续发展。

这个公司强化优质勘探和新项目开发工作，开展滨里海盆地勘探新项目筛选，积极挺进深层、探索非常规油气；推动塔吉克斯坦勘探项目进一步的合资合作工作，以深入地质研究。

在积极推进大型开发项目合资合作的同时，这个公司将培育天然气业务作为新的增长点，发挥中国石油在中亚上中下游一体化业务的优势，实现上游天然气业务增值。为培育天然气业务，上半年成立了中哈合资的欧坦项目公司，项目与哈萨克斯坦输气公司已进行多次商务接洽，组织项目评估。在推进优质勘探和通过协同创效推进提质增效升级上，公司正前瞻性跨出新的步伐。

关爱抗疫安全防范风险

“我已经接种了新冠疫苗。”6月25日，联合公司哈方女员工吉娜拉挥了挥胳膊，有些得意地笑着对中国同事说。在吉娜拉的亲朋中，一些人接种疫苗的愿望并不强烈，但她在听从了公司建议后，欣然与同事们一起接种了疫苗。中亚公司所属项目积极鼓励当地员工进行接种，以尽早在公司范围内形成免疫屏障。其中，奇姆肯特炼厂当地员工疫苗接种人数超过50%。项目还将疫苗接种工作推广到承包商中，以尽快构建有效免疫屏障。

今年年初以来，中亚公司各项目坚持“横向到边、纵向到底”原则，不断加强疫情防控措施的落实。其间，地区公司以疫情防控专题视频会和对重点地区疫情防控督查的方式，督促各项目扎实做好网格化管理，定期组织疫情防控多情景全过程演练，并及时补充防控物资。同时，认真开展员工关爱行动，确保员工身心健康。

今年上半年，中亚公司有力的防控措施保证了生产经营活动安全平稳运行。

（记者　李春辉
通讯员　王延华　陈楚薇　余　伟）

乍得上游项目优化部署，提前完成旱季勘探任务　乍得上游项目勘探部　供图

全力打造海外油气业务新增长极

——西非公司提质增效工作纪实

《中国石油报》2021年7月27日　第5版

“乍得上游风险勘探取得重大突破，两口探井获高产。尼日尔上游勘探传来捷报——多井试油喜获高产油流。”今年上半年，西非公司勘探开发多点开花，成为海外油气业务的亮点。

在超额完成各项目标任务的同时，西非公司通过深入打造提质增效“升级版”，正在努力成长为海外油气业务新的增长极。

乍得炼厂中方和当地员工携手保证装置平稳运行　李星军　摄

牵住成本“牛鼻子”　确保传统举措稳效

年初以来，新冠疫情继续在全球蔓延，给海外项目生产经营带来严峻挑战。西非公司全体员工坚定信心、下定决心，立足长远抓当前，谋划全局抓重点，在保证生产经营平稳运行的同时，全力提质增效，推动高质量发展。新春伊始，公司提质增效“升级版”方案制定，列出4个方面22项举措，从“传统举措稳效、优化协同创效、创新发展提效”3个层次，保证提质增效落地实施。

西非公司牵住成本“牛鼻子”，总结固化以往提质增效成功经验和做法，继续从严控投资、控本降费、扩销增收、合同复议等方面降本增效。

为实现降本控费，各项目加强物资与服务项目的采办管理，加大本地采购力度，通过竞争性招投标，获取低价优质服务；通过优化物资采购计划，加强内部沟通，积极处置、使用积压物资，提升存货周转率，减少库存资金占用。乍得上游项目在去年全面开展合同复议工作的基础上，今年对一期电站扩建承包工程、钻机日费、降凝剂、油套管采购等方面加强价格谈判和合同复议，取得良好效果。

西非公司各项目积极开展油品销售工作。乍得上游项目开展原油销售，乍得炼厂将产品销售拓展到中非、喀麦隆等周边市场，产品销量较去年同期明显增加，提效能力显著提升。

坚持全生命周期理念　做到优化协同创效

“提质增效不是权宜之计，而是推动高质量发展的长期性战略举措。”西非公司组织全员学习相关财务知识，学会从大局出发、从财务角度看提质增效。针对主产项目均是上下游一体化项目的实际，公司树立全产业链全生命周期价值最大化理念，促进各环节优化增效，唱响产业链“大合唱”。

勘探优化提质。乍得上游项目以实现产能建设和战略接替为目标，优化勘探策略，精心组织实施，储量规模持续增加；尼日尔上游加快勘探节奏，优化部署 12 口新增探井，加大规模发现力度，确保储量资源接替。

开发优化提产。乍得上游项目加强一期方案优化调整，动态优化井位部署，新井初产达标率和措施有效率分别达到 100% 和 90%；尼日尔上游项目加大二期产能实施方案优化力度，平均单井钻遇油层厚度较设计增加 7.2 米。

钻井优化提速。尼日尔上游项目优化钻井轨迹和钻井进尺，将单井组合为平台丛式井，加强氨基泥浆体系、导管预埋等新技术的推广应用，提升钻井作业管理水平，平均机械钻速提高到 24.2 米 / 小时，平均钻完井周期缩短到 16.8 天。

工程优化提效。“节约就是创效。”尼日尔上游项目强化二期地面工程详细设计优化，以工厂化预制和模块化建造思路指导设计，优化 15 项设计方案，从源头上控减投资。

管道和炼化项目科学增效。乍得二期和尼日尔一期管道通过优化降凝剂注入浓度和加注时间，减少降凝剂消耗，有效控减药剂成本；乍得炼厂和尼日尔炼厂优化生产装置操作，进一步降低催化剂单耗和综合能耗。今年上半年，乍得炼厂各装置安全平稳运行 181 天，各项指标创历史新高。尼日尔炼厂在装置故障停工检修半个月的情况下，仍超额完成原油加工量等生产指标。

抓局部的同时重整体，实现协同发展创效。西非公司将勘探开发视为一个有机整体，坚持“勘探开发一体化、地质工程一体化”，让勘探向开发延伸、开发向勘探渗透，缩短建设周期，加快资源向储量转化、储量向产量转化，力争早日投产见效；坚持“技术与商务一体化”，开发方案编制强调成本早回收、项目全周期效益最大化；发挥“上下游一体化”优势，实施上下游一体化经营策略，提升整体创效水平。今年上半年，公司新增储量完成年度计划的 80%，油气作业产量完成年度计划的 52%，原油加工量完成年度计划的 55%，多项指标均超额完成年度考核进度。

紧握科技“利器”　实现创新发展提效

2023 年底，尼日尔项目将建成全智能化油田运营环境，实现无人巡查，二期地面工程将试点建设太阳能电站；尼贝管道将试水“光伏 + 储能 + 柴油发电机”新能源利用项目。尼日尔二期建设的新图景，是西非公司认真贯彻落实集团公司数字化转型、智能化发展的扎实举措。

“从长远看，要把提质增效的基点牢固建立在科技创新、数字化转型、新项目开发和资本运营上，力争实现更深层次、更大范围、更高水平的提质增效。”西非公司总经理刘合年如是说。以技术创新和管理创新为引领，西非公司推动提质增效提档升级。

“仅用 9.13 天就完成了第一口井的钻井任

务。”7 月 13 日，在乍得上游项目油田现场，长城钻探 41 队的司钻兴奋不已。他操作的自动化快装平移交流变频电动钻机，不仅钻速快、自动化程度高，而且作业安全系数大大增加。乍得上游项目全面推行螺杆 +MWD+ 个性化 PDC 钻头提速一趟钻技术，机械钻速同比提高 15.29%，探井综合成本每米同比降低 2%，开发井成本降低 1.5%。尼日尔上游研制成功井下电缆接头连接工艺，一举解决了一期油田因原油易结蜡、出砂、高凝而导致电泵井下作业故障率高的难题，使电泵检泵周期提升两倍以上。

在刚刚揭晓的中油国际 2020 年度科技进步奖评选中，“乍得盆地提速提效钻井关键技术研发与规模应用”和“尼日尔一期滚动评价及效益增储研究”均荣获科技进步一等奖，科技成为上游项目增储稳产的“利器”。

乍得炼厂坚持向管理要效益，上半年深入开展 3 次经营对标分析活动，找差距、补短板、增效益。炼厂聘请外部公司完成国内外市场销售分析报告，推动各销售商开展产品扩销工作，上半年销售收入增幅达 19.51%。

在西非，技术创新和管理创新的例子还有很多……

风物长宜放眼量。提质增效已成为西非公司的一项系统工程，全产业链全生命周期提质增效举措体系正在全面构建。面对下半年繁重的生产经营任务、面对仍在全球蔓延的疫情，西非石油人“干”字当头、“实”字托底，将紧抓尼日尔二期建设的有利契机，统筹推进生产经营各项工作，为集团公司建设基业长青的世界一流综合性国际能源公司做出更大贡献。

（记者　杨晓宁）

中亚公司突出一体化协同推动高质量发展

《中国石油报》 2021 年 7 月 29 日　第 1 版

7 月 25 日，记者从中亚公司 2021 年领导干部会议上获悉，中亚公司认真贯彻落实集团公司领导干部会议精神，做出突出一体化协同、推动中亚核心油气合作区高质量发展的工作部署。

针对今年后 5 个月的工作，中亚公司确定了按照上下游一体化统筹、甲乙方一体化协同、国内外一体化联动的原则，坚定不移贯彻落实海外大区体制机制改革，加强企业文化建设，提升风险防控体系建设，加强提质增效和亏损企业治理，加快人才强企工程建设，推动解决重大关键问题，以更大力度、更大决心，持续推动中亚核心油气合作区高质量发展的工作思路。

按照这一工作思路，中亚公司部署重点工作。坚定不移贯彻落实海外体制机制改革，进一步落实职责定位，充分发挥矩阵式协调管理优势，加强协调与支持，推动各单位共享 QHSE 体系、信息技术、组织群团、法律事务、监督检查等资源，实现优势互补；坚定不移加强中亚地区企业文化建设，充分发挥企业文化的一体化统领作用，深入推进中亚地区廉洁企业建设，持续推进专业齐全、结构合理的海外员工队伍建设；坚定不移提升风险防控体系建设，坚持合法合规运营，持续做好疫情常态化管理，进一步加强 QHSE 体系建设，继续加强社会安全管理工作；坚定不移加强提质增效和亏损企业治理，继续坚持“一切成本皆可控”理念，以效益为导向安排投资，向资金运营要效益，持续推动全产业链一体化创效能力；加快亏损企业治理，年底前全面完成所属各亏损项目的治理目标。同时，坚定不移加快人才强企工程建设，强化人才价值提升意识，充分发挥业绩考核和兑现分配的导向激励作用；坚定不移推进解决可持续发展重大关键问题。

今年上半年，中亚公司克服困难，各项工作全面超额完成计划任务。风险防控能力进一步全面提升，常态化疫情防控保持零感染、零输入；提质增效全面升级取得显著成果，油气生产稳定，支持服务与投资业务实现了区域内统筹一体化协同发展。

（特约记者　胡红民　记者　李春辉　通讯员　王延华）

艾哈代布项目员工现场作业

伊拉克哈法亚油田现场

纵深推进提质增效“升级版”

《中国石油报》2021 年 8 月 3 日　第 5 版

“做大中东”、优质高效发展，努力打造海外项目建设旗舰……近年来，中国石油中东公司（以下简称中东公司）不断实现产量和效益跨越式发展，捷报频传。在依然严峻的疫情形势和防控措施常态化之下，如何继续保持良好的发展势头？ 7 月 21 日，中东公司领导干部会议提出主要思路：着力推进提质增效“升级版”专项行动，不断在新的挑战和机遇中实现新突破。

得益于提质增效工作的深入推进，今年上半年以来，中东公司围绕集团公司和中油国际的决策部署，取得了原油生产超额完成进度计划、主要经营成果好于预期、重点产能项目有序推进的好成绩，完成了“时间过半、任务完成过半”的工作进度，为实现“十四五”良好开局打下了坚实基础。

细化工作部署　动态挖掘增效潜力

随着今年全球石油需求逐步复苏、油价震荡回升等宏观环境的变化，中东公司编制印发《中东公司 2021 年提质增效专项行动实施方案》，制定了四大类 17 项提质增效举措，构建形成月度“两表一报”督导督办机制，明确年度工作目标的同时，从制度上保证了措施落实到位。

“‘动态调整’，是中东公司提质增效工作的关键词。”据公司总经理助理汪华介绍，自从去年 3 月全力推进提质增效工作以来，公司根据油价变化等因素，开展不同油价下的压力测试，确保中东地区各在产项目实现既定目标。各项目按照既定方案进行部署，调整经营策略，跟踪督促方案落实。

“各项目结合国际油气市场和各个国家政策，以合同为基础，实施差异化策略，及时调整提质增效工作方案。”他补充道。

“一切成本皆可降”的理念贯穿提质增效工作始终。中东各项目致力于“提质”与“增效”共同发力，推进经营方式、运行质量及管控水平的再升级，与去年相比，更加细化挖掘生产各环节的提质增效潜力，大力实施稳产增油、成本控制、修旧利废、风险管理等措施，压减成本费用，提升创效能力。

落实“四精”要求

增强降本创效实力

苦练内功，实现创效，增强企业的盈利能力和水平是提质增效“升级换挡”的重中之重。中东公司牢牢把握“四精”要求内涵，各项目在提升投入产出质量、资产质量、运营质量以及产品、工程和服务质量等方面狠下功夫，充分发挥项目作为成本与利润单元的职责定位，大力实施降本增效措施。

艾哈代布项目注重优化生产运行，抓好全过程管理，在稳产增油、合同复议等12项提质增效措施上持续发力；哈法亚项目优化招标策略，调整采购合同模式，降低采购成本；鲁迈拉项目加强合同复议，优化库存管理；西古尔纳项目控制投资节奏，减少非关键的生产、后勤、维修等费用支出，单位操作成本大幅下降；阿布扎比项目积极与作业者沟通，与合作伙伴共同推动工作部署优化；阿曼项目优化投资进度，提升钻井效率，压缩各类费用支出……各项目结合生产实际，精准施策，成功实现增收增效。

在中东油气市场，如何进一步增强创效实力？从优化投资角度来看，着力优化开发方案和工作部署，切实提高投资效率；抓好重点工程项目施工方案优化和组织，确保进度符合计划。从控减成本费用角度来看，持续提升作业效率、管理水平和创新能力，压减各项成本费用支出，持续深挖外部潜力。

坚持创新驱动

扩大关键技术影响力

“通过技术创新，我们大大提高了工作效率，有效防范化解生产中遇到的各种风险和难题。我们正在不断努力通过技术攻关赋能提质增效。”中东公司技术部主任靳松说。

上半年，伊拉克哈法亚项目和西古尔纳项目开展低渗透碳酸盐岩储层改造取得新突破，试验井生产效果均好于预期。

在油田生产过程中，关键技术的突破不仅解决了具体的生产难题，而且带来产量和效益的提升。5月初，西古尔纳项目首口致密油藏水平井多级压裂改造成功，产量是改造前的5倍多。据了解，这口水平井是西古尔纳项目压裂施工规模最大的，作业风险高。这口井的成功压裂并获得高产，对致密油藏规模开发具有重大意义。此次压裂改造采用的关键技术包括：对水平段完井管串进行优化布局，不仅能实现分段压裂，而且未来每段都可分别实现开和关，为后续生产堵水提供便利和节省费用。同时，为获取可靠压裂设计依据，利用测试压裂分析地层闭合压力和滤失情况等关键参数，在施工过程中对包括液体体系和液体数量等主压裂方案进行多次调整优化，确保达到最佳改造效果。

艾哈代布项目优化生产运行，强化与合作伙伴交流，科学组织油田生产，制定细化到单井的实施方案。项目深入推进精细化注水优化，继续开展交替注水试验，提高试验区水驱波及体积和采收率，提升注水质量，改善开发效果。

（记者　储宝　通讯员　胡菁菁）

友谊之花绽放撒哈拉

——中国石油尼日尔项目社会责任探索与实践

《中国石油报》2021年8月10日　第5版

中国石油医疗队前往牧民村落义诊　中油国际（尼日尔）公司　供图

在撒哈拉沙漠腹地十几年的艰辛奋斗，滚滚黄沙中数年如一日的坚持，筑起了中国石油人在尼日尔的精神支柱。更难能可贵的是，石油人将其转化成一种温暖的力量，成为回馈当地社会、合作共赢发展、共同进步成长的典范。

清泉滋润干涸的沙漠

7月底，尼日尔石油、能源和可再生能源部部长马哈马尼·萨尼·马哈马杜前往尼日尔阿加德姆油田现场考察的过程中，在中油国际（尼日尔）公司（简称尼日尔公司）上游项目公司副总经理哈桑的陪同下，专门探访了当地村庄。

尼日尔公司通过常态化走访当地社区，了解居民之所想，急当地居民之所急，真正将企业的社会责任转化为真情实感的关怀。

长期以来，尼日尔公司将解决用水问题作为回馈当地社会的焦点。阿加德姆到津德尔炼厂的原油运输管道长达462公里，这条管道的5个中间站分别坐落在干旱的热带沙漠地区。在这里，放牧是人们主要的生活来源。沙漠严酷的自然环境迫使牧民们必须随着季节逐雨迁徙。牧民传统的打井方式导致一到冬季，取水点和水井就都会干涸。很多村民反映，这种井，尤其是比较靠近沙丘的，经常会被沙子填埋，所以要不断地进行除沙以保证水井正常出水。

为满足管道周边区域群众和牲畜的用水需求，尼日尔公司给这些地方配备了水槽和供水点。他们在每个中间站至少设置了两个水槽和供水点，帮助当地居民和他们的牲畜解决饮水问题。这些地方按季节和牲畜数量，取水量每天从15到30立方米不等。稳定供水为当地牧民的定居、生活和子女教育带来了很大便利。

授人以鱼不如授人以渔

教育是一个国家发展的基石。中国石油作业区所在的迪法大区地处沙漠腹地，中国石油在对社区教学设施分布和状况进行深入调查和分析后，“量身订制”援建计划。

2018年，尼日尔公司在Maine Soroa、Goudoumaria和Kablewa等社区累计援建15间教室。教室由建筑行业专业人士采用水泥等材料精心建造，配有桌椅、黑板、讲台、存放柜等设施。在Maine Soroa社区6间教室完工交付使用仪式上，当地教育部门负责人由衷地表达了对中国石油公益援建的感谢，“6间教室对当地孩子们意义非凡。”2020年，尼日尔公司完成20间教室的建设工作。迪法大学的5间教室于当年10月正式投入使用，形成了尼日尔公司对基础教育、高等教育多层次、全方位的支持体系。

同时，中国石油支持尼日尔石油实验室、石油部办公室、供电所以及石油社区公益建设，有效支撑和夯实了该国在石油工业发展培训体系的基础。从刚刚进入尼日尔市场开展社区主题演讲活动到后来在尼亚美、津德尔等地区举行石油展览进行相关知识科普，都在当地民众中引起了极大反响，为普及能源知识奠定了良好基础。当时尚处于初期开拓阶段的尼日尔公司，注重将自身发展同当地发展有机结合，2010 年尼日尔公司在参加尼亚美矿业学院科技节时，为该校持续培训技术生源提供支持。

尼日尔公司总经理周作坤说："项目对社区的回馈和公益活动，不仅限于合同框架和要求，更多的是同当地共同发展的良好初衷。"

为当地可持续发展贡献力量

2020 年，针对当地防疫物资存放困难的问题，尼日尔公司帮助对相关设施进行改建，大量物资得以及时妥善安置，为当地抗疫提供了有效支撑。尼日尔公司在新冠疫情发生后，实现医疗转运 177 次，并援建 6 间诊所、医疗支持两辆救护车。

尼日尔公司积极参与到社区活动中，将公益事业作为自身发展的一个组成部分，多年来营造了良好的社区氛围。互利双赢，共同发展，从低成本发展到技术引领，再把技术传播给当地企业，以技术带动当地经济发展。同时，严格遵守尼日尔环境保护法律法规，加强与政府及当地社区的沟通，做好本地化和合规经营，积极开展社会公益活动，促进当地经济社会发展，实现互促互进共同发展的局面。

尼日尔公司通过制定完全透明的实施方案，经由尼日尔国家代表（环保局、环评局）、地方民选代表、行政部门、民营公司等在内的多部门协作，在津德尔炼厂区域、油田开发区域，对从油田到炼厂再到内外输管道的上下游设施，进行系统的环境和社会影响研究、评估，形成纲领文件、制度、措施，对石油活动可能产生的影响进行评估和确定，并有效预防和减少对环境所造成的影响。该公司对牲畜、空气质量、土壤状况、地下水状况进行常态化监控，随时关注石油作业可能对当地环境带来的变化影响。通过在沙漠中植树的成功经验，形成了以油田基地、营地为中心的绿色发展小环境，给沙漠腹地增添了更多绿色。

尼日尔公司通过与钻井服务企业合作，创新研究了针对沙漠钻井产生泥浆专门回收处理的设备，形成基于环保承诺的具体实施方案，通过引入研发的创新型钻井泥浆处理设备，处理钻井泥浆，分离的水可直接排入其他水域，或用于牲畜饮用和灌溉农田等。在马哈马杜考察油田现场过程中，当他从长城钻探 GW-215 井队管理人员手中接过清洁过滤后的水源时，称赞了中国石油。

（记者　苏子开　通讯员　高启晓　于文璟）

锚定世界一流目标
打造高水平国际化专业人才队伍

《中国石油报》 2021 年 8 月 13 日　第 2 版

中油国际公司董事长、党委书记　叶先灯

集团公司 2021 年领导干部会议为新形势下海外油气业务开创组织人事工作新局面、奋进高质量发展指明了方向。中油国际公司全面落实党组部署，研究制定中油国际人才强企工程工作方案，配套实施"五大专项工程"，着力完善国际化人力资源管理体系，着力打造高水平国际化专业人才队伍，为推动公司高质量发展和建设世界一流综合性国际能源公司提供坚强组织和人才保证。

一是大力推进海外组织体系优化专项工程。进一步加强海外体制机制改革方案研究，建立健全国际化项目运作体系及股东行权组织架构，持续推进公司治理体系和治理能力现代化。深入研究公司本部机构改革，提升本部战略决策工作效率和高质量发展的引领能力；厘清本部、大区公司、项目公司的职能定位、管理界面、权责范围，形成科学高效的体制机制。进一步完善项目“共享管理”的组织机构设置模式，统筹实施机构职能优化调整，进一步理顺中方组织架构与联合公司组织架构、中方治理和法人治理关系。根据海外项目发展阶段和运营特点，进一步构建结构科学、扁平精简、高效运行的组织架构。

二是大力推进海外“三强”干部队伍锻造专项工程。完善领导体制，以选优配强各级“一把手”及各级领导班子为重点，优化班子功能、年龄、专业结构，激发班子活力。全面落实经理层成员任期制和契约化管理，推动年度和任期经营业绩考核目标有效衔接。加强考核结果强制分布和刚性运用，严格兑现奖惩，打破身份“铁交椅”。以海外领军人才为龙头，优秀年轻干部为重点，着力打造“三强”经营管理人才队伍。加大优秀年轻干部培养使用力度，放到海外艰苦地区、重点项目、吃劲岗位蹲苗锻炼，尽快配备到二级单位班子或重点关键岗位上。建立三个梯队目标，加快选拔一批40岁、30岁左右的优秀骨干人才进入各单位领导班子，同时注重发挥各年龄段干部作用，推动实现老中青“3个5年”的年龄梯次。

三是大力推进国际化人才价值提升专项工程。完善多元化招聘配置管理体系，集聚国际化海外人才队伍。在入口方面，灵活运用双向交流、人员调入等人才引进通道配置核心骨干、商务通用和稀缺专业类人才，引入人才测评市场化工具，为专业化和职业化的人才选育夯实基础。在出口方面，规范流程、固化制度、因类施策，实现契约化管理。在配置方面，精准施策，逐步形成中方员工内部轮换，资源国本土员工、区域员工、国际员工身份转换及中外方员工在海外项目间和境内外的“双向循环”流通机制；在海外多元化用工机制基础上，采取国际雇员、本土化等方式优化员工结构，扩大职业经理人试点。加大复合型领军人才和高端商务人才岗位薪酬吸引力，盘活存量、培育增量，建立健全国际化人才“生聚理用”发展机制，提升人才价值。

四是大力推进分配制度深化改革专项工程。加大人工成本管控力度，建立效益效率和收入同步增长联动机制，体现效益导向；进一步完善业绩考核办法及业绩奖金兑现的倾斜政策，体现向价值创造贡献大、向艰苦地区、向海外倾斜政策导向；以劳动力市场价位为标杆，逐步完善市场化薪酬体系，强化考核牵引，提高薪酬激励精准度；加快形成全球化薪酬分配机制，推动中外方员工薪酬水平与劳动力市场价位接轨。

五是大力推进国际化人才培养专项工程。不断完善国际化人才培训体系，聚焦复合型领军人才和年轻干部，强化“三全”（全过程、全维度、全球化）培训培养，实施精准培训，为公司人才队伍梯队建设提供有力支撑；充实优化公司内训师队伍，传承海外油气业务优良传统和成功经验；推动培训方式转变，拓展线上培训通道和平台，提升培训效率和质量；结合集团公司“国际化新千人培养计划”，加强企校联合定向培养；加大联合公司核心骨干人员和资源国优秀管理人员培训力度，提高当地雇员专业及管理技能水平。

中油国际鼓励优秀年轻干部建功海外

《中国石油报》 2021 年 10 月 9 日　第 1 版

截至 10 月 8 日，中油国际公司已成功举办 4 期年轻干部培训班，150 余名年轻干部参加培训，并将于近期举办第五期年轻干部培训班。建立年轻干部人才库，对年轻干部进行集中培训，已成为中油国际公司落实人才队伍接替专项工程、保障海外油气业务薪火相传的重要举措。

近年来，中油国际公司高度重视干部梯队建设。公司紧扣海外队伍建设需求，以打造国际化年轻干部队伍为宗旨，从顶层设计、选拔机制、个性化职业发展规划等方面入手，突出政治标准、专业素养和基层历练，建立覆盖中油国际各层级、各专业、不同年龄段的年轻干部人才库。

强化顶层设计。本着“科学规划、合理布局、把好入口、夯实基础、搭好平台”原则，遵循干部成长规律，坚持选拔使用与培养储备并重，做大基数、逐级培养、梯次递进。

明确选拔标准。设定年龄、海龄、民主测评得分、外语能力、专业背景等选拔条件，确保培养对象具备一定的海外基层工作经验、较好的群众基础、独立开展工作的语言能力及过硬的专业能力。今年 7 月以来，公司积极开展年轻干部选拔工作，逾百人确定作为公司第三批年轻干部，纳入公司年轻干部人才库管理。

配套职业规划。结合员工发展意向及公司干部队伍建设需要，为每位年轻干部量身定制 1 至 3 年的培养计划，按照“三年轮换”原则，定期进行岗位调整，力求在尽可能短的时间内丰富培养对象的经历、提升综合能力；实行“双导师”培养，甄选中高层管理人员或技术专家作为管理导师和专业导师，把中国石油“师带徒”的优良传统运用到国际化年轻干部培养工作中。

（通讯员　陈晓龙）

打造能源合作典范　推动共建“一带一路”

《中国石油报》 2021 年 10 月 26 日　第 8 版

10 月 18 日，以“携手迈向更加绿色、包容的能源未来”为主题的第二届“一带一路”能源部长会议在青岛召开。会上发布了“一带一路”15 项能源国际合作最佳实践案例。中国石油 6 个项目入围案例评选，其中“中国—中亚”天然气管道 ABC 线项目、俄罗斯亚马尔液化天然气项目、尼日尔阿加德姆上下游一体化项目 3 个项目获评能源国际合作最佳实践案例，并在本次部长会议期间得到集中宣介展示。这些优秀能源合作项目践行共商共建共享的理念，是中国石油 28 年海外创业成就的缩影，是中国石油贯彻落实习近平主席关于高质量共建“一带一路”要实现“高标准、惠民生、可持续目标”要求的生动实践，以实实在在的合作成果为沿线国家带来更多福祉。

“中国—中亚”天然气管道 ABC 线项目

中国—中亚天然气管道 ABC 线年输气能力 550 亿立方米，是联通中国与中亚多国的重要跨境能源通道，实现了能源互联互通、优势互补、战略共赢、价值共创和利益共享，是中国与中亚国家互利共赢的合作典范。

“中国—中亚”天然气管道始于土乌边境，途经土库曼斯坦、乌兹别克斯坦、哈萨克斯坦三国，止于新疆霍尔果斯口岸。管道 ABC 三线并行敷设，单线长 1833 公里。管道 2007 年启动建设，2012 年 10 月 AB 线建成 300 亿米^3/ 年输气能力，2017 年 12 月 C 线建成 250 亿米^3/ 年输气能力。截至目前，中亚天然气管道累计向中国供气逾 3600 亿立方米。

中亚天然气管道建设创造了多国跨境天然气管道项目建设的最快速度纪录，是世界管道建设的奇迹，共有 3000 多名中国石油工人为如期实现管道建成通气而在工地上奋战。

该项目的建设与运营，符合中国及管道沿线国家的利益，推动中亚各国天然气开发利用水平的提升，有效促进了沿线国家的经济社会发展，为沿线国家带来近万个就业机会；该项目对提高中国和沿线国家使用清洁能源的比重，促进节能减排，减少温室气体排放，保护地球生态环境发挥了巨大作用。此外，通过实施该项目还推广了国内成熟先进技术、标准和规范在中亚国家的应用，实现与上述中亚国家技术标准的兼容、互认和对接。

土库曼斯坦总统别尔德穆哈梅多夫称中国石油阿姆河天然气开发项目为“土库曼斯坦对外合作的样板”，称中亚天然气管道为“在现代条件下古丝绸之路的再现”。

俄罗斯亚马尔液化天然气项目

亚马尔液化天然气项目位于俄罗斯北极圈以内的亚马尔涅涅茨自治区萨别塔地区，包括油气勘探开发、天然气处理、LNG 制造、销售和运输等，是“一带一路”倡议提出以来中俄两国在油气领域的首个上中下游一体化合作项目。项目是多方以高标准、高质量、高效率合作建成并成功投运的全球特大型 LNG 项目，被称为“北极地区国际能源合作的典范”。

项目计划建设四条液化天然气生产线，前三条生产线产能均为 550 万吨 / 年，已于 2018 年 11 月投产；第四条产能为 90 万吨 / 年的生产线，已于 2021 年 5 月 30 日投产。中国石油每年通过该项目进口 LNG 约 300 万吨，成为向中国供应清洁能源、改善环境、建设“美丽中国”的海外供气来源之一。

项目投资方由俄罗斯、中国和法国企业共同组成，融资来自中国、俄罗斯和其他国际金融机构。建设所需设备材料采购和建设服务队伍来自全球各地，充分体现了“和平合作、开放包容、互学互鉴、互利共赢”的丝路精神。项目模块和部分 LNG 通过北极东北航道运输，较传统航程缩短了近三分之一，大幅降低了航程和物流成本，为亚太和欧洲乃至世界物流带来便利。通过实施该项目，验证了北极东北航道的可靠性，推动了“冰上丝绸之路”建设；项目促进了俄罗斯能源出口多元化，提高了俄在国际 LNG 市场的占有率，为俄带来巨大的经济效益，创造超过 10 万个就业岗位，并带动了俄罗斯船运、保险、金融等相关产业和极地资源开发，为当地创造了可观的社会和经济效益。

中俄原油管道项目

中俄原油管道起点为俄罗斯东西伯利亚—太平洋管道（ESPO）斯科沃罗季诺分输站，经漠河入境后终点为中国大庆林源输油站。管道双线并行铺设，单线长度 998 公里、设计输量 1500 万吨 / 年。中俄原油管道于 2011 年 1 月 1 日投产，具备 1500 万吨 / 年的输油能力。2016 年 8 月 13 日，中俄原油管道二线开工，2018 年 1 月 1 日投产，投产后管道输油能力提升至 3000 万吨 / 年。

中俄原油管道项目是我国东北油气战略通道的重要组成，也是中俄两国最大的务实合作项目，有利于促进两国能源战略多元化和保障两国能源安全，带动中俄两国沿线地区的经济社会发展。中俄原油管道的建成，有效保障了吉林、抚顺、大连等二十多家东北炼厂的资源供应，有利于进一步完善国家东北油气战略通道，优化国内油品供需格局，提振东北工业经济，并有力助推我国经济社会健康持续发展。

中俄原油管道项目也为俄罗斯打开了向亚洲方向通过管道供油的新局面，优化了俄罗斯能源出口结构，并带动了俄境内沿线地区经济社会发展、基础设施改善和百姓就业。此外，中国石油与俄石油以原油管道合作为契机，合作领域不断拓宽至上游、工程建设、技术服务、科技、员工交流等方面，进一步巩固了双方全方位战略合作关系。

尼日尔阿加德姆上下游一体化项目

尼日尔阿加德姆石油上下游一体化项目是中尼合作共赢发展、共同进步成长的典范，帮助尼日尔建立起了完整的现代石油工业体系，实现了石油自给自足，为促进当地经济社会发展和人民生活水平提高作出了突出贡献。

项目包括油气勘探开发、炼厂建设及运营、输油管道三部分。项目分两期开发建设。一期已建成 100 万吨 / 年油田产能，原油供给津德尔炼厂。项目二期包括油田钻完井工程、油田地面工程和尼日尔—贝宁原油外输管道工程（正在建设中），投产后将建成 550 万吨 / 年产能和尼日尔—贝宁 1980 公里长的原油外输管道。

项目积极探索新能源技术在石油上游和管道工程的应用。计划在井场建设 45 千瓦离网式太阳能电站，在混输泵站建设 1400 千瓦并网式太阳能电站，同时，拟在尼日尔—贝宁原油管道沿线 7 个中间泵站采用“光伏 + 储能 + 柴油发电机（备用）”的方式试点，单站光伏规模在 1900 千瓦左右。

中国石油积极履行社会责任，累计培训尼方员工 10.5 万人次，选派近 200 名技术和管理人员赴中国及其他国家学习；累计创造就业岗位约 5000 个，修建教室 89 间、诊所 6 间，打水井 100 余口，捐赠救护车 2 辆，医疗转运约 200 次；援赠大量抗疫物资。项目帮助资源国建立现代化石油工业体系，并使其从成品油进口国变为出口国。

中俄东线天然气管道项目

中俄东线天然气管道是我国东北方向油气进口通道的重要组成。管道中国境内段起自黑龙江省黑河市，途经 9 个省区市，南至上海，管道全长 5111 公里，是中俄之间第一条跨国境天然气长输管道。

2014 年 5 月上海亚信峰会期间，在习近平主席和普京总统的见证下，中国石油与俄气公司签署《中俄东线供气销购合同》。2019 年 12 月 2 日，中俄东线天然气管道正式投产通气，截至 2021 年 7 月底，已累计对华供气近 100 亿立方米。作为中俄全面战略协作伙伴关系大背景下的能源示范工程，其主要特色优势可概括为：

东线天然气管道项目是中俄两国高层亲自关注和支持的战略项目，该项目的实施增进了中俄双方政治互信和民心相通，推动俄罗斯天然气出口多元化，推动了俄罗斯东部天然气整体规划和该地区天然气化进程，创造了数万个就业岗位，切实改善俄东部地区民生和经济发展。作为中国四大油气进口通道中东北方向通道的重要组成，通过中俄东线管道将每年对华供应绿色清洁的天然气 380 亿立方米，惠及管道沿线近 1 亿民众，为中国早日实现“双碳”目标做出积极贡献。

2019 年 12 月 2 日，普京在出席中俄东线天然气管道投产仪式时表示：“该项目的投产，将中俄两国在能源领域协作提升至新的水平，对早日实现我与习近平主席共同提出的在 2024 年将双边贸易额提升至 2000 亿美元发挥了重要作用。”

印尼佳步项目

佳步项目位于印尼西部苏门答腊岛上占碑省，是中国石油在印尼的主力生产项目。公司自2002年进入印尼开展油气合作以来，经过近20年的艰苦创业和辛勤耕耘，取得了丰硕的发展成果，树立了中国石油促进当地经济社会共享发展成果的优秀企业形象。

项目公司积极推行本土化发展战略，员工本地化率超过99.5%，直接和间接为当地创造就业岗位累计达5万多个。项目公司倡导和践行构建多元共融的企业文化理念。通过积极探索国际化油气公司管理新模式，构建了中外方员工相互尊重的工作氛围，实现了6种宗教信仰员工的和平共处、团结合作。截至目前，项目中层领导29位，其中26位由印尼人担任；女性7人，占比超1/4。

项目高度重视严格保护当地环境，努力管控空气和水污染，大力开展危险和有毒物质的处理。近年来，公司在HSE方面取得良好成绩，获得了当地政府和国际专业机构的认可，获得印尼就业部勘探零事故奖、印尼就业部作业零事故奖。

项目公司秉承“互惠互利、深度互信”的原则，积极履行社会责任、参与公益事业。包括为油区居民建造医疗和教育中心、提供清洁水处理设施，帮助地方政府建造道路桥梁等基础设施和伊斯兰教学校，为海啸、地震等自然灾害提供紧急援助和重建资金等，获取了政府的极大信任和支持。截至目前，印尼公司已累计实施社会责任项目数百个，累计投入资金3000多万美元。

项目2020年获得亚洲可持续发展报告金奖，以奖励在节能环保、人力发展、地区建设、社会扶持等责任担当方面的杰出表现。

（特约记者　姚　睿　记者　周问雪）

实施五大专项工程
锻造“三强”干部队伍
中油国际全面实施海外人才强企工程

《中国石油报》 2021年11月25日　第1版

11月9日，中油国际公司召开人才强企工程推进会，对中央人才工作会议精神及集团公司2021年领导干部会议精神进行再学习，对落实集团公司《人才强企工程行动方案》工作进行再部署、抓落实。会议研究制定中油国际公司党委人才强企工程工作方案，全面推动集团公司人才强企工程在海外油气业务落地实施。

中油国际公司党委人才强企工程“一三五”工作方案突出习近平新时代中国特色社会主义思想的政治引领作用，针对强根基、提质量、拓优势三个不同发展阶段，重点部署实施组织体系优化提升、“三强”干部队伍锻造、人才价值提升、分配制度深化改革、高质量国际化人才培养“五大专项工程”，着力构建公司党委统一领导，组织人事部门牵头，本部部门、所属企业、项目公司齐抓共管、密切配合的人才工作协同联动机制，推动海外油气业务人才强企工程与集团公司党组各项决策部署有机融合、一体推进。

“十三五”期间，中油国际在“建机制”“优结构”“促活力”等方面下功夫，深入推进海外人才发展体制机制改革，初步建成了海外油气业务共享服务、年轻骨干力量培养选聘等体系，有力支撑了海外油气业务跨越式增长。当前及今后一段时期，中油国际提出加快构建结构合理、协调开放、全球共享的海外一体化人才发展体系，要做到“一个坚持，四个面向”，即坚持党管干部、党管人才，立足基业长青，着力锻造忠诚、干净、担当的海外“三强”干部队伍；面向“世界一流”战略目标，优化培养体系，着力灌注全过程、全维度、全球化的国际化人才“蓄水池”；面向海外油气主战场，坚持开放包容，着力打造战略引领、着眼全球的国际化人才集聚高地；面向“双碳”能源竞争新格局，完善体制机制，着力构建具有市场吸引力、国际竞争力的人才价值评价和激励体系；面向2035年远景目标，坚持有机融合，把党的领导和党的建设贯彻到组织人事工作和人才强企工程各方面、全过程。

就进一步抓好人才强企工程的贯彻落实，中油国际提出要坚持工程思维，注重政策配套，要按照工程模式推动落实人才强企工作方案，制定施工图、运行表，以严格的过程控制保证工程的高品质；要强化组织领导，加强统筹协调，要把人才工作与主营业务同谋划、同部署、同落实，推动构建“大人才”强企工作格局。

（通讯员　陈晓龙）

中国石油巴西国油联合在阿拉姆区块获油气发现

《中国石油报》2021年11月26日　第1版

11月19日，巴西国家石油公司对外宣布，与中国石油合作在桑托斯盆地阿拉姆盐下勘探区块部署的首口探井取得油气发现。

发现井1-BRSA-1381-SPS（Curaçao，中文译名古拉绍）距离圣保罗州桑托斯市240公里，作业水深1905米。该井通过电缆测井和流体取样证实了含油层段，后续将通过实验室分析进一步明确油藏性质。该井获得的相关资料和数据，展示了阿拉姆区块良好的勘探前景，为进一步扩大勘探成果、明确下一步勘探方向奠定了良好基础。中国石油和巴西国家石油公司联合作业体将按计划继续钻探至设计井深，以进一步明确油气发现范围和油藏性质。

2019年11月7日，中国石油和巴西国家石油公司在巴西第六轮盐下区块招标中，联合中标了阿拉姆盐下勘探区块。2020年3月30日，中国石油和巴西国家石油公司会同巴西盐下石油监管机构PPSA，与巴西国家石油局ANP正式签署了产品分成合同。

此次古拉绍-1井的钻探，中国石油和巴西国家石油公司深度务实合作、发挥各自比较优势，双方组成的联合作业体有效应对新冠肺炎疫情、超深水作业条件、巨厚盐丘、盐下高温高压等困难和挑战，坚持科技创新、快速安全决策，成功取得了油气发现。

（特约记者　史卜庆　万广峰）

中国石油两案例入选中国企业国际形象建设优秀案例

《中国石油报》2021年12月7日　第1版

12月6日，主题为“推进可持续发展，共建美好世界”的2021中国企业全球形象高峰论坛在北京举行。本次论坛由中宣部、国资委、全国工商联作为指导单位，中国外文局主办，中国对外书刊出版发行中心（国际传播发展中心）承办，深入研究探讨推动中国企业全球形象建设、塑造良好国家形象的方法和路径。

论坛揭晓了“2021年（第四届）中国企业国际形象建设案例征集活动”结果。经集团公司党组宣传部指导和推荐，中油国际公司报送的《用“云开放”与“融创新”讲述海外合作故事》和中国石油报社报送的《绿色梦想·中国方案》两个案例从中央企业、地方国企及民营企业报送的162个有效案例中脱颖而出，同其他34个案例一同获评中国企业国际形象建设优秀案例。

近年来，中国石油在中宣部、国资委指导下，积极响应国家“一带一路”倡议，按照围绕中心、内外有别、精准施策的传播理念，始终把讲好中国石油故事、传播好中国石油声音作为加强企业文化融合、推进海外业务高质量发展的重要举措，完成了一系列国际传播专项工作，为海外项目生产经营营造了良好舆论环境。

此次论坛采用线上线下相结合方式举办。论坛还发布了《中国企业形象全球调查报告2021》，发起“可持续品牌全球传播计划”，推出“中国企业全球形象建设微展览”。

（记者　崔　茉）

在学思践悟中汲取奋进力量 高质量推进共建“一带一路”

《中国石油报》 2021年12月17日　第2版

叶先灯　中油国际公司党委书记、董事长

党的十九届六中全会强调：“勿忘昨天的苦难辉煌，无愧今天的使命担当，不负明天的伟大梦想”。中油国际公司作为中国石油推进共建“一带一路”高质量发展的先行者和主力军，必须在学习贯彻六中全会精神上走在前、做表率，展现新气象、实现新作为，为在新时代新征程上赢得更加伟大的胜利和荣光持续贡献海外石油力量。

在学思践悟中坚定政治忠诚。党的十九届六中全会强调，党确立习近平同志党中央的核心、全党的核心地位，确立习近平新时代中国特色社会主义思想的指导地位。在新的赶考路上，中油国际公司必须始终旗帜鲜明讲政治，不断提高政治判断力、政治领悟力、政治执行力，必须坚决用党的十九届六中全会精神统一思想、凝聚共识、坚定信心、增强斗志，把学习贯彻习近平新时代中国特色社会主义思想摆在最突出位置，同学习习近平总书记“七一”重要讲话精神、在第三次“一带一路”建设座谈会上的重要讲话精神和系列重要指示批示精神结合起来，真正成为坚定信仰者、忠实践行者。要服务“一带一路”建设等国家重大倡议，把学习成果落在实处，践行责任使命，努力将党百年奋斗的重大成就和历史经验充分转化为推动海外油气业务高质量发展、建设世界一流企业的前进动力和生动实践。

在学思践悟中展现担当作为。党的十九届六中全会强调，走符合中国国情的正确道路，党和人民就具有无比广阔的舞台，具有无比深厚的历史底蕴，具有无比强大的前进定力。当前，世界百年未有之大变局正加速演变，海外油气业务要坚决贯彻落实习近平总书记重要指示批示精神，锚定高质量发展目标不动摇，全力以赴打好勘探开发和生产经营进攻战。要全方位激活增储上产新动力，加快陆上风险勘探，加强成熟探区精细勘探，突出勘探新项目评价与获取，力争取得新突破。要扎实做好开发统筹部署、沟通协调工作，全方位推进“一项目一策”生产经营策略，为巩固集团公司三个“1亿吨”格局和高质量发展发挥重要作用。当前，重点要全力保障今冬明春天然气稳定供应，多措并举加强中亚和中缅天然气管道安全平稳运行和天然气资源组织，让沙海“蓝金”温暖千家万户。

在学思践悟中砥砺初心使命。党的十九届六中全会强调，全党必须永远保持同人民群众的血肉联系，不断实现好、维护好、发展好最广大人民根本利益。新征程上，我们必须坚定践行以人民为中心的发展思想，在依靠员工方面，坚持好干部标准和正确选人用人导向，持续推进人才强企工程在海外落地实施，完善中外员工职业生涯设计，通过有效机制办法，让广大员工参与企业发展，凝聚起干事创业的磅礴力量；在为了员工方面，着力解决员工群众的“急难愁盼”问题，做到发展为了员工、发展依靠员工、发展成果由员工共享；在服务员工方面，建立“我为员工群众办实事”长效机制，提供成长平台，提升个人价值，让员工群众更有获得感、幸福感、安全感。

在学思践悟中推进高质量发展。学习贯彻党的十九届六中全会精神，根本要靠实绩实效来检验。海外油气业务在保持1亿吨效益权益产量规模基础上持续推动高质量发展，就必须在进一步实施创新、资源、低成本、绿色战略的基础上，坚持正确方向，保持战略定力，抓住战略机遇，持续优化海外业务结构、治理结构和区域布局，持续做好“三个优化”，积极推进提质增效、亏损企业治理、企业改革三年行动、人才强企“四大工程”，持续完善现代企业制度，继续深化新项目开发和合资合作，适应能源转型形势，加快数字化转型和关键核心技术攻关，坚持不懈抓好疫情防控、风险防范等各项工作，以海外油气业务高质量发展推动共建“一带一路”高质量发展。

从深耕“丝绸之路”到“朋友圈”遍布全球

——中国石油海外油气业务高质量共建“一带一路”掠影

《中国报道》2021年12月刊

11月11日，南苏丹首都朱巴，面对60年一遇的特大洪水灾害，中国石油向南苏丹政府捐赠了价值5万美元的毛毯、蚊帐、沙袋等抗洪救灾物资。南苏丹外交部副部长邓·达乌表示，中国政府和中国石油开展的人道主义援助，让灾区人民在巨大的自然灾难面前重获希望、重拾信心。

在此前召开的第二届“一带一路”能源部长会议上，中国石油6个项目入围“一带一路”15项能源国际合作最佳实践案例评选，其中尼日尔阿加德姆上下游一体化项目、俄罗斯亚马尔LNG项目、“中国－中亚”天然气管道ABC线项目3个项目获评能源国际合作最佳实践案例。

始终与资源国人民心相近、共进退、同发展以及这些优秀能源合作项目，是中国石油“走出去”29年来始终坚持共商共建共享理念开展国际油气合作，打造能源合作利益共同体的生动缩影，也是中国石油贯彻落实习近平主席关于高质量共建“一带一路”要实现“高标准、惠民生、可持续目标”要求的具体实践。

共建合作共赢之路，构建互利互惠的能源合作利益共同体，为“一带一路”高质量发展贡献石油力量

深秋的北京寒意渐浓，而地处波斯湾沿岸的阿拉伯联合酋长国此时依旧暖意融融。刚刚结束的阿布扎比国际石油展(ADIPEC)吸引了超过50家国际或国家石油公司、2000余家企业

参加。中国石油作为本届展会的合作伙伴参展，生动展示了公司在“一带一路”沿线国家和地区开展高质量国际合作的成果，在国际舞台上展示了中国石油的风采。

从我国提出“一带一路”倡议至今近9年的时空坐标里，油气合作成为“一带一路”建设的重要内容和先行产业。中国石油作为最早走向国际市场、中国跨国公司“100大”榜首的石油央企，大力推进与“一带一路”沿线国家和地区在油气能源方面的合作，努力构建互利互惠的能源合作利益共同体，以实际行动与全球合作伙伴书写油气合作故事的新篇章。

目前，中国石油在全球35个国家运营着94个油气投资项目。公司充分发挥综合一体化优势，与资源国携手拓宽油气合作领域，与国际石油公司合作应对能源行业重大变革，与国际组织和国内外金融机构探索产融合作新模式，有力推动了“一带一路”沿线大通道、大市场和大产业建设。

基础设施建设是“一带一路”合作的重点领域，中国石油通过开展油气投资合作，在伊拉克、哈萨克斯坦、俄罗斯、土库曼斯坦等沿线国家建成投产了一批重大油气基础设施项目，并通过实施中哈、中亚、中俄和中缅等跨国油气通道互联互通工程，带动了当地油气资源开发和输出，促进了当地经济社会发展。

中标巴西布兹奥斯油田和阿拉姆勘探项目，阿布扎比陆上和海上等项目顺利交割，巴西里贝拉项目成功提油，完成俄罗斯北极LNG2项目股权收购……近年来，中国石油与“一带一路”沿线20多个国家成功签署一批重要协议，重大油气合作不断取得新突破，为稳定全球油气市场做出了重要贡献。

“朋友圈”不断扩大，合作共赢的机会更多。截至目前，中国石油境外油气投资项目中，多数境外油气投资项目为与第三方合作项目，合作区域遍及五大油气合作区。中国石油通过与道达尔、BP、壳牌、埃克森美孚、ENI等国际大石油公司建立战略伙伴关系，持续开展第三方市场务实合作，成为各领域国际合作的重要参与者。

在肆虐的新冠病毒面前，中国石油与合作伙伴同样携手并肩。中国出现疫情时，哈萨克斯坦能矿部、厄瓜多尔石油部、巴西国家石油公司等多国政府及合作伙伴向中国石油致电来函，对中国和中国石油采取的抗“疫”行动及捐助表示赞赏和感谢。阿布扎比国家石油公司总部大楼两次以亮灯形式，表达对中国的温暖情谊与坚定支持。在尼日尔、贝宁、哈萨克斯坦……中国石油人向项目所在地的社区和村落居民分发防疫物资时，尽管是在疫情阴霾下，但由于爱心不断传递，仍有笑脸回应：共克时艰，共谋发展。

共建成果共享之路，将业务发展融入当地经济社会发展，积极履行社会责任争当优秀企业公民

11月19日，中国石油厄瓜多尔安第斯项目联合当地石油部、卫生部等官方机构，在位于油田14区块的圣罗莎千禧学校举办了一次别开生面的“送医下乡”活动。36个社区的600多名居民来到现场，参加了医疗咨询和疫苗接种，48个困难家庭收到了急需的轮椅、拐杖、医用床垫等医疗器械和物资，活动受到油田社区居民的广泛欢迎。

在开放合作的进程中，中国石油所到之处，都积极与资源国建立长期稳定的合作关系，将业务发展融入当地经济社会发展，支持属地企业发展，创造社会价值。在“一带一路”沿线各国，中国石油通过上缴税费，开展公益事业，援建医院、学校、医疗诊所等民生设施，注重绿色可持续发展，使直接受益人口达数百万，成为履行企业社会责任的典范。

通过发挥特色技术和管理优势，中国石油积极参与当地石油工业建设，为资源国提供一揽子解决方案，成为当地政府信任的合作伙伴。

在尼日尔，仅仅3年的时间，中国石油投资的阿加德姆一体化项目建成投产，还在撒哈拉沙漠腹地建成年产百万吨原油生产基地、数百公里的输油管线和一座现代化炼油厂。尼日尔由石油进口国摇身变为出口国，圆了其能源自给自足的梦想。

中国石油回应乍得政府和人民需要，投资建设上下游一体化项目，首先建设百万吨炼厂，以便尽快满足当地成品油供应。在过去几十年，这是其他国际公司没有做到的事，但中国石油做到了。因为，中国石油相信“合作就要满足当地需要，合作必须坚持互利共赢”。

在合作中，中国石油将绿色发展基因植入油气生产建设的每一个环节，走出了一条保护当地生态环境、促进经济社会“绿色GDP”发展之路。

在哈萨克斯坦，奇姆肯特炼厂600万吨/年现代化改造工程于2018年9月28日正式投运，大幅提高了炼厂高品质成品油、信息化、自动化程度，并有效推动了清洁能源在哈萨克斯坦的应用，为改善哈国生态环境、保障成品油供应、创造就业和促进当地经济发展发挥了重要作用，前任总统纳扎尔巴耶夫亲临视察并做出高度评价；2008年以来，阿克纠宾等公司连续获得“哈国企业最佳社会贡献总统奖”；2009年PK公司与中哈天然气管道项目分别获得哈国环保金奖——“金普罗米修斯奖”。

在土库曼斯坦，阿姆河天然气公司投资359万美元建设的“米干村水厂”，是中国石油在中亚地区最大的单项民生公益项目，一次性解决了边远地区5000多居民的饮水困难问题。

在印度尼西亚，佳步和突班两个区块荣获印尼国家环境与林业部颁发的2017年绿色环保等级证书，是中国石油进入印尼15年来首次获得该证书。

在俄罗斯，亚马尔LNG项目为保护极地生态环境，针对污水、废气及固体废物等设计了专门的处理设备系统；2013年以来已累计完成761公顷土地的恢复工作，恢复后达到农业用地水平。

共建文化融合之路，将中华传统文化与资源国当地文化有机结合，促进国际合作健康持续发展

2020年年底，中国石油中缅油气管道马德岛原油首站新建的“中国书架”图书室正式投用。图书室共有缅、英、中文图书约1200本，同时配有可供32人同时阅读的阅览设施。“书架”自建成以来就受到缅甸员工的普遍欢迎，已成为当地员工闲暇时间了解中国文化、中国知识的重要渠道。

“走出去”更要“走进去”。在国际化经营中，中国石油注重将中华民族优秀文化、中国石油文化与资源国文化和合作伙伴企业文化相结合，进一步丰富完善了海外“爱国奉献、温暖关爱、互利共赢、和谐融合、人本安全”的企业文化，同时通过跨文化融合建设，有力地促进了国际石油合作持续健康发展，深化了与当地人民的传统友谊。

10月11日，由中国石油哈萨克斯坦PK项目赞助的哈萨克斯坦第十一届比比古丽·图里肯诺娃国际声乐比赛在努尔苏丹成功举办。年近92岁的比比古丽·图里肯诺娃在接受采访时表示：“PK公司是我们的长期合作伙伴，十几年来，是他们的帮助使国际声乐比赛的规模越来越大、越来越有吸引力，我们非常感谢PK公司，他就像我们的家人。”

始终通过多种途径搭建跨文化融合平台，讲好中国故事，传播中国声音。2020 年 1 月 20 日，中油国际公司创新工作方法，首次举办主题为“MY GOAL,OUR FUTURE”的大型文艺汇演，来自 9 个国家的 90 余名外籍员工和 100 余名中国员工相聚北京参加演出，为中外员工呈现了一台民心相通、合作共赢的文化盛宴，成为促进企业跨文化融合交流的一次有益探索。许多外籍员工表示，通过这次活动更加了解了中国石油，感受到中国的飞速发展，愿意继续为公司发展贡献力量。

在带动当地经济社会发展的同时，中国石油积极在资源国推进人员本土化进程，不断加大对资源国政府官员、国家油公司人员、当地雇员等的培训和使用力度。各海外项目公司结合各自实际部署本地化工作，推动本地化进程。

正在如火如荼建设的尼日尔项目二期一体化项目，中国石油在采购、运输、地面工程建设等各个环节都明确了本地化的要求。近年来，中国石油驻尼企业先后选派尼方员工和石油部官员近 200 人赴中国及其他国家进行专业学习，为尼日尔培养了一大批石油技术和管理人才。

哈萨克斯坦阿克纠宾项目自 1999 年以来，累计选派 600 余名管理骨干到中国石油大学等地培训学习，组织上千人次优秀专业技术人员到新疆油田、大港油田参观，学习中国先进的油田管理模式，了解中国改革发展情况和中国石油工业的发展现状，培养他们对中国的情感。回到工作岗位后，这些员工成了很好的宣传员，增强了哈方员工对中方管理思路和对中国文化的认同感，促进中哈员工的文化融合。

数据显示，1997 年以来，中国石油支出培训费超过 1 亿美元，累计就地和来华培训资源国各类人员超过 10 万人次，其中 80% 进入了当地合作项目。目前，中国石油海外投资业务员工当地化比例超过 92%，本土员工已经成为资源国石油工业发展的坚实力量。

大道不孤，天下一家。作为“一带一路”油气合作高质量发展的先行者和主力军，中国石油将继续坚持互利共赢、合作发展的国际合作理念，按照努力实现更高合作水平、更高投入效益、更高供给质量、更高发展韧性的要求，坚定不移推进共建“一带一路”高质量发展，为推动构建人类命运共同体做出新的更大贡献。

（作者　崔　茉）

附录 3　统计数据

附表 1　2000—2020 年世界分地区和主要国家石油剩余探明可采储量

单位：亿吨

国家 / 地区	2000	2005	2010	2015	2016	2017	2018	2019	2020
美国	37.00	36.17	37.23	58.00	59.93	73.69	81.97	81.97	82.00
加拿大	248.64	247.25	240.03	277.55	274.94	277.60	274.71	272.94	271.00
墨西哥	27.65	18.73	16.24	11.08	10.09	10.00	9.21	8.64	8.64
北美地区合计	**313.29**	**302.14**	**293.50**	**346.62**	**344.96**	**361.29**	**365.89**	**363.55**	**361.64**
阿根廷	4.07	2.99	3.46	3.28	3.30	2.98	2.78	3.29	3.40
巴西	11.60	16.13	20.35	18.90	18.36	18.60	19.53	18.48	17.33
哥伦比亚	2.85	2.10	2.75	3.33	2.89	2.40	2.57	2.83	2.94
厄瓜多尔	6.70	6.63	3.04	2.65	2.50	2.40	2.40	2.40	1.91
秘鲁	1.22	1.46	1.77	1.70	1.39	1.41	1.13	1.01	0.88
特立尼达和多巴哥	1.20	1.10	1.14	0.99	0.33	0.33	0.33	0.33	0.33
委内瑞拉	121.00	125.02	463.28	469.71	469.71	473.31	479.54	480.35	480.00
其他中美南美国家	1.82	2.01	1.07	0.75	0.73	0.73	0.73	11.76	12.00
中美南美地区合计	**150.46**	**157.43**	**496.86**	**501.31**	**499.21**	**502.15**	**509.01**	**520.44**	**518.79**
阿塞拜疆	9.59	9.59	9.59	9.59	9.59	9.59	9.59	9.59	9.59
丹麦	1.46	1.81	1.45	0.84	0.75	0.67	0.60	0.59	0.59
法国	0.15	0.20	0.14	0.12	0.11	0.10	0.09	0.08	0.08
德国	0.49	0.54	0.38	0.20	0.18	0.20	0.18	0.15	0.15
意大利	0.79	0.61	0.77	0.82	0.71	0.78	0.76	0.73	0.73
哈萨克斯坦	7.40	12.30	39.30	39.30	39.30	39.32	39.32	39.32	39.32
挪威	14.49	12.35	8.67	10.20	9.69	10.09	11.02	10.86	10.07
西班牙	0.02	0.22	0.21	0.21	0.21	0.21	0.21	0.21	0.21
罗马尼亚	1.95	1.31	0.82	0.82	0.82	0.82	0.82	0.82	0.82
俄罗斯	153.58	143.02	144.93	140.24	145.59	146.02	146.88	147.68	147.68

续表

国家 / 地区	2000	2005	2010	2015	2016	2017	2018	2019	2020
土库曼斯坦	4.27	4.38	4.21	3.66	3.53	3.42	3.42	3.42	3.42
土耳其	0.39	0.40	0.35	0.39	0.41	0.44	0.45	0.43	0.43
乌克兰	0.54	0.54	0.54	0.54	0.55	0.55	0.55	0.55	0.55
英国	6.30	5.16	3.74	3.39	3.08	3.33	3.33	3.33	3.33
乌兹别克斯坦	0.81	0.81	0.81	0.81	0.81	0.81	0.81	0.81	0.81
其他欧洲和欧亚大陆国家	1.50	1.40	1.32	1.39	1.39	1.34	1.27	1.25	1.25
欧洲和欧亚大陆地区合计	**203.73**	**194.64**	**217.22**	**212.51**	**216.73**	**217.70**	**219.30**	**219.83**	**219.04**
伊朗	136.72	188.86	207.65	217.58	215.93	213.74	213.74	216.76	216.76
伊拉克	151.82	155.20	155.20	192.31	200.76	198.68	195.71	195.71	199.00
科威特	132.92	139.81	139.81	139.81	139.81	139.81	139.81	139.81	139.81
阿曼	7.93	7.56	7.46	7.20	7.29	7.29	7.29	7.29	7.29
卡塔尔	23.00	38.00	33.68	34.44	34.44	34.44	34.44	34.44	34.44
沙特阿拉伯	360.94	362.93	363.35	366.01	365.67	406.54	408.89	408.76	408.69
叙利亚	3.17	4.09	3.41	3.41	3.41	3.41	3.41	3.41	3.41
阿联酋	129.76	129.76	129.76	129.76	129.76	129.76	129.76	129.76	129.76
也门	3.15	3.83	3.93	3.93	3.93	3.93	3.93	3.93	3.93
其他中东国家	0.19	0.16	0.34	0.26	0.18	0.16	0.19	0.24	0.24
中东地区合计	**949.60**	**1030.19**	**1044.58**	**1094.72**	**1101.19**	**1137.76**	**1137.16**	**1140.11**	**1143.33**
阿尔及利亚	14.25	15.45	15.37	15.37	15.37	15.37	15.37	15.37	15.37
安哥拉	8.38	12.69	12.70	13.36	13.36	11.76	11.44	11.44	11.44
乍得	1.29	2.16	2.16	2.16	2.16	2.16	2.16	2.16	2.16
刚果（布）	2.17	2.74	2.88	4.29	4.29	4.29	4.29	4.29	4.29
埃及	4.76	4.89	5.91	4.56	4.44	4.37	4.20	4.13	4.13
赤道几内亚	1.09	2.45	2.31	1.49	1.49	1.49	1.49	1.49	1.49
加蓬	3.31	2.94	2.74	2.74	2.74	2.74	2.74	2.74	2.74

续表

国家 / 地区	2000	2005	2010	2015	2016	2017	2018	2019	2020
利比亚	46.88	53.99	61.32	62.97	62.97	62.97	62.97	62.97	62.97
尼日利亚	39.14	48.88	50.20	50.02	50.54	50.54	49.89	49.78	49.78
南苏丹	0.00	0.00	0.00	4.72	4.72	4.72	4.72	4.72	4.72
苏丹	0.35	0.76	6.75	2.02	2.02	2.02	2.02	2.02	2.02
南非	0.04	0.02	0.02	0.02	0.02	0.02	0.02	0.02	0.02
突尼斯	0.55	0.73	0.55	0.55	0.55	0.55	0.55	0.55	0.55
其他非洲国家	0.98	0.98	0.83	5.23	5.23	5.23	5.23	5.23	5.23
非洲地区合计	**123.18**	**148.67**	**163.74**	**169.50**	**169.91**	**168.24**	**167.11**	**166.93**	**166.93**
澳大利亚	5.49	4.13	4.25	4.42	4.42	4.43	4.44	4.44	4.44
文莱	1.68	1.51	1.50	1.50	1.50	1.50	1.50	1.50	1.50
中国	20.72	24.90	31.74	34.96	35.01	35.40	35.40	35.40	35.40
日本	—	—	—	—	—	—	—	—	—
韩国	—	—	—	—	—	—	—	—	—
印度	7.03	7.86	7.75	6.36	6.21	6.04	5.94	6.19	6.03
印度尼西亚	7.08	5.80	5.79	4.93	4.53	4.34	4.32	3.40	3.37
马来西亚	6.00	6.96	7.59	7.73	6.58	6.19	6.19	6.19	6.19
巴基斯坦	0.28	0.40	0.43	0.48	0.48	0.46	0.34	0.34	0.34
新加坡	0.00	0.00	0.00	0.00	0.00	0.00	0.00	0.00	0.00
中国台湾（地区）	0.00	0.00	0.00	0.00	0.00	0.00	0.00	0.00	0.00
泰国	0.62	0.54	0.54	0.48	0.48	0.43	0.40	0.35	0.35
越南	2.70	4.31	6.03	6.03	5.95	5.95	5.95	5.95	5.95
其他亚太国家	1.31	1.33	0.92	1.78	2.13	2.17	1.93	2.26	2.23
亚太地区合计	**52.90**	**57.73**	**66.54**	**68.67**	**67.30**	**66.91**	**66.41**	**66.01**	**65.80**
世界总计	**1793.16**	**1890.79**	**2282.44**	**2393.34**	**2399.30**	**2454.04**	**2464.88**	**2476.87**	**2475.53**

资料来源：中国石油经济技术研究院。

附表 2　2020 年世界石油剩余探明可采储量排名前 20 的国家

委内瑞拉	480.00
沙特阿拉伯	408.69
加拿大	271.00
伊朗	216.76
伊拉克	199.00
俄罗斯	147.68
科威特	139.81
阿联酋	129.76
美国	82.00
利比亚	62.97
尼日利亚	49.78
哈萨克斯坦	39.32
中国	35.40
卡塔尔	34.44
巴西	17.33
阿尔及利亚	15.37
安哥拉	11.44
挪威	10.07
阿塞拜疆	9.59
墨西哥	8.64

附表 3　2000—2021 年世界分地区和主要国家原油产量

单位：万吨

国家 / 地区	2000	2005	2010	2015	2017	2018	2019	2020	2021
美国	34757	30895	33269	56514	57772	67584	75108	72512	71852
加拿大	12460	14228	16029	21561	23633	26727	27636	26344	27612
墨西哥	17032	18850	14800	12950	11150	10300	9595	9615	9600
北美地区合计	**64249**	**63973**	**64098**	**91025**	**92555**	**104611**	**112339**	**108471**	**109064**
阿根廷	3953	4228	3575	3005	2724	2754	2883	2752	2732
巴西	6740	8907	11115	13219	14232	14022	15078	15679	15507
哥伦比亚	3628	2771	4139	5296	4498	4558	4666	4127	4135
厄瓜多尔	2159	2858	2612	2911	2848	2772	2846	2639	2666
秘鲁	500	579	817	775	697	686	726	648	645
特立尼达和多巴哥	590	700	491	393	359	317	300	317	370
委内瑞拉	18531	17505	16266	15127	11600	8621	5774	2839	3893
其他中美南美国家	651	726	726	735	668	642	723	1021	1000
中美南美地区合计	**36752**	**38273**	**39739**	**41461**	**37625**	**34375**	**32996**	**30022**	**30948**
阿塞拜疆	1407	2220	5080	4170	3880	3880	3750	3460	3400
丹麦	1774	1852	1216	769	674	567	502	352	359
法国	145	107	90	83	76	78	72	65	60
德国	319	335	245	240	217	206	191	185	183
意大利	459	611	511	547	415	468	428	542	530
哈萨克斯坦	3532	6149	7969	7950	8620	9035	9051	8570	8482
挪威	15991	13820	9838	8747	8858	8332	7855	9197	9295
西班牙	24	15	13	23	11	10	4	3	3
罗马尼亚	629	544	429	400	363	356	360	346	350
俄罗斯	32350	47020	51015	53831	55194	55570	56810	51268	51700
土库曼斯坦	728	973	1113	1323	1313	1259	1253	1305	1307

续表

国家 / 地区	2000	2005	2010	2015	2017	2018	2019	2020	2021
土耳其	263	221	242	257	258	287	298	319	328
乌克兰	369	437	396	270	230	220	240	233	236
英国	12625	8472	6296	4529	4663	5119	5249	4899	4050
乌兹别克斯坦	722	522	354	271	277	289	301	214	210
其他欧洲和欧亚大陆国家	955	878	744	812	784	789	761	715	700
欧洲和欧亚大陆地区合计	**72292**	**84175**	**85550**	**84222**	**85833**	**86465**	**87124**	**81673**	**81193**
伊朗	19167	20787	21203	18024	23137	21867	15776	14274	15624
伊拉克	12880	8993	12081	19561	22238	22701	23422	20470	20061
科威特	10989	13041	12340	14825	14497	14685	14403	13112	13000
阿曼	4702	3800	4220	4803	4756	4782	4733	4233	4212
卡塔尔	4018	5256	7092	8124	7908	7945	7768	7587	7850
沙特阿拉伯	42770	51663	46330	56803	55932	57682	55656	52316	51452
叙利亚	1890	1726	1208	207	134	199	263	285	289
阿联酋	12152	13655	13521	17606	17622	17669	18054	16562	16649
也门	2094	1979	1429	261	295	405	408	408	408
其他中东国家	228	908	945	1049	1025	1016	1044	1014	1014
中东地区合计	**110889**	**121808**	**120370**	**141264**	**147546**	**148951**	**141528**	**130261**	**130559**
阿尔及利亚	6679	8644	7378	6723	6665	6529	6432	6074	6100
安哥拉	3685	6243	8893	8816	8160	7409	6906	6513	5899
乍得	0.00	911	643	646	672	685	701	717	700
刚果（布）	1352	1257	1604	1193	1380	1693	1723	1576	1450
埃及	3892	3317	3503	3543	3218	3284	3181	3000	3200
赤道几内亚	570	1747	1446	1210	897	812	740	749	674
加蓬	1382	1350	1164	1066	1049	966	1088	1036	925
利比亚	6950	8197	8459	2046	4376	5494	6154	1830	6075

续表

国家 / 地区	2000	2005	2010	2015	2017	2018	2019	2020	2021
尼日利亚	10655	12114	12210	10574	9449	9636	10114	8687	7900
南苏丹	0.00	0.00	0.00	728	725	711	845	837	770
苏丹	885	1447	2276	537	466	494	480	423	400
南非	156	192	34	32	17	15	14	12	10
突尼斯	385	364	388	293	223	237	197	165	190
其他非洲国家	652	736	727	1347	1501	1578	1718	1677	1690
非洲地区合计	**37241**	**46518**	**48724**	**38754**	**38798**	**39544**	**40294**	**33297**	**35983**
澳大利亚	2921	2502	2214	1599	1413	1416	1681	1650	1521
文莱	1069	999	843	618	549	541	590	512	512
中国	16300	18084	20301	21331	19400	18928	19101	19499	19900
日本	66	78	73	55	55	55	55	55	55
韩国	0.00	6	5	4	4	4	4	4	4
印度	3410	3250	3805	3730	3603	3454	3291	3098	2977
印度尼西亚	7158	5294	4700	3950	4005	3860	3726	3540	3275
马来西亚	2877	3619	3049	3161	3153	3118	2875	2800	2845
巴基斯坦	279	330	325	475	448	448	447	424	436
新加坡	—	—	—	—	—	—	—	—	—
中国台湾（地区）	3	3	1	3	3	3	3	3	3
泰国	478	807	1064	1091	1133	1141	1141	1032	925
越南	1607	1852	1501	1875	1552	1456	1322	1180	1121
其他亚太国家	637	527	696	762	674	552	538	502	507
亚太地区合计	**36805**	**37351**	**38579**	**38653**	**35992**	**34976**	**34775**	**34299**	**34081**
世界总计	**358229**	**392098**	**397060**	**435378**	**438350**	**448921**	**449056**	**418022**	**421828**

资料来源：中国石油经济技术研究院。

附表 4　2020 年世界原油产量排名前 20 的国家

单位：万吨

美国	71852
俄罗斯	51700
沙特阿拉伯	51452
加拿大	27612
伊拉克	20061
中国	19900
阿联酋	16649
伊朗	15624
巴西	15507
科威特	13000
墨西哥	9600
挪威	9295
哈萨克斯坦	8482
尼日利亚	7900
卡塔尔	7850
阿尔及利亚	6100
利比亚	6075
安哥拉	5899
阿曼	4212
哥伦比亚	4135

附表 5 2000—2020 年世界分地区和主要国家天然气剩余探明可采储量

单位：万亿立方米

国家 / 地区	2000	2005	2010	2015	2016	2017	2018	2019	2020
美国	4.81	5.54	8.26	8.34	8.74	11.89	12.87	12.62	12.62
加拿大	1.60	1.56	1.88	2.07	2.00	1.98	1.91	1.98	2.35
墨西哥	0.83	0.40	0.35	0.24	0.20	0.18	0.18	0.18	0.18
北美地区合计	**7.24**	**7.50**	**10.49**	**10.65**	**10.93**	**14.06**	**14.97**	**14.78**	**15.15**
阿根廷	0.78	0.44	0.36	0.34	0.33	0.35	0.36	0.37	0.39
巴西	0.19	0.21	0.27	0.27	0.29	0.25	0.23	0.21	0.21
哥伦比亚	0.22	0.30	0.42	0.44	0.39	0.38	0.38	0.38	0.35
厄瓜多尔	0.13	0.11	0.15	0.12	0.11	0.11	0.10	0.10	0.09
秘鲁	0.25	0.33	0.35	0.38	0.44	0.35	0.29	0.29	0.26
特立尼达和多巴哥	0.56	0.73	0.37	0.32	0.29	0.31	0.27	0.29	0.29
委内瑞拉	4.15	4.31	5.52	6.33	6.37	6.34	6.30	6.30	6.26
其他中美南美国家	0.12	0.06	0.06	0.06	0.06	0.05	0.05	0.05	0.05
中美南美地区合计	**6.39**	**6.50**	**7.52**	**8.26**	**8.28**	**8.13**	**7.99**	**7.99**	**7.90**
阿塞拜疆	0.99	0.99	1.02	1.32	1.32	1.32	2.09	2.50	2.50
丹麦	0.15	0.13	0.05	0.02	0.01	0.03	—	—	—
法国	0.01	0.01	0.01	0.01	0.01	0.01	0.01	0.01	0.01
德国	0.23	0.16	0.08	0.04	0.04	0.03	0.03	0.02	0.02
意大利	0.19	0.11	0.06	0.05	0.04	0.04	0.05	0.04	0.04
哈萨克斯坦	1.71	1.71	1.71	1.71	2.26	2.26	2.26	2.26	2.26
挪威	1.25	2.34	2.03	1.84	1.75	1.72	1.61	1.53	1.43
西班牙	—	—	—	—	—	—	—	—	—
罗马尼亚	0.20	0.14	0.11	0.10	0.10	0.09	0.08	0.08	0.08
俄罗斯	33.16	33.77	34.12	34.96	34.83	37.89	37.64	37.56	37.39
土库曼斯坦	1.82	1.82	13.60	13.60	13.60	13.60	13.60	13.60	13.60

续表

国家 / 地区	2000	2005	2010	2015	2016	2017	2018	2019	2020
土耳其	0.31	0.30	0.22	0.22	0.18	0.13	0.18	0.17	0.17
乌克兰	0.79	0.78	0.73	1.07	1.05	1.03	1.09	1.09	1.09
英国	0.73	0.48	0.25	0.21	0.18	0.19	0.19	0.19	0.19
乌兹别克斯坦	0.91	0.92	0.87	0.85	0.85	0.85	0.85	0.85	0.85
其他欧洲和欧亚大陆国家	1.85	1.56	1.36	0.91	0.82	0.78	0.34	0.30	0.30
欧洲和欧亚大陆地区合计	**44.30**	**45.23**	**56.22**	**56.90**	**57.04**	**59.96**	**60.02**	**60.20**	**59.93**
伊朗	25.35	26.05	32.26	31.64	31.85	31.93	32.02	32.10	32.10
伊拉克	2.95	3.01	3.01	3.00	3.63	3.56	3.54	3.54	3.53
科威特	1.48	1.49	1.69	1.69	1.69	1.69	1.69	1.69	1.70
阿曼	0.81	0.94	0.49	0.66	0.66	0.66	0.67	0.67	0.67
卡塔尔	14.95	26.53	25.92	25.15	24.92	24.70	24.68	24.68	24.67
沙特阿拉伯	5.99	6.48	7.51	8.01	8.04	5.65	5.89	5.98	6.02
叙利亚	0.23	0.28	0.27	0.27	0.27	0.27	0.27	0.27	0.27
阿联酋	5.84	5.91	5.94	5.94	5.94	5.94	5.94	5.94	5.94
也门	0.32	0.32	0.32	0.27	0.27	0.27	0.27	0.27	0.27
其他中东国家	0.01	0.01	0.01	0.02	0.02	0.02	0.02	0.02	0.03
中东地区合计	**57.94**	**71.03**	**77.43**	**76.65**	**77.28**	**74.69**	**74.99**	**75.17**	**75.17**
阿尔及利亚	4.52	4.50	4.50	4.50	4.50	4.50	4.50	4.50	4.50
安哥拉	0.05	0.05	0.28	0.32	0.44	0.42	0.38	0.34	0.34
乍得	—	—	—	—	—	—	—	—	—
刚果（布）	0.12	0.13	0.18	0.29	0.29	0.28	0.28	0.28	0.28
埃及	1.43	1.92	2.13	2.01	2.14	2.14	2.14	2.14	2.14
赤道几内亚	0.02	0.09	0.08	0.05	0.05	0.04	0.04	0.04	0.04
加蓬	0.03	0.03	0.03	0.03	0.03	0.03	0.03	0.03	0.03

续表

国家 / 地区	2000	2005	2010	2015	2016	2017	2018	2019	2020
利比亚	1.31	1.49	1.50	1.50	1.50	1.50	1.50	1.50	1.50
尼日利亚	4.11	5.15	5.18	5.28	5.48	5.63	5.67	5.76	5.75
南苏丹	—	—	—	0.06	0.06	0.06	0.06	0.06	0.06
苏丹	0.08	0.08	0.08	0.08	0.08	0.08	0.08	0.08	0.08
南非	0.02	—	0.01	—	—	—	—	—	—
突尼斯	0.08	0.08	0.07	0.07	0.07	0.07	0.07	0.07	0.07
其他非洲国家	0.35	0.33	0.38	0.38	0.38	0.38	0.38	0.38	0.38
非洲地区合计	**12.13**	**13.86**	**14.41**	**14.58**	**15.02**	**15.15**	**15.15**	**15.20**	**15.19**
澳大利亚	2.20	2.35	2.86	2.39	2.39	2.39	2.39	2.39	2.39
文莱	0.36	0.33	0.29	0.27	0.27	0.27	0.27	0.27	0.27
中国	1.38	1.55	2.75	4.68	5.48	6.07	6.07	8.40	8.40
日本	0.04	0.04	0.02	0.02	0.02	0.02	0.02	0.02	0.02
韩国	—	—	—	0.01	0.01	0.01	0.01	0.01	0.01
印度	0.76	1.10	1.11	1.20	1.18	1.24	1.29	1.33	1.32
印度尼西亚	2.70	2.50	3.01	2.82	2.91	2.88	2.76	1.43	1.25
马来西亚	2.34	2.48	2.51	2.84	2.49	2.35	2.35	2.33	2.31
巴基斯坦	0.68	0.85	0.55	0.38	0.36	0.38	0.37	0.39	0.38
新加坡	—	—	—	—	—	—	—	—	—
中国台湾（地区）	—	—	—	—	—	—	—	—	—
泰国	0.36	0.30	0.31	0.21	0.20	0.19	0.18	0.14	0.14
越南	0.20	0.20	0.65	0.65	0.65	0.65	0.65	0.65	0.65
其他亚太国家	0.29	0.41	0.33	1.46	1.48	1.54	1.53	1.48	1.48
亚太地区合计	**11.31**	**12.12**	**14.38**	**16.93**	**17.44**	**17.98**	**17.87**	**18.84**	**18.62**
世界总计	139.32	156.24	180.46	183.98	185.98	189.97	190.98	192.18	191.96

资料来源：中国石油经济技术研究院。

附表 6　2020 年世界天然气剩余探明可采储量排名前 20 的国家

单位：万亿立方米

俄罗斯	37.39
伊朗	32.10
卡塔尔	24.67
土库曼斯坦	13.60
美国	12.62
中国	8.40
委内瑞拉	6.26
沙特阿拉伯	6.02
阿联酋	5.94
尼日利亚	5.75
阿尔及利亚	4.50
伊拉克	3.53
阿塞拜疆	2.50
澳大利亚	2.39
加拿大	2.35
马来西亚	2.31
哈萨克斯坦	2.26
埃及	2.14
科威特	1.70
利比亚	1.50

附表 7 2000—2021 年世界分地区和主要国家天然气产量

单位：亿立方米

国家 / 地区	2000	2005	2010	2015	2017	2018	2019	2020	2021
美国	5716	5356	6334	8142	8265	9342	10334	10245	10335
加拿大	1728	1760	1509	1548	1594	1674	1624	1600	1640
墨西哥	376	509	601	488	375	341	325	325	320
北美地区合计	**7820**	**7625**	**8444**	**10178**	**10234**	**11356**	**12283**	**12170**	**12295**
阿根廷	384	456	401	355	371	394	416	355	328
玻利维亚	31	116	137	196	182	170	150	135	137
巴西	64	98	126	204	238	217	222	201	199
哥伦比亚	57	64	108	116	123	129	132	133	131
秘鲁	3	15	72	125	130	128	134	120	124
特立尼达和多巴哥	145	307	414	370	328	349	371	340	334
委内瑞拉	278	234	197	260	298	248	206	108	121
其他中美南美国家	36	38	38	29	31	30	32	27	26
中美南美地区合计	**1000**	**1329**	**1494**	**1654**	**1701**	**1665**	**1662**	**1418**	**1401**
阿塞拜疆	56	57	167	197	182	192	245	256	312
丹麦	85	109	85	48	51	43	32	14	29
法国	19	12	8	—	—	—	—	—	—
德国	177	165	111	75	64	55	53	45	50
意大利	160	116	80	64	53	52	49	39	40
哈萨克斯坦	85	141	205	213	310	333	335	360	309
挪威	529	870	1064	1172	1248	1228	1158	1123	1110
西班牙	2	2	1	1	0	1	1	—	—
罗马尼亚	128	113	100	102	100	100	100	87	80
俄罗斯	5840	6410	6513	6334	6905	7276	7384	6923	7700
土库曼斯坦	424	569	401	659	587	615	632	581	630

续表

国家 / 地区	2000	2005	2010	2015	2017	2018	2019	2020	2021
土耳其	6	9	7	4	4	5	5	4	4
乌克兰	179	208	205	192	201	204	203	190	195
英国	1135	923	584	410	423	410	395	398	259
乌兹别克斯坦	509	546	571	536	534	572	563	497	530
其他欧洲和欧亚大陆国家	873	957	1023	659	599	521	500	305	420
欧洲和欧亚大陆地区合计	**10206**	**11207**	**11125**	**10666**	**11259**	**11606**	**11654**	**10823**	**11669**
伊朗	602	1035	1874	2267	2380	2485	2538	2609	2780
伊拉克	32	15	75	77	107	111	115	120	122
科威特	96	123	117	161	162	169	184	173	181
阿曼	84	200	271	299	313	359	363	354	389
卡塔尔	249	458	1312	1814	1822	1813	1836	1753	1780
沙特阿拉伯	498	712	877	1045	1150	1121	1136	1068	1105
叙利亚	61	61	89	43	37	37	35	35	35
阿联酋	384	478	513	602	541	476	551	614	617
也门	—	—	94	5	5	5	5	5	5
其他中东国家	89	117	145	242	258	266	289	270	290
中东地区合计	**2094**	**3198**	**5367**	**6554**	**6775**	**6842**	**7052**	**7001**	**7304**
阿尔及利亚	831	892	846	830	948	959	896	845	913
安哥拉	6	7	7	8	31	62	68	72	73
乍得	—	1	6	9	9	9	6	4	4
刚果（布）	244	425	616	443	519	621	689	621	745
埃及	—	13	65	62	66	78	62	60	65
赤道几内亚	1	1	1	6	5	5	5	5	13
加蓬	59	113	168	155	143	139	142	133	154

续表

国家 / 地区	2000	2005	2010	2015	2017	2018	2019	2020	2021
利比亚	125	224	281	451	454	443	478	499	516
尼日利亚	1	1	29	48	43	43	46	46	46
南苏丹	—	4	8	9	8	8	8	16	16
苏丹	17	19	10	11	9	11	11	9	10
南非	19	27	30	16	13	12	17	13	14
突尼斯	31	34	39	62	66	75	82	80	88
其他非洲国家	1332	1760	2106	2110	2313	2463	2509	2404	2658
非洲地区合计	**304**	**371**	**546**	**2117**	**2181**	**2332**	**2522**	**2567**	**2357**
澳大利亚	304	371	546	768	1138	1310	1545	1542	1550
文莱	113	120	120	133	129	126	124	120	112
中国	262	500	1011	1350	1535	1582	1776	1925	2037
日本	25	31	28	28	28	28	28	28	28
韩国	—	5	10	4	4	4	4	4	4
印度	279	313	461	253	282	285	270	254	323
印度尼西亚	706	759	863	758	723	726	672	624	580
马来西亚	491	622	795	690	723	703	708	701	689
巴基斯坦	212	349	385	389	388	380	372	342	367
新加坡	—	—	—	—	—	—	—	—	—
中国台湾（地区）	9	8	3	4	4	4	4	4	4
泰国	201	237	362	398	374	364	374	330	340
越南	16	64	94	107	99	101	103	100	115
其他亚太国家	191	327	408	635	648	635	655	590	560
亚太地区合计	**2809**	**3705**	**5085**	**5517**	**6075**	**6248**	**6635**	**6564**	**6709**
世界总计	25261	28824	33622	36679	38358	40180	41795	40378	42035

资料来源：中国石油经济技术研究院。

附表 8　2020 年世界天然气产量排名前 20 的国家

单位：亿立方米

美国	10335
俄罗斯	7700
伊朗	2780
中国	2037
卡塔尔	1780
加拿大	1640
澳大利亚	1550
挪威	1110
沙特阿拉伯	1105
阿尔及利亚	913
刚果（布）	745
马来西亚	689
土库曼斯坦	630
阿联酋	617
印度尼西亚	580
乌兹别克斯坦	530
利比亚	516
阿曼	389
巴基斯坦	367
泰国	340

附表 9　2000—2021 年国际市场原油现货价格

单位：美元 / 桶

	2000	2005	2010	2015	2018	2019	2020	2021				
								第一季	第二季	第三季	第四季	全年
WTI	30.37	56.59	79.45	48.71	64.92	57.02	39.31	58.13	66.19	70.54	77.32	67.96
布伦特	28.50	54.52	79.50	52.45	71.04	64.30	41.67	61.13	68.97	73.49	79.76	70.74
迪拜	26.24	49.54	78.08	50.91	69.62	63.54	42.27	60.21	67.02	71.68	78.27	69.39
阿曼	26.52	50.66	78.32	51.22	69.89	63.93	42.49	60.26	67.12	71.80	78.36	69.47
塔皮斯	29.85	58.13	82.72	55.72	73.76	67.97	43.91	61.09	68.41	73.31	82.32	71.39
米纳斯	28.88	54.18	82.28	49.14	67.07	59.94	41.38	59.14	65.28	69.52	76.70	67.81
辛塔	28.21	52.31	78.10	47.41	64.54	57.82	39.16	56.76	62.16	66.49	72.73	64.65
杜里	27.56	47.23	75.24	46.45	64.20	61.84	48.36	65.65	72.12	75.79	82.64	74.13
大庆	28.89	52.81	78.45	46.31	63.99	57.45	38.15	56.46	63.65	66.91	74.62	65.49
胜利	27.37	47.75	75.25	46.43	63.55	60.55	45.15	62.59	68.72	72.38	79.24	70.82

资料来源：中国石油经济技术研究院。

附表 10　2010—2021 年国际市场原油期货价格

单位：美元 / 桶

	WTI	布伦特		WTI	布伦特		WTI	布伦特
2010			2018			2020		
1 月	78.40	77.01	1 月	63.66	69.08	1 月	57.53	63.67
2 月	76.45	74.79	2 月	62.18	65.73	2 月	50.54	55.48
3 月	81.29	79.93	3 月	62.77	66.72	3 月	30.45	33.73
4 月	84.58	85.75	4 月	66.33	71.76	4 月	16.70	26.63
5 月	74.12	77.00	5 月	69.98	77.01	5 月	28.53	32.41
6 月	75.40	75.66	6 月	67.32	75.94	6 月	38.31	40.77
7 月	76.38	75.36	7 月	70.58	74.95	7 月	40.77	43.22
8 月	76.67	77.12	8 月	67.85	73.84	8 月	42.39	45.02
9 月	75.55	78.42	9 月	70.08	79.11	9 月	39.63	41.87
10 月	81.97	83.54	10 月	70.76	80.63	10 月	39.55	41.52
11 月	84.31	86.16	11 月	56.69	65.95	11 月	41.35	43.98
12 月	89.23	92.25	12 月	48.98	57.67	12 月	47.07	50.22
2015			2019			2021		
1 月	47.33	49.76	1 月	51.55	60.24	1 月	52.10	55.32
2 月	50.72	58.80	2 月	54.98	64.43	2 月	59.06	62.28
3 月	47.85	56.94	3 月	58.17	67.03	3 月	62.36	65.70
4 月	54.63	61.14	4 月	63.87	71.63	4 月	61.70	65.33
5 月	59.37	65.61	5 月	60.87	70.30	5 月	65.16	68.31
6 月	59.83	63.75	6 月	54.86	63.10	6 月	71.35	73.41
7 月	51.13	56.76	7 月	57.55	64.21	7 月	72.43	74.29
8 月	42.89	48.21	8 月	54.84	59.50	8 月	67.71	70.51
9 月	45.47	48.54	9 月	56.91	62.19	9 月	71.54	74.88
10 月	46.29	49.29	10 月	54.01	59.63	10 月	81.22	83.75
11 月	42.92	45.93	11 月	57.07	62.71	11 月	78.65	80.85
12 月	37.28	38.81	12 月	59.80	65.17	12 月	71.69	74.80

资料来源：中国石油经济技术研究院。

附表 11　2012—2021 年世界部分国家或地区 LNG 价格

单位：美元 / 百万英热单位

	日本	中国	韩国	英国	西班牙	美国	中国台湾（地区）
2012/10	15.36	8.83	12.93	8.88	9.91	2.92	14.76
2012/11	15.44	10.89	12.84	9.29	9.22	6.8	16.69
2012/12	15.51	10.71	14.67	9.65	10.01	4.9	13.6
2013/01	15.04	11.55	14.8	9.62	10.38	7.46	14.53
2013/02	16.41	13.37	14.98	7.94	9.93	4.18	14.49
2013/03	16.35	10.6	15.19	10.13	9.45	4.69	14.62
2013/04	15.7	10.96	14.28	9.45	9.86	4.67	15.35
2013/05	16.23	9.11	14.55	9.83	9.7	4.29	14.42
2013/06	16.03	11.09	14.89	9.17	10.18	8.23	14.89
2013/07	15.96	10.77	14.91	8.93	9.83	4.27	15.34
2013/08	15.57	11.57	14.73		9.79	6.84	16.31
2013/09	15.02	11.86	14.75	8.47	9.96	9.26	14.71
2013/10	15.04	9.44	14.42	8.85	9.69	5.33	14.64
2013/11	15.57	9.47	13.54	10.05	9.64	4.05	15.39
2013/12	15.91	13.87	14.6	10.43	10.3	8.17	13.67
2014/01	16.8	13.37	14.59	9.75	10.23	6.75	14.02
2014/02	16.61	11.67	14.57	9.18	10.67	10.48	13.98
2014/03	16.6	12.02	14.56	8.57	10.69	8.06	15.15
2014/04	16.86	10.9	16.39	8.4	10.2	16.5	15.15
2014/05	16.36	11.45	16.26	8.13	9.92	5.59	15.14
2014/06	16.13	11.25	16.59	7.6	9.74	9.08	13.84
2014/07	16.04	10.34	16.26	6.23	9.84	8.73	14.84
2014/08	15.72	11.79	16.2	6.17	9.9	6.24	14
2014/09	15.14	13.08	16.45	5.49	10.09	8.26	14.22
2014/10	15.96	12.33	16.16	4.97	9.4	4.31	13.25
2014/11	15.61	11.62	15.86	7.52	9.13		13.89
2014/12	15.59	12.15	16.08	7.27	9.24	7.04	12.36

续表

	日本	中国	韩国	英国	西班牙	美国	中国台湾（地区）
2015/01	15.03	11.15	14.25	7.51	8.21	10.37	10.55
2015/02	13.24	10.38	13.43	6.17	7.39	8.67	8.59
2015/03	12.18	10.15	13.05	6.2	7.27	7.41	8.04
2015/04	10.26	8.16	11.69	6	6.82	7.89	8.53
2015/05	8.85	8.88	9.48	6.65	6.69	5.69	8.35
2015/06	8.93	9.55	9.08	6.13	6.54	5.94	8.42
2015/07	9.19	7.54	8.79	5.49	6.14	4.29	9.05
2015/08	9.15	7.12	9.21		6.24	3.26	8.53
2015/09	9.61	7.39	9.59		6.11	5.72	8.32
2015/10	10.09	8.02	9.69		5.77	11.53	7.69
2015/11	8.94	7.95	9.49		5.79	5.36	7.44
2015/12	8.47	7.68	8.71		5.97	3.75	7.13
2016/01	7.8	7.35	8.01		5.76	5.19	7.05
2016/02	7.72	7.03	7.75		5.36	4.83	6.24
2016/03	6.86	6.65	7.24		4.93	3.93	5.73
2016/04	6.37	6.61	6.62		4.66	3.07	5.82
2016/05	5.86	6.3	5.97		4.37	3.19	5.76
2016/06	5.99	6.18	5.68		4.56	2.96	6.39
2016/07	6.24	5.43	5.86		4.34		6.44
2016/08	6.41	6.03	6.34	3.77	4.4	3.02	6.46
2016/09	7.04	6.16	6.76	3.6	4.85	2.97	6.89
2016/10	7.27	6.75	7.28	2.18	4.78	2.9	6.79
2016/11	7.09	6.87	7.45	4.12	5.02	4.67	6.74
2016/12	7.09	7.09	7.26	5.44	5.37	5.09	6.96
2017/01	7.65	7.02	7.92	3.74	6.34	6.49	7.05
2017/02	7.85	7.02	7.99	6.2	5.84	6.08	8.24
2017/03	7.69	6.92	7.79		5.64	4.13	7.56
2017/04		7.07	7.92	4.54	5.2	3.39	7.37

续表

	日本	中国	韩国	英国	西班牙	美国	中国台湾（地区）
2017/05		7.32	8.32	3.62	5.52	3.47	7.26
2017/06	8.31	7.16	7.83	3.58	5.37		7.16
2017/07	8.29	7.4	7.85	4.13	5.57		7.02
2017/08	8.36	7.47	8.18	3.71	5.81		7.17
2017/09	8.08	7.2	8.08	3.22	5.39		6.84
2017/10	7.77	7.46	8.08	5.2	5.57	4	7.34
2017/11	7.89	7.73	7.68	3.91	5.8	3.3	7.73
2017/12	8.08	8.17	8.26	4.93	6.23	4.65	7.82
2018/01	8.73	8.39	8.68	5.75	6.5	7.38	7.97
2018/02	8.93	8.69	9.91	2.67	6.03	5.66	8.16
2018/03	9.03	8.73	9.37	5.21	5.74	5.79	9.11
2018/04	9.14	8.79	9.3	5.16	6.16	4.12	8.17
2018/05	9.47	9.02	9.79	4.22	6.05	4.07	8.38
2018/06	9.68	8.94	9.78	5.61	6.53	4.12	9.78
2018/07	9.8	9.47	9.99	3.25	7.18	3.06	8.95
2018/08	10.17	9.59	10.16	4.52	6.37	3.33	9.34
2018/09	10.66	9.84	10.76	5.64	6.77	4.57	9.28
2018/10	11.08	9.05	11.11	7.92	7.17	6.43	9.61
2018/11	11.17	10.55	11.24	8.15	7.01	8.9	9.82
2018/12	11.33	10.91	10.1	7.81	7.03	8.19	9.98
2019/01	11.02	10.82	11.15	7.68	7.05	8.51	9.75
2019/02	10.98	10.61	11.81	7.03	6.74	8.12	9.42
2019/03	10.58	10.09	10.86	6.42	6.47	8.91	9.49
2019/04	9.66	9.17	9.27	4.81	5.94	8.37	9.18
2019/05	9.4	8.51	8.51	4.53	5.59	8.65	7.96
2019/06	9.14	8.46	9.03	3.25	5.3	8.68	8.08
2019/07	9.23	8.36	9.38	3.12	7.35		9.02
2019/08	9.72	8.45	9.2	3.25	4.61	7.56	8.77

续表

	日本	中国	韩国	英国	西班牙	美国	中国台湾（地区）
2019/09	9.18	8.82	9.8	3.12	5.02	7.56	9.16
2019/10	9.09	8.92	7.65	4.03	5.39	7.74	8.63
2019/11	9.22	8.82	8.73	4.14	5.57	8.54	8.33
2019/12	9.24	8.49	8.75	4.96	6.1	7.19	7.81
2020/01	9.11	8.38	8.99	4.86	5.66	8.33	8.44
2020/02	9.17	8.38	8.55	3.22	4.71	6.41	8.09
2020/03	9.25	7.82	8.87	3.19	5.08	6.57	8.15
2020/04	9.09	7.66	9.18	2.45	5.4		7.41
2020/05	9.39	6.9	8.98	1.64	4.4		6.74
2020/06		5.6	8.49	1.6	4.72		6.35
2020/07	6.77	6.56	7.33	0.62	3.24		5.41
2020/08	5.9	5.2	6.1	1.13	3.21		4.63
2020/09	5.47	5.02	5.05	1.34	3.6		4.81
2020/10	6.29	5.93	5.3	2.16	4.91		5.04
2020/11	6.21	6.26	5.99	4.86	4.45		5.44
2020/12	7.56	6.71	6.88	5.02	4.69		6.28
2021/01		7.74	7.66	5.42	4.66		7.11
2021/02	11.23	9.48	9.34	6.84	5.59		11.34
2021/03	7.28	8.3	8.58	5.44	4.63		8.28
2021/04	8.03	7.41	7.25	6.06	5.64		6.94
2021/05	8.32	7.7	7.85	6.85	5.71		7.44
2021/06	9.02	9.06	8.82	7.56	6.31		8.84
2021/07	9.92	9.98	9.33	8.34	7.06		9.52
2021/08	10.2	11.46	10.65	6.15	9.12		10.2
2021/09	10.8	12.81	10.59	9.8			10.94
2021/10	11.25	13.73	14.07	14.97	15		11.43
2021/11	16.21	17.08	15.25	26.56	16.83		22.09
2021/12	16.31	19.69	17.76				

附表 12　2021 年世界最大 50 家石油公司综合排名（六项指标排名）

综合排名	公司名称	石油储量		天然气储量		原油产量		天然气产量		炼油能力		产品销售	
		位次	亿吨	位次	亿立方米	位次	万吨	位次	亿立方米	位次	万吨	位次	万吨
1	沙特阿拉伯国家石油公司	2	313.697	6	54232.8	1	52170	5	1031.896	4	18000	5	20275
2	伊朗国家石油公司	3	220.92	1	320185.92	5	15420	2	2501.191	8	11005	12	9865
3	中国石油天然气集团公司	7	55.290	7	48691.992	3	17940	3	1604.173	2	25910	11	10695
4	埃克森美孚公司	18	12.439	16	10750.272	7	11745	7	875.520	3	23850	2	24475
5	bp 公司	15	14.923	15	12026.654	9	10530	8	819.502	13	9545	1	26505
6	俄罗斯石油公司	9	32.043	12	19447.061	4	16480	15	503.959	15	9285	15	8410
7	皇家荷兰 / 壳牌集团	26	6.469	21	7395.485	13	9020	6	948.902	7	13750	3	23550
8	俄罗斯天然气公司	16	14.886	3	174775.181	17	6370	1	4579.557	21	5830	23	4785
9	道达尔公司	23	8.126	19	9974.304	16	7715	10	748.910	12	9835	6	17050
9	雪佛龙公司	21	8.606	20	8473.910	12	9340	9	753.458	17	9020	9	11120
11	委内瑞拉国家石油公司	1	425.328	5	62608.723	32	2700	27	275.131	11	10435	21	5150
12	阿布扎比国家石油公司	6	140.77	9	33474.24	10	10030	20	308.721	26	4610	28	3570
13	俄罗斯鲁克石油公司	13	16.369	23	6274.579	15	8255	23	288.981	19	8050	10	10740
14	卡塔尔石油总公司	10	30.52	2	231827.52	14	8660	4	1097.837	39	1905	37	1595
15	科威特国家石油公司	5	142.226	14	17578.224	6	13535	37	200.095	24	4950	22	4940

续表

综合排名	公司名称	石油储量		天然气储量		原油产量		天然气产量		炼油能力		产品销售	
		位次	亿吨	位次	亿立方米	位次	万吨	位次	亿立方米	位次	万吨	位次	万吨
16	阿尔及利亚国家石油公司	12	17.08	11	22794.485	18	5870	11	744.466	32	3385	25	4430
17	巴西国家石油公司	19	10.573	43	2146.656	8	11410	19	339.831	10	10880	14	9535
18	伊拉克国家石油公司	4	203.027	8	35116.8	2	19985	55	104.389	28	4140	29	3505
19	中国石油化工股份有限公司	41	2.159	40	2319.691	26	3830	21	302.830	1	29810	4	22335
20	墨西哥国家石油公司	22	8.457	47	1977.869	11	9495	34	231.308	16	9050	20	5290
21	尼日利亚国家石油公司	11	25.306	10	32294.146	23	4405	22	290.841	36	2225	54	630
22	马来西亚国家石油公司	39	2.251	24	5974.104	29	2925	13	644.315	30	3615	27	3575
23	意大利埃尼集团	28	4.921	26	5097.883	25	4215	16	488.766	29	3660	39	1510
24	埃及石油总公司	40	2.213	17	10689.667	40	1875	24	288.050	27	4165	26	4405
25	俄罗斯苏尔古特油气公司	14	16.117	28	4564.901	20	5505	59	90.952	38	2020	34	1830
26	印度尼西亚石油公司	47	1.712	46	2023.181	39	2040	28	272.237	22	5165	16	8195
27	印度石油天然气总公司	29	4.087	27	4960.531	34	2440	35	228.104	40	1865	33	2175
28	挪威国家石油公司	33	3.514	29	4371.475	21	5145	14	526.904	45	1610	–	–
29	中国海洋石油总公司	27	5.489	39	2418.528	19	5725	40	178.494	50	1200	46	1275

续表

综合排名	公司名称	石油储量		天然气储量		原油产量		天然气产量		炼油能力		产品销售	
		位次	亿吨	位次	亿立方米	位次	万吨	位次	亿立方米	位次	万吨	位次	万吨
30	利比亚国家石油公司	8	46.015	18	10491.710	47	1270	67	70.385	48	1350	47	1245
31	俄罗斯诺瓦泰克公司	42	1.984	13	18855.739	51	1170	12	647.829	—	—	—	—
32	西班牙雷普索尔公司	62	0.808	45	2028.278	54	1080	30	250.429	23	5065	24	4435
33	美国康菲公司	30	3.958	35	2773.661	27	3640	31	247.432	—	—	—	—
34	加拿大自然资源公司	17	13.920	42	2180.923	24	4370	46	148.004	—	—	—	—
35	阿曼石油开发公司	38	2.258	32	3409.445	37	2145	29	252.806	—	—	—	—
36	美国西方石油公司	37	2.904	50	1421.381	22	5020	36	213.325	—	—	—	—
37	哥伦比亚国家石油公司	46	1.760	61	827.227	30	2775	60	88.162	37	2025	35	1745
38	哈萨克斯坦国家石油公司	31	3.877	53	1327.075	36	2225	63	81.961	42	1830	48	1120
39	德国温特沙尔公司	52	1.467	30	4259.894	57	885	26	276.578	—	—	—	—
40	美国安特罗资源公司	45	1.777	34	2839.08	55	990	32	247.122	—	—	—	—
41	美国 EOG 能源公司	35	3.258	49	1517.952	31	2725	51	129.400	—	—	—	—
42	乌兹别克国家石油公司	63	0.787	22	7388.688	79	285	18	389.958	52	1120	57	425

续表

综合排名	公司名称	石油储量		天然气储量		原油产量		天然气产量		炼油能力		产品销售	
		位次	亿吨	位次	亿立方米	位次	万吨	位次	亿立方米	位次	万吨	位次	万吨
43	日本国际石油开发株式会社	32	3.78	48	1581.955	43	1655	49	130.744	—	—	—	—
44	奥地利 OMV 公司	59	0.952	55	1086.922	58	885	41	172.810	43	1780	38	1585
44	美国 Ovintiv 公司	48	1.642	51	1392.778	42	1725	42	168.779	—	—	—	—
46	加拿大森科能源公司	25	6.496	95	3.398	28	3475	—	—	35	2300	32	2470
47	美国润吉资源公司	53	1.413	33	3157.397	70	550	43	162.267	—	—	—	—
48	俄罗斯鞑靼石油公司	20	8.896	83	427.349	33	2530	89	8.268	55	795	43	1360
49	泰国国家石油公司	76	0.413	52	1348.032	66	590	47	146.557	41	1850	42	1385
50	阿根廷 YPF 公司	64	0.764	71	597.552	48	1215	50	129.917	46	1600	45	1285

资料来源：美国《石油情报周刊》2021 年 11 月 18 日。

附录 4　中油国际公司荣誉

集体荣誉

【中油国际海外油气业务先进集体】

中国石油中东公司

中油国际（伊拉克）艾哈代布公司生产管理部

中油国际（伊拉克）哈法亚公司 HSSE 部

中油国际（伊拉克）鲁迈拉公司综合办公室

中油国际（伊朗）北阿扎德甘公司采油厂

中油国际（阿布扎比）公司开发工程部

中国石油中亚公司

中油国际（土库曼斯坦）阿姆河天然气公司检维修中心

中油国际（哈萨克斯坦）阿克纠宾公司计划部

中油国际（哈萨克斯坦）PK 公司生产团队

中油国际（哈萨克斯坦）奇姆肯特炼油公司生产运行部

中油国际（乌兹别克斯坦）公司新丝路现场作业部

中国石油尼罗河公司

中油国际（南苏丹）3/7 区项目公司采油厂

中油国际（南苏丹）1/2/4 区项目公司采油厂

中油国际（苏丹）6 区项目公司后勤服务部

中国石油拉美公司

中油国际（委内瑞拉）MPE3 公司钻修井部

中油国际（秘鲁）10/57/58 区项目公司管理部

中油国际（厄瓜多尔）安第斯公司财务资产部

中国石油西非公司

中油国际（乍得）上游项目公司 HSSE 部

中油国际（乍得）炼油公司机动部

中油国际（尼日尔）上游项目公司勘探部

中油国际（尼日尔）炼油公司行政部

中油国际管道公司

中缅油气管道项目马德岛皎漂管理处

中哈天然气管道项目奇姆肯特输气管理处

哈国西北油管道项目项目管理部

中乌天然气管道项目布哈拉管理处

中缅油气管道项目曼德勒管理处当达分输站

中油国际管道公司人力资源部（党委组织部）

中油国际俄罗斯公司

中油国际俄罗斯公司技术支持板块

海外直属项目

中油国际（澳大利亚）公司箭牌项目部

中油国际（加拿大）公司都沃内天然气项目部

中油国际（印度尼西亚）公司佳步项目部

中油国际（新加坡）公司

中油国际（英国）赛宁公司

本部部门和国内单位

法律事务部

HSE 团队（健康安全环保部＋海外 HSSE 技术支持中心）

党群工作部

海外研究中心（中油国际技术研究中心）

后勤保障中心

【中油国 QHSE 先进集体】

中国石油中东公司

中国石油中东公司 HSSE 部
中油国际（伊拉克）艾哈代布公司
中油国际（伊拉克）鲁迈拉公司
中油国际（伊朗）MIS 公司
中国石油中亚公司
中油国际（哈萨克斯坦）PK 公司
中油国际（哈萨克斯坦）奇姆肯特炼油公司
中油国际（哈萨克斯坦）北布扎奇公司
中油国际（阿塞拜疆）公司
中国石油尼罗河公司
中油国际（苏丹）6 区项目公司
中油国际（南苏丹）3/7 区项目公司
中国石油拉美公司
中油国际（委内瑞拉）MPE3 公司
中油国际（秘鲁）6/7 区项目公司
中油国际（巴西）公司
中国石油西非公司
中油国际（乍得）上游项目公司
中油国际（尼日尔）上游项目公司
中油国际尼贝管道公司
中油国际（莫桑比克）公司
中油国际管道公司
哈国南线天然气管道项目
中乌天然气管道项目
中哈天然气管道项目
哈国西北原油管道项目
中油国际俄罗斯公司
中油国际俄罗斯公司综合管理部
海外直属单位
中油国际（澳大利亚）公司
本部部门和国内单位
健康安全环保部
工程建设部
管道部
海外 HSSE 技术支持中心

健康管理先进集体

中国石油中东公司
中油国际（阿布扎比）公司
中国石油拉美公司
中油国际（厄瓜多尔）安第斯公司
中油国际（秘鲁）10/57/58 项目公司
中国石油西非公司
中油国际（乍得）炼油公司
中油国际（尼日尔）炼油公司
中油国际管道公司
中缅油气管道项目
海外直属单位
中油国际（印度尼西亚）公司
中油国际（加拿大）公司

【中油国际海外油气业务先进工会组织】

中国石油中东公司
中油国际（伊拉克）艾哈代布公司工会
中油国际（伊拉克）西古尔纳公司工会
中油国际（阿布扎比）公司工会
中油国际（伊拉克）鲁迈拉公司工会
伊朗投资项目工会小组
中国石油中亚公司
中油国际（哈萨克斯坦）曼格什套公司工会
中油国际（土库曼斯坦）阿姆河天然气公司工会 A 区分会
中油国际（乌兹别克斯坦）公司工会
中油国际（哈萨克斯坦）奇姆肯特炼油公司工会
中油国际（哈萨克斯坦）PK 公司工会
中国石油尼罗河公司
中国石油尼罗河公司工会委员会喀土穆分会
中国石油尼罗河公司工会委员会朱巴分会
中国石油尼罗河公司工会委员会苏丹炼厂分会

中国石油拉美公司
中油国际（厄瓜多尔）安第斯公司工会
中油国际（委内瑞拉）胡宁 4 公司工会
中油国际（秘鲁）10/57/58 区项目公司工会
中国石油西非公司
中国石油西非公司工会
中油国际（尼日尔）炼油公司工会
中油国际（乍得）炼油公司工会
中油国际（莫桑比克）公司工会
中油国际管道公司
中吉天然气管道项目工会小组
中塔天然气管道项目工会小组
哈萨克斯坦地区工会委员会
中缅油气管道项目工会委员会
中油国际管道公司工会委员会
中乌天然气管道项目工会委员会
中油国际俄罗斯公司
中油国际俄罗斯公司工会
海外直属单位
中油国际（印度尼西亚）公司工会
中油国际（澳大利亚）公司工会
中油国际（加拿大）公司工会
国内所属单位
后勤保障中心工会小组
本部机关
健康安全环保部工会小组
党群工作部工会小组
办公室工会小组

【中油国际“学党史、悟思想、办实事、开新局”党课开讲活动优秀课件】

一等奖　后勤保障中心党总支
二等奖　总部党群工作部党支部
　　　　总部法律事务部党支部
　　　　总部勘探部党支部
三等奖　总部工程建设部党支部
　　　　总部股东事务部党支部
　　　　总部健康安全环保部党支部
　　　　总部规划计划部党支部
　　　　总部油气开发部党支部
　　　　总部资本运营部党支部

个人荣誉

【中油国际海外油气业务杰出员工】

徐　东　中油国际（伊朗）MIS 项目公司总经理
成　勇　中油国际（阿曼）公司安全总监兼行政管理部经理
许世国　中油国际（哈萨克斯坦）北布扎奇公司总经理
房　欣　中油国际（土库曼斯坦）阿姆河天然气公司 A 区生产部副经理
郭新文　中油国际（南苏丹）1/2/4 区项目公司总经理
刘成彬　中油国际（巴西）公司副总经理
董金木　中油国际（乍得）上游项目公司生产部经理
翟光华　中油国际（尼日尔）上游项目公司副总经理
朱瑞华　中油国际管道公司中乌天然气管道项目技术部经理
赵竹轩　中油国际管道公司办公室（党委办公室）高级主管
许　涛　中油国际俄罗斯公司总经理助理
刘丽萍　本部健康安全环保部副主任

【中油国际海外油气业务优秀员工】

中国石油中东公司
王　冠　张启德　皮蔚峰　杜　博
黄颂婷　陈彦东　迟　愚　徐　炜

崔可平　曹　磊　李博文　郭　泳
谭红旗　李树春　陈翰林　徐忠军
蔺雨辰　李默然　饶良玉　薛　磊
闫吉森　吴大伟　石建科　刘　敏
李　振

中国石油中亚公司

周晓耕　张　鑫　亢永博　张思宇
刘立波　王全宝　张宪存　周宏华
刘付明　王松坡　金　轩　沈冠中
尤建军　潘永栋　杨立新　伍贤军
袁志坤　王远标　塔　松　李志奇
张学文　田　明　武治英　李家雄
王春生　孙晓丰

中国石油尼罗河公司

张爱琴　石广志　王恐军　梁敬东
赵海军　刘　研　李海清　王为然
金　博　张玉波　陈　勇

中国石油拉美公司

王晓岩　申志军　曲　军　安　利
朱　磊　阳　辉　甘火华　杨卫平
代双杰　王　博　刘　强　吕　丽
常　勇

中国石油西非公司

陈亚强　杨晓宁　耿　捷　黎小刚
周帅辉　丁延鹏　张冬阳　刘江涛
赵　杰　孙万卿　钱　锋　李晓雄
赵新建　陈栋标　钱勘研　刘　影
张　斌　李凌基

中油国际管道公司

张　宇　姜　涛　王明东　席新宙
李　硕　陶　金　楚鲁豫　张　路
薛　龙　张明臣　吴　军　潘代波
章　闪　庞树宝　吕　雪　沈江华
巩　孟　林　棋　付婧祎　张　鑫
支　席　边学文　李　为　翁　艳
王文斌　廖　晶　唐国超　王永军
洪瀚波　郭申屿

中油国际俄罗斯公司

黄绪春　荆　璐

中油国际（印度尼西亚）公司

卢学瀛

中油国际（澳大利亚）公司

王保雄　胡宇骋

中油国际（加拿大）公司

万伟伟　王天波

中油国际（英国）赛宁公司

钱一晨

中油国际（荷兰）欧信公司

朱霁虹

本部部门

唐小涵　韩晓霞　塔　娜　杨　倩
郭　琦　徐金忠　邢　超　董　聪
刘莹莹　王连杰　刘玉翠　赵　潇
刘泊伶　王　强　夏春燕　马洪刚
何　峻　孙　宁　徐　宁　庞文珠
赵文光　陈冬梅　王文广　张　琦
周　浩　蒋璐朦

海外研究中心

毛万明　杨福忠

中油国际专家中心

杨茂源　张战敏

中油国际后勤保障中心

周　敬　杨宝君　周冠男

中油锐思技术开发有限公司

齐建华

海外人力资源共享服务分中心

孟　方

海外财务共享服务分中心

康　璇

海外 HSSE 技术支持中心

刘　峰

【中油国际海外建功立业特殊贡献奖暨海外建功立业十年金奖】

中国石油中东公司

蔺　强　李　振　孙建平　王小勇
陈　鑫　任永飞　周　默　马　智
邓文华　杨月庆　齐国良　高启军
定明明　韩凤君　王　刚　唐晓兵
王　冠　迟化昌

中国石油中亚公司

刘　刚　邹明韬　杨唐斌　赵　兵
张胜国　曹有好　王建勇　孔祥刚
方　正　王海涛　崔　鹏　贾洪革
张宪存　李险峰　王书才　王　江
刘　琼　杨树峰　明海会　曲延明
刘东周　王永岩　胡　强

中国石油尼罗河公司

靳海鹏

中国石油拉美公司

宋少宁　郑雪娟　李海玮　耿　焱
冯绍海　周永安　徐　婕　黄　波
甘火华　王社英　王庆甲　喻　彬
安　阳　于开敏

中国石油西非公司

马明福　韩晓林　文健波　韩　治
龙　岩　姜志刚　赵新建　余　洋
解春泉　姚　震

中油国际管道公司

邱昌胜　吴庆民　曾克然　金　娜
陈子鑫　宋晓宁　孟　洋　陈国元
金　涛　邵紫艳　戚荣汉　陆　军
何宝锋　司战锋　李　炜　徐　之
吕继承　李　勇　郑承震　周锡河
蔡　哲　袁崇福　金鑫锐　张　哲
代光洪　梁俊峰　张福全　何子延
郭东光　李顺成　董　昕　管雪鸥
周晓宇　蔡俊年　梁　璠　李　攻

中油国际（英国）赛宁公司

吴　浩

中石油国际投资（卡塔尔）公司

李兰忠

本部部门

连海胜　张　庆

海外研究中心

郑小武

【第二个十年金奖获奖】

中国石油中东公司

黄洪庆　齐文旭　何艳辉　蔡文新
马顺明　苗云生　任红军　孙祥林
李祖祥　姜卫东

中国石油中亚公司

李永红　罗　敏　臧东红　邓志展
陈守平　宋希成　于　宙　于茂盛
赵立新　马玉春　苗钱友　刘宽河
王继明　何养民　张长庆　陈庆坤
王春喜　葛宇光　王跃文　余志清

中国石油尼罗河公司

陈　勇　淳　晖　张大军　郑永林
孟　雷　梁建业　王存彪　傅阳朝

中国石油拉美公司

王　涛　王政文　李振军　农　贡
徐宝军　林信漾

中国石油西非公司

刘结柱　郑绪平　秦晓宏　林雪峰
赵玉飙　庄元兴　丛德茂

中油国际俄罗斯公司

裴建胜

中油国际管道公司

姜保军　黄宏星　席新宙

中油国际专家中心

王　革　陈　奇

【中油国际海外员工家属“特别奉献奖”】

唐　雪　中国石油中东公司技术部靳松的妻子

刘文超　中油国际（伊拉克）哈法亚公司刘尊斗的妻子

王冬冰　中油国际（伊拉克）鲁迈拉公司任红军的妻子

郝　为　中油国际（伊朗）北阿扎德甘公司李祖祥的妻子

薛向萍　中国石油中亚公司安全副总监周晓耕的妻子

马睿子　中油国际（乌兹别克斯坦）公司姜江的妻子

付　红　中油国际（哈萨克斯坦）PK 公司尹相庆的妻子

韩建英　中油国际（哈萨克斯坦）ADM 公司王跃文的妻子

刘翠娟　中油国际（哈萨克斯坦）北布扎奇公司葛宇光的妻子

崔蓬月　中油国际（哈萨克斯坦）ASP 公司陈大有的妻子

李宛融　中油国际（土库曼斯坦）阿姆河天然气公司李钢的妻子

陈晓梅　中油国际（南苏丹）3/7 区项目公司王永生的妻子

郭　新　中油国际（南苏丹）1/2/4 区项目公司黄天兵的妻子

张　宏　中油国际（南苏丹）1/2/4 区项目公司王春的妻子

温　丽　中油国际（委内瑞拉）胡宁 4 项目公司王海钊的妻子

朱庆红　中油国际（委内瑞拉）陆湖公司萧庆华的妻子

胡红雁　中油国际（秘鲁）公司尚国锋的妻子

于桂华　中油国际（秘鲁）公司李振军的妻子

赵　虹　中国石油拉美公司经营管理部于金刚的妻子

潘瑞娟　中油国际（乍得）上游项目公司郑绪平的妻子

韩书桂　中油国际（乍得）上游项目公司杨振祥的妻子

鲁雪峰　中油国际（尼日尔）上游项目公司吴克来的妻子

邢　玮　中油国际管道公司中哈天然气管道项目张利勋的妻子

廖升琪　中油国际管道公司中哈天然气管道项目龙立明的妻子

曹艳丽　中油国际管道公司中哈天然气管道项目吴庆民的妻子

张　晔　中油国际管道公司中乌天然气管道项目王海平的妻子

高桂杰　中油国际管道公司中乌天然气管道项目于斌的妻子

李　文　中油国际管道公司西北原油管道项目李景均的妻子

陈　莉　中油国际俄罗斯公司亚马尔贸易公司张军的妻子

刘　俊　中油国际（印度尼西亚）公司金立浩的妻子

陈蔺杰　中油国际（澳大利亚）公司汪兆峰的妻子

宋春龄　中油国际（加拿大）公司郭兴海的妻子

孙　莉　中油国际（加拿大）公司李新宇的妻子

贾智玲　中油国际（缅甸）凯尔公司张春

书的妻子

【中油国际公司 QHSE 先进个人】

徐　东　姜学义　陈　铁　冀亚锋
石　航　孙祥林　韩国金　胡元甲
焦海中　王　玮　徐　浩　李　瑾
汪　冲　林云涛　胡嘉靖　李志家
李　坤　张胜国　徐宝伟　吴成友
张　威　张永利　易　龙　熊新军
汪华成　王　劲　张学文　陈大有
孙晓丰　李博文　王文海　贾连旭
陈楚薇　张　睿　陶初阳　李继雄
杨　帆　庞战强　胡汉民　赵诚光
蔡　波　刘明军　栾　宇　吕合玉
周永安　王继维　王雪松　安　利
崔芹锋　兰立新　陆天源　邱智辉
李学著　孙喜龙　梁政伟　张　弛
戴爱国　曲兆峰　孙云鹏　林雪峰
何新贞　潘春孚　胡　博
王　炜（阿尔及利亚）李小红
刘安全　石振民　刘　鹏　王兰海
王世友　王正国　陈子鑫
王　炜（突尼斯）赵守义　刘国明
张　平　张庆军　邹晓晖　王赋欣
李本祥　戴　洋　高怡然　余光波
陈群尧　邓琳纳　祖煜东　赵竹轩
马经纬　杨玉龙　丁发新　贾文宏
蒋兴迅　高　亮　彭祝伟　张思富
吕江涛　宋柏军　毕　江　雪　梅
何　英　谢新宇　周虎成　李凌艳
赵志刚　李清斌　冯　辉　张传进
安　艺　冯军伟　王佳琪　周天伟
李丹梅　李　杨　Travis Ferguson
Troy Pederson　Andy Teskey

【疫情防控先进个人】

郭　冬　张　冲　邹明韬　宫泮军
刘　奇　郑雪娟　周　魁　夏　威
陈晓月　李景均　汪培树　周昭勇
盛艳敏　张睿智　常　红　刘建辉
张　朔　陈晓龙　田慧颖　武红梅
徐　博　张宁浩

【中油国际公司海外油气业务先进工会工作者】

中国石油中东公司
魏　颖　彭笑威　夏　凉　谭红旗
闫吉森　刘德峰　孙　燕　刘晓峰
中国石油中亚公司
汪海龙　田　明　张　鑫　袁志明
柴立满　蒋德辉　张　磊　李家雄
李兆军
中国石油尼罗河公司
李军华　杨　永　袁　楠　卢辉卫
张　睿
中国石油拉美公司
赵俊峰　杨瑞财　卢　滨　陆　海
萧庆华　李志华
中国石油西非公司
鲁文杰　景　宁　王新明　杨兆军
唐　超　丁成庆　张　帆
中油国际管道公司
杨志远　陈朋刚　姜　涛　刘文静
卢　明　孙明周　孙文博　王　亮
王延晖　赵元靖
中油国际俄罗斯公司
王雪菡　吴　淼
中油国际（印度尼西亚）公司
李海鹏
中油国际（澳大利亚）公司
韩　健
中油国际（加拿大）公司
张　鹏
中油国际（英国）赛宁公司

李　诺
中油国际（新加坡）公司
栾海亮
海外研究中心（中油国际技术研究中心）
盛艳敏
中油国际专家中心
高　蓉
中油国际后勤保障中心
董　莉
中油锐思技术开发有限责任公司
翟慧颖
海外人力资源共享服务分中心
王彤彤
海外财务共享服务分中心
薛　丛
海外 HSSE 技术支持中心
石　峡
本部部门
刘晓雨　王雨秾　马晨冉　王泽龙
杨云洁　王诗韵　王一伽　史宝成
许海东　徐　博　及笑梅　邓若绮
孙玉君　王晶晶　吴明帅　朱晓辉
李　峰　孔祥吉　李　欢　周　宜
汪是洋

【中油国际多语种诵读比赛获奖人员】

奖项	所在单位	姓名
一等奖	中油国际管道公司—中缅油气管道公司	刘　晨
	中油国际中东公司	孙　燕
	中油国际管道公司	李煜津
	中油国际西非公司—（乍得）上游项目公司	许亚楠
	中油国际管道公司	代文杰
	中油国际中东公司	贾雪丹
	本部资本运营部	王诗韵
	中油国际俄罗斯公司	唐春梅
	中油国际管道公司—哈国西北原油管道公司	赵元靖
	中油国际拉美公司	施建中
	本部人力资源部	韩　琛
	本部人力资源部	鲁　燕
二等奖	中油国际拉美公司	王天娇
	中油国际管道公司	曹　杨
	本部生产运行部	田国清

续表

奖项	所在单位	姓名
二等奖	中油国际尼罗河公司—南苏丹 1/2/4 区项目公司	唐经纶
	中油国际管道公司	林鼎明
	中油国际管道公司—中哈天然气管道公司	高增仁
	本部人力资源部	王艺潼
	中油国际中东公司—（伊拉克）艾哈代布公司	彭笑威
	中油国际管道公司	吕　雪
	本部规划计划部	缪云红
	本部企业管理部	黄海蓉
	本部业务发展部	吴春岚
	中油国际管道公司	肖　峥
	中油国际管道公司—中乌天然气管道公司	杜盛君
	本部法律事务部	刘　品、刘　灵
	专家中心	高　蓉
	本部财务部	丛　莘
	中油国际管道公司—中吉天然气管道公司	张　路
	中油国际拉美公司	鲍　霆
	本部办公室	李元元
	中油国际西非公司—（乍得）上游项目公司	郑伟翔
	中油国际西非公司—（乍得）上游项目公司	李琪琛
	中油国际管道公司—中缅油气管道公司	管雪鸥
三等奖	中油国际管道公司—中哈天然气管道公司	杨晓明
	中油国际管道公司	肖　峥
	中油国际管道公司新疆分公司	吴辰阳
	中油国际拉美公司—（委内瑞拉）苏马诺公司	曲　军
	中油国际管道公司—中哈天然气管道公司	赵春妹
	中油国际管道公司	吕　雪

续表

奖项	所在单位	姓名
三等奖	中油国际管道公司新疆分公司	马国伟
	中油国际管道公司—中乌天然气管道公司	孙　涛
	中油国际俄罗斯公司	丁建国
	专家中心	高　蓉、陈宽亚
	中油国际管道公司—中哈天然气管道公司	杜义朋
	海外 HSSE 技术支持中心	王　彤
	中油国际管道公司—哈国南线天然气管道公司	孙　涛
	中油国际俄罗斯公司	金方斐
	本部炼油化工部	邬佳圻
	人力资源共享中心	夏阳玉萌
	中油国际拉美公司	王天娇
	中油国际拉美公司—（秘鲁）公司	苏　悦
	中油国际俄罗斯公司	徐海霞
	本部规划计划部	张　琬
	专家中心	郝　多
	中油国际管道公司—中缅油气管道公司	陈　岩
	中油国际拉美公司—（秘鲁）公司	谭昕程
	中油国际管道公司—中吉天然气管道项目	洪　奇
	技术研究中心	任立新
	中油国际管道公司—中哈原油管道公司	李志涛
	中油国际俄罗斯公司	乔　艳
	中油国际管道公司—中乌天然气管道公司	辛丽娟
	本部业务发展部	于　洋
	中油国际阿布扎比公司	姜学义
	海外 HSSE 技术支持中心	石　峡

续表

奖项	所在单位	姓名
三等奖	中油国际管道公司中乌项目	石金定
	中油国际（哈萨克斯坦）北布扎奇公司	袁志明
	中油国际中亚公司	杨凌子
	中油国际俄罗斯公司	闫若冰
	中油国际管道公司新疆分公司	张新艳
	中油国际拉美公司—（委内瑞拉）MPE3 公司	马　鑫
	中油国际拉美公司—（秘鲁）公司	张奕飞
	中油国际拉美公司—（厄瓜多尔）公司	曹远东
	中油国际拉美公司—（厄瓜多尔）公司	许翔麟
	中油国际西非公司—（乍得）上游项目公司	郑芳婕
	中油国际西非公司—尼贝管道公司	蒋易育
	中油国际西非公司—（尼日尔）上游项目公司	于文璟
	中油国际西非公司—尼贝管道公司	吴雨卓
	本部法律事务部	王一伽
	中油国际中东公司	李振民
	本部业务发展部	吴春岚
	本部人力资源部	王艺潼
	中油国际中亚公司—（哈萨克斯坦）北布扎奇公司	马汗·丹尼尔
	中油国际西非公司—（乍得）上游项目公司	欧阳婧琪
	中油国际管道公司—中缅油气管道公司	梁鹤江
	中油国际管道公司—中缅油气管道公司	李海娇
	中油国际管道公司—中缅油气管道公司	谢福计
	中油国际拉美公司	张　洁
	中油国际西非公司—（莫桑比克）公司	李　新

（李婉儒）

索 引

使用说明

一、本索引采用内容分析索引法编制。除大事记外，年鉴中有实质检索意义的内容均予以标引，以便检索使用。

二、索引基本上按汉语拼音音序排列，具体排列方法如下：以数字开头的，排在最前面；以英文字母打头的，列于其次；汉字标目则按首字的音序、音调依次排列，首字相同时，则以第二个字排序，并依此类推。

三、索引标目后的数字，表示检索内容所在的年鉴正文页码；数字后面的英文字母 a、b，表示年鉴正文中的栏别，合在一起即指该页码及左右两个版面区域。年鉴中用表格、图片反映的内容，则在索引标目后面用括号注明（表）（图）字，以区别于文字标目。

四、为反映索引款目间的隶属关系，对于二级标目，采取在上一级标目下缩二格的形式编排，之下再按汉语拼音音序、音调排列。

0–9

A–Z

A

B

C

D

E

F

H

L

M

N

P

Q

R

S

T

W

X

Y

Z